PATRÍSTICA
PRÉ-NICENA

Coleção Fonte Viva

- Bíblia e liturgia: a teologia bíblica dos sacramentos e das festas nos padres da Igreja
  Jean Danielou

- Eucaristia: teologia e celebração. Documentos pontifícios, ecumênicos e da CNBB 1963-2004
  Antonio Francisco Lelo (org.)

- Patrística pré-nicena
  Geraldo Lopes

- Vocabulário básico de Liturgia
  José Aldazábal

- A formação da identidade cristã
  Guido Gargano

- Ano litúrgico
  Matias Augé

Geraldo Lopes

PATRÍSTICA PRÉ-NICENA

Paulinas

Dados Internacionais de Catalogação na Publicação (CIP)
(Câmara Brasileira do Livro, SP, Brasil)

Lopes, Geraldo
  Patrística pré-nicena / Geraldo Lopes. – São Paulo : Paulinas, 2014. – (Coleção fonte viva)

  ISBN 978-85-356-3854-7

  1. Padres da Igreja primitiva 2. Tradição (Teologia) I. Título. II. Série.

  14-11624   CDD-270

Índice para catálogo sistemático:
  1. Patrística : História da Igreja   270
  2. Patrística : Literatura cristã primitiva 270

Direção-geral: *Bernadete Boff*
Conselho editorial: *Dr. Afonso M. L. Soares*
Dr. Antonio Francisco Lelo
Maria Goretti de Oliveira
Dr. Matthias Grenzer
Dra. Vera Ivanise Bombonatto
Editores responsáveis: *Vera Ivanise Bombonatto e Antonio Francisco Lelo*
Copidesque: *Mônica Elaine G. S. da Costa*
Coordenação de revisão: *Marina Mendonça*
Revisão: *Ivan Antunes*
Gerente de produção: *Felício Calegaro Neto*
Capa e diagramação: *Manuel Rebelato Miramontes*

1ª edição – 2014
2ª reimpressão – 2024

Nenhuma parte desta obra poderá ser reproduzida ou transmitida por qualquer forma e/ou quaisquer meios (eletrônico ou mecânico, incluindo fotocópia e gravação) ou arquivada em qualquer sistema ou banco de dados sem permissão escrita da Editora. Direitos reservados.

Cadastre-se e receba nossas informações
paulinas.com.br
Telemarketing e SAC: 0800-7010081

Paulinas
Rua Dona Inácia Uchoa, 62
04110-020 – São Paulo – SP (Brasil)
📞 (11) 2125-3500
✉ editora@paulinas.com.br

© Pia Sociedade Filhas de São Paulo – São Paulo, 2014

Sumário

Siglas 7
Bibliografia geral e fundamental 9
    Obras traduzidas 9
    Estudos 10
Introdução 11
Ambientação da época patrística 15
    1. Tipo de sociedade 15
    2. Tipo de Igreja 16
    3. A literatura cristã 16
    4. O discurso teórico dos Padres 17
    5. O discurso social dos Padres 19
    6. Importância e valores da Patrística 19
    7. Os limites da Patrística 20
    Bibliografia 21
Visão histórica do surgimento e do desenvolvimento das primeiras comunidades 23
    1. Noção e caminho da Patrologia-Patrística 23
    2. As comunidades antigas, modelo para as hodiernas 25
    3. O ambiente concreto das primeiras comunidades cristãs 27
    Bibliografia 33
Paulo, primeiro teólogo e inspirador dos Santos Padres 35
    1. O Apóstolo é um enviado de Cristo e de Deus 36
    2. O Apóstolo como chefe na Igreja 38
    3. Como conclusão 40
    Bibliografia 43

Os Padres Apostólicos 45
    1. O sentido e o valor dos Padres Apostólicos 45
    2. Quais são os Padres Apostólicos 47
    3. Conclusões finais 103
    Bibliografia 104

O Cristianismo desafia o paganismo e o judaísmo: martírio e apologias 107
    Introdução 107
    1. A organização do testemunho cristão: o martírio 107
    2. A organização do testemunho cristão: as apologias 110
    3. Pontos principais da doutrina dos Apologistas 140
    Bibliografia 141

O surgimento da Tradição como princípio de hierarquia 143
    1. A heresia gnóstica 145
    2. Os primeiros mestres gregos: Irineu e Hipólito 152
    3. Uma pequena conclusão 171
    Bibliografia 172

Os mestres latinos 173
    1. A Igreja da África em meados dos séculos II e III 173
    2. A Igreja de Roma nesse mesmo período 175
    3. Os teólogos desse tempo 176
    Bibliografia 231

A primeira escola teológica: Alexandria 233
    1. Os mestres do Didaskaleion 235
    2. A Escola teológica de Cesareia e Eusébio 253
    À guisa de conclusão 269
    Bibliografia 272

Adendo: duas grandes contribuições 277
    1. Eusébio e Jerônimo 277
    2. Jacques-Paul Migne 278

Siglas

CCL – Corpus Christianorum Latinorum (Brepols – Tournhout).
Esta coleção compreende edições críticas de todos os textos latinos dos primeiros oito séculos da era cristã, a partir de Tertuliano até Beda († 735). Levando em consideração as mais recentes pesquisas e estudos patrísticos, cada edição é acompanhada com aparato crítico completo das fontes e precedida por uma introdução. A parte mais importante da edição é a descrição da tradição manuscrita. Estes dados estão na apresentação do site disponível em: http://www.brepols.net/Pages/BrowseBySeries.aspx?TreeSeries=CCSL.

CSEL – Corpus Scriptorum Ecclesiasticorum Latinorum.
É uma série de edições críticas dos Padres da Igreja publicada por um comitê da Academia Austríaca de Ciências, em Viena. A coleção foi fundada em 1864. Os textos vão do século II até Beda, o Venerável, em 735. Publicados como textos críticos, CSEL quer ser uma alternativa ao Migne. Até o presente, uma série de 95 textos foram publicados, o que coloca a coleção bem aquém da meta fixada em sua fundação...

DPAC – INSTITUTUM PATRISTICUM AUGUSTINIANUM, *Dicionário Patrístico e de Antiguidades cristãs*, Petrópolis/São Paulo, Vozes/Paulus 2002 [direção de Angelo di Berardino. Edição original: *Dizionario Patristico e di Antichità Cristiane* I. II. III. Torino, Marietti 1983.1984.1988].

HE – Eusébio de Cesareia. *História eclesiástica*. São Paulo: Paulus 2000. (Patrística 15.)

PG – Patrologiae cursus completus. Direção de Jacques-Paul Migne, Series Graeca – Paris, Garnier 1857-1866. [O texto aparece em duas colunas. De um lado o texto grego, do outro a tradução latina. Conta com 161 volumes.]

PL – Patrologiae cursus completus. Direção de Jacques-Paul Migne, Series Latina – Paris, Garnier 1841-1864. [O texto latino é disposto em duas colunas. Conta com 221 volumes.]

SC – Sources Chrétiennes, Paris, Les Éditions du Cerf 1941s.
(Edição crítica bilíngue [latim/grego e francês]). *Sources Chrétiennes* têm por atividade essencial a edição dos principais textos dos fundadores do cristianismo, os Padres da Igreja (textos gregos, latinos e orientais da Antiguidade, com algumas das suas prolongações medievais). A coleção foi fundada pelos jesuítas Henri De Lubac (1896-1991) e Jean Daniélou (1905-1974). Ambos estiveram no Concílio Vaticano II como especialistas. A finalidade da coleção é a redescoberta das fontes cristãs antigas e medievais. A coleção é editada pelo *Institut des Sources Chrétiennes* e publicada em Paris por *Les Éditions du Cerf.* Com mais de quinhentos volumes publicados, *Sources Chrétiennes* é, na atualidade, a mais importante biblioteca patrística do mundo. Dando acesso integral à obra dos Padres, os textos são publicados em sua língua original [mais frequentemente em grego ou latim, mas também raramente em siríaco, árabe ou georgiano] e sempre acompanhados de uma tradução francesa. Além das notas, os volumes são acompanhados de uma sólida introdução que situa a obra em seu contexto histórico e doutrinal.

Bibliografia geral e fundamental

OBRAS TRADUZIDAS

Carta de São Clemente Romano aos Coríntios. Primórdios cristãos e estrutura. Introdução, tradução e notas: Paulo Evaristo ARNS, Petrópolis, Vozes 1984. [Fontes da catequese, 3].

Cartas de Santo Inácio de Antioquia. Comunidades Eclesiais em Formação. Introdução: Paulo Evaristo ARNS, Petrópolis, Vozes ³1984.

CIPRIANO DE CARTAGO, *A unidade da Igreja Católica*, Petrópolis, Vozes 1973. [Fontes da catequese 8].

Outra tradução disponível em: http://www.ecclesia.com.br/biblioteca/pais_da_igreja/s_cipriano_sobre_a_unidade.html – acessado em: 13.10.14.

EUSÉBIO DE CESAREIA, *História eclesiástica*, São Paulo, Paulus 2000. [Patrística, 15].

EUSÉBIO DE CESAREIA, (Tradução de Wolfgang Fischer), São Paulo, Novo Século 2002; disponível em: http://www.scribd.com/doc/6451956/HISTORIA-ECLESIASTICA-Eusebio-de-Cesareia – acessado em: 13.10.14.

IRINEU DE LIÃO, *Contra as heresias, I, II, III, IV, V*, São Paulo, Paulus 1995. [Patrística, 4].

JUSTINO DE ROMA, *I e II Apologias. Diálogo com Trifão*, São Paulo, Paulus 1997. [Patrística, 3].

ORÍGENES, *Contra Celso*. Introdução: Roque FRANGIOTTI. Tradução: O. REIS, São Paulo, Paulus 2004. [Patrística 20].

PADRES APOLOGISTAS, Carta a Diogneto, Aristides de Atenas, Taciano, o Sirio, Atenágoras de Atenas, Teófilo de Antioquia, Hérmias, o Filósofo, São Paulo, Paulus 1995. [Patrística, 2].

Padres Apostólicos. Clemente Romano. Inácio de Antioquia. Policarpo de Esmirna. O pastor de Hermas. Carta de Barnabé. Pápias. Didaquê, São Paulo, Paulus 1997. [Patrística, 1].

TERTULIANO, *O sacramento do Batismo: teologia pastoral do Batismo segundo Tertuliano.* Tradução Urbano ZILLES, Petrópolis, Vozes 1981. [Os Padres da Igreja 3].

Tradição apostólica de Hipólito de Roma. Liturgia e Catequese em Roma no século III. Tradução: Maria da Glória NOVAK e Introdução: Maucyr GIBIN, Petrópolis: Vozes 1981. [Fontes da Catequese, 4].

ZILLES, Urbano. *Didaquê, Catecismo dos primeiros cristãos*, Petrópolis, Vozes ⁶2003.

ESTUDOS

ALTANER, Berthold – STUIBER, Alfred, *Patrologia. Vida, obras e doutrina dos Padres da Igreja*, São Paulo, Paulinas 1972.

BOSIO, Guido, *Iniziazione ai Padri*. I. *La Chiesa Primitiva negli scritti anteniceni*. II. *La dottrina della Chiesa negli scritti dei Padri postniceni*, Torino, SEI 1963.1964.

BOSIO, Guido – COVOLO, Enrico – MARITANO, Mario, *Introduzione ai Padri della Chiesa. Secoli II e III* = Strumenti della Corona Patrum 2, Torino, SEI 1991.

DANIÈLOU, Jean. *Bíblia e Liturgia*. A teologia bíblica dos Sacramentos e das festas nos Padres da Igreja, São Paulo, Paulinas 2013.

DROBNER, Hubertus R., *Manual de Patrologia*, Petrópolis, Vozes 2003.

FIGUEIREDO, Fernando Antônio. *Curso de Teologia Patrística*. A vida da Igreja primitiva. Vol. I-III. Petrópolis, Vozes 1983, 1984, 1990.

FRANGIOTTI, Roque. *História das Heresias (Séculos I-VII): conflitos ideológicos dentro do cristianismo*. São Paulo, Paulus ³2002.

GOMES, Cirilo Folch. *Antologia dos Santos Padres*: páginas seletas dos antigos escritores eclesiásticos, 3. ed. São Paulo: Paulinas 1980. 457p.

HAMMAN, Adalbert, *Os Padres da Igreja*, São Paulo, Paulinas 1980.

HAMMAN, Adalbert, *Para ler os Padres da Igreja*, São Paulo, Paulus ²2002.

INSTITUTUM PATRISTICUM AUGUSTINIANUM, *Dicionário Patrístico e de Antiguidades cristãs*, Petrópolis/São Paulo, Vozes/Paulus 2002. [Direção de Angelo di Berardino].

LIÉBAERT, Jacques, *Os Padres da Igreja. Séculos I-IV*, Loyola: São Paulo 2000.

Liturgia das Horas segundo o Rito Romano (Trad. para o Brasil da II ed. típica), 4 vols. Vozes, Paulinas, Paulus, Ave-Maria 1999-2000.

QUASTEN, Johannes, *Patrología*. I. *Hasta el Concilio de Nicea*, Madrid, BAC ⁴1991. Disponível em: http://www.holytrinitymission.org/books/spanish/patrologia_j_quasten_1.htm# http://www.conoze.com/doc.php?doc=2982 – acessado em: 13.10.14.

QUASTEN, Johannes, *Patrología*. II. *La edad de oro de la literatura patrística griega* Madrid, BAC ⁵1985. Disponível em: http://www.conoze.com/doc.php?doc=5494 – acessado em: 13.10.14.

RUIZ BUENO, Daniel, *Padres Apostólicos*, Madrid, Biblioteca de Autores Cristianos, 65, 1985.

SPANNEUT, Michel, *Os Padres da Igreja. Séculos IV-VIII*, São Paulo, Loyola 2002.

Introdução

Esta obra compreende o período anterior ao Concílio de Niceia: dos discípulos imediatos dos Apóstolos até a criação das primeiras escolas teológicas.

A comunidade apostólica deu início à expansão do discipulado de Jesus. É ainda na comunidade apostólica que aparecem os primeiros escritos que conservam a pregação dos apóstolos. Os Evangelhos, as Cartas de Paulo e dos demais apóstolos, e o Apocalipse de João formam o conjunto dos escritos canônicos.

Contemporaneamente a esta formação do cânon do Novo Testamento aparecem outros escritos. Na segunda metade do século I já se entremeiam escritos apostólicos e pós-apostólicos. *Didaquê, Carta de Clemente Romano, Hermas*, entre outros, vivem esta contemporaneidade e seguem de perto os escritos apostólicos. Mesmo Tertuliano, no final do século II e início do século III, diz estar escrevendo 150 anos após os acontecimentos de Jesus Cristo, máxime a paixão, ressurreição, ascensão e envio do Espírito Santo.

O período do pensamento cristão dos séculos II ao VII-VIII, conservado pelos respectivos escritos, recebeu o nome de *Patrística*. Este nome deriva do fato de escritores dessa época terem recebido o nome de Padres da Igreja. Há hoje uma série de estudos que falam também das Mães da Igreja. É um tema desafiador, além de significativo. Eles foram os construtores da teologia católica, os mestres da doutrina cristã. Eis o valor da época que vai do final do século I até o começo do século VIII, era de grande riqueza para a formação da Tradição cristã. Os escritos dessa época se tornam os guiões da transmissão e da explicação da Escritura, da Exegese, da Liturgia e da Moral cristãs.

Contemporânea do último período do pensamento grego, a Patrística enseja um fecundo contato com a filosofia que formara os escritores desse período. Há uma simbiose vital. Surge, então, a gnose, a *paideia*, o culto e outras manifestações da vivência cristã.

Contudo, a patrística é ainda contemporânea do Império Romano, de quem assiste a ascensão, a decadência e a queda. O início da convivência do cristianismo no Império é de choque, cuja consequência é o martírio. Época em que o todo-onipotente Império se curva diante da intrepidez de mulheres e homens que o desafiam com a proclamação do Senhorio do único *Kyrios*, Jesus Cristo. Duzentos anos de perseguição mostram a fraqueza e a pequenez do reino centralizado sob o endeusamento dos imperadores e a fraqueza das suas "deusas e deuses". A fé cristã é fermento capaz de "detonar" por dentro todos os impérios fundados sobre o poder, seja ele do dinheiro, das armas, das celebridades e dos aliciamentos corruptores...

O final do século I e até meados do século II é dominado pela ação dos Padres Apostólicos. Pessoas de intenso fervor e de verdadeira paixão por Jesus Cristo e pela Igreja, estes homens e mulheres deixam páginas escritas "com o sangue" que é o selo precioso da presença do Espírito. Os escritos dessa época chamam-se *apostólicos* e os escritores são os padres apostólicos. Com efeito, eles floresceram no tempo dos Apóstolos, tendo-os mesmo conhecido diretamente. Alguns deles chegaram a ser seus discípulos imediatos. Os escritores desse tempo foram interlocutores diretos do império, do judaísmo e da filosofia helenista, dialogando com eles e os verberando... A importância dogmática da produção dessa época é fundamental para os alicerces da fé cristã e da sua interpretação.

O Império, com suas instituições, bem como o judaísmo, agora já espalhado pelo mundo – o Templo fora destruído nos anos 70! –, tentam criar todo um enredo contra a fé e a vivência cristãs. Homens apostólicos tomam a defesa do cristianismo. É o período dos apologistas. A defesa que fazem se transforma em ataques cortantes e agudos. Uma das obras mais importantes desse período é o *Apologético* de Tertuliano. O Império é vergastado – é essa mesma a palavra! – com as mesmas armas das quais sempre se servira: a força da lei.

A partir da segunda metade do século II e de todo o século III entra em ação a obra dos apologistas. A apologia tem dupla finalidade: defesa e propaganda. Os apologistas, de um lado, defendem o cristianismo, demonstrando sua divindade, bem como sua superioridade com relação ao judaísmo e ao paganismo. De outro lado, provam a origem divina do cristianismo e sua estreita relação de continuidade com a ação histórica de Jesus Cristo. Os cristãos são inocentes dos crimes que se lhes imputam. Ademais, os apologistas demonstram que a ação dos cristãos é extremamente benéfica para o Estado. Destarte, os escritos desse período são apologias, controvérsias ou teses. As pessoas que os escrevem são cultas, provindas do mundo da filosofia e do direito. Desta forma a filosofia começa a ser utilizada para midiatizar o pensamento cristão. Enquanto o cristianismo se aprofunda teoreticamente, a filosofia vai saindo de um círculo vicioso e se tornando meio eficaz de manifestação do pensamento. O cristianismo é apresentado como sabedoria perfeita, capaz de impactar os pagãos, convertendo-os.

O século III terá uma característica peculiar. Do embate entre cristianismo e filosofia, surgem desvios, dos quais os mais significativos são as heresias. Os Padres deste século têm que demonstrar a pureza cristã, sem mistura com uma gnose eclética e sincrética, polemizando com os pensadores pagãos. O cristianismo, sem perder sua fisionomia original, começa a desenvolver em seu seio uma filosofia e teologia que demonstrem sua essência doutrinal. O centro de onde dimana esta ação é o norte da África, especificamente Cartago e Alexandria. Esta última era o grande centro cultural da época e acolhe um cristianismo em profundo diálogo com sua cultura. Homens valorosos e cultos, tais como Panteno, Clemente e Orígenes dão uma nova visão à mensagem cristã no seu centro cultural, o *Didaskaleion*. Centro catequético e embrião da faculdade teológica, o *Didaskaleion* cria o primeiro sistema orgânico da teologia cristã com Orígenes. Entram em choque duas formas de conceber a fé cristã. Uma, intelectualizada, teorética, especulativa, metafísica de Alexandria, que utilizava a língua grega como veículo de propagação. Outra, prática, pragmática mesmo, jurídica e moralista, de fala latina, da África ocidental, cujo centro será Cartago. Estamos já nos bastidores da uma nova era.

Com efeito, a escola de Alexandria vai ter influência em toda a Igreja, máxime a que vivia nos ambientes da África e da Ásia Menor. Esta escola vai influenciar outra, não menos importante, devido à ação comum de seu fundador, Orígenes: é a Escola de Cesareia. Com efeito, Orígenes aí se refugiara após ter sido condenado pelo seu bispo, que o proíbe de lecionar, antecipando-se ao chamado "silêncio obsequioso"... Em Cesareia, além de fundar a escola teológica e lecionar, Orígenes, infatigável trabalhador, aumenta e enriquece sua biblioteca. Dota-a de instrumentos fundamentais para o desdobramento da ciência teológica. Nessa biblioteca vão aprofundar seus conhecimentos os homens que formam a nova era da fé cristã: Eusébio e Jerônimo, entre outros.

As discussões, os pontos de vista sobre elementos essenciais da fé, convergirão em um novo momento no Concílio de Niceia, o primeiro ecumênico da história. Esse Concílio é o marco fundamental da nova época.

Uma pessoa cristã, religiosa ou mesmo pesquisadora fica assombrada diante do tamanho e do significado da literatura dos primeiros séculos de existência do cristianismo. Há algo de grandioso na confecção, na transmissão e conservação destes escritos. O presente livro buscará realizar uma abordagem direta e completa – na medida da competência do autor – deste período. A obra brotou do magistério e por anos a fio foi utilizada em salas de aula, seja no Brasil, seja em Angola, na África. Ao realizar esta atual redação, procura-se desfazer o estilo magisterial dos escritos. Caso não se consiga, saiba o leitor relevar tal limite.

Ambientação da época patrística

A Igreja, realizada no tempo, terá sua consumação na eternidade. Em sua concretização histórica em Jesus Ressuscitado, a Igreja vive em meio às suas vicissitudes, suas alegrias e angústias, suas esperanças e seus temores.[1]

Neste capítulo procura-se mostrar aqueles dados que aclaram, na medida do possível, os elementos que constituem o contexto existencial da comunidade cristã nascente.

Assim se aborda o *tipo de sociedade* na qual ela nasceu. Nesta sociedade nasce um *tipo de Igreja*. Ela manifesta-se através de uma *literatura* concreta, produzindo um *discurso teórico* preciso. Faz parte deste discurso uma *visão social* de época. Destas coordenadas precisas nascem *a importância e os valores* da Patrística, bem como os seus limites, que são também de época.

1. TIPO DE SOCIEDADE

O tempo em que decorre o estudo da Patrística vai dos séculos I ao VIII. Neste período a humanidade passa de um modo de *produção escravagista*,[2] com acentuação do *poder teocrático*, a um modelo de *produção feudal*, que começa entre os séculos VII e VIII.

A Igreja deste tempo, com todas as suas instituições, sejam aquelas que nasceram a partir da prática histórica de Jesus e dos apóstolos, sejam aquelas que

---

[1] Cf. GS 1.

[2] O modo de produção escravista começou na Grécia. Roma assimilou tal modo de agir após a conquista da Grécia e fez dela a norma de ação de todo o Império Romano. Cf. Rossi, Luiz Alexandre Solano, Modo de Produção Escravista e a Sua Influência na Percepção da Sociedade Judaica no Pós-Exílio. *Mirabilia: Revista Eletrônica de História Antiga e Medieval*, n. 4, 2004. "... e vendidas como qualquer outra mercadoria. Pode-se dizer que os escravos valem pelo corpo que têm e pela capacidade de produção. A escravidão se torna a base da economia" (idem).

brotaram das exigências da organização, viverá a crise do Império Romano e sobreviverá a ela. Como o Império possuía uma religião oficial, destacada do povo, o cristianismo terá facilidades para criar novas tradições religiosas, bem como mudar outras, transformando-as. Este processo será auxiliado pela chegada dos povos de além-fronteira do Império. Tais povos, por terem uma cultura diversa da que possuíam os romanos, receberam o nome de "bárbaros".

2. TIPO DE IGREJA

A Igreja que nasce e se forma nestes séculos sofrerá, ela também, uma transformação profunda. Ela passará de uma vivência eminentemente *comunitária*, nos primeiros três séculos, para uma vida *tutelada pelo Estado*, nos séculos seguintes. Esta mudança ocasionará uma transformação no modo de viver dos serviços eclesiais. De uma Igreja toda *ministerial*, onde predominavam os serviços fraternos, os carismas, o testemunho do compromisso batismal, a partilha de bens, vai-se para uma Igreja fortemente hierarquizada, herdeira das grandes instituições jurídicas do Império Romano.

Esta transformação terá, naturalmente, consequências na manifestação da consciência crítica dos membros da Igreja, e principalmente da sua hierarquia. Assim, de uma Igreja crítica, contestadora do poder teocrático e que optara concretamente pelos pobres, passar-se-á para uma Igreja atrelada ao poder imperial, substituidora deste mesmo poder e com predomínio das funções estatais sobre as religiosas.

A vivência dos carismas também sofrerá mudanças. Dar-se-á a passagem de uma Igreja mais *carismática*, com uma espiritualidade centrada na comunidade e que se manifesta pela tolerância religiosa e pela *koinonia*, a uma Igreja mais política. Daí o monarquismo como forma institucional, a exigência de um papel central na sociedade, o cristianismo tido como religião oficial... e o predomínio do clero, gerando, posteriormente, um fechado clericalismo, cujas sequelas ainda hoje se fazem perceber...

3. A LITERATURA CRISTÃ

A expressão do pensamento cristão, em todas as suas formas, sejam as literárias, sejam as do pensamento filosófico e teológico em geral, utilizará as categorias da cultura greco-romana. Embora nascido em ambiente judaico, o cristianismo expandir-se-á pelo Império Romano. Os escritores e os padres, normalmente homens cultos que se convertem ao cristianismo, colocam suas palavras, sua sabedoria e seus escritos a serviço de sua fé. Em geral, as línguas utilizadas serão a grega, a latina, a siríaca, a copta e a armênia.

Esta literatura será eminentemente cristã. Nascerá das necessidades de testemunho, de conversão ou de exposição teorética clara da fé. Para nós, hoje, esta literatura possui um caráter oficial, pois é feita em função de defesa da ortodoxia e se encontra muito próxima das fontes primeiras: Jesus Cristo, os apóstolos e seus sucessores, a vida das primeiras comunidades etc.

4. O DISCURSO TEÓRICO DOS PADRES

4.1 Elaboração da sabedoria cristã

Os Padres se *esforçaram para elaborar a sabedoria cristã*. Conseguiram produzir uma reflexão sobre a fé no mundo greco-romano. Não só nesse mundo, contudo, encontram-se reflexões sobre a fé. Também o Oriente tem sua forma explícita de manifestação intelectual. Pouco se conhece até o presente momento da imensa riqueza produzida pelas igrejas: siríaca, copta, armênia, entre outras... A elaboração da reflexão oriental vem dentro da compreensão da filosofia e da sociedade do seu tempo. A Patrística não produz uma teologia sistemática nem uma exposição metódica ou racional da fé. O conteúdo de sua reflexão é a Palavra de Deus, buscando revelar o seu desígnio sobre o mundo, a vida e a história. Pode-se e se deve dizer que a práxis é o lugar da reflexão da Patrística.

4.2 Princípios de uma catequese catecumenal

Os Padres *se esforçaram para fazer uma explicação sobre o sujeito da fé*, máxime para os catecúmenos. Com efeito, é para eles que se destinam os seus principais escritos até os séculos IV e V.

Num primeiro momento, contudo, este sujeito foi a comunidade da fé por meio de seus crentes concretos. Ele é o destinatário da revelação e da salvação. A base de sua explicitação é a comunidade que vive a fé em Jesus de Nazaré e que prega, com o seu testemunho, o Reino de Deus. Sua moral se baseia na certeza da presença do Espírito de Jesus na comunidade e na profundidade da mensagem cristã.

4.3 Inícios de uma teologia bíblica

Os Padres buscam *elaborar uma teologia bíblica*. Para eles a Bíblia é um livro revelado a partir da ação de Deus nos hagiógrafos. A teologia, por sua vez, é um esforço para perceber a revelação e o conteúdo da Escritura, que é a Palavra de Deus. Para eles há a suficiência da Escritura.

4.4 Elementos de uma práxis eclesial

Os Padres *consideram a Teologia como algo existencial*. A fé é a conversão ao Deus vivo, a expressão do mistério de Deus historicizado em Jesus Cristo que exige confiança e fidelidade. A caridade une fé e vida. A fé é uma realidade que engloba todos os aspectos da vida. A fé, dizem os Padres, *aproxima*, enquanto a vida *prova*. A oração, por sua vez, é a força para a vida moral. Com estes elementos os Padres combatem a heresia e o paganismo. Nós chamamos este momento da ação dos Padres de *ortodoxia*. Por sua vez, eles se preocupam com o culto, os sacramentos, a oração, as obras missionárias: é a *ortopraxia*.

A teologia é uma *mistagogué* sapiencial, visando a experiência cristã. Sua teologia é enunciativa, narrativa, ligada essencialmente às expressões de vida cristã. A doutrina dos Padres não é homogênea. Há uma diversidade, um pluralismo de opiniões, mas tudo sempre ligado à vida.

A Revelação é a autocomunicação do Amor divino em Jesus Cristo, pela ação do Espírito Santo. Os Padres resgatam, destarte, o sentido mais existencial de graça e do pecado.

4.5 Princípios de tematização da economia cristã

A teologia dos Padres é uma ciência da história da salvação. Toda a ação de Deus no mundo é uma *historia salutis*. O grande tema da história da salvação provém da criação e da vontade do Criador, continua na Igreja e se irradia no mundo e se consuma na Parusia.

4.6 Tentativa de comunhão entre Bíblia e as ciência

Os Padres leem os textos da Bíblia a partir do Novo Testamento. Neles buscam sempre a vida. A utilização da Bíblia é alegórico-tipológica.[3] Não têm receio de usar de florilégios, as sentenças e as glosas. Normalmente não se fixam na exegese filológica.[4] Os textos da Bíblia são tratados, antes, com os recursos da gramática.

Embora façam reticências, os Padres utilizam-se das ciências liberais. Concebem o seu valor propedêutico e auxiliar. Das ciências liberais as mais utilizadas são a filosofia e o direito. A filosofia hegemônica é a platônica. No campo da ética são mais propensos para a ética, usando também a filosofia estoica.

5. O DISCURSO SOCIAL DOS PADRES

Os Padres não falam sistematicamente de uma *teologia política* ou de uma *doutrina social*. Acentuam a dimensão social da caridade evangélica e comunitária. Seu compromisso centraliza-se nas obras de misericórdia e de partilha. Destarte, sua moral é mais particular, dirigindo-se, preferentemente, para questões concretas. Sua fé sustenta a sua vida moral.

No campo da práxis eclesial, os Padres realizam obras concretas para os pobres e infelizes. Em seus escritos fazem uma crítica cerrada à riqueza e ao poder.

6. IMPORTÂNCIA E VALORES DA PATRÍSTICA

6.1 A Patrística é uma parte da história

A Patrística é uma *parte da história*. Daí decorre sua importância específica. O estudo da Patrística é aquela parte da História da Igreja que estuda o pensamento cristão. Os Padres do Ocidente, e aqueles conhecidos do Oriente, ocupam lugar preeminente na literatura cristã universal, sobretudo greco-romana. Pela utilização que fizeram das categorias helênicas, eles abrem as possibilidades para um diálogo concreto com a cultura do tempo no qual viveram.

---

[3] Cf. Lopes, Geraldo, *Tipologia: uma saudável leitura da Bíblia. Introduzindo*, in: Daniélou, Jean, *Bíblia e Liturgia. A teologia bíblica dos Sacramentos e das festas nos Padres da Igreja*, São Paulo, Paulinas, 2013.
[4] Há uma exceção para a Escola de Antioquia, conforme veremos...

6.2 O valor das fontes

Os escritos dos Padres estão próximos das fontes do Evangelho. Baseados em sua fé de cristãos, eles fazem uma nova interpretação da existência humana. Tornam-se, pois, fontes no sentido *kairológico*, isto é, de *iluminação*, e no sentido *pragmático*, ou seja, *normativo*. O ensino unânime dos Padres é regra infalível da verdade de fé e faz parte da genuína tradição da Igreja.

6.3 O valor existencial

A leitura assídua dos Padres permite o aprofundamento do enfoque salvífico e histórico da teologia. A assiduidade aos Padres aproxima-nos de uma exegese mais figurativa e próxima da vida. Mediante o estudo dos Padres achegamo-nos a uma *ortopraxia*, descobrimos comunidades mais encarnadas. Os Padres aproximam a fé com a vida da Igreja, sobretudo no campo da liturgia, da vida moral e da oração.

7. OS LIMITES DA PATRÍSTICA

7.1 Limite epocal

O grande limite é o epocal. Os Padres são filhos de sua época. Dependeram para pensar e se exprimir de uma cultura que foi superada pela natural evolução da história. Em razão das ferramentas utilizadas, sua teologia, tantas vezes, tornava-se frágil em seus argumentos e a sua linguagem, nem sempre, precisa e científica. O sentido de história é limitado, dependendo de uma exegese bíblica muito particular.

7.2 Limite hermenêutico

A filosofia dos Padres é eclética. O neoplatonismo, com efeito, é um instrumental deficiente, uma vez que impedia uma especulação mais ampla e coerente. Este mesmo neoplatonismo irá dar origem a heresias, levará ao endurecimento e ao dualismo maniqueísta.

A cosmovisão dos Padres é mais antropológica. Eles centram na conversão do coração, o que abre caminho para um verdadeiro *personalismo* limitado. Eles não articulam a vida cristã com a exigência de transformação das estruturas objetivas da sociedade. Os Padres não possuíam total consciência das implicações cosmológicas, sociais e ideológicas da Revelação.

BIBLIOGRAFIA

COMBY, Jean, *Para ler a História da Igreja*, vol. I, São Paulo, Edições Loyola 1993.

FRANGIOTTI, Roque, *História das Heresias (Séculos I-VII): conflitos ideológicos dentro do cristianismo*, Paulus: São Paulo 32002.

GIBBON, Edward. *Declínio e queda do Império Romano*. Edição abreviada. São Paulo, Companhia da Letras. Círculo do Livro 1989.

MORESCHINI, Cláudio – NORELLI, Enrico, *História da Literatura Cristã Antiga grega e latina – de Paulo à Era Constantiniana*, vol. I, São Paulo, Edições Loyola 1996.

PIERRARD, Pierre, *História da Igreja*, São Paulo, Edições Paulinas 21986.

ROSSI, Luiz Alexandre Solano, *Modo de Produção Escravista e a Sua Influência na Percepção da Sociedade Judaica no Pós-Exílio*, disponível em: Mirabilia: Revista Eletrônica de História antiga e Medieval, n. 4, 2004.

Visão histórica do surgimento e do desenvolvimento das primeiras comunidades[1]

Este primeiro capítulo consta de três partes. A *primeira* estudará a noção e o caminho da *Patrologia-Patrística* até os dias de hoje. A *segunda* tentará fazer um paralelo entre os pontos comuns entre a Igreja nascente e a Igreja hodierna. No *terceiro* ponto busca-se conhecer o *ambiente concreto* no qual nasceu a primeira literatura cristã.

1. NOÇÃO E CAMINHO DA PATROLOGIA-PATRÍSTICA

O título *Padre* dado aos escritores cristãos da primeira antiguidade está na base do termo *Patrologia* e *Patrística*. O termo foi cunhado por J. Gerhard (+ 1637),[2] cuja obra começa com o *Pastor de Hermas* até Belarmino.

Os termos *Patrologia* e *Patrística* se equivalem. Contudo, por *Patrologia* se entende o estudo histórico e literário (*vida e obra*) dos escritores antigos. O termo *Patrística* era utilizado mais como adjetivo, para contradistinguir a teologia bíblica, patrística, escolástica etc. Hoje, utilizando-se o termo *Patrística* quer-se privilegiar o estudo das ideias e das doutrinas, mais que o aspecto filológico e literário.[3]

Os antigos não traçaram uma *fronteira rígida* entre a antiguidade cristã e a Idade Média. Eles colocaram São Bernardo de Claraval (séc. XI) entre os

---

[1] Para entender bem este capítulo, seria recomendável a leitura prévia de algum texto sobre a passagem que acontece entre a Morte-Ressurreição do Senhor e as Igrejas Apostólicas.

[2] *Patrologia sive de primitivae ecclesiae cristianae opusculum* (Jena 1653). Caso você queira entender melhor este aspecto, folheie alguns exemplares da coleção *Sources Chrétiennes*. Esta é, de longe, a mais abalizada publicação sobre Patrologia-Patrística. Disponível em: http://www.sources-chretiennes.mom.fr/.

[3] Para um estudo da história literária dos Padres, cf. Hamman, A., Patrologia-Patrística, em *DPAC*, p. 1103-1106.

Padres. Hoje se fala, com mais precisão, de um limite com Isidoro de Sevilha (+636) para o Ocidente e João Damasceno (+750). A transmissão dos textos patrísticos fez um caminho grande na Igreja a partir do IV século.

Hoje o campo de pesquisa na Patrística é muito grande. Muitos são os escritos e as revistas especializadas. No decurso dos séculos os textos dos Padres foram invocados principalmente como norma da *ortodoxia*.[4] Alimentaram as discussões no tempo da Reforma e da Contrarreforma. Este fato ocasionou danos sérios. Houve uma exasperação da *ortodoxia* e o ostracismo dos assim chamados heresiarcas e do próprio Orígenes, um padre que, no seu tempo, foi campeão da ortodoxia.

Nos tempos atuais há uma profunda recuperação dos Padres, tais como Orígenes, Gregório de Nissa e a literatura apócrifa. Estes estudos vêm trazendo imenso vigor para a vida da Igreja. Nos estudos da história dos dogmas a Patrística foi relegada para esta sessão da teologia. Atualmente se exploraram outros campos, tais como o ensinamento moral e ascético, a doutrina política e a teologia da história, a vida espiritual e mística, as ideias sociais e econômicas... Acrescentem-se a liturgia, a catequese e a homilética. Busca-se conhecer, ademais, a influência que Padres, como Tertuliano, Orígenes, Lactâncio e Agostinho tiveram na formação da Europa.

A Patrística, que fora domínio do clero – como o era também a teologia –, é hoje estudada por leigos e pessoas interessadas em descobrir a literatura e a vida das primeiras comunidades cristãs. Os Padres reencontraram o seu lugar na literatura geral.[5]

As características para o reconhecimento de um Padre da Igreja continuam sendo a *doutrina ortodoxa*, a *santidade de vida*, a *aprovação eclesiástica* e a *antiguidade*. Os que não possuem estas quatro acepções são considerados como *escritores da Igreja* ou *escritores eclesiásticos*.[6] Dentre estes escritores, alguns receberam o título de *"egregii doctores Ecllesiae"*, conforme desejou Bonifácio VIII (1298) para o Ocidente. Por causa de sua eminente sabedoria e obra, receberam esse

---

[4] Irineu de Lião, *Adversus Haereses* III 1: "Tendo recebido o Espírito Santo, os Apóstolos estavam aptos a transmitir não somente o pensamento, mas também a vida, ou seja, toda a mensagem do Salvador". A fé dos apóstolos, mensagem-vida, era a ação plena do Espírito que os renovava (cf. ainda *Adv. Haer.* III 14,1; apud Bosio, G., *Iniziazione ai Padri. I. La Chiesa Primitiva negli scritti dei Padri ante-niceni* (SEI, Torino 1964, nota 3).

[5] São inúmeras as teses de mestrado e doutoramento feitas nas Universidades brasileiras tendo como tema as obras dos Padres. O crivo nem sempre é intraeclesial. A meu ver, a importância reside no fato dos estudos que se fazem.

[6] A acepção é de Jerônimo no Prólogo do *De viris illustribus*, bem como na *Epistula* 112,3.

título: Ambrósio, Jerônimo, Agostinho e Gregório Magno. Eles são chamados ainda de "os grandes Padres da Igreja". No Oriente, Basílio o Grande, Gregório de Nazianzo, João Crisóstomo e Atanásio receberam o mesmo título.

Os Padres ocupam um papel preeminente na vida da Igreja, e o que constitui ainda razão de sua importância é o fato de considerarem a Tradição como fonte de fé. O "unânime consenso dos Padres" na interpretação da Escritura é fonte de infalibilidade para a Igreja.[7]

2. AS COMUNIDADES ANTIGAS, MODELO PARA AS HODIERNAS

Jesus Cristo não deixou nenhum escrito, e sim um organismo vivente e sobrenaturalmente assistido. Não quis transmitir-lhe uma *ciência*, e sim uma *vida*. Após sua Ressurreição, ele apareceu aos apóstolos e disse-lhes: "Ide, pregai (*kerykate*)" (Mc 16,15). *Kerykate*: pregai. Esta é tarefa do *keryk*, isto é, do *arauto que comunica a mensagem do rei*, o *kerygma*.

Os apóstolos pregaram uma mensagem perfeita, o *kerygma*.[8] O mesmo Jesus os escolhera e os preparara durante três anos com suas palavras e exemplos. Após a Ressurreição, eles foram *revestidos pela força do Espírito Santo* (Lc 24,49; At 1,8; 2,4). "Eles foram preenchidos de todos os dons e tiveram um conhecimento perfeito… Todos, igualmente, e cada um em particular, possuía o Evangelho de Deus".[9] Quando tiveram que escolher alguém para receber o *ministério do apostolado de Judas* (At 1,21-24), Pedro colocou como exigência ter um *conhecimento completo* do que Jesus tinha dito e feito.

Os apóstolos tiveram a *preocupação* de pregar e não de *escrever*. Assim atesta Eusébio: "Mateus pregou, antes, aos hebreus. Quando estava para se dirigir a outros países, deu-lhes o Evangelho. Com isto supriu a sua presença pessoal junto àqueles que deixava".[10]

Pedro anunciou o Evangelho em Roma. Enquanto o fazia: "… numerosos presentes exortaram João Marcos, seu discípulo e que conhecia de cor o que ele dizia, a escrever a sua exposição oral. Marcos agiu assim e deu o Evangelho àqueles que lhe tinham pedido. Tomando conhecimento do que estava

---

[7] Cf. Concílio Vaticano I, *Constituição Dogmática Dei Filius*, sessão III, cap. II; apud http://www.dicionariodafe.com/index.php?pg=documentos&id=05 – acessado em: 08.07.11.
[8] Consultar: Mara, Maria Grazia, Kerygma, in *DPAC*, p. 803.
[9] Eusébio de Cesareia, *HE* 24,6.
[10] Idem, VI 14,6-7.

acontecendo, Pedro nem impediu nem encorajou a iniciativa".[11] "Lucas, no prólogo do seu Evangelho, coloca a razão que o levou a realizar sua obra. Ali nos faz saber que muitos tinham escrito com temerária leviandade, as coisas que ele tinha examinado a fundo. Era necessário, portanto, livrar-se daquela incerteza de opiniões. Mediante o seu Evangelho ele nos transmite a narração fiel e segura dos acontecimentos que ele pôde aprofundar pela convivência e costumes que teve com Paulo e pelas conversas com os outros Apóstolos."[12] "Diz-se que Marcos e Lucas já haviam escrito o seu Evangelho. João, contudo, continuava anunciando oralmente a Palavra de Deus. Decidiu-se a escrever por último. E eis por qual motivo. Os três primeiros Evangelhos tinham se difundido em toda a cristandade, quando caíram nas mãos de João. Ele os aprovou. Declarou que continham a pura verdade. Mas observou que faltava a narração de quanto Jesus fez no início da sua vida pública e da sua pregação... Por isso, pelo pedido de terceiros, ilustrou no seu Evangelho o período passado sob silêncio pelos três Evangelistas anteriores."[13]

A redação dos Evangelhos foi *ocasional*, não tinha a pretensão de ser completa, conforme afirma o mesmo João na clausura do seu Evangelho (cf. Jo 21,25). A redação de João é uma hipérbole para afirmar que o que está escrito fica muito aquém de tudo o que Jesus *fez* e *ensinou*.

São João escrevia as palavras do final do seu Evangelho quando a *Didaquê* já tinha sido composta e *Clemente Romano* enviava a sua *Carta aos Coríntios*. Dez anos mais tarde, *Inácio* escrevia as suas cartas e *Policarpo* dirigia uma aos *Filipenses*. Cinquenta anos depois, *Hermas* compunha o *Pastor*. Estes escritos refletiam a mensagem de Jesus, embora não gozassem da mesma *oficialidade* dos escritos *canônicos*. Este fato se dá porque a comunidade dos primórdios via ressoar neles o mesmo *kérygma* que transparecia dos escritos apostólicos.

Enquanto estiveram vivos os Apóstolos, a sua palavra desfrutava de maior atração e autoridade. *Pápias de Hierápolis*, ao lado ou acima da tradição escrita, colocava a *tradição oral daqueles* que tinham convivido com os apóstolos ou com os seus discípulos. Dizia ele: "Se encontrava com quem tinha familiaridade com os presbíteros (isto é, os anciãos, os Apóstolos ou os seus imediatos discípulos), eu procurava conhecer as suas sentenças, o que tinham dito André e Pedro, ou Filipe ou Tiago, ou João ou Mateus, ou qualquer outro dos

---

[11] Idem, III 24,15.
[12] Idem, III 24,7.11.
[13] Idem, III 24,7.11.

discípulos do Senhor. Eu pensava que o proveito tirado das leituras não podia ser confrontado com o que obtinha da palavra viva e sonante dos mesmos".[14] Estamos aqui diante da *praxe vital* da Igreja dos primórdios.

3. O AMBIENTE CONCRETO DAS PRIMEIRAS COMUNIDADES CRISTÃS

Embora esse período coincida com o dos chamados *Padres Apostólicos*, interessa aqui analisar os *meios culturais* onde viveram as comunidades dos primórdios. Eles são de *três* extratos diversos.[15]

O *primeiro* é de origem *judeo-cristão*.[16] Está próximo da literatura *bíblica* e *judaica*. A literatura cristã que nele nasce é *anônima* ou *apócrifa*, em sua grande parte. Tal é o caso da Didaquê, da Carta de Barnabé, do Pastor de Hermas.

O *segundo* provém de um meio *pagão-cristão*.[17] É composto de pessoas sobejamente conhecidas na Igreja, tais como Clemente de Roma, Inácio, Policarpo, entre outros. Eles não deixaram escritos propriamente ditos, e sim *cartas*. Elas são textos mais funcionais. Falam mais da vida que da literatura. São os verdadeiros *Padres Apostólicos*.[18]

Há um *terceiro* extrato e que constitui a literatura *apócrifa*.[19] Os escritos são verdadeiros prolongamentos do Novo Testamento, dos evangelhos, dos Atos, do apocalipse. São, ficticiamente, atribuídos a um apóstolo: Pedro, Tiago, Paulo, André, Tomé ou a uma coletividade, como os Hebreus ou os Nazarenos.

3.1 A literatura judeo-cristã

A Igreja nasceu *judaica*, no seio do povo eleito. Jerusalém é o *berço* da fé cristã. Aos olhos dos primeiros adeptos, vindos do judaísmo, a Igreja realiza as

---

[14] Eusébio de Cesareia, *História Eclesiástica* III 39,4.

[15] Esta parte é a *tradução livre* de Hamman, A. – Donnat, L., *Les Pères Apostoliques. Ignace d'Antioche*; Connaissance des Pères de l'Église 1, Paris, Desclée de Brouwer 1981, 3-5.

[16] Sobre a influência judaizante e, especialmente, o judeo-cristianismo, veja Peretto, E., Judaizantes, in *DPAC*, p.783-784; também A. F. J. Klijn, Judeo-cristianismo, in *DPAC*, p. 785.

[17] Consultar: P. Siniscalco, *Pagão- paganismo*, in *DPAC*, p. 1059.

[18] Sobre os escritos destes dois períodos, cf. a tradução brasileira: *Padres Apostolicos* = Patrística 01, São Paulo, Paulus, 1995.

[19] Sobre a *literatura apócrifa* e os *apócrifos*, em geral, há um excelente artigo de Mara, Maria Grazia, *Apócrifos*, in *DPAC*, p.129-13.

esperanças messiânicas e se torna a *herdeira* de todos os valores judaicos. Centrada sobre o Cristo-Messias, a Igreja *é a realização das promessas feitas aos Pais*.

A vida e o pensamento cristãos conservam o patrimônio catequético e litúrgico do judaísmo: a prece dos salmos, as doxologias, o ensinamento dos *Dois Caminhos*. O ritual do Batismo e da Eucaristia reemprega as fórmulas e os elementos da liturgia judaica.[20]

O cristianismo *oscila entre Jerusalém e Roma*, a capital de ontem e a de amanhã. Não se trata de uma rivalidade de sede e de autoridade, e sim, profundamente, *de uma tensão cultural e doutrinal*. O pensamento cristão permanecerá *ligado* à *cultura semítica* ou se *movimentará* com as *categorias da cultura grega*? Os escritos do século II nos permitem seguir o debate e descobrir o crivo no qual se desenvolveu. Os papéis estão longe de ser determinados. As obras das duas famílias culturais coexistem paralelamente, com *interpenetrações*.[21]

Os escritos judeo-cristãos apresentam a doutrina em uma *estrutura semítica*, emprestada da literatura judaica, próxima da inspiração bíblica. Em síntese, a atividade literária cristianiza textos judaicos com *interpolações* cristãs, como é o caso da *Ascensão de Isaías*[22] ou das *Odes Sibilinas*.

Esta literatura cristã primitiva nos fornece *a primeira expressão teológica* do pensamento cristão, que ainda não tinha sofrido a influência grega. Ela nos permite medir a excepcional originalidade de uma doutrina cristã de cultura semítica.

Do conjunto dos primeiros escritos se pode perceber a fisionomia própria do cristianismo judeu. A estrutura mental é oriental, mesmo se escrito em língua grega. Levando-se em consideração somente o judeo-cristianismo ortodoxo, esquecida a sua diversidade (Palestina, diáspora), temos certo número de constantes, numeradas a seguir:

1º A *estrutura* da comunidade é *sinagogal*, dirigida por presbíteros. A função dos profetas é ainda considerável nelas. O ensino da moral se inspira no dos Rabinos e, especialmente, no dos essênios.

---

[20] Cf. *Didaquê* 9-10.

[21] Os principais escritos são os *apócrifos* (escritos cristãos não reconhecidos pela Igreja como *inspirados*). Eles são o Evangelho de Tomé, de Pedro, de Tiago, a Ascensão de Isaías ou os Oráculos Sibilinos; uma espécie de "Manual do Cristão", a Didaquê, uma Carta de Barnabé e uma exortação à penitência, sob a forma de uma narração de visão, o Pastor de Hermas. É necessário acrescentar também uma coleta de Hinos, as Odes de Salomão.

[22] Cf. o texto em http://www.scribd.com/doc/25155411/A-Ascensao-de-Isaias.

2º As formas da liturgia estão próximas do ritual judaico. O Batismo se realiza na *água corrente*,[23] a Eucaristia, ligada ainda a uma verdadeira *refeição*, utiliza as bênçãos judaicas do banquete religioso.[24] Aos poucos uma polêmica se instaura com relação à fidelidade ou à rejeição das instituições judaicas.[25]

3º A teologia se move muito próxima da *apocalíptica judaica*. Filho e Espírito estão presentes como os *dois Serafins*. Os títulos do Filho de Deus são: o Nome, a Lei e a Aliança, o Príncipe e o Dia. Sua descida à terra é escondida e a sua epopeia se consuma na *descida aos Infernos*. As comunidades esperam a *parusia próxima*.[26]

É necessário tomar consciência de que o *judeo-cristianismo* não desaparece com o século II. Ele continua influenciando a comunidade de Antioquia e perdura na teologia siríaca, mais particularmente em Afraate e em Efrém, o Sírio, durante o IV século. Hoje ainda a Igreja da Caldeia e da Etiópia conservam as características da liturgia e a importância das instituições judaicas (jejum, observâncias), que chamam a atenção de quem as visita.

Encontramos traços do judeo-cristianismo fora do meio judaico propriamente dito, em Inácio, Justino, Irineu, Clemente de Alexandria e Epifânio.

3.2 Literatura pagão-cristã

A primeira comunidade cristã constituiu-se no meio judeu. Rapidamente, contudo, a partir do apóstolo Paulo, ela se põe a conquistar o mundo pagão. Nesta penetração, o cristianismo adota a língua *grega* que lhe permite atingir toda a bacia mediterrânea.

3.2.1 O Império Romano e as religiões

O Império Romano prometia a segurança, a paz e a prosperidade. Um vasto sistema de estradas retalhava as diversas cidades do império por onde circulava o correio imperial. O *Mar Mediterrâneo* era um imenso caminho de

---

[23] Cf. *Didaquê* 7,1.
[24] Cf. a Liturgia clementina nas Constituições Apostólicas e a *Didaquê* 9-10.
[25] Cf. a Carta de Barnabé.
[26] Cf. *Didaquê* 16.

comunicação do Oriente ao Ocidente. Se nos campos se conservavam os antigos idiomas, como o púnico, o celta, o siríaco ou o armênio, as cidades falavam o latim e, sobretudo, o grego. Com efeito, mediante a língua grega os helenos asseguravam sua conquista intelectual.

A antiga religião de Roma era sem alma e sem poesia. Nela não era possível encontrar o equivalente dos santuários de Delfos, de Delos ou Pérgamo, que continuavam a receber as multidões de peregrinos. Dos templos romanos Plínio constatava: "Os templos estão, pouco a pouco, sendo abandonados".

O Império introduz o culto de Roma e de Augusto, cuja finalidade é provocar a lealdade política com relação ao Estado. As populações orientais, acostumadas, após séculos, a adorar os seus soberanos, opõem alguma resistência a estes cultos. Os cristãos, *ao contrário, como atesta o Apocalipse, se rebelaram pelas usurpações sacrílegas do imperador Domiciano*.

A conquista do Oriente e do Egito introduz no panteão romano novas divindades: a Grande Mãe da Frígia, Isis, do Egito, os Baales, da Síria e Mitra, da Pérsia. Todos estes cultos de origem e de sentidos diversos coexistem, deixando a cada um a possibilidade de escolher conforme seus gostos ou suas comodidades, na medida em que as estruturas do Estado e da cidade fossem respeitados.

A elite do Império abandonava as crenças religiosas de estrato popular, refugiando-se em um *nobre ceticismo*, aliado, entre os melhores, a uma *moral austera*. As escolas filosóficas ofereciam aos espíritos da elite os meios de se elevar sobre as paixões e as contingências terrestres. O *estoicismo* de um Epicteto ou de um Marco Aurélio ensinava ao homem aceitar a necessidade universal, no interior de um universo governado por leis inatingíveis. Os traços de estoicismo em Clemente e Inácio provam que seus melhores adeptos encontrarão na mensagem evangélica a resposta às suas aspirações mais profundas.

3.2.2 O cristianismo no Império

Duas cidades principais assinalam a rota da conquista cristã que segue o caminho inverso ao das legiões romanas: *Antioquia e Roma*. Desde a primeira geração cristã, Antioquia é o *centro propulsor*. Para a Síria se constituirá no grande centro de evangelização. De lá Paulo parte para plantar a cruz na Ásia Menor e na Grécia. O Apocalipse nos fornece o nome de *sete Igrejas*, agrupadas na parte ocidental da Anatólia. *Antioquia* será o centro da grande vitalidade cristã no decorrer dos primeiros séculos. Ela dará à Igreja, a partir do século II, um grande bispo, *Inácio*. No quarto século, *João Crisóstomo* de lá sairá para ser bispo da capital, Constantinopla. Sua liturgia penetrará e influenciará, profundamente, a Igreja grega. Sobre a rota que de Antioquia conduz a Roma, Hilário encontrará até Filipos igrejas organizadas com um bispo a sua frente.

O *Ocidente* estava em atraso nesta expansão oriental, salvo Roma, que foi conquistada em tempo para a fé. A África foi, rapidamente, tocada pelo Evangelho. A Igreja foi nela implantada em meados do século II. As Atas dos Mártires Silitanos,[27] em 180, é o *primeiro texto cristão escrito em latim*. Roma *irradia* o Evangelho nas outras cidades ocidentais.

3.2.3 Evangelho e cultura grega

A penetração do mundo pagão provocará um choque em seu ambiente, cuja importância constitui o acontecimento capital da época, se bem que a literatura que dela brotará sofreu uma profunda mutação. O cristianismo acolhe a *influência do pensamento grego*. Basta comparar as efusões místicas de Hilário com as Odes de Salomão para medir o caminho percorrido. Os escritos cristãos da gentilidade conservam da *herança judaica* somente os valores estritamente bíblicos e espirituais.

Clemente e Inácio pensam naturalmente em grego. Emprestam do *helenismo* a forma literária, as imagens, as comparações, as categorias filosóficas e até o ideal moral, no qual eles exprimem a partir dali a mensagem cristã. "De Paulo a Clemente existe a diferença de um missionário que se adapta ao indianismo a um indiano que repensa o cristianismo."[28]

3.2.4 Os primeiros bispos escritores

Os primeiros escritos cristãos são assinados por *bispos* de Roma, Esmirna, Antioquia e Hirápolis. Estas são as recordações das cartas atribuídas a Clemente de Roma, Inácio de Antioquia, Policarpo de Esmirna, e o que subsiste de

---

[27] Sobre estes mártires, que tanto marcaram a vida da comunidade dos primórdios, ler-se-á com proveito: Saxer V., *Cilitanos*, in *DPAC*, p. 291. Também Petiot, Henri (Daniel-Rops), Na África, os humildes mártires de Scili, em *A Igreja dos Apóstolos e dos Mártires*, São Paulo, Quadrante, 1988, 184-192.

[28] São palavras do P. Daniélou, transcritas em Hamman, A. – Donnat, L., *Les Peres Apostoliques* 5.

uma exposição das tradições da comunidade cristã da Ásia: a explicação das Sentenças do Senhor, de Pápias de Hierápolis.

No primeiro tempo, as comunidades de origem judeo-cristãs são dirigidas pelo conselho dos anciãos ou presbíteros. Pouco a pouco, quando as comunidades, sobretudo de origem paulina, se organizam de maneira estável, encontra-se um *epíscopo*, chefe da Igreja, assistido por um *diácono*. Da organização colegial à responsabilidade episcopal, existe um tempo de flutuação, que terminará pela associação e a integração.

A *Igreja de Roma* desfruta de uma *situação privilegiada* pelo fato de ser ela a Igreja de *Pedro e de Paulo*. Desde o final do *I século*, Clemente intervém no conflito de Corinto. O endereço da carta que Inácio envia aos romanos testemunha a preeminência concedida à comunidade romana. O epitáfio de Abércio, a seu modo, proclama *a majestade da Igreja de Roma, rainha do mundo cristão*.

3.2.5 Leigos na Igreja[29]

Os leigos desfrutam de uma função considerável na instrução dos novos convertidos. Priscila e Áquila abrem ao judeu Apolo de Alexandria a obra de Jesus e o Batismo cristão. Dentre eles se recrutam os mestres qualificados, os doutores, que instruem os catecúmenos. Nas reuniões litúrgicas, a função dos leigos é subalterna, *mas real*.

A expansão do cristianismo é obra, em grande parte, não de missionários profissionais, que são o pequeno número e a exceção. Os primeiros missionários são *simples fiéis*, artesãos, comerciantes, soldados, escravos ou mestres, mulheres e jovens. Eles espalham a boa-nova ao seu redor, em primeiro lugar nas comunidades judaicas e, posteriormente, entre os pagãos. Assim foi constituída a comunidade de Lião, em parte sírios e frígios, vindos para negociar. Misturados na massa, os cristãos tornam-se o fermento evangélico.

---

[29] O tema dos leigos começa a ser pesquisado nos Padres da Igreja. Veja a obra de Sergio Felici (a cura di), *Sacerdozio battesimale e formazione teologica nella catechesi e nella testimonianza di vita dei Padri* = BSR 99 (LAS, Roma 1991).

BIBLIOGRAFIA

BOSIO, Guido, *Iniziazione ai Padri. I. La Chiesa Primitiva negli scritti dei Padri ante-niceni*, Torino, SEI 1964.

BROWN, Raymond E., *As Igrejas dos Apóstolos* = Temas Bíblicos, São Paulo, Paulinas 1986.

HAMMAN, A. – DONNAT, L., *Les Pères Apostoliques. Ignace d'Antioche* = Connaissance des Pères de l'Église 1, Paris, Desclée de Brouwer 1981.

HAMMAN, A., *Patrologia-Patrística*, em *DPAC II* 2709-2711.

MANZANARES, César Vidal, *Dicionário de Patrística*, Aparecida, Editora Santuário 31995.

PETIOT, Henri (DANIEL-ROPS), *A Igreja dos Apóstolos e dos Mártires*, São Paulo, Quadrante 1988.

Paulo, primeiro teólogo e inspirador dos Santos Padres

O estudo sobre São Paulo quer ajudar a compreender o momento essencial da fundação das *Igrejas dos gentios*. Nesta atividade, Paulo tem uma função primordial. Nele emerge uma *profunda consciência apostólica*. Convertido alguns anos após a morte de Jesus, o judeu Saulo, já no caminho de Damasco, pelo que podemos entender de suas cartas e dos Atos dos Apóstolos, teve *consciência* de sua missão. Sua conversão significou uma *inversão* do desígnio de Deus como ele o entendia, a saber, a *salvação pela Lei*.

Após sua conversão, Paulo teve de começar a confessar que Jesus, enviado à morte, era uma *realidade vivente*. Mais ainda. Paulo teve de convencer-se de que *Jesus se identificava com seus membros sofredores*. *A Ele deveria aderir como a um Messias e autor da salvação*. Por Ele Paulo teria que entrar na comunidade dos crentes, tornar-se *outro* apóstolo de Jesus, não somente para os judeus, mas para os pagãos (cf. At 9,1-30).

Damasco é a *origem* da vocação apostólica de Paulo. Durante mais de quinze anos, espaço que medeia o episódio da conversão de sua primeira carta, Paulo pôde meditar profundamente e ter, claramente, a plena consciência de sua vocação de apóstolo dos pagãos. Dentre todos os apóstolos, Paulo é o único que expressa, *de forma clara*, a sua *consciência pessoal apostólica*. É o primeiro escritor do Novo Testamento que utiliza a expressão apóstolo *no singular* e para indicar a si próprio.

Analisemos alguns elementos do conceito de apóstolo retirado das obras de Paulo.

1. O APÓSTOLO É UM ENVIADO DE CRISTO E DE DEUS

Na base do sentido do termo *apóstolo*, em Paulo, está o envio de Jesus e o do Cristo Glorioso. Paulo haverá de meditar, longamente, na realidade do *envio*. É tão forte esta consciência nele que esta noção ficará como *nota fundamental do apostolado*. Esta dimensão perdeu-se. Hoje não percebemos mais, tão claramente, esta ligação.

1.1 Paulo é chamado pelo Cristo

Paulo se autoproclama apóstolo *do Cristo* ou *apóstolo de Cristo Jesus* (cf. 1Tm 2,7). O apelativo Cristo Jesus indica a *origem* do apostolado. Mesmo apóstolos de segunda ordem, como Silvano e Timóteo, podem gozar dessa prerrogativa (cf. 1Cor 1,1; Ef 1,1).

A missão vem, para Paulo, de uma *aparição* do Ressuscitado (cf. 1Cor 9,1). Em 1Cor 15,3-9 Paulo se coloca na *série enumerada* dos que mereceram ter a aparição do Ressuscitado. Ele é o *último*! Assim como as aparições completam o quadro da Ressurreição, para Paulo completam a sua vocação. Se os grandes apóstolos *mereceram ver o Senhor*, também Paulo se *situa entre eles*. No caminho de Damasco ele *viu o Senhor*. Também ele, como *os Onze*, é um *apóstolo-fundador*.

1.2 Paulo é apóstolo por vontade de Deus

Em 1Cor 1,1 e 2Cor 1,1, Paulo se apresenta apóstolo por *vontade imperiosa de Deus*. Esta expressão reaparece em Ef 1,1 e Cl 1,1. Em Gl 1,1 ele completa: "Paulo, apóstolo, não por parte dos homens, nem por intermediário dos homens, mas por Jesus Cristo e Deus Pai...". Na consciência de Paulo, nega-se toda a participação humana no início de sua vocação. Contudo, está explícita a *dimensão eclesial* do seu chamado (cf. Gl 2,1-2).

1.3 Paulo é apóstolo por chamado de Deus

Paulo sente-se *convocado como apóstolo* (cf. Rm 1,1 e 1Cor 1,1). Esta convocação é um dado fundamental, como acontece para a comunidade cristã (a *klétoi ágioi* de Rm 1,7). A comunidade de Israel, chamada santa, tinha uma função precisa em meio aos povos. Força para esta comunidade eram os profetas, tais como Isaías e Jeremias. Paulo se compara a estes grandes profetas, os responsáveis pela comunidade santa de Israel.

1.4 Paulo como apóstolo é colocado à parte

Romanos 1,1 afirma que o chamado de Deus o *colocou à parte para o Evangelho de Deus*. Na consciência de Paulo está a recordação de Damasco (cf. Gl 1,15). Desde o seio materno, como aconteceu a Jeremias ou ao Servo Sofredor, Deus olhara para Paulo (cf. Jr 1,5 e Is 49,1). A ação de Deus aparece como uma revelação. Paulo não se sente somente convocado. Mais. Ele *foi colocado à parte por Deus desde o seio materno*. Identificando sua vocação com a dos profetas do Antigo Testamento, Paulo enriquece sobremaneira o sentido de apóstolo na Igreja do Novo Testamento.

A função última do ser separado pela vocação é o *serviço do Evangelho*. Eis a versão de Paulo para a missão que os profetas haviam recebido para levar o nome de Deus diante do povo. Para Jesus esta missão era a cooperação a serviço do Reino. Paulo, nesse momento, atribui o Evangelho ao próprio Deus, mais que a Jesus Cristo. A consciência é explícita: na vida de Paulo, *tudo vem de Deus, desde antes do seu nascimento. Tudo retorna a Deus pela pregação do Evangelho.*

Paulo enriquece o sentido de apóstolo. Judeu que era, atento à ação de Deus na história, Paulo se compreende explicitamente como *chamado* por Deus, realizando, destarte, o destino dos grandes chamados do Antigo Testamento, isto é, os profetas. Pode-se afirmar, nesse momento, que ao se converter no caminho de Damasco, Paulo não deixou a religião dos seus pais. *Ele teve a nítida sensação de que a cumpria perfeitamente*. Realizava, com sua vida, a afirmação de Jesus: "Não pensem que eu vim abolir a Lei e os Profetas. Não vim abolir, mas dar-lhe pleno cumprimento" (Mt 5,17).

Fariseu de nascença, acreditava no valor da Lei e na sua função de intermediária da salvação. Convertido por Jesus, ele vai compreender que os pagãos têm, pela fé, um *acesso direto a Jesus Cristo*. Esta compreensão representa a *ruptura com o judaísmo histórico*, enquanto hostil à liberdade cristã. Tal intelecção não implica ruptura com o Israel ideal, o Israel de Deus, porque o Deus que promulga, desta forma, a salvação para a humanidade inteira *é o mesmo que convocara um primeiro povo e lhe confiara seus oráculos e suas promessas*.

1.5 Conclusão

O ser-apóstolo, em Paulo, amplia o horizonte do termo e também a sua práxis. Ao demonstrar sua consciência de *convocado por Deus*, Paulo confessa que, *no episódio de Damasco, Deus atualizara a Páscoa de Jesus para ele*. Dali para frente sua ação apostólica será um *descortinar* para todos os homens e mulheres as riquezas desta ressurreição.

E como seus adversários contestavam o valor de sua missão de apóstolo, Paulo teve de confirmá-la, prática e teoricamente. Ele vai, destarte, até Deus, *a raiz de todo apostolado*.

2. O APÓSTOLO COMO CHEFE NA IGREJA

Quando Paulo se apresenta como *apóstolo*, não só a dimensão de *enviado* está presente em sua visão. Em determinados momentos este título *assume* ressonâncias de *chefe na Igreja*. Neste caso, mais que enviado, sua missão indica *uma função específica, concreta e estável*, com nuances diversas. O apóstolo é um "preposto" aos fiéis, *obreiro* do Evangelho, *responsável* dos pagãos.

2.1 A dignidade apostólica

Dignidade não é um título comum em Paulo, nem se pode dizer que ele andasse à procura dela. Contudo, esta tonalidade é dada tanto no livro dos Atos, que trata dos apóstolos com *deferência*, como em Ef 3,5, que fala dos *santos apóstolos*. O título de apóstolo, como *enviado*, representa uma dignidade do exercício da autoridade na Igreja.

Em 1Ts 2,7, Paulo se diz apóstolo de Cristo. A forma de se exprimir, porém, deixa entrever *uma pertença mais plena a Cristo*. O apóstolo é um "lugar-tenente". Há aqui uma nota de respeitabilidade na afirmação do cargo. A importância que Paulo e os outros obreiros do Evangelho possuem decorre do fato de serem apóstolos. É verdade que eles renunciaram à dignidade inerente ao cargo, mas o fizeram *voluntariamente*. Eles não podem, contudo, fazer valer sua posição de prepostos aos fiéis, nem estes podem contestá-la por si mesmos.

Quando emprega o termo de modo absoluto, isto é, *o termo somente*, Paulo quer dar este tom de dignidade. Em 1Cor 4,9 apresenta o *paradoxo da missão apostólica*: Deus coloca (em um sentido) *em último lugar* aqueles que (em outro sentido) *se encontram no primeiro*. Em 1Cor 9,1-23, Paulo se apresenta em sua vocação de apóstolo, vendo nela *direitos comparáveis aos dos grandes apóstolos* (v. 5).

Mesmo em 1Cor 15,9, *eu sou o "menor" dos apóstolos*, encontramos de novo o paradoxo e a antítese. Paulo se diz indigno de ser apóstolo, *mas ele o é de forma irrecusável, com a dignidade que é inerente ao título*. A tradução do texto pode significar de forma implícita: *eu não sou digno de trazer o nome de apóstolo, mas ele me convém*. O mesmo acontece em Gl 1,1. O título, aqui, seguido do *não da parte dos homens*, soa de forma absoluta. Apóstolo ressoa como um título de honra.

2.2 O apóstolo, obreiro do Evangelho

Em outros textos apóstolo significa *obreiro zeloso* do Evangelho. Esta nota é também um dos componentes da função mais englobante de chefe na Igreja. Em 1Cor 9,1-2 ele resolve a questão dos idolotitos dizendo viver às expensas dos fiéis. Sua resposta essencial diz que os pregadores devem viver do Evangelho (v. 14). Ele, Paulo, um *autêntico ministro do Evangelho*, age por sua qualidade de apóstolo (1Cor 9,1). O Apóstolo viu o Senhor. Porém, tão importante quanto esta visão é o fato de *trabalhar* pelo Evangelho. Este labor pelo Evangelho coloca uma nova dimensão da vocação apostólica. O trabalho é uma *confirmação* de sua *investidura* apostólica. A razão é a de que a obra do Evangelho, por intermédio do apóstolo, *é a do mesmo Cristo*.

Paulo exerce seu apostolado de uma forma que não parece estar em harmonia com os *grandes*. Ele, por sua vez, fundamenta no fato de trabalhar *mais que os outros* (1Cor 15,10) a medida de sua *qualidade* de apóstolo. Paulo se compara aos demais e se *superclassifica*, de uma forma audaciosa, a partir do seu labor evangélico.

O trabalho evangélico sobrecarrega o apóstolo, mas Deus *ratifica* este labor pelos prodígios. É o que faz Paulo em 2Cor 11-13, quando pede permissão para ser *louco* e evoca os *carismas* com os quais foi colmado e detalha tudo o que sofreu por Cristo.

A ação de Paulo é *carismática* de um lado. O Ressuscitado lhe apareceu. Esta ação soberana vai se *discernindo* em seu espírito, conforme ele se abre ao dom. Esta ação dá-lhe uma *autoridade soberana* e, ao mesmo tempo, o *libera de um discernimento eclesial dos espíritos*. De outro lado, a missão de Paulo, *como apóstolo dos pagãos*, é *ministerial*. O seu método de ação deve estar *submisso* ao controle das autoridades da Igreja.

2.3 Paulo como apóstolo dos gentios

Uma especificação mais precisa da responsabilidade do Evangelho se exprime, para Paulo, em seu título de *apóstolo dos gentios* (cf. Gl 2,6-10). O fato dessa investidura dá-se em Jerusalém, por volta do ano 49. Paulo escreve pelos anos 56. Os fatos dos quais Paulo se recorda aconteceram por volta dos anos 40. Nestes anos o Evangelho aparecia destinado ao mundo dos pagãos e ao do judaísmo. Ambos os mundos eram extensos... Os chefes cristãos haviam esquematizado a evangelização e a tinham entregado a Pedro e Paulo, igualmente. No momento em que escreve a carta aos Gálatas, a situação já está se passando diversamente. Em Paulo já existe a nítida consciência de ser *apóstolo dos gentios*. Esta consciência é clara em Rm 1,1-5. Aparece aí que sua *investidura apostólica* foi-lhe atribuída *de iure*, mais que *de facto*. Com efeito, Paulo não fundara a comunidade de Roma...

Em Rm 11,13-14, Paulo recorre à sua função *de apóstolo dos gentios*. Neste capítulo o apóstolo está falando da rejeição do Evangelho por parte de Israel. Os pagãos, ao contrário, acolhem com alegria o Evangelho. O título representa a ação de como Paulo a exercita. Não é um *monopólio* nem uma *especialização*. Rm 11 é um testemunho comovente da fé e do dinamismo de Paulo.

O título de apóstolos dos gentios é também paradoxal. Paulo, um judeu convertido, procura, *sistematicamente*, atender só os pagãos. Os outros apóstolos, embora também evangelizem os pagãos, atendem, quando necessário, às comunidades judeo-cristãs. Com nuances, a *qualidade* de apóstolo dos pagãos *define* o apóstolo Paulo de forma específica. Para ele, a nota genérica de obreiro do Evangelho se precisa, com este título, de forma única.

3. COMO CONCLUSÃO...

Com relação ao sentido de apóstolo, a reflexão sistemática de Paulo é de uma riqueza inigualável. O termo apresenta um crescendo. Partindo do sentido quase etimológico de *enviado*, Paulo afirma a nítida consciência de ter sido chamado ao apostolado pelo Cristo Ressuscitado, de ter recebido uma vocação do mesmo Senhor. Posteriormente, o título de apóstolo é concebido como *chefe da Igreja*, obreiro zeloso do Evangelho, destinado, por isso mesmo, ao sofrimento por causa do Cristo, servidor dos gentios.

Paulo demonstra, portanto, ter assumido a grandeza da vocação cristã e de sua dignidade. Ao mesmo tempo, contudo, percebe-se nele um crescimento em profundidade *teologal*, que faz aumentar seu serviço em dignidade, bem como na assunção das duras exigências de seu labor por Cristo.

A dúplice significação maior do apostolado paulino, já *tradicional* no tempo de Paulo, *ainda é conservada, hoje, na Igreja?* O nosso apostolado exprime as notas de *enviado* e de *chefe*? Pode-se dizer que o sentido de enviado e de chamado, na tradução para o latim, perdeu este sentido. Conseguiu recuperar o de *chefe na Igreja*. Foi neste sentido que o termo passou, do latim, para as línguas modernas.

Malgrado este esquecimento e mudança de sentido, mister se faz recuperá-lo na Igreja. *É preciso revalorizar hoje e recolocar às claras esta verdade de fé. Todo apóstolo na Igreja é, por isso mesmo, um homem escolhido e mandado como tal por Deus e pelo Cristo.* Paulo nos recorda esta revalorização.

A segunda dimensão que *sublinhamos* no apelativo apóstolo é a de *obreiro* do Evangelho. O apóstolo é o servidor zeloso do evangelho. É uma qualidade de todos os operadores de evangelização. As cartas de Paulo são um convite constante à atualização dos homens e mulheres apostólicos. Paulo é um convite a uma teologia do apostolado renovada pela fé no *apelo divino*. Este apóstolo se *consuma todo pelo Evangelho*, mas um Evangelho *destinado a todas as nações*.[1]

REZANDO COM OS SANTOS PADRES

Por amor de Cristo, Paulo tudo suportou[2]

O que é o homem, tão grande é a dignidade de nossa natureza e de quanta virtude é capaz a criatura humana, Paulo o demonstrou mais do que qualquer outro. Cada dia ele subia mais alto e se tornava mais ardente, cada dia lutava com energia sempre nova contra os

---

[1] Sobre Paulo, você lerá com proveito Petiot, Henri, Um arauto do Espírito: Paulo, em *A Igreja dos Apóstolos e dos mártires*, 56-102. Obra mais completa e exegética: Patte, Daniel, *Paulo, sua fé e a força do Evangelho*: introdução estrutural às Cartas de São Paulo = Nova Coleção Bíblica. Paulinas, São Paulo 1987.

[2] João Crisóstomo, Homilia 2, de *laudibus sancti Pauli*, in PG 50,447-480; apud *Liturgia das Horas* III, 1208-1210.

perigos que o ameaçavam. É o que depreendemos de suas próprias palavras: "Esquecendo o que fica para trás, eu me lanço para o que está na frente" (cf. Fl 3,13). Percebendo a morte iminente, convidava os outros a comungarem da sua alegria, dizendo: "Alegrai-vos e congratulai-vos comigo" (Fl 2,18). Diante dos perigos, injúrias e opróbrios, igualmente se alegrava e escreve aos coríntios: "Eu me comprazo nas fraquezas, nas injúrias, nas necessidades, nas perseguições" (2Cor 12,10); porque sendo estas, conforme declarava, as armas da justiça, mostrava que delas lhe vinha um grande proveito.

Realmente, no meio das insídias dos inimigos, conquistava contínuas vitórias triunfando de todos os seus assaltos. E em toda parte, flagelado, coberto de injúrias e maldições, como se desfilasse num cortejo triunfal, erguendo numerosos troféus, gloriava-se e davas graças a Deus, dizendo: "Graças sejam dadas a Deus que nos fez sempre triunfar" (2Cor 12,14). Por isso, corria ao encontro das humilhações e das ofensas que suportava por causa da pregação, com mais entusiasmo do que nós quando nos apressamos para alcançar o prazer das honrarias; aspirava mais pela morte do que nós pela vida; ansiava mais pela pobreza do que nós pelas riquezas; e desejava muito mais o trabalho sem descanso do que nós o descanso depois do trabalho. Uma só coisa o amedrontava e fazia temer: ofender a Deus. E uma só coisa desejava: agradar a Deus.

Só se alegrava no amor de Cristo, que era para ele o maior de todos os bens; com isto julgava-se o mais feliz dos homens; sem isto, de nada lhe adiantava ser amigo dos senhores e poderosos. Com este amor preferia ser o último de todos, isto é, ser contado entre os réprobos, do que encontrar-se no meio dos homens famosos pelas considerações e pela honra, mas privados do amor de Cristo.

Para ele, o maior e único tormento consistia em separar-se de semelhante amor; esta era a sua geena, o seu único castigo, o infinito e intolerável suplício.

Em compensação, desfrutar do amor de Cristo era para ele a vida, o mundo, o anjo, o presente, o futuro, o reino, a promessa, enfim, todos os bens. Afora isto, nada tinha por triste ou alegre. De tudo o que existe no mundo, nada lhe era agradável ou desagradável.

> Não se importava com as coisas que admiramos, como se costuma desprezar a erva apodrecida. Para ele, tanto os tiranos como as multidões enfurecidas eram como mosquitos.
>
> Considerava como brinquedos de crianças os mil suplícios, os tormentos e a própria morte, desde que pudesse sofrer alguma coisa por Cristo.

BIBLIOGRAFIA

CROSSAN, John Dominic – REED, J. L., Em busca de Paulo: Como o Apóstolo de Jesus opôs o Reino de Deus ao Império Romano, São Paulo, Paulinas ²2008.

DUNN, James D. G., *A Teologia do Apóstolo Paulo*. Trad. de Edwino ROYER. São Paulo, Paulus 2003.

ELLIOT, Neil, *Libertando Paulo*: a Justiça de Deus e a política do Apóstolo. Trad. de João REZENDE COSTA, São Paulo, Paulus 1997.

HORSLEY, Richard A. et al., *Paulo e o império*: religião e poder na sociedade imperial romana. Trad. de Adail Ubirajara SOBRAL, São Paulo, Paulus 2004.

MEEKS, Wayne A. *Os primeiros cristãos urbanos*: o mundo social do Apóstolo Paulo. Trad. de Isabel Leal F. FERREIRA, São Paulo, Paulus 1992.

PATTE, Daniel, *Paulo, sua fé e a força do Evangelho*: introdução estrutural às Cartas de São Paulo = Nova Coleção Bíblica, São Paulo, Paulinas 1987.

PESCE, Mauro, *As duas fases da pregação de Paulo*: da evangelização à guia da comunidade. Trad. de Marcos BAGNO. São Paulo, Loyola 1996.

PETIOT, Henri (DANIEL-ROPS), *A Igreja dos apóstolos e dos mártires*, São Paulo, Quadrante 1988.

SAMPLEY, J. P., (org.) *Paulo no mundo greco-romano*: um compêndio. São Paulo, Paulus 2009.

SANDERS, Ed Parish, *Paulo, a lei e o povo judeu*. Trad. de José Raimundo VIDIGAL. São Paulo, Paulus/Academia Cristã 2008.

SEGAL, Alan F., *Paulo, o convertido*: apostolado e apostasia de Saulo fariseu. Trad. do inglês. São Paulo, Paulus 2010.

Os Padres Apostólicos

Este nosso capítulo constará de três pequenas partes. Na *primeira*, faremos uma rápida introdução sobre o *sentido e o valor* desta parte da Patrística. Na *segunda* apresentaremos os *principais Padres* deste período. Uma *pequena conclusão* encerrará o capítulo.

1. O SENTIDO E O VALOR DOS PADRES APOSTÓLICOS

O nome de *Padres Apostólicos* determina uma série, não muito numerosa, de escritos da Igreja dos Primórdios. Os autores destes escritos ou teriam convivido com os Apóstolos ou se acredita que o tivessem feito. O primeiro a utilizar a denominação de *Padres Apostólicos* foi *Jean-Baptiste Cotelier* em 1672.[1] Segundo ele, estes Padres seriam cinco, a saber: *Barnabé*, que teria sido apóstolo e companheiro de Paulo; *Clemente*, bispo de Roma e terceiro sucessor de Pedro; *Hermas*, que foi discípulo de Paulo e identificado com o homônimo de Rm 16,14; *Inácio*, que teria conhecido os apóstolos, e *Policarpo*, que manteve estreita relação com São João.[2]

Em 1765, *Andrea Gallandi*[3] acrescenta os nomes de *Papias*, bispo de Hierápolis e o discurso apologético dirigido a *Diogneto*. Em 1873 foi descoberta a *Didaquê* que entrou, de pleno direito, a fazer parte da colação dos *Padres Apostólicos*. Os Padres Apostólicos foram discípulos dos Apóstolos, como estes

---

[1] Cottelier, Jean-Baptiste, erudito teólogo francês do século XVII (1629-1686). Sua obra principal é *SS. Patrum qui temporibus apostolicis floruerunt, Barnabæ, Clementis, Hermæ, Ignatii, Polycarpi opera edita et non edita, vera et supposita, græce et latine, cum notis*, Paris, 1672.

[2] Cf. Ruiz Bueno, Daniel, *Padres Apostólicos:* BAC 65 (Madrid 1985) 3, nota 1. Em português temos: Frangiotti, Roque [ed.], *Padres apostólicos*, tradução de Ivo Storniolo e Euclides M. Balancin = Coleção Patrística 1, Paulus, São Paulo, 31997.

[3] Gallandi, Andrea (1709-1780). Sua obra mais importante é *Veterum Bibliotheca patrum antiquorumque scriptorum ecclesiasticorum greco-latina* (1765-1781), 14 vol., Veneza, 21788.

foram de Cristo, formando assim a cadeia ininterrupta da tradição, fonte teológica de inapreciável valor. Eles foram também os primeiros a entender e interpretar a sublime doutrina de Jesus e a citar as Sagradas Escrituras.

Os escritos destes Padres são *o eco vivo* da pregação e da doutrina dos Apóstolos. Há um fogo, uma força, uma segurança de tom na palavra, um fulgor de verdade na ideia que nos penetra nos escritos divinamente inspirados, e que não existem nos posteriores, por mais próximos que estejam destes. Esta dimensão aparece em *Clemente Romano*. Embora escreva aos coríntios por impulso do Espírito, ele credita a *inspiração* aos escritos de Paulo.[4] Inácio de Antioquia, caminhando como mártir glorioso para ser morto em Roma, inclina-se diante dos Apóstolos Pedro e Paulo. Ele afirma: "Eu não posso impor-vos mandamentos como Pedro e Paulo. Eles eram apóstolos. Eu não passo de um condenado à morte..."[5] Esta consciência encontra-se presente nos mesmos escritos. "Não falo de coisas estranhas, nem procuro absurdos, mas como me tornei discípulo dos apóstolos, faço-me mestre dos gentios. Apenas transmito o que me foi confiado aos que se fizeram dignos discípulos da verdade."[6] "O fato é que, após os livros divinamente inspirados, os Evangelhos, os Atos e as Cartas dos Apóstolos, não há um conjunto de obras que nos deem a impressão tão imediata, tão íntima e tão cálida da vida da Igreja no momento no qual começa a palmilhar o caminho dos séculos. São escritos pequenos, de minguada aparência externa. Eles vão da anônima Didaquê, ao também anônimo escrito a Diogneto. E são, contudo, o anel imediato com a idade apostólica, como a Didaquê e o laço de união com os Apologistas do século II, como é o caso de Diogneto."[7]

Apresentamos, a seguir, um pequeno apanhado destas riquíssimas obras do primigênio cristianismo, embora mereçam uma profunda verificação. Buscaremos, contudo, saciar-nos com o pouco que temos condição de apresentar das mesmas.[8]

---

[4] "Tomai em vossas mãos as cartas do bem-aventurado Paulo... inspirado, verdadeiramente, pelo Espírito, ele vos escreveu sobre si mesmo, sobre Cefas e Apolo. A razão de seu escrito foram as parcialidades que floresceram entre vós" (cf. I Clemente, 47,1-3, in *Padres apostólicos*, citado à nota 2). Antes ele havia escrito, com segurança: "mas se alguns desatenderem o que Deus vos diz por meu intermédio, saibam que se expõem a grave perigo" (idem 59,1).

[5] INÁCIO, *Rom* IV 3; in *Padres apostólicos*; o mesmo em *Tral.* III 3.

[6] Diogneto XI 1, in *A Carta a Diogneto*, trad. de Figueiredo, Fernando et al., Petrópolis, Vozes, 1970.

[7] Ruiz Bueno, Daniel, *Los Padres Apostolicos* 6.

[8] As bibliografias e as indicações de leitura que serão apresentadas poderão permitir esse aprofundamento.

2. QUAIS SÃO OS PADRES APOSTÓLICOS

Procederemos a uma sucinta apresentação de cada um dos textos que compõem o período denominado de Padres Apostólicos. São eles:

- A *Didaquê* ou *Doutrina dos Doze Apóstolos*: um documento anônimo que é, fundamentalmente, um manual de normas morais e organização interna.
- A *Carta aos Coríntios* de Clemente Romano: é uma intervenção da Igreja de Roma na crise da comunidade de Corinto, apoiando a estruturação hierárquica no princípio da sucessão apostólica.
- As *Cartas de Santo Inácio de Antioquia*: testemunha a solidariedade entre as Igrejas e a corresponsabilidade de um bispo diante do cisma e da heresia.[9]
- A *Carta de Barnabé*: escrito anônimo que constitui um tratado sobre a interpretação cristã do Antigo Testamento e está dirigido a cristãos atraídos pelo judaísmo.
- O *Pastor de Hermas*: é um livro anônimo de caráter apocalíptico (*revelação*), com uma mensagem de penitência para a Igreja.
- *Pápias de Hierápolis*: trata-se de um dos personagens mais misteriosos da antiguidade cristã. O pouco que se sabe sobre ele dá lugar a muitas discussões por parte de historiadores e pesquisadores. Sua importância está no fato de ter conservado tradições orais a respeito dos Evangelhos e que não são encontradas em outros escritos contemporâneos a ele.
- A *Carta aos Filipenses* de Policarpo de Esmirna: nela se insiste na humanidade de Cristo, no realismo de sua morte, na obediência à hierarquia da Igreja, na prática da esmola e na oração pelas autoridades civis.
- A *Carta de Barnabé*: escrito anônimo, ele também. Ela destaca os elementos significativos da vida e missão da Igreja. Assumindo do judaísmo a doutrina dos dois caminhos, ela não para aí. Fixa a atenção em Jesus Cristo, que é o verdadeiro caminho.
- A *Carta a Diogneto*: documento que pode estar também entre os Padres Apologistas pela apresentação que faz do cristianismo, pois é o único que traz um argumento em seu favor.

---

[9] Erro em matéria de fé.

2.1 A Didaquê[10]

2.1.1 Generalidades

A Doutrina dos Doze Apóstolos, mais brevemente chamada por seu nome grego de Didaquê, é, ao que parece, o mais antigo escrito cristão, não canônico, anterior a alguns livros do Novo Testamento. A Didaquê é o antiquíssimo catecismo cristão, antes ainda do término da revelação cristã. Ela antecede a fixação do cânon das Escrituras. A Didaquê é citada pela Epístola de Barnabé,[11] bem como por Hermas, por volta de 140, quando escreveu o Pastor.[12] Além destas citações muito vetustas, a Didaquê desfrutou de profunda estima de Clemente, Orígenes, Atanásio e Eusébio de Cesareia. Na Didaquê encontra-se um dito, atribuído ao Senhor. "Que tua esmola permaneça em tuas mãos, até que saibas a quem doá-la".[13]

A Didaquê ficou adormecida em quase todo o segundo milênio da Igreja. Foi redescoberta em 1875 pelo Arcebispo grego, metropolita de Nicomédia, Filoteu Briênio. No Códice em que estava a Didaquê, encontravam-se também os manuscritos de Clemente Romano e da chamada Epístola de Barnabé. Oito anos depois, em 1883, lançava ele em Constantinopla a *editio princeps*, com o título Doutrina dos Doze Apóstolos, agora pela primeira vez publicada, segundo o manuscrito jerosolimitano, com introduções e notas por Filoteu Bryennios, metropolita de Nicomédia. Esta foi, sem dúvida, a mais importante descoberta dos tempos modernos no campo da Igreja dos primórdios.[14]

---

[10] Anonyme, *Doctrine des douze apôtres* (La Didachè), intr. de M. Willy Rordorf et trad. de M. André Tuilier, SC 248.248bis, Paris, Les Éditions du Cerf 1978.1998 [*Doctrina XII apostolorum* (*Didache*), CPG 1735; Funk-Byhlmeyer 1-9]; Frangiotti, Roque [ed.], Didaquê, in *Padres Apostólicos*, tradução de Ivo Storniolo e Euclides M. Balancin, *Patrística 1*, São Paulo, Paulus 21995, p. Ainda: Zilles, Urbano, *Didaquê, Catecismo dos primeiros cristãos*, Vozes, Petrópolis 62003.

[11] Barnabé, *Epistula* 18-20, que cita Didaquê I-IV; apud Ruiz Bueno, Daniel, *Los Padres Apostolicos* 30.

[12] Hermas, *Pastor, Mand.* II 4-5; Didaquê I 5.

[13] Didaquê I 6. Este dito do Senhor (*eiretai*), transmitido oralmente, e que não consta do Evangelho escrito, chama-se *agraphon*. At 20,35 traz outro: "há maior alegria em dar do que em receber". As citações de São Agostinho encontram-se em *In Ps.* 102,12; cf. PL 37,1326 e *In Ps.* 46,17; cf. PL 1920.

[14] Em 1887, o manuscrito, o Cod. 54 ou *Codex Ierosolymitanus*, como é conhecido o rolo de manuscritos em grego, datado de 1056, copiado por um escriba chamado Leo, foi levado para a biblioteca patriarcal de Jerusalém, onde se encontra até hoje. Há outras versões antigas da Didaquê: copta, etíope, georgiana e latina.

2.1.2 Relação da Didaquê com a Igreja antiga

A Didaquê desfrutou de profunda estima na Igreja dos primórdios. Chegou mesmo a ser aceita como um livro digno de ser lido no culto divino. Clemente de Alexandria cita-a, uma vez, como Escritura, *graphé*.[15] Eusébio de Cesareia refere-se à Didaquê como um dos livros apócrifos da antiguidade.[16] Atanásio também não aceita a canonicidade da Didaquê, mas afirma que ela ainda era utilizada na catequese.[17]

Provavelmente o autor da Didaquê seja um ministro de idade avançada, imigrado para a Síria por ocasião da guerra civil e formado na escola de Tiago, o menor. A data mais provável da sua publicação é no final do primeiro século.

Provavelmente a Didaquê foi composta em Alexandria. As razões para esta opção é a utilização do tema dos *Dois Caminhos*, que fazia parte da instrução dos cristãos naquela cidade, conforme o uso que dela fazia a Epístola de Barnabé, originária também de Alexandria. A utilização que a Didaquê faz do Novo Testamento é muito livre, conforme o costume alexandrino. Ademais, até o IV século a Igreja de Alexandria a considerava quase canônica. Atanásio tinha a Didaquê como apta para a instrução catequética.

2.1.3 A divisão da Didaquê

Os autores dividem de várias formas este importante documento. A divisão em duas partes pode ser assim apresentada:
a) *Os Dois Caminhos* (capítulos de 1 a 6). Esta parte aponta o código de moralidade cristã nas diferentes virtudes e vícios que constituem, respectivamente, o Caminho da Vida e o Caminho da Morte. Essa parte, provavelmente, é uma adaptação de um tratado moral autônomo, quiçá de origem judaica, que era conhecido e usado em Alexandria.

---

[15] Nascido pelos anos de 150 e morto entre 215-216, Clemente de Alexandria é, provavelmente, originário de Atenas. Deixou um testemunho da canonicidade da Didaquê em *Stromatas* I, 20, 100 (cf. *Stromate I* [Stromata I], Introd. de Claude Mondésert, trad. et notes de Marcel Caster, SC 30, Les Éditions du Cerf, Paris 1951.

[16] Cf. *História Eclesiástica* III, 25, 4, in Eusébio de Cesareia, *História eclesiástica*, Trad. das Monjas Beneditinas do Mosteiro Mãe de Cristo, introd. e notas de Roque Frangiotti = Patrística 15, São Paulo, Paulus 2000.

[17] Cf. Atanásio, Cartas festivas, in *PG* 26, 1360-1444.

No início do segundo século, esse texto judaico teria sido inserido em um primitivo manual eclesiástico, a Didaquê, recebendo importantes acréscimos cristãos.

b) *Manual eclesiástico* (capítulos de 7 a 16). É um compêndio de regras que tratam de diversos aspectos da vida da Igreja, tais como o Batismo, o jejum, a Eucaristia, os missionários itinerantes e os ministros locais. Esses antigos regulamentos conferem à Didaquê um interesse e importância singulares, pois refletem a vida de uma primitiva comunidade cristã na Síria (ou no Egito) no final do 1º século.[18]

Diferente é a divisão de Johannes Quasten,[19] em três partes distintas:

a) *instruções litúrgicas*, dos capítulos 1 a 10. Esta parte, por sua vez, é subdividida: dos capítulos 1 a 6 são apresentadas as regras de moralidade e de 7 a 10, as instruções litúrgicas;
b) *regulamentações disciplinares*, de 11 a 15;
c) *conclusão*: é o capítulo 16.

Quasten ainda acentua os temas importantes do documento, tais como a oração, a liturgia, a confissão, a hierarquia, a beneficência, a eclesiologia e a escatologia. Entre outras coisas afirma que Didaquê contém as mais antigas orações eucarísticas que se conhecem, bem como é ela quem faz a única referência ao Batismo de infusão nos primeiros séculos. Observa também que o documento não faz nenhuma referência ao episcopado monárquico nem aos presbíteros. Por sua vez, Roque Frangiotti[20] divide o texto em quatro partes:

a) *seção doutrinal ou catequética*: dos capítulos 1 a 6;
b) *instruções litúrgicas*, dos capítulos 7 a 10;
c) *instruções disciplinares*, dos capítulos 11 a 15;
d) *epílogo*: a segunda vinda de Cristo, constituído pelo capítulo 16.[21]

---

[18] Cf. STANIFORTH, Maxwell (Ed.). *Early Christian writings: the apostolic fathers*, New York, Barnes & Noble, 1993; apud Matos, *Alderi Souza*, fonte: http://www.mackenzie.br/7114.html – acessado em: 06.10.10.

[19] QUASTEN, Johannes, *Patrología*. I. *Hasta el Concilio de Nicea* = BAC, Madrid 41991.

[20] Frangiotti, Roque [ed.], *Didaquê*, cit.

[21] Correspondendo à Didaquê 1 a 6, havia uma versão latina com o título *Doctrina apostolorum*. Não continha os textos 1.3b-2.1 e se apoiava num texto grego que trazia a doutrina judaica tardia dos dois caminhos. Ela era destinada à instrução moral dos gentios tementes a Deus e que desejavam aderir à sinagoga. Esse escrito era intitulado *Didaché Kuríou tois éthnesin*. O texto recebeu um caráter cristão seja pela inserção das palavras *diá ton dódeka apostólon* no título, seja pela interpolação de 1.3b-2.1 (Altaner, Berthold – Stuiber, Alfred, *Patrologia*. *Vida, obras e doutrina dos Padres da Igreja*, Paulinas, São Paulo 1972.

2.1.4 Conclusões

Em primeiro lugar apresentamos algumas evidências que apontam para a antiguidade da Didaquê. São elas: o título "Servo de Deus" aplicado a Jesus; a simplicidade litúrgica das orações; a oração eucarística é de um período no qual a Ceia do Senhor era celebrada durante uma refeição; o Batismo em água corrente; a busca de distinguir as práticas cristãs dos rituais judaicos; a ausência de preocupação com um credo universal; nenhuma referência aos livros do Novo Testamento; a não alusão ao episcopado monárquico; a acentuação dada aos ofícios carismáticos e itinerantes, tais como o de apóstolos e profetas; a estrutura de bispos e diáconos e nenhuma alusão a temas que aparecem já no final do segundo século, como a virgindade e as tendências gnósticas e antignósticas.

Outra conclusão interessante é sobre o autor do documento. Ele teria sido mais um compilador que um autor propriamente dito. Ele não escreveu o documento, mas o compilou, reunindo textos preexistentes e adaptou-os. Com bastante probabilidade o *didaquista* compilou o capítulo 16.[22]

A doutrina dos Dois Caminhos (capítulos de 1 a 5) certamente representa uma forma tardia de um catecismo original que apresentava alguns ensinamentos tipicamente cristãos. Eles mostram um conhecimento de Mateus e Lucas, bem como do Pastor de Hermas[23] e da Epístola de Barnabé.[24]

Ainda podemos afirmar que os capítulos de 6 a 15, o manual de ordem eclesiástica, refletem o período pós-apostólico nas igrejas rurais da Síria. São razões para esta afirmação: a) a dependência do Evangelho de Mateus o qual, com muita probabilidade, teve sua origem na Síria, b) as orações eucarísticas relembram uma região na qual o trigo é semeado nas colinas, c) a seção batismal pressupõe um lugar onde há termas, e d) os profetas e mestres recordam a situação de Antioquia (cf. At 13,1). Podemos afirmar que estamos diante de um documento que brota de comunidades rurais nas quais os líderes passam de tempos em tempos.[25]

---

[22] Cf. Richardson, Cyril C. et al. [Eds.], *Early Christian fathers*, The Library of Christian Classics, Vol. I. Philadelphia: Westminster 1953. Cf. também a outra edição: Richardson, Cyril C., trans. and ed., *Early Christian Fathers*. NY, Macmillan, 1978.

[23] Hermas, *Pastor, Mandamento* II 4-6.

[24] Barnabé, 4,9.

[25] Cf. Matos, *Alderi Souza*, loc. cit.

O capítulo 16 é uma conclusão escatológica, tratando especificamente da *parusia*. Enfim, a Didaquê é um "livro de arcaica sensibilidade, imagem de um cristianismo profundo e prático, testemunho vivo de nossa fé, inalterável e fecunda, que cresce e se expande como ser vivo e, como a vida mesma, se nos apresenta sempre variada e sempre igual a si mesma. Diante de certo barroquismo devoto, sufocante, confuso e infecundo, sentimos às vezes um impossível desejo de ter vivido nos dias da fé sensível, de pura e total entrega, da cristandade da Didaquê. Daquela simplicidade surgiu a grande era dos mártires e a grande sementeira que floresceu nos três primeiros séculos e que não tiveram comparação na História da Igreja".[26]

2.2 Clemente Romano[27]

2.2.1 Dados gerais

Clemente nasceu em Roma e certamente ali foi batizado. Estudou letras, especialmente o grego, que era então a língua falada na maior parte do Império. Na segunda metade do primeiro século nós o encontramos como bispo de Roma, segundo o testemunho de Irineu: "depois de Anacleto, terceiro sucessor dos Apóstolos, sucedeu Clemente. Também ele viu os beatos apóstolos e relacionou-se com eles. Tinha ainda nos ouvidos a ressonância da pregação apostólica e diante dos olhos a sua Tradição. E não era só porque viviam, em seu tempo, muitos dos que foram instruídos pelos Apóstolos".[28] Clemente é o quarto no papado. Sucedeu a Pedro (25-67), Lino (67-76) e Cleto (76-88).

Teve uma ação precisa na Igreja. O *"Liber Pontificalis"*[29] afirma: "Clemente governou a Igreja durante nove anos. Reorganizou a comunidade de Roma, dividindo a cidade em sete setores, recomendando-os a sete diáconos. Fez

---

[26] Ruiz bueno, Daniel, *Los Padres Apostolicos* 75.

[27] Clément de Rome, *Épître aux Corinthiens*, intr. et trad. de Mme. Annie Jaubert, SC 167, Paris, Les Éditions du Cerf 1971 [*Epistula ad Corinthios prima*; *CPG* 1001; *PG* 1,199-328; Schneider]. N.E.: Trad. Bras.: *Carta de São Clemente Romano aos Coríntios. Primórdios cristãos e estrutura.* Introdução, tradução e notas: Paulo Evaristo Arns. Petrópolis, Vozes, 1984. [Fontes da catequese, 3].

[28] Irineu de Lião, *Contra as heresias* III 3,3, trad. de Lourenço Costa = Coleção Patrística 04, São Paulo, Paulus 1997.

[29] Também chamado de "Livro dos Papas", é uma compilação de resenhas biográficas dos primeiros papas, desde São Pedro até Nicolau I em 857. Nele se especificam os anos de duração de cada pontificado, o lugar do nascimento e do sepultamento de cada pontífice, bem como as suas principais ações. O melhor estudo que se tem desta obra é de Duchesne, Louis, *Liber Pontificalis, introduction, texte, commentaire* (Paris, 1884 – 1892). Há uma edição mais recente de 1957 (Paris, Éd. de Boccard).

redigir com cuidado as Atas dos Mártires". Pode-se mencionar como seu legado o restabelecimento do uso da confirmação segundo o rito de São Pedro e o começo da utilização da palavra Amém no final das cerimônias religiosas.

Orígenes o chama de *discípulo* dos apóstolos. Eusébio afirma que Paulo o recorda na Carta aos Filipenses 4,3[30] como seu colaborador e que seu nome está escrito no livro da vida. Esta identificação foi feita, pela primeira vez, por Orígenes e foi retomada por Eusébio. Recordemos que a Carta aos Filipenses é do ano 62.

As notícias e a data sobre a morte de Clemente são também conflitantes. Eusébio diz: "Clemente passou desta vida no terceiro ano do imperador Trajano (ano 100), deixando a honra do seu sagrado ministério a Evaristo. Por nove anos ele tinha presidido ao magistério da divina palavra".[31] São Jerônimo confirma: "Clemente morreu no terceiro ano de Trajano e a memória do seu nome é ainda guardada por uma Igreja construída em Roma".[32]

2.2.2 A Carta aos Coríntios

Por sua autoridade e o prestígio, muitos escritos foram atribuídos a Clemente. Contudo, sua única obra da qual se tem segurança é a primeira "Carta aos Coríntios".

Falando dela, Guido Bosio afirma: "O caráter geral da carta, a regularidade da estrutura e do estilo, habitualmente correto, a argumentação clara e lógica, o sentimento sincero e franco, mas sempre disciplinado pela inteligência, revelam um homem reflexivo e metódico, formado na disciplina e na cultura helênica. De outro lado, o profundo conhecimento do Antigo Testamento, que cita de cor o texto grego dos Setenta, e dos apócrifos judaicos, o respeito e a veneração pela tradição judaica, que em Clemente se enxerta na [tradição] cristã sem rompimento de continuidade e formando uma única unidade harmônica, excluem que ele seja pagão de nascimento. O exame intrínseco da carta oferece clara impressão que o autor seja um judeo-helenista".[33]

O escopo da Carta, conforme Irineu, é a autoridade do Papa: "sob Clemente irrompeu uma grave dissensão entre os irmãos de Corinto. A Igreja de

---

[30] "E a você, Sizigo ... peço que as ajude... junto com Clemente e os meus outros colaboradores...".
[31] *História Eclesiástica* III, 34; apud Bosio, Guido, *Iniziazione* I 34, nota 9.
[32] Jerônimo, *De viris illustribus*, 15, in *PL* 23, 661-664; apud Bosio, Guido, *Iniziazione* I 34, nota 10.
[33] Bosio, Guido, *Iniziazione* I 34.

Roma escreveu-lhes uma carta importantíssima, visando reconduzi-los à paz, reconciliando-os, reanimando sua fé e anunciando-lhes a tradição (*paradosin*) que ele havia recebido, recentemente, dos apóstolos".[34]

A Carta teria sido escrita antes do ano 100, entre 96 e 98. Está-se no final do governo do imperador Domiciano e começo do de Nerva. A importância do documento é imensa, pois mostra que a Igreja de Roma é governada por um bispo reconhecido como o primeiro entre os presbíteros e chefe dos diáconos. Seu valor cresce ainda, pois traz o valioso testemunho do martírio de Pedro e Paulo em Roma. Seu sentido final é a unidade do corpo de Cristo por meio da obediência. Apesar da distância que existe entre Roma e Corinto, a carta manifesta autoridade. Clemente tem consciência de que vai ser escutado. O estilo de Clemente é um dos primeiros indícios de que a comunidade cristã ortodoxa teve mestres e guias desde os seus inícios.[35]

Para conseguir a volta à ordem eclesial, Clemente utiliza-se, antes de tudo, da *recordação* dos exemplos e exigências morais do Antigo Testamento, uma vez que, segundo ele, há somente uma grande tradição. Esta vai de Adão até hoje (7,2; 31,1; 50,3).[36] Faz, a seguir, a *ligação* com as palavras de Jesus e com as *exigências* éticas do Antigo Testamento (13,1). A vinda de Jesus foi anunciada pelas testemunhas veterotestamentárias (17,1-18,17). Jesus é o mestre da mansidão e da humildade (13,1); é o servo paciente (16,1-7) e o nosso modelo (13,1; 17,1).

Acentuemos, uma vez mais, a importância do testemunho que traz e dos dados que apresenta, tais como a perseguição de Nero (6,1-2), o martírio de Pedro e Paulo em Roma (5), a sucessão apostólica e a hierarquia eclesiástica (bispos-presbíteros-diáconos) (40-44). Além disso, temas como a ressurreição

---

[34] Irineu de Lião, *Contra as heresias* III 3,3.

[35] "... poderíamos dizer que esta carta constitui o primeiro exercício do Primado romano depois da morte de São Pedro. (...) A ocasião imediata da carta oferece ao Bispo de Roma a possibilidade para uma ampla intervenção sobre a identidade da Igreja e sobre a sua missão. (...) Em relação aos chefes das comunidades, Clemente explicita claramente a doutrina da sucessão apostólica. As normas que a regulam derivam definitivamente do próprio Deus. O Pai enviou Jesus Cristo, o qual por sua vez enviou os Apóstolos. Depois, eles enviaram os primeiros chefes das comunidades e estabeleceram que lhe sucedessem outros homens dignos. Portanto, tudo se realiza 'ordenadamente pela vontade de Deus' (42)" (Bento XVI, São Clemente I de Roma, in http://blog.bibliacatolica.com.br/tag/clemente-romano/ – acessado em: 07.10.10).

[36] "Desde Adão, passaram todas as gerações até o dia de hoje. Mas os que foram perfeitos no amor segundo a graça de Deus tomaram posse da terra dos santos e hão de manifestar-se quando o Reino de Cristo estiver à vista" (*Carta aos Coríntios* 50,3; in Frangiotti, Roque [ed.], *Clemente Romano*, in Padres Apostólicos ...).

dos mortos (24-25), a Igreja como Corpo Místico (38) e a prece final, muito parecida com as *anáforas* eucarísticas (59-61).

A carta segue um *esquema* claro:
a) um *prólogo*, que é constituído pelos capítulos de 1 a 3. Contém o endereço e a saudação. Analisa a comunidade de Corinto, antes e depois da sedição.
b) a *primeira parte* é teórico-parenética (cc. 4-38). Trata da conduta dos cristãos (c. 4-31), que consiste em evitar os vícios danosos e conseguir as virtudes necessárias (4-22). Os bons terão como prêmio a ressurreição (23-30). Os caminhos da bênção divina são a fé, a submissão na Igreja, corpo místico de Cristo (31-38).
c) a *segunda parte* é prática (39-58). Tem como argumentos fundamentais a origem de todo poder em Deus, conforme o ensinamento do Antigo Testamento (39-41) e do Novo (42-44). Trata dos exemplos antigos e recentes de insubordinação (45-47) e exorta à união pelo elogio da caridade (48-50). Conclui esta parte exortando os autores do cisma para fazerem penitência. Que eles tomem, voluntariamente, o caminho do exílio, para que retornem em paz. Pede orações para que se arrependam e se submetam aos presbíteros, retornando, destarte, à grei de Cristo e sejam salvos (51-58). Há uma grande oração, pedindo que o número dos eleitos seja conservado intacto (59-61).
d) um *epílogo* (62-65) encerra a carta, trazendo argumentos que convidam e exortam à paz e à concórdia.

2.2.3 Alguns elementos de conclusão

A carta de Clemente Romano aos Coríntios afronta vários temas de perene atualidade. Vamos acentuar apenas alguns. Esta epístola representa, a partir do século I, a solicitude da Igreja de Roma que preside as demais Igrejas na caridade.

A primeira grande característica da carta é o fato do seu autor jamais falar de si próprio. Ressalta sempre a "Igreja de Deus estabelecida transitoriamente em Roma". A forma utilizada para se expressar é um "plural majestático".[37]

---

[37] Na língua falada ou escrita, o "plural majestático" é o fato de referir-se a alguém (falante ou escritor) utilizando a forma da primeira pessoa do plural (por exemplo, "nós cremos..." em lugar de "eu

Outra característica é a unidade expressa pela carta. Ela demonstra que a obra foi redigida por uma só pessoa e deixa entrever a intenção de que seria lida e se tornaria de domínio público. É certo que, como a Didaquê, ela foi lida na assembleia litúrgica durante os primeiros séculos.

Outro ponto a realçar é a consciência do primado da sede de Roma sobre as demais comunidades eclesiais. A carta mostra a clara intenção pacificadora, conciliadora e mediadora, sobressaindo ademais a reivindicação de sua autoridade sobre as demais igrejas.

Ressaltamos ainda a terminologia empregada para os que exercem a autoridade nas igrejas. Eles são chamados de bispos e diáconos, e mesmo presbíteros. Eles não podem ser destituídos pela comunidade, pois foram instituídos pelos Apóstolos em nome de Cristo.

É significativo e digno de nota o testemunho da sede de Pedro em Roma, da viagem de Paulo para a mesma cidade e do martírio de ambos também em Roma.

A carta faz-se importante, ademais, pela afirmação da fé na ressurreição dos mortos. Sublinhar esse tema é fundamental num momento em que este dado da fé era atacado pelos pagãos.[38]

Outra dimensão que se deve acentuar na carta é a consciência precisa das funções de cada um na comunidade cristã. Se acentua de uma parte a sucessão apostólica do ministério dos bispos e a consciência da sobre-eminência do ministério petrino; acentua de outro lado a função e a dignidade do leigo na comunidade cristã.[39] Destarte, a Igreja tem uma estrutura sacramental e não política. Ela é dom de Deus e não criatura nossa.

Ensina, ademais, a dimensão universal da oração cristã. Ela é sempre dirigida a Deus que, por sua maravilhosa providência de Deus, criou o mundo e continua salvando-o e santificando-o. Esta oração é feita por todos, sem se esquecer das instituições que governam o mundo. Mesmo perseguidos,

---

creio…"). Normalmente este modo de falar e escrever é usado pelos papas, soberanos e pessoas que querem expressar sua autoridade e dignidade.

[38] Este tema vai ser retomado logo a seguir por Tertuliano e por Orígenes, entre outros escritores cristãos dos primeiros séculos. No capítulo XXV Clemente faz referência à lenda da fênix e a aplica à ressurreição.

[39] "Pois ao sumo sacerdote foram confiadas tarefas particulares, aos sacerdotes um lugar próprio, aos levitas certos serviços e o leigo liga-se pelas ordenações exclusivas dos leigos" (Carta aos Coríntios 40,5; in Frangiotti, Roque [ed.], Clemente Romano, in *Padres Apostólicos*…). "Observe-se que, nesta carta do final do século I, pela primeira vez na literatura cristã, aparece a palavra grega *laikós*, que significa 'membro do *laos*', isto é, 'do povo de Deus'" (Bento XVI, *São Clemente I de Roma*, loc. cit.).

os cristãos jamais deixam de suplicar pelas pessoas que detêm autoridade e governo.[40]

2.3 Inácio de Antioquia

Antioquia fica às margens do Rio Oronte. É capital do reino helenístico da Síria. Cidade rica, populosíssima, plena de homens eruditos e de ótimos estudos. Antioquia era uma das cidades mais importantes do Império Romano com cerca de 500 mil habitantes. A evangelização se dirigiu primeiro aos judeus e, com a vinda de alguns cristãos de Chipre e de Cirene, se estende também aos gregos. A nova Igreja nasce ligada à Igreja-mãe de Jerusalém, graças ao envio de Barnabé. Ao lado de Jerusalém, Antioquia será centro importante. E Lucas frisa isso, lembrando que aí apareceu pela primeira vez o nome "cristãos".[41]

2.3.1 Elementos da vida de Inácio

Depois de Pedro, Inácio é o terceiro bispo daquela cidade. A ele sucede Evódio.[42] Conheceu e relacionou-se com os apóstolos, como afirmam João Crisóstomo, nas *Homilias sobre S. Inácio*,[43] e São Jerônimo, na tradução do *Chronicon* de Eusébio.[44]

Natural de Antioquia, Inácio teria nascido por volta do ano 50 ou pouco antes. Seu nome é bem o que ele realizou em sua vida: um homem de fogo

---

[40] "Rezando pelas autoridades, Clemente reconhece a legitimidade das instituições políticas na ordem estabelecida por Deus; ao mesmo tempo, ele manifesta a preocupação por que as autoridades sejam dóceis a Deus e 'exerçam o poder que Deus lhes concedeu na paz e na mansidão com piedade' (61,2). César não é tudo. Sobressai outra soberania, cuja origem e essência não são deste mundo, mas 'lá de cima': é a da verdade, que se orgulha também em relação ao Estado pelo direito de ser ouvida" (idem).

[41] Cf. Bíblia Pastoral, nota a, At 11,19-26.

[42] "Inácio, ainda celebérrimo, ocupou a sede episcopal de Antioquia, imediatamente após S. Pedro" (*História Eclesiástica* III 36). Em outro lugar, diz que sucede a Evódio (*História Eclesiástica* III 22). O certo é que começou a ser bispo durante Vespasiano, nos anos 70.

[43] João Crisóstomo, *In sanctum Ignatium martyrem*, in PG 50 IV, 587. Nesse sermão, Crisóstomo atribui a Inácio, com ênfase, a honra que lhe foi conferida quando recebeu a consagração episcopal das mãos dos Apóstolos.

[44] O *Chronicon* de Eusébio de Cesareia é um importante texto historiográfico que reassume toda a cronologia universal e bíblica. A versão original foi perdida, mas permanecem uma tradução integral em língua armênia e uma parcial em latim, feita por Jerônimo. Após ter oferecido uma síntese de história oriental e grega com base nas fontes bíblicas, Eusébio, na segunda parte, ilustra, em várias colunas e de forma sincrônica, o período que vai de Abraão (2016 a.C.) até 303 d.C. A cronologia foi continuada por Jerônimo até o ano de 378 d.C.

(*igne* = fogo e *natus* = nascido). Esta chama por Cristo, junto com o desejo de imitá-lo, pela Igreja e por sua unidade o acompanhará até o martírio em 107. Nada sabemos de seus pais, se eram de uma família originalmente cristã ou convertidos. Recebeu o apelativo de *Teóforo*, o portador de Deus.

Contando com São Pedro, Inácio foi o terceiro bispo de Antioquia e imediato sucessor de Evódio.[45] Inácio possuía todas as excelentes qualidades de pastor ideal e verdadeiro soldado de Cristo. Quando a perseguição recaiu sobre a comunidade cristã da Síria, o seu pastor estava vigilante. Incansável e cheio de fé, buscou sustentar os vacilantes. A paz, mesmo passageira, trouxe-lhe grande alegria por causa dos seus. Como defensor da fé da comunidade cristã, Inácio incomodou o poder romano.

"Foi enviado preso a Roma, condenado às feras durante a perseguição movida por Trajano. Chegando por mar a Esmirna, onde Policarpo, o ouvinte de João, era bispo, escreveu uma carta aos efésios, outra aos magnésios, uma terceira aos tralianos e a quarta aos romanos. Partindo daí, escreveu aos filadelfenos,[46] aos esmirnenses e em particular ainda a Policarpo, recomendando-lhe a Igreja de Antioquia."[47]

Em sua viagem até Esmirna,[48] Inácio escreve quatro cartas. A primeira para a Igreja de Éfeso, na qual recorda o bispo Onésimo. A segunda carta dirigiu-a à Igreja de Magnésia, na qual faz menção do bispo Damas, e uma terceira à Igreja de Trales. Recorda o bispo Políbio. A quarta ele a envia à Igreja de Roma. Pede à comunidade cristã que não impeça o seu martírio, pois este era seu desejo e esperança.

De Esmirna Inácio foi levado a Trôade. Nesta cidade escreveu mais três cartas: uma à comunidade de Filadélfia, outra à comunidade de Esmirna e uma particular ao bispo Policarpo. A este, como varão apostólico, verdadeiro e bom pastor, confia a sua grei de Antioquia. Nesta cidade foi alcançado por dois diáconos da Igreja de Antioquia, Filão da Cilícia e Reo Agatopodo de Antioquia. Estes lhe anunciaram que a perseguição havia terminado. Inácio, contudo, teve de partir para Neápolis, na Macedônia. De Neápolis foi conduzido a Filipos, onde se juntaram a ele os mártires Zósimo e Rufo. Alcançaram

---

[45] Cf. *HE* II,3,22. Segundo Teodoreto, ele teria sido nomeado para esta sede pelo próprio Pedro.
[46] Quanto à grafia desse nome, ver http://www.infopedia.pt/pesquisa.jsp?qsFiltro=0&qsExpr=filadelfeno; http://www.aulete.com.br/filadelfeno.
[47] Jerônimo, *De Viris Illustribus* XVI.
[48] Cf. *HE* III 36,1-4.

Bríndise e, pela Via Apia, chegaram a Roma. Em Roma foi martirizado no ano de 107.

2.3.2 As cartas[49]

Inácio de Antioquia, em seu traslado como prisioneiro, de Antioquia até Roma, escreveu sete cartas que podem ser divididas em dois grupos. O primeiro deles é constituído pelas quatro cartas escritas de Esmirna, a saber, aos efésios, aos tralianos, aos magnésios e aos romanos. O segundo grupo consta de três cartas escritas de Alexandria de Trôade e são: aos filadelfenos, aos esmirnenses e a Policarpo, ainda jovem bispo. Estas cartas fazem sempre referência aos seus destinatários.[50]

As cartas não seguem uma ordem lógica de redação. Costuma-se seguir a classificação de Eusébio. As cartas de Esmirna são anteriores às de Trôade, mas dentro da cada grupo desconhece-se a ordem de redação. Costuma-se assumir a ordem que foi dada por Eusébio de Cesareia, a saber: a carta aos efésios (*Eph*), a carta aos magnésios, (*Magn*), a carta aos tralianos (*Tral*), a carta aos romanos (*Rom*), a carta aos filadelfenos (*Phil*), a carta aos esmirnenses (*Smyrn*) e, por último, a carta pessoal a Policarpo (*Pol*), bispo de Esmirna que o acolhera durante sua viagem.

Pode-se, ainda, fazer outra divisão. Um primeiro grupo diz respeito às cartas para as Igrejas da Ásia[51] e o segundo é constituído pela carta aos romanos. As cartas dirigidas às igrejas da Ásia Menor tinham dois propósitos bem definidos: exortá-las a manter a unidade interna e preveni-las contra ensinamentos docéticos[52] e judaizantes. A carta dirigida à igreja de Roma pedia que a comunidade não impedisse o seu martírio. Inácio deixa entrever a existência de dificuldades concretas para a vivência da fé nessas comunidades.

As cartas de Inácio são redigidas com estilo livre e ardoroso. Sua linguagem muitas vezes é rude, feita de construções audazes, nem sempre obedecendo

---

[49] Arns, Paulo Evaristo, Introdução, em *Cartas de Santo Inácio de Antioquia. Comunidades Eclesiais em Formação*, Vozes, Petrópolis 31984.

[50] Eis o que diz quase no final da carta aos efésios: "... e aqueles que enviastes a Esmirna, desde onde vos escrevo..." (Ef 21.1). Esta referência se encontra nas demais cartas.

[51] Efésios, magnésios, tralianos, filadelfenos, esmirnenses e Policarpo.

[52] Como se sabe, o docetismo é a doutrina que afirma ser a carne de Cristo somente aparente e não real.

aos preceitos da retórica formal. Sua forma é especial: "Inácio, também chamado 'Teóforo', à Igreja de...".⁵³

As cartas de Inácio seguem um roteiro preciso. Nas cartas aos Esmirnenses, Efésios, Magnésios, Tralianos e Filadelfenos, encontramos: 1º a saudação, louvores e agradecimentos; 2º a exortação à unidade, em torno do Bispo e de seu presbitério; 3º a admoestação veemente a se precaver contra os hereges, dissidentes, gnósticos, docetas e judaizantes; 4º as saudações e recomendações.

A carta a Policarpo compendia conselhos pastorais a ele, ainda jovem bispo. A carta aos Romanos é um verdadeiro compêndio de apologia ao martírio, convencendo os romanos de que não o impeçam de chegar ao seu desejo supremo. Esta carta tornou-se famosa, porque nela: "Inácio lembra que a comunidade cristã da capital 'preside no território dos romanos' e que ela 'assume a presidência da caridade'. Daí os apologistas do papado tiraram o argumento em favor do seu exercício, já no fim do século I; daí os reacionários contra o papado tiraram argumentos para não aceitarem a autenticidade da mesma epístola. No entanto, depois que os célebres historiadores protestantes Lightfoot, Harnack e Zahn estabeleceram, de forma definitiva, sua autenticidade e lhe reconheceram o caráter excepcional, puderam serenar-se os ânimos. O argumento em favor do papado não poderá estribar-se unicamente nesses dois termos, muito embora 'presidir' seja um termo técnico e 'ágape' muitas vezes signifique não apenas caridade, mas a comunidade dos que vivem em caridade – a Igreja Católica".⁵⁴

a) A carta aos Efésios⁵⁵

1º Breve apresentação da carta

Na parada que fez em Esmirna, recebido pelo bispo Policarpo, Inácio escreve suas cartas. A primeira delas é dirigida à comunidade cristã de Éfeso.⁵⁶

---

53 "Teóforo" significa o *portador de Deus*... Este tipo de exórdio encontra-se também nas cartas não autênticas, atribuídas a Inácio. Alguns estudiosos, contudo, chegam a dizer que esse seria um sobrenome de Inácio. Porém, ele usa essa expressão em outras cartas, como por exemplo: "... vocês são companheiros de caminhada, portadores de Deus..." (*Ad Eph* 9.2).

54 Arns, Paulo Evaristo, *Cartas de Santo Inácio* 13-14.

55 Ignace d'Antioche, *Lettre aux Ephésiens*, intr. et trad. de Pierre Thomas Camelot, SC 10bis, Paris, Les Éditions du Cerf 1945 [*Epistula ad Ephesios*; CPG 1025/1; PG 5, 644 sq.; Funk-Bihlmeyer, 82-88]. Além da tradução de Paulo Evaristo Arns, já citada, outra boa tradução brasileira é a de Ivo Storniolo e Euclides M. Balancin, também já citada.

56 Situada na costa oeste da Ásia Menor (hoje Turquia), Éfeso tornou-se, no século VIII, uma grande potência comercial. Seu famoso templo dedicado à deusa Diana Ártemis era uma das sete maravilhas do mundo. Numerosos eram os judeus que ali habitavam e mantinham uma importante sinagoga. Talvez

Seu bispo, Onésimo,[57] encabeçava uma delegação da qual faziam parte "Burrus, Euplo e Frontón",[58] além de tal "Krocos". Burrus era um diácono de Éfeso que conhecia, paradoxalmente, a difícil arte da escritura. Inácio, que na carta lhe chama "colega de escravatura", solicitou aos efésios que o deixassem a seu serviço como secretário,[59] coisa que efetivamente ocorreu, conforme se pode observar pelas cartas posteriores.[60] A Igreja de Éfeso tinha uma relação especial com Paulo de Tarso, e Inácio recorda esse fato, ao afirmar: "vos fostes iniciados nos mistérios com Paulo".[61]

A introdução da carta é grandiosa e profunda. Inácio é um pregador incansável da unidade da Igreja. Relembra esta verdade à comunidade de Éfeso, quando diz: "Convém caminhar de acordo com o pensamento de vosso bispo, como já o fazeis. Vosso presbítero, de boa reputação e digno de Deus, está unido ao bispo, assim como as cordas da cítara. Por isso, no acordo de vossos sentimentos e na harmonia de vosso amor, vós podeis cantar a Jesus Cristo".[62]

"É preciso fugir da heresia, pois os hereges atacam traiçoeiramente como cães raivosos."[63] Nesse ponto, Inácio apresenta uma cristologia precisa, que será coroada no Concílio de Niceia, mais de duzentos anos depois: "Existe apenas um médico, carnal e espiritual, gerado e não gerado, Deus feito carne, Filho de Maria e Filho de Deus, vida verdadeira na morte, vida primeiro passível e agora impassível, Jesus Cristo nosso Senhor".

---

por isso tenha sido um dos primeiros centros de evangelização alimentados pelas pregações de Paulo ao longo de três anos, de 55 a 57. Lá também viveu São João e, segundo a tradição, Nossa Senhora. O imperador Teodósio convocou ali, em 431, o III Concílio Ecumênico, no qual se proclamou o dogma da Maternidade divina de Maria, destronando, definitivamente, o culto à deusa Diana Ártemis.

[57] Uma hipótese é que Onésimo seja o escravo liberto de quem Paulo fala na carta a Filêmon. Onésimo, cujo nome significa útil, foi um escravo fugitivo da cidade de Colossos. Refugiou-se junto de São Paulo, que o converteu a Cristo. Quando preso em Roma, Paulo o envia de volta ao seu senhor, que também era cristão. No bilhete que enviou a Filêmon, Paulo aproveita o significado do nome para fazer trocadilho: "Peço-te por meu filho Onésimo, que gerei em minhas prisões; o qual noutro tempo te foi inútil, mas agora a ti e a mim muito útil" (Filêmon 10,11). Contudo, de Onésimo Inácio só afirma que era "indescritível na caridade" (Ad Eph 1.3).

[58] Cf. Ad Eph 2.1.

[59] Cf. Ad Eph 2.1.

[60] Cf. Ad Phil 11.2 e Ad Smyrn 12.1.

[61] Eph 12,2.

[62] Eph 4,1. Há um excelente artigo que trata desta imagem significativa de Inácio: cf. Bergamelli, Ferdinando, "Sinfonia" della Chiesa in Ignazio di Antiochia, apud Felici, Sergio [org.], Ecclesiologia e catechesi patristica; "sentirsi Chiesa", Roma, LAS 1982, 21-80.

[63] "De fato, existem algumas pessoas que dolosamente costumam levar o Nome, mas agem de modo diferente e indigno de Deus; é preciso que eviteis essas pessoas como se fossem feras selvagens. Com efeito, são cães raivosos que mordem sorrateiramente. Atentos a eles, pois suas mordidas são difíceis de curar" (Eph 7,1).

No capítulo 19 há o chamado Hino da Estrela. Certamente inspirado em Mt 2,1-11, parecer ser um hino litúrgico que Inácio transcreve em sua carta: "Ao príncipe deste mundo ficou escondida a virgindade de Maria, seu parto, e igualmente a morte do Senhor. Três mistérios retumbantes, que foram realizados no silêncio de Deus. Como, então, foram manifestados ao mundo? Um astro brilhou no céu mais que todos os astros, sua luz era indizível e sua novidade causou admiração. Todos os astros, juntamente com o sol e a lua, formaram coro em torno do astro, e ele projetou sua luz mais do que todos".[64]

Apesar de ser a mais extensa, Inácio não disse tudo o que desejava. Prometeu escrever outra carta, o que não aconteceu.[65] No encerramento de sua carta conclui demonstrando, uma vez mais, a preocupação pela unidade da Igreja: "Orai pela Igreja que está na Síria, de onde sou conduzido em cadeias até Roma, porque sendo o último dos fiéis de lá, fui julgado digno de servir à honra de Deus".[66]

2º Alguns elementos sobre a doutrina da carta

A carta testemunha a organização da Igreja em três níveis distintos de hierarquia: bispo, presbíteros e diáconos.

Teologicamente, a carta revela Inácio como conhecedor das processões divinas. Cristo é apresentado como a processão intelectiva de Deus. "De fato, Jesus Cristo, nossa vida inseparável, é o pensamento do Pai."[67]

Outro dado significativo é sua doutrina sobre a divindade de Jesus Cristo.[68] O Santo Bispo de Antioquia dá forte testemunho da Divindade de Jesus Cristo, o Salvador gerado e não gerado (ingênito). "Com este testemunho, Inácio trouxe para a construção do Dogma pedras sólidas que ajudaram o Concílio de Niceia (325 d.C.) a fixar no Credo o *genitum non factum*, isto é, gerado e não criado. Embora Inácio ainda não tivesse esta precisão, Atanásio, que colaborou na elaboração do vocábulo, reconheceu a perfeita ortodoxia no texto desta carta".[69]

---

[64] *Eph* 19,1-2.

[65] "... eu vos explicarei, em segundo livrinho que devo escrever-vos, a economia da qual comecei a vos falar, a respeito do homem novo, Jesus Cristo..." (*Eph* 20,1).

[66] *Eph* 21,2.

[67] *Eph* 3,2. Este dado será explicado, bem mais tarde, à luz da filosofia, pela Suma Teológica de Tomás de Aquino.

[68] Cf. *Eph* 1,1; 7,2.

[69] Lima, Alessandro, in http://carloselianashalom.spaces.live.com/ – acessado em: 13.10.10.

b) A carta aos Magnésios[70]

1º Breve apresentação da carta

A carta aos Magnésios[71] foi a segunda escrita por Inácio em sua estadia em Esmirna,[72] junto com a carta dirigida à Igreja de Éfeso.[73] A delegação da Igreja de Magnésia estava presidida pelo seu bispo, Damas, ainda bastante jovem.[74] Acompanhavam o bispo, os presbíteros Basso e Apolônio, bem como o diácono Zósimo. Inácio afirma uma vez mais que a comunidade faça tudo na concórdia, com o bispo presidindo no lugar de Deus.[75] Ademais, as ações cristãs devem ser realizadas dentro da comunidade. Não basta ser chamados de cristãos. É necessário que se aja como tal. Inácio chama quem age à margem da comunidade de "dissimulador e hipócrita".[76] Previne duramente a comunidade para que evite a doutrina dos judaizantes. Diz concretamente: "é um absurdo falar de Jesus Cristo e seguir os costumes dos judeus".[77] Termina sua carta pedindo orações pela Igreja da Síria, para que Deus se "digne fazer cair sobre ela o seu orvalho".[78]

2º Alguns elementos da doutrina nela presentes

A primeira constatação que fazemos é sobre a representação da hierarquia que Inácio faz nessa carta. A Igreja visível está estruturada em três graus. O bispo é apresentado como a imagem do Pai, o presbitério é chamado de

---

[70] Ignace d'Antioche, *Lettre aux Magnésiens*, intr. et trad. de Pierre Thomas Camelot, SC 10bis, Paris, Les Éditions du Cerf 1945 [*Epistula ad Magnesios*; CPG 1025/2; PG 5, 644 sq.; Funk-Bihlmeyer, 88-92].

[71] Magnésia do Meandro é uma antiga cidade da Cária, região costeira do sudoeste de Éfeso, junto ao rio Meandro. Colônia fenícia, foi helenizada pelos dorianos. Mais tarde faz parte do território do rei de Pérgamo, e anexada em 133 por Roma. Aliada a Roma na guerra contra Mitrídates, rei do Ponto, tornou-se, posteriormente, uma cidade livre pelo esforço de Silas.

[72] Cf. *HE* III 36,5.

[73] Cf. *Magn* 15,1.

[74] Inácio diz textualmente: "Não deveis desprezar a idade do vosso bispo, mas tratá-lo com toda a reverência. Este é o desejo de Deus Pai. É assim que fazem os santos presbíteros... Eles não observam a sua manifesta juventude, mas o seu conhecimento sobre Deus. Com efeito o ancião não é [necessariamente] sábio, nem significa que o idoso possua prudência; o que importa é o espírito dos homens" (*Magn* 3,1).

[75] Cf. *Magn* 6,1.

[76] Cf. *Magn* 4,1.

[77] *Magn* 10,3.

[78] *Magn* 14,1.

"assembleia dos apóstolos"[79] e os diáconos são os servidores da Igreja a serviço de Jesus Cristo.[80] O Bispo tem a função da presidência.[81]

Outra referência significativa é a respeito do domingo: "todo amigo de Cristo deve observar o Dia do Senhor como festa, o dia da ressurreição, o centro e princípio de todos os dias [da semana]. (...) Foi nesse dia que a nossa vida renasceu e Cristo venceu a morte" foi obtida em Cristo.[82] Pela antiguidade do testemunho inaciano, conclui-se que a observância cristã do domingo é de instituição apostólica.[83]

c) A carta aos Tralianos[84]

1º Breve apresentação da carta

A terceira carta escrita de Esmirna,[85] dirigiu-a Inácio à Igreja de Trales. Desta Igreja, presumivelmente, só estava presente o bispo Políbio, uma vez que não são nomeadas outras pessoas. Parece que a comunidade não tinha especiais problemas, como acontecia com Éfeso e Magnésia. Contudo, Inácio não deixa de admoestá-la para que se preserve das "ervas daninhas", ou seja, das heresias.[86] Em Trales enfrentava-se o *docetismo*, doutrina que é fruto do sincretismo grego.[87] Inácio reforça a humanidade e a historicidade de Jesus. Ele

---

[79] *Magn* 6,1.

[80] Os diáconos são chamados de "companheiros de serviço" em quatro cartas, a saber: *Eph* 2.1, *Magn* 2, *Phil* 4 e *Smyrn* 12.2.

[81] *Magn* 2 e 4.

[82] *Magn* 4,9.

[83] Nestas considerações Inácio afirma a independência do cristianismo do judaísmo: "o cristianismo não precisa abraçar o judaísmo, mas este deve abraçar o cristianismo" (*Magn* 4,9).

[84] Ignace d'Antioche, *Lettre aux Tralliens*, intr. et trad. de Pierre Thomas Camelot, SC 10bis, Paris, Les Éditions du Cerf 1945 [*Epistula ad Trallianos*; CPG 1025/3: PG 5, 644 sq.; Funk-Bihlmeyer, 92-96].

[85] "Saúdo-vos de Esmirna, em companhia das Igrejas de Deus [Esmirna e Éfeso] que estão comigo. Elas me confortaram na carne e no espírito" (*Tral* 12,1 e 13,1).

[86] Cf. *Tral* 6,1-2.

[87] O docetismo vem do grego *dokéo*, que significa "parecer ou parecer a um". Essa doutrina surgiu no final do primeiro século. Afirmava que Cristo não tinha sofrido a crucifixão, pois o seu corpo era somente aparente e não real. João dá uma resposta peremptória aos docetas, primeiro ao afirmar no Evangelho que o "Verbo se fez carne e habitou entre nós" (Jo 1,1-18) e depois em sua primeira carta: "Aquilo que existia desde o princípio, o que ouvimos, o que vimos com nossos olhos, o que contemplamos e o que nossas mãos apalparam: falamos da Palavra, que é a vida. Porque a Vida se manifestou, e lhes anunciamos a Vida Eterna. Ela está voltada para o Pai e se manifestou a nós" (1Jo 1,1-2). Tendo sua raiz no platonismo que afirmava que as coisas são somente imagem, o docetismo ia mais a fundo, ao afirmar que a matéria era má e o corpo o cárcere do espírito. Só este tinha prerrogativas de eternidade, enquanto o corpo era repositório de tudo o que é temporal, ilusório e corrupto. É interessante que essa é a forma como o Islamismo considera a crucifixão de Jesus Cristo. O profeta Isa, nome pelo qual conhecem Jesus, foi crucificado como uma ilusão.

nasceu "verdadeiramente", sofreu "verdadeiramente", foi crucificado "verdadeiramente" e ressuscitou "verdadeiramente". Oferece sucintos dados biográficos de Jesus: "da linhagem de Davi e filho de Maria" e que "comia e bebia".[88] Ademais, e aqui está a novidade inaciana, é a morte verdadeira de Jesus que dá sentido à sua entrega por ele.[89] Pede, já no final da carta, que a comunidade reze por ele, numa expressão maravilhosa da "comunhão dos santos": "Rezai também por mim, que preciso de vossa caridade junto à misericórdia de Deus, para tornar-me digno da herança que me toca alcançar, para não ser encontrado indigno de recebê-la".[90] Conclui pedindo orações pela Igreja da Síria.[91]

2º Alguns elementos de doutrina

Muitos são os pontos doutrinais que brotam da carta aos Tralianos. O primeiro deles é a dimensão eclesiológica da missão da hierarquia já organizada da Igreja. Inácio fala da submissão ao bispo como a Jesus Cristo. Presbíteros e diáconos são servidores da Igreja. Devem estar precavidos contra acusações. O Bispo representa a imagem do Pai e, à imitação de Jesus Cristo, deve ser manso, caridoso e possuidor de grandes ensinamentos.[92]

A segunda grande dimensão é o afastamento das heresias. Acena aos gnósticos, aos neoplatônicos e aos docetas. A comunidade cristã deve evitar tais ensinamentos e práticas, pois ela é pura e santa para Deus. Ademais, a comunidade deve ser sempre orientada pelos bispos, presbíteros e diáconos, bem como alimentada na fé (carne do Senhor) e na caridade (sangue do Senhor). A vida dos cristãos deve dar testemunho do amor e da união, para não darem pretexto aos gentios de falar mal.[93]

A nossa vida cristã está centrada na fé em Jesus Cristo. Nesse ponto Inácio enfatiza o querigma proclamado pelos primeiros cristãos, antecedendo de muito a proclamação que será feita em Niceia. Jesus é da descendência de Davi, filho de Maria, atestando sua humanidade com o fato de comer e beber normalmente. Ele foi perseguido, morto, sepultado e ressuscitou. De modo algum Jesus é só aparência...[94]

---

[88] *Tral* 9,1.
[89] *Tral* 10.
[90] *Tral* 12,3.
[91] Cf. *Tral* 13,1.
[92] Cf. *Tral* 2-3.
[93] Cf. *Tral* 6-8.
[94] Cf. *Tral* 9-11.

Por fim, a afirmação da exigência da perseverança na unidade, seja em Jesus Cristo, seja entre cada membro da comunidade. Ademais, a comunhão dos santos permite e exige que cristãos orem uns pelos outros e pela Igreja de Deus. Por fim, uma vez mais, a exortação da obediência ao bispo, aos presbíteros e diáconos. "Perseverem no amor mútuo, na caridade, procurando cumprir a vontade de Deus."[95]

d) Carta aos Romanos[96]

1º Breve apresentação da carta

Única entre as demais cartas de Inácio, esta traz a data na qual foi escrita: 24 de agosto.[97] Esta carta é tida como o seu mais importante escrito. Considerando a dignidade de primazia daquela comunidade, ele escreve: "Deixai-me ser comida para as feras, pelas quais me é possível encontrar Deus. Sou trigo de Deus e sou moído pelos dentes das feras, para ser apresentado como pão puro de Cristo".[98]

Várias razões tornam esta carta diferente e importante. É a única carta dirigida a uma comunidade não asiática, bem como a única que não contém exortações sobre a unidade nem previne contra heresias. Ademais, Inácio reconhece que esta comunidade podia interceder a fim de que não fosse martirizado. Então suplica: "Perdoai-me, irmãos: não queirais impedir-me de viver, não queirais que eu morra; ao que quer ser de Deus não o presenteeis ao mundo nem o seduzais com a matéria. Permiti que receba luz pura: quando lá chegar serei homem. Permiti que seja imitador do sofrimento de meu Deus".[99] Esta carta é um testemunho sobre a consideração do martírio como novo nascimento.[100]

Outro valor significativo é a dimensão da primazia da Igreja de Roma nos primeiros séculos do cristianismo. Embora as sedes das principais cidades do Império gozassem de certos graus de independência, a Igreja de Roma, àquela

---

[95] Cf. *Tral* 12-13.

[96] Ignace d'Antioche, *Lettre aux Romains*, intr. et trad. de Pierre Thomas Camelot, SC 10bis, Paris, Les Éditions du Cerf 1945 [*Epistula ad Romanos*; CPG 1025/4; PG 5, 644 sq.; Funk-Bihlmeyer, p. 96-101].

[97] "Esta minha carta data do nono dia das calendas de setembro" (*Rom* 10,1).

[98] *Rom* 4,1.

[99] *Rom* 6,3. Impertérrito, Inácio continua: "Fogo e cruz, manadas de feras, quebraduras de ossos, esquartejamentos, trituração do corpo todo, os piores flagelos do diabo venham sobre mim, contanto que eu encontre a Jesus Cristo" (*Rom* 5,1; veja ainda *Rom* 4,2-3 e 6,2).

[100] *Rom* 6,1 e 2,2.

época, era a mais importante. O seu bispo já era reconhecido como o Papa em virtude de ser o sucessor de São Pedro. A saudação da carta é um testemunho da primazia de Roma: "Inácio, também chamado Teóforo, à Igreja que recebeu misericórdia pela grandeza do Pai altíssimo e de Jesus Cristo Seu Filho único, Igreja amada e iluminada pela vontade d'Aquele que escolheu todos os seres, isto é, segundo a fé e a caridade de Jesus Cristo nosso Deus, ela que também preside na região da terra dos romanos, digna de Deus, digna de honra, digna de ser chamada bem-aventurada, digna de louvor, digna de êxito, digna de pureza, e que preside à caridade na observância da lei de Cristo e que leva o nome do Pai...".[101]

Inácio é testemunha também da missão que Roma tem com relação aos demais bispos das Igrejas: "Lembrai-vos em vossa oração da Igreja na Síria, a qual, em meu lugar, tem Deus como pastor. Só Jesus Cristo será seu bispo e a vossa caridade".[102]

Nesta carta, ademais, Inácio se despoja de sua qualidade de mestre e assume uma atitude humilde diante da primazia romana: "Não é como Pedro e Paulo, que vos ordeno. Eles eram apóstolos, eu um condenado; aqueles, livres, e eu até agora escravo".[103]

2º Alguns elementos de doutrina

A carta é uma veemente apologia do ideal do martírio que pairava nas Igrejas dos primeiros séculos. A carta aos romanos, pela profundidade poética e mística com a qual fala do martírio, constitui-se, em todos os tempos, numa das páginas mais belas da espiritualidade cristã.

Outro grande valor é a sua teologia do martírio, que é eminentemente bíblico-evangélica. O martírio é libertação e penhor de ressurreição. Ele é participação eucarística na paixão do Salvador. Morrer por e com Cristo, à imitação de Paulo, é a chave de ouro do próprio discipulado.[104] O martírio é parto iminente e alavanca certa da ressurreição. Ciente de que "se o grão de trigo

---

[101] *Rom* 1,1. "Jamais tivestes inveja de alguém, instruístes sim a outrem." (*Rom* 4,3). Estudiosos acreditam que esta frase esteja dentro da consciência inaciana da primazia de Roma. Alguns afirmam que a frase tenha a ver com a Carta de Clemente aos Coríntios, texto que diz respeito à primazia da Igreja de Roma.

[102] *Rom* 9,1.

[103] *Rom* 4,3. O texto parece ser um documento forte a favor da estadia de Pedro e Paulo em Roma. Contudo, sendo as cartas de Inácio uma forma isolada da literatura cristã naqueles séculos iniciais, há poucos dados para um confronto direto entre diversos textos...

[104] "Começo agora a ser discípulo"... (*Rom* V,3).

não morrer..." (Jo 12,24), Inácio pede insistentemente: "Permiti que eu seja imitador da paixão do meu Deus".[105]

Interessante é notar ainda a profunda consciência eucarística de Inácio. Ele distingue as coisas do mundo das realidades de Deus. "Não me agradam comida passageira, nem prazeres desta vida. Quero o pão de Deus que é a carne de Jesus Cristo, da descendência de David, e quero o seu sangue como bebida, que é amor incorruptível."[106]

Outro dado de inigualável valor é seu sentido concreto da revelação: "Crede-me, Jesus Cristo, há de manifestar-vos que digo a verdade, pois é Ele a boca sem mentiras, pela qual o Pai falou a verdade".[107]

Na conclusão da carta, uma vez mais, a consciência da "comunhão dos santos": "Lembrai-vos em vossa oração da Igreja na Síria, a qual, em meu lugar, tem Deus como pastor. Só Jesus Cristo será seu bispo e a vossa caridade. (...) Saúda-vos o meu espírito e a caridade das Igrejas que me receberam em nome de Jesus Cristo e não como simples transeunte".[108]

e) Carta aos Filadelfenos[109]

1º Alguns dados sobre a região de Trôade

Trôade ou Troas é a antiga região na zona costeira da Mísia, na província da Anatólia (Ásia Menor). Situada entre o Mar de Mármara e o Mar Egeu, atualmente a região é um parque nacional. No passado a região e sua capital, Trôade, pertenceram à Troia. Dada a sua posição geográfica, era ponto de passagem entre a Ásia e a Europa, aportando em Filipos que conduzia diretamente à Europa. No que diz respeito ao contato com o cristianismo, Trôade é o local do sonho que conduziu Paulo à Europa. Foi lá também que Lucas tornou-se seu companheiro. Já no final do século I Trôade tinha uma comunidade cristã. Esta Igreja acolheu Inácio antes de embarcar para Roma: "... saúda-vos o amor dos irmãos que estão em Trôade..."[110] Aí ele escreveu três cartas: aos filadelfenos, aos esmirnenses e a Policarpo.

---

[105] *Rom* VI,3. Toda a parte de *Rom* IV-VI é um veemente testemunho a favor do martírio.

[106] *Rom* VII,3.

[107] *Rom* VII,8.

[108] *Rom* VIII,9.

[109] Ignace d'Antioche, *Lettre aux Philadelphiens*, intr. et trad. de Pierre Thomas Camelot, SC 10bis, Paris, Les Éditions du Cerf 1945 [*Epistula ad Philadelphenos*; *CPG* 1025/5; *PG* 5, 644 sq.; Funk-Bihlmeyer, 102-105].

[110] *Phil* 11.2 e *Smyrn* 12.1.

2º A cidade de Filadélfia

Esta cidade foi fundada mais ou menos dois séculos antes de Cristo pelo rei Eumenes de Pérgamo. Eumenes tinha um irmão que lhe era muito fiel, chamado Átalo. Dada a sua fidelidade, Eumenes trocou o nome de seu irmão para Filadélfo, isto é, alguém em quem se podia confiar. Em homenagem a seu irmão, Eumenes deu à nova cidade o nome de Filadélfia. A cidade fica a uns 120 quilômetros a sudoeste de Sardes. A região na qual se situa é muito fértil. A cidade existe até hoje e pertence à Turquia. Na atualidade recebeu o nome de Alá Seher, que significa cidade de Deus. Desde a antiguidade possui em seu centro uma alta coluna que se tornou o seu símbolo. Mesmo estando em uma região de fortes abalos sísmicos, essa coluna milenar continua em pé até hoje.

3º Breve apresentação da carta

Na viagem que fez de Antioquia até Esmirna, Inácio tinha passado por Filadélfia. "Desde a Síria, venho combatendo com feras até Roma, por terra e por mar, de noite e de dia, preso a dez leopardos, isto é, a um destacamento de soldados, que se tornam piores quando se lhes faz o bem".[111] Esta carta, Inácio escreveu-a de Trôade, conforme ele mesmo afirma: "Saúda-vos a caridade dos irmãos de Trôade, donde também vos escrevo por intermédio de Burrus que, a pedido dos efésios e esmirnenses, me acompanha, como penhor de honra".[112]

Inácio conhecia bem aquela comunidade e pode lhes falar com tranquilidade: "Agradeço a Deus, porque gozo de consciência tranquila a vosso respeito e porque não há motivo de ninguém gloriar-se, nem oculta nem publicamente, por lhe ter sido eu um peso em coisa pequena ou grande".[113]

A carta deixa entrever algumas dificuldades de unidade e doutrina: "Filhos que sois da luz da verdade, fugi da cisão das más doutrinas. Onde estiver o pastor, segui-o, quais ovelhas. Pois muitos lobos, aparentemente dignos de fé, apanham, através dos maus prazeres, os atletas de Deus. Se, porém, permanecerdes unidos, não acharão lugar entre vós".[114]

Como alguns celebravam a Eucaristia por conta própria ou seguiam as doutrinas judaizantes, ou alguns pediam provas de seu ensinamento, Inácio afirma: "É o que se deve provar! Para mim, documentos antigos são Jesus Cristo; para mim documentos invioláveis constituem a Sua Cruz, Sua Morte, Sua

---

[111] *Rom* IV 5,1.
[112] *Phil* VI 11,2.
[113] *Phil* VI 6,3.
[114] *Phil* II 2,1.

Ressurreição, como também a Fé que nos vem d'Ele! Nisso é que desejo, por vossa oração, ser justificado".[115]

Ainda em Trôade, Inácio recebe a reconfortante notícia da paz da comunidade da Síria. A Igreja de Antioquia recuperou a paz. Inácio pede que a comunidade de Trôade envie uma embaixada, presidida por um diácono, para regozijar-se com sua Igreja.[116]

4º Alguns elementos de doutrina

O primeiro elemento a ressaltar é a dimensão cristológico-pneumática do ministério hierárquico da Igreja. Bispos, presbíteros e diáconos foram instituídos "segundo o plano de Jesus Cristo que, por sua própria vontade, os fortaleceu no seu Espírito Santo".[117] Esta dimensão é profundamente harmoniosa, "como as cordas com a cítara".[118]

A necessidade da unidade da Igreja, enraizada no Bispo, para vencer as heresias e a disseminação da má doutrina. Pois os "que são propriedade de Deus estão com o bispo".[119] É o princípio da teologia da Igreja local, que só no Vaticano II encontrará pleno espaço na teologia católica.

O terceiro grande elemento é a teologia da Igreja fundada na Eucaristia. A *ecclesia de eucharistia* é verdadeiramente una: "uma é a carne de Nosso Senhor Jesus Cristo, um o cálice para a união com Seu sangue; um o altar, assim como também um é o Bispo, junto com seu presbitério e diáconos".[120]

Um quarto elemento significativo é a praxe como lugar de referência de eclesialidade. Em outras palavras, é o "pelo fruto se conhecerão as árvores" do Evangelho (Lc 6,43-45; Mt 7,15-20). "É melhor ouvir doutrina cristã dos lábios de um homem circuncidado do que a judaica de um não circuncidado. Se, porém, ambos não falarem de Jesus Cristo, tenha-os em conta de colunas sepulcrais e mesmo de sepulcros, sobre os quais estão escritos apenas nomes de homens."[121]

---

[115] *Phil* V 8,2.

[116] "Recebi notícia que, graças à oração e à participação íntima que cultivais em Jesus Cristo, a Igreja de Antioquia na Síria recobrou a paz. Convém, portanto, que vós, como Igreja de Deus, escolhais um diácono para presidir uma embaixada de Deus àquela cidade, e congratular-se com eles, por estarem unidos pelos mesmos vínculos, e glorificar o Nome" (*Phil*, Conclusão 10,1).

[117] *Phil*, Saudação.

[118] *Phil* I,1; confrontar aqui a citação do artigo de Ferdinando Bergamelli, cf. nota 66, atrás.

[119] *Phil* II,2-3; cf. também V 7,2.

[120] *Phil* III 4,1.

[121] *Phil* IV 6,1.

É de se ressaltar, ainda, a dimensão cristológica da revelação cristã. "Para mim, documentos antigos são Jesus Cristo; para mim documentos invioláveis constituem a Sua Cruz, Sua Morte, Sua Ressurreição, como também a Fé que nos vem d'Ele!".[122]

f) Carta aos Esmirnenses[123]

1º A cidade de Esmirna

A cidade de Esmirna foi por vários anos muito rica, antes de ser destruída totalmente no século VI a.C. Mais tarde, por volta do ano 300 a.C. foi reconstruída por Alexandre, o grande. Daí para frente, tornou-se uma das cidades mais importantes e prósperas da Ásia Menor. Ali foi erigido um templo à deusa Roma, uma vez que a cidade era aliada e fiel a Roma. Era também o porto natural de antiga rota comercial que atravessava o vale do Hermo, e seu interior era muito fértil. Atualmente a cidade chama-se Izmir, e é a maior cidade da Turquia Asiática. Na época em que Inácio por lá passou, a cidade era um populoso porto de mar e passagem de algumas rotas comerciais. Esmirna é lembrada no Apocalipse como uma das sete igrejas nele mencionadas. Policarpo foi bispo desta cidade e nela foi martirizado.

2º Dados sobre a carta

A carta aos esmirnenses foi a segunda que Inácio escreveu estando em Trôade. Como nas demais cartas, a introdução possui elementos muito significativos de eclesiologia. A Igreja concreta, composta de homens e mulheres crentes, é uma realidade situada e querida pela Trindade: "Inácio, também chamado Teóforo, à Igreja de Deus Pai e de Jesus Cristo amado, Igreja que encontrou misericórdia em todo dom da graça, repleta de fé e amor, sem que lhe falte dom algum, agradabilíssima a Deus e portadora de santidade, situada em Esmirna, na Ásia".[124]

A Igreja é o corpo real de Jesus Cristo. Inácio faz, então, uma apresentação do Jesus Histórico ressuscitado pelo Pai. É constante, também nessa carta, a

---

[122] *Phil* V 8,2.

[123] Ignace d'Antioche, *Lettre aus Smyrniotes*, intr. et trad. de Pierre Thomas Camelot, SC 10bis, Paris, Les Éditions du Cerf 1945 [*Epistula ad Smyrnaeos*; CPG 1025/6; PG 5, 644 sq.; Funk-Bihlmeyer, 105-110].

[124] *Smyrn*, Introdução.

preocupação do enfrentamento com a heresia docética, frequente nesta região da Ásia Menor.[125]

A Carta prega fortemente a realidade do corpo místico, quando afirma a necessidade da oração pelos hereges: "Só haveis de rezar por eles, para que, quem sabe, se convertam, coisa por certo difícil. Sobre eles, no entanto, tem poder Jesus Cristo, nossa verdadeira vida".[126]

Inácio prega, ademais, um cristianismo feito de prática concreta, sem meios-termos: "Considerai bem como se opõem ao pensamento de Deus os que se prendem a doutrinas heterodoxas a respeito da graça de Jesus Cristo, vinda a nós. Não lhes importa o dever de caridade, nem fazem caso da viúva e do órfão, nem do oprimido, nem do prisioneiro ou do liberto, nem do que padece fome ou sede" (...) "Ser-lhes-ia bem mais útil praticarem a caridade, para também ressuscitarem".[127]

A dimensão real da Eucaristia, corpo [carne e sangue] de Jesus Cristo: "a Eucaristia é a carne de nosso Salvador Jesus Cristo, carne que padeceu por nossos pecados e que o Pai, em Sua bondade, ressuscitou".[128]

A afirmação precisa da catolicidade da Igreja que subsiste na comunidade unida ao seu bispo: "Por legítima seja tida tão somente a Eucaristia, feita sob a presidência do bispo ou por delegado seu. Onde quer que se apresente o bispo, ali também esteja a comunidade, assim como a presença de Cristo Jesus também nos assegura a presença da Igreja Católica".[129]

3º Alguns elementos de doutrina

Apresentamos alguns elementos dentre os mais significativos desta carta. O primeiro deles é a sólida *cristologia de baixo*: "Nosso Senhor, que é de fato da linhagem de Davi, segundo a carne, Filho de Deus, porém consoante a vontade e o poder de Deus, de fato nascido de uma Virgem e batizado por João, a fim de que se cumpra n'Ele toda a justiça. Sob Pôncio Pilatos, e o tetrarca Herodes foi também de fato pregado (na Cruz), em carne, por nossa causa – fruto pelo qual temos a vida, pela Sua Paixão bendita em Deus –, a fim de que

---

[125] Smyrn 1-3. Inácio, como pastor, é sempre preciso em suas orientações concretas: "Encareço tais verdades junto a vós, caríssimos, embora saiba que também vós assim pensais. Quero prevenir-vos contra os animais ferozes em forma humana. Não só não deveis recebê-los, mas, quanto possível, não vos encontreis com eles" (*Smyrn* 4,1).

[126] Smyrn 4,2.

[127] Smyrn 6,2; 7,1.

[128] Smyrn 7,1.

[129] Smyrn 8,2.

Ele por Sua ressurreição levantasse Seu sinal para os séculos em benefício de Seus santos fiéis, tanto judeus como gentios, no único corpo de Sua Igreja".[130]

Outra grande aquisição é com relação à vivência eucarística na vida da Igreja: "a Eucaristia é a carne de nosso Salvador Jesus Cristo, carne que padeceu por nossos pecados e que o Pai, em Sua bondade, ressuscitou".[131] Ademais, *toda celebração eucarística deve ser feita, ou pelo bispo ou com o seu consentimento*: "Por legítima seja tida tão somente a Eucaristia, feita sob a presidência do bispo ou por delegado seu".[132]

Ainda acentuamos a superioridade da ordem do episcopado, que é de direito divino: "Sigam todos ao bispo, como Jesus Cristo ao Pai; sigam ao presbitério como aos apóstolos. Acatem os diáconos, como à lei de Deus. (…) Sem o bispo, não é permitido nem batizar nem celebrar o ágape. Tudo, porém, o que ele aprovar será também agradável a Deus, para que tudo quanto se fizer seja seguro e legítimo".[133]

Ainda frisamos a utilização do termo católico para referir-se à Igreja. É a primeira vez na literatura cristã que se utiliza o adjetivo católico aplicado à Igreja.[134] Católico é um termo grego que significa universal e que hoje se aplica por igual seja à Igreja Católica romana, seja à Igreja Católica ortodoxa. Nesse ponto, mister se fazem algumas considerações. É apressado dizer que Inácio utilize o termo católico no sentido de instituições já formadas, como são as Igrejas católica e ortodoxa. A palavra católica tem hoje diversas acepções, tais como um sentido geográfico imediato e literal, ou ainda o conjunto de Igrejas que ostentam a doutrina ortodoxa diante das diversidades das heresias, como também a Igreja local que se faz universal pela presença nela de Cristo.[135]

---

[130] *Smyrn* 1,1.

[131] *Smyrn* 7,1.

[132] *Smyrn* 8,1.

[133] *Smyrn* 8, cf. também *Magn* 6 e 8; *Tral* 3.

[134] "Onde quer que se apresente o bispo, ali também esteja a comunidade, assim como *a presença de Cristo Jesus também nos assegura a presença da Igreja Católica*" (*Smyrn* 8,2).

[135] Cf. Hackmann, Geraldo Luis Borges, *A amada Igreja de Jesus Cristo: manual de eclesiologia como comunhão orgânica* = Teologia 24, São Paulo, Loyola, 2000.

g) Carta a Policarpo[136]

1º A Igreja de Esmirna e seu bispo Policarpo

Quando da passagem de Inácio por Esmirna, seu bispo era Policarpo. Há informações de que ambos tinham sido discípulos ou ouvintes do apóstolo João.[137] Contudo, apesar de certa familiaridade da linguagem de Inácio com a de João, é certo que este não tenha sido nem discípulo do apóstolo nem condiscípulo de Policarpo. O que é certo é que Inácio e Policarpo se conhecem quando da passagem de Inácio por Esmirna. Nesse encontro ambos professam uma profunda amizade e admiração um pelo outro. É o que vemos na carta que Inácio dirige a Policarpo e na carta que este envia aos filipenses.

Embora jovem, Policarpo era muito zeloso, amado e respeitado inclusive pelos inimigos da Igreja. Foi um pastor amante do seu rebanho e homem da conciliação. A ele Inácio pede que envie alguém a Antioquia para relatar sobre si e seu caminho para o martírio.[138]

2º A carta a Policarpo

À época da passagem de Inácio, Policarpo saiu-lhe ao encontro, beijou-lhe as mãos e as cadeias que o prendiam. Inácio permanece uns dias em Esmirna, antes de partir para o martírio em Roma.

A Carta a Policarpo é a única que Inácio escreve a uma só pessoa, e não a uma comunidade. Trata-se do jovem bispo de Esmirna, que fora discípulo do apóstolo João. Impressionado pela juventude do bispo, Inácio, estando em Trôade, escreveu-lhe uma carta de exortação. Uma carta que uma pessoa, a caminho da morte, dirige a outra que tem uma vida por diante e uma tarefa e uma missão a realizar na Igreja. É uma relação de conselhos muito variados visando preparar Policarpo para seu labor episcopal. Respigamos alguns desses conselhos.

- "Cuida que as orações não cessem. Pede sabedoria maior do que essa que tens. Vigia com espírito vigilante".[139]
- "Em todas as coisas, sê prudente como serpente e sempre simples como pomba (…) Sê sóbrio como atleta de Deus".[140]

---

[136] Ignace d'Antioche, *Lettre à Polycarpe*, intr. et trad. de Pierre Thomas Camelot, SC 10bis, Paris, Les Éditions du Cerf 1945 [*Epistula ad Polycarpum*; CPG 1025/7; PG 5; Funk-Bihlmeyer, 110-113].

[137] O discipulado apostólico de Policarpo é afirmado pelo *Martyrium Colbertinum*, por Irineu de Lião e por Jerônimo. Discute-se sobre o discipulado de Inácio.

[138] Pol 7.

[139] Pol 1,3.

[140] Pol 2,2-3.

- "Permanece firme, como a bigorna sob os golpes do martelo. É próprio de grande atleta aparar os golpes e vencer".[141]

No final da carta, embora sem uma ordem precisa, Inácio lembra membros da comunidade que estiveram perto dele e o consolaram.[142] São estas as derradeiras palavras que Inácio deixou por escrito.[143]

3º Elementos de doutrina

Entre os elementos de doutrina de Inácio, nesta carta a Policarpo podemos sublinhar, uma vez mais, sua cristologia realista: "Espera aquele que está acima do tempo, atemporal, invisível, mas que se tornou visível para nós; aquele que é impalpável e impassível, mas que se tornou passível por nós, e por nós sofreu de todos os modos".[144]

Ressalta, ademais, uma eclesiologia precisa do episcopado: "[Policarpo é] bispo da Igreja de Esmirna, ou melhor, [a Igreja] que tem por bispo Deus Pai e o Senhor Jesus Cristo".[145]

O episcopado possui uma dignidade que exige uma apresentação condizente: "Justifica tua dignidade episcopal com total solicitude física e espiritual".[146]

Como pastor de todos, o bispo é responsável por todos na comunidade. Inácio deixa uma doutrina precisa da castidade total e do matrimônio cristão.[147]

2.3.3 À guisa de conclusão

Inácio não tinha preocupações literárias, principalmente nas condições em que escreveu. Não obstante isso, suas cartas constituem uma das obras mais insignes da literatura cristã antiga. O que nos leva a admirar é a originalidade vigorosa de um temperamento excepcional. Inácio é um oriental que

---

[141] *Pol* 3,1-2.

[142] Cf. *Pol* 8,2.

[143] Na carta que escreveu aos Filipenses, Policarpo deixa este testemunho sobre Inácio: "Quanto às cartas de Inácio, as que ele nos enviou e as outras que pudermos ter aqui, nós vo-las enviaremos como pedistes. Vão anexas. Podereis retirar delas grande utilidade, pois encerram fé, paciência e toda espécie de edificação relativas a nosso Senhor" (Policarpo de Esmirna, Filipenses XIII, in *Padres Apostólicos*, cit.).

[144] *Pol* 3,2.

[145] *Pol* introdução.

[146] *Pol* 1,2.

[147] *Pol* 5,1-2. Em *Pol* 4 há orientação sobre a viuvez e os escravos. Sobre as viúvas ele diz: "depois do Senhor, és tu que deves cuidar delas" (*Pol* 4,1). No que diz respeito aos escravos, sua visão é epocal...

prefere continuamente a imagem, que não tem preocupações pela ordem e pela regularidade. Ele é um místico que sente viver em si mesmo o Cristo... É um lírico como São Paulo. Ele rompe a sintaxe; começa uma frase sem saber como terminá-la. Segue sempre o ritmo do sentimento que o envolve. Ele sabe encontrar, instintivamente, o estilo mais comovente e mais expressivo para expressar a fé. Em seus escritos o ardor interno se liberta dos liames da forma para exprimir uma personalidade extraordinariamente original e vigorosa.

As cartas de Inácio não tiveram escopo doutrinal. Foram ocasionais e seu conteúdo foi determinado pelas necessidades das Igrejas às quais foram endereçadas. Não oferecem um sistema completo de doutrina teológica, mas são um tesouro muito rico e, dada a sua antiguidade, de inestimável valor. Elas refletem não somente a mais antiga tradição, mas também a alma de uma das mais influentes personalidades da Igreja primitiva. Nelas se afirma com clareza a doutrina da unidade e trindade de Deus, da divindade de Jesus Cristo, da realidade da encarnação, da paixão e morte de Jesus Cristo (contra os docetas), a sua Ressurreição, a maternidade virginal de Maria, os efeitos da redenção, o Batismo, a Eucaristia, o Matrimônio, a Igreja mística e as igrejas locais, a hierarquia eclesiástica em três graus: bispo, presbíteros e diáconos.

Inácio é ainda o doutor da unidade. Ele é o homem ao qual foi confiada a tarefa da unidade: unidade de Deus, unidade do Cristo, unidade da Igreja Católica (termo utilizado pela primeira vez em sentido universal), unidade na fé e na caridade, a mais excelente das virtudes. Inácio afirma com segurança o episcopado monárquico.

Dado o fato de ser um elo entre os apóstolos e os dados da fé dos inícios da Igreja, as cartas de Inácio são de inestimável valor. Ele foi um dos primeiros a beber no manancial apostólico da revelação. Por essa razão, fazemos um simples elenco das bases doutrinais por ele colocadas.

- a Igreja foi divinamente estabelecida como uma sociedade visível cuja finalidade é a salvação das pessoas; quem dela se separa, isola-se de Deus;[148]

---

[148] *Phil* 3,4: "Sede solícitos em tomar parte numa só Eucaristia, porquanto uma é a carne de Nosso Senhor Jesus Cristo, um o cálice para a união com Seu sangue; um o altar, assim como também um é o Bispo, junto com seu presbitério e diáconos, aliás, meus colegas de serviço. E isso, para fazerdes segundo Deus o que fizerdes".

- o serviço hierárquico da Igreja foi instituído por Jesus Cristo;[149] seu caráter é tríplice: bispos, presbíteros e diáconos; [150]
- a ordem do episcopado, por autoridade divina, é superior à do sacerdócio do Antigo Testamento;[151]
- a Igreja é una,[152] santa e católica,[153] gozando de infalibilidade em sua ação;[154]
- a doutrina da Eucaristia,[155] palavra que encontramos pela primeira vez, bem como a expressão Igreja Católica[156] para designar todos os cristãos;
- a doutrina da encarnação;[157]
- o valor sobrenatural da virtude da virgindade;[158]
- o valor religioso do caráter do Matrimônio;[159]
- o valor da comunhão dos santos pela oração uns pelos outros;[160]
- o primado da Sé de Roma... "que preside à caridade na observância da lei de Cristo..."[161]

---

[149] *Phil*, intr.: "... se continuarem unidos ao Bispo, aos Presbíteros e Diáconos que estão com ele, instituídos segundo o plano de Jesus Cristo, que por Sua própria vontade os fortaleceu no Seu Espírito Santo"; cf. também *Eph* 6,1.

[150] *Magn* 6,1: "... pude observar, na fé e no amor, toda a vossa comunidade. Destarte, exorto-vos a estudar em todas as coisas com divina harmonia, tendo vosso bispo a presidir no lugar de Deus e vossos presbíteros no lugar da assembleia dos apóstolos, junto com seus diáconos – que são muito queridos para mim –, aos quais foi confiado o serviço de Jesus Cristo...".

[151] *Magn* 13,2: "... sede submissos ao bispo e uns aos outros, como Cristo é com o Pai, para que haja unidade entre vós, de acordo com [a vontade de] Deus..."; ainda *Smyrn* 8 e *Tral* 3.

[152] Cf. *Tral* 6; *Phil* 3; *Magn* 13.

[153] Cf. *Smyrn* 8

[154] Cf. *Phil* 3 e *Eph* 16-17.

[155] *Smyrn* 8,2: "por legítima seja tida tão somente a Eucaristia, celebrada sob a presidência do bispo ou por um delegado seu...".

[156] *Ibid.*: "... a presença de Cristo Jesus também nos assegura a presença da Igreja Católica...".

[157] *Eph* 18,2: "o nosso Deus Jesus Cristo, segundo a economia de Deus, foi levado no seio de Maria, da descendência de Davi e do Espírito Santo. Ele nasceu e foi batizado, para purificar a água na sua paixão...".

[158] *Pol* 5,2: "... se alguém pode permanecer na castidade em honra da carne do Senhor, que permaneça na humildade...".

[159] *Ibid.*: "... convém que os homens e as mulheres que se casam, contratem sua união com o parecer do bispo, a fim de que seu matrimônio seja feito segundo o Senhor e não segundo a concupiscência...".

[160] Cf. o final de todas as cartas, nas quais Inácio pede insistentemente a oração na comunhão.

[161] *Rom* introdução.

2.4 Hermas[162]

2.4.1 As peripécias de uma obra

A obra de Hermas, *O Pastor*, está colocada entre os Padres Apostólicos. É um escrito do gênero apocalíptico que desfrutou de grande estima e notoriedade na antiguidade.[163] Tal glória, contudo, foi efêmera. Muito cedo, a partir do ano 200, começaram as desconfianças contra o livro. O mesmo aconteceu com todos os apocalipses. No final do século IV, São Jerônimo dirá que *O Pastor* era lido em algumas igrejas do Oriente. Mas era quase desconhecido junto dos latinos.[164] Mais tarde, no comentário a Habacuc[165] afirmará: *"liber ille apocryphus stultitiae condemnatus est"*. O Papa Gelásio o considerou um livro apócrifo.

2.4.2 Quem foi Hermas?

Havia dificuldades até o início de nosso século para saber quem foi Hermas. Ele foi descrito por Jerônimo – que para essa informação dependeu de Eusébio – como o Hermas do final da Carta aos Romanos. A obra, com bastante probabilidade, data do ano 150. O *Fragmento Muratoriano* o apresenta como irmão do Papa Pio I (141-155). Diz assim o famoso documento: "O Pastor foi escrito recentemente, nos nossos tempos, na cidade de Roma, por Hermas, enquanto o seu irmão Pio ocupava a sé episcopal da Igreja da cidade de Roma. É preciso, portanto, lê-lo. Mas não se deve fazer dele uma leitura pública ao povo na Igreja, colocando-o entre os profetas, porque o seu número já está completo, e nem mesmo entre os apóstolos, porque já terminou o tempo dos apóstolos".[166]

---

[162] Hermas, *Le pasteur*, intr. et trad. de M. Robert Joly, SC 53bis, Paris, Les Éditions du Cerf 1958 [*Pastor*; CPG 1052; PG 2, 891-1012; GCS 48].

[163] É significativo dizer que Irineu o considerava como escritura sagrada (cf. *Contra as heresias* IV 20,2); Clemente de Alexandria (*Stromates* I 17; II 1; VI 14) e Orígenes (Cf. Origène, *Commentaire sur l'épître aux Romains*, tome I, livres I-II (*Commentarii in epistulam ad Romanos I-II*) trad. Fr. Luc Brésard, SC 532, Les Éditions du Cerf, Paris 2009. X 31) consideram-no livro inspirado, não, contudo, em igualdade com o Evangelho. Tertuliano, no seu período católico (cf. *De Orat.* 16), considerava-o também inspirado. Já no período montanista o chamou *Pastor moechorum* (cf. *De Pudicitia* X 11); apud Bosio, Guido, op. cit., p. 95, notas 1-5.

[164] Cf. *De vir.ill.*, 10; apud Bosio, G., op. cit., p. 95, nota 6.

[165] Cf. *Commentarii in Habacuc* I 13, in PL 25, 1275-1338.

[166] Apud Bosio, G., op. cit., p. 96.

O *Fragmento Muratoriano*[167] é importante. Ele nos mostra o sentir da Igreja, por volta dos anos 180, sobre o valor de *O Pastor*. Ademais, é fundamental para dar a cronologia da obra e para procurar entendê-la. Outro dado fundamental é o *Catálogo Liberiano*, de 354, mas que traz referências das Crônicas de Hipólito, que vão de 170 a 234. Diz o seguinte de Pio I: "Sob o seu pontificado, Hermas, seu irmão, escreveu um livro no qual estão contidos os preceitos que lhe deu um anjo, vindo até ele em hábito de Pastor".[168]

2.4.3 Hermas fala de si e do seu tempo

A vida de Hermas é descrita por ele próprio. Teria nascido na Arcádia. Educado no cristianismo, foi escravo de Rode, uma matrona romana que era cristã. Esta lhe deu liberdade. Bem rápido Hermas enriqueceu. Casou-se e teve filhos. Sua dedicação ao trabalho não lhe permitiu acompanhar a educação cristã dos filhos, que apostataram e o acusaram aos tribunais romanos. É quando Hermas resolve assumir a condição de profeta e pregador da penitência.

Seu escrito revela-o como uma pessoa rude e simples, avesso à cultura helênica. A sua formação fora exclusivamente judaica e cristã. Sua gramática é defeituosa, cheia de erros. O estilo é quase infantil. *O Pastor* é obra de alguém sem grande cultura formal, que se improvisa como profeta. O seu autor é uma pessoa prática, bom conhecedor dos homens e ótimo moralista, cheio de compreensão pela debilidade humana. O cristianismo que ele passa é equilibrado, longe dos exageros rigoristas que posteriormente virão.

O Pastor é uma obra de caráter apocalíptico. É composto de visões e revelações de cunho penitencial, visando conduzir ao perdão. O autor recebeu tais visões de duas figuras celestiais: uma mulher vestida de branco e um anjo na figura de um pastor. Daí vem o título da obra.

A Igreja de Roma,[169] no tempo de Hermas, estava saindo de uma perseguição. Os cristãos eram arrastados aos tribunais, condenados somente por ser cristãos. Eram incitados a renegar, a apostatar... e muitos cristãos haviam atraiçoado os seus irmãos de fé, e sido liberados. Os acusados foram torturados,

---

[167] Lodovico Antonio Muratori escreveu seu achado em *Antiquitates Italicae Medii Aevi, Dissertationes Sive III*, Nabu Press, Paperback 2000, 851-854.

[168] (*Liber Pontificalis*, Ed. Duchesne [Paris 1886] I 4.132).

[169] Nós, cristãos de hoje, estamos habituados a considerar Roma como a Santa Mãe de toda a cristandade. Hermas chama-a de "velha". Tal denominativo tem, normalmente, o sentido de "anciã" por sua dignidade.

mortos na prisão, ou lançados às feras, nos circos. Outros, como o próprio Hermas, tiveram seus bens confiscados. O tempo em que Hermas escreve é de relativa paz. Os cristãos, contudo, não tinham a tranquilidade para manifestar sua crença. Deviam estar sempre preparados ao martírio.[170] O estado de coisas descrito por Hermas corresponde ao tempo dos Antoninos, imediatamente após o rescrito de Trajano a Plínio. Neste tempo não há perseguição declarada. Os cristãos, contudo, estão à mercê de seus caluniadores: Justino vive sob o jugo de Crescente[171] e Policarpo, sob o poder dos pagãos de Esmirna, que o conhecem.[172]

O Pastor desfrutou de grande prestígio no Oriente.

2.4.4 O Pastor, a obra de Hermas

a) A conservação do texto

O texto de *O Pastor*, escrito em grego, e traduzido logo para o latim pelo mesmo autor, encontra-se principalmente nos seguintes documentos:

- No "Código Sinaítico" do século IV, descoberto em 1844 no Mosteiro de Santa Catarina no Monte Sinai.[173] Nele está a quarta parte do documento.
- Num manuscrito do século XV, que se encontra no Mosteiro Ortodoxo de São Gregório no Monte Athos.[174] Este manuscrito traz a obra completa, com exceção do final.

---

[170] Tertuliano, em *De Spectaculis* 1, dirá que o martírio é um gênero muito rápido de morrer, ou seja, é o *"expeditum morti genus"*.

[171] Cf. II *Apologia* 3.

[172] "Com efeito, o tirano maquinou muitas astúcias contra eles. Agradeçamos a Deus, porque não conseguiu resultado contra todos. Pois o generosíssimo Germânico fortaleceu a timidez de seus companheiros com a sua paciência; ele combateu maravilhosamente com as feras. Querendo o Procônsul persuadi-lo e dizendo-lhe que tivesse compaixão da sua juventude, ele açulou contra si a fera, preferindo libertar-se, o mais depressa possível, da companhia daquela gente injusta e má. Depois disto, toda a multidão, admirando a generosidade dos cristãos, caros a Deus e devotos, gritou: 'morte aos ateus; procurem Policarpo'" (*Martírio de São Policarpo* III, in *Carta aos Filipenses e Martírio do Santo* = Coleção Patrística 2, Paulistas) 120-121.

[173] Península de Egipto, pertencente geograficamente à Ásia. O Código, escrito por volta do ano 350 de nossa era, contém, além da Bíblia, também a obra de Hermas e a Carta de Barnabé. O texto do Código encontra-se em quatro lugares do mundo: Londres, Egito, Leipzig e S. Petersburgo. Para a edição *online* do Código foi assinado um documento de unificação realizada com a técnica digital. Cf. o site: www.codexsinaiticus.org.

[174] Localizado na Península de Athos, ao norte da Grécia.

- Alguns papiros do final do século II, atualmente em posse da Universidade de Michigan. Entre outros dados, eles contêm muitos dos fragmentos que faltam no Manuscrito do Monte Athos.[175]

b) A estrutura e o conteúdo de *O Pastor*

Composição da obra e seu conteúdo

O Pastor é composto de duas partes, a saber: visões; mandamentos e parábolas. Estas partes terminam com uma conclusão. A primeira parte compõe de cinco visões. Na segunda, maior e mais importante, expõem-se recomendações concretas para viver as virtudes necessárias, isto é, fé, temor de Deus e sobriedade, caridade, inocência, simplicidade, veracidade, pureza, paciência e domínio de si. As visões são feitas sob a imagem de mulheres que lhe vão comunicando as mensagens. Os mandamentos são transmitidos através de doze preceitos ou mandatos e de dez alegorias[176] ou parábolas.

O Pastor deve ser lido valorizando mais a exposição moral que a teológica, pois esta contém algumas imprecisões.

A obra coloca um dos problemas fundamentais da Igreja de Roma na metade do século II, isto é, a *penitência*. À época de Hermas os fiéis deviam seguir uma rigorosa disciplina penitencial. Admitia-se somente a penitência batismal. Quem cometesse pecado após o Batismo, atraiçoando as promessas nele feitas, eram considerados "condenados".

O Pastor coloca-se do lado dos "feridos", fazendo-se seu porta-voz, deixando entrever a prática que a Igreja irá adotar no Sacramento da Penitência e da Reconciliação. Este sacramento existe para fazer a reconciliação com Deus e com a Igreja, para a salvação dos pecadores arrependidos, não somente uma só vez na vida, mas cada vez que a pessoa penitente necessite. Hermas deixa claro que esta penitência, realizada no sentido de conversão profunda e de emenda verdadeira, produz na alma uma santificação comparável à do Batismo.

Com suas exortações à penitência, Hermas não visa somente mover os pecadores. Ele quer, igualmente, animar as almas abatidas. Por essa razão, todo o texto deixa transparecer uma mensagem otimista e cheia de esperança na concepção da vida.

---

[175] O texto foi conservado em duas traduções latinas e uma etíope. Encontram-se também fragmentos na Biblioteca Nacional de Paris e na Biblioteca do Museu de Louvre. Há ainda uma versão copta em papiros e um fragmento de uma versão medo-persa.

[176] A alegoria é uma narrativa de caráter simbólico, muito próxima das fábulas e das parábolas do Evangelho.

2.4.5. Conclusão final: o valor de O Pastor de Hermas

A obra de Hermas é uma pregação de penitência. Trata-se de um vasto exame de consciência da Igreja de Roma.[177] Na Igreja de Roma "o fervor havia diminuído. Para muitos o cristianismo não era mais uma conquista voluntária, muitas vezes conseguida com sacrifícios heroicos. Muitos tinham nascido cristãos sem mérito algum e viviam a fé sem nenhum entusiasmo. Pais que descuidavam os filhos e deixavam que estes caíssem no vício, cristãos tépidos, cristãos que viviam como pagãos, pecadores, blasfemos, apóstatas... Também no clero havia graves manchas: diáconos que se enriqueciam com os bens da Igreja, presbíteros que se lançavam na faina de conquistar os primeiros lugares...".[178]

A perseguição criara na Igreja duas correntes. Ao lado dos mártires e dos cristãos fiéis, havia os que a renegaram. Acossados pelas ideias rigoristas (os *encráticos*), estes não acreditavam mais em sua salvação. De outro lado, eram enlevados pelas ideias dos laxistas gnósticos, segundo os quais o vício da carne não era pecaminoso, pois a criatura humana era naturalmente corruptível. É neste âmbito que se insere a mensagem de Hermas. Com um intuito psicológico e pedagógico muito realista e perspicaz, Hermas tenta não tirar a esperança da salvação daqueles que se desesperavam. De outro, procura colocar um freio no despudor dos gnósticos. A uns e outros prega o perdão e o retorno à vida da graça, como em um grande jubileu. Com Hermas a Igreja dá um passo para o perdão dos pecados cometidos após o Batismo, máxime daqueles considerados mais graves, como a apostasia, a fornicação e o homicídio. Embora afirmasse que aquela era a última oportunidade, em seus escritos aparece clara a mensagem de que *o único limite para o perdão de Deus é a recusa do pecador em se arrepender...*

Hermas demonstra um profundo sentido católico e um bom espírito profético. Seu escrito representa o primeiro passo de uma disciplina penitencial católica. Em *O Pastor* podemos retirar alguns elementos da praxe penitencial daquela época.

A *primeira dimensão* é a recusa total do *rigorismo*. A penitência pregada por Hermas não exclui nenhum pecado. O único limite é a disposição do pecador. Do perdão são excluídos aqueles em cujo coração não entrou a disposição de

---

[177] Cf. Ruiz Bueno. Daniel, op. cit., p. 900-903.
[178] Cf. Bosio, Guido, op. cit., p. 98.

fazer penitência, aqueles que endureceram voluntariamente no mal, aqueles cuja penitência seria uma hipocrisia e uma nova profanação do nome de Deus.

Uma *segunda acentuação* é a dimensão de *metanoia* que vem junto com a sua ideia de penitência. Faz parte da penitência a vontade de mudar de vida. Interessante que Hermas sublinha a necessidade da *expiatio satisfactoria*. Ele chega mesmo a indicar uma tarifa. Assim, por exemplo, uma hora de prazer proibido deve ser expiada com trinta dias de penitência. Um dia no pecado, com um ano de penitência... Entre as obras de penitência ele prescreve o jejum. Esta atitude de jejuar devia ser transformada em esmola para o auxílio das viúvas, dos órfãos e dos necessitados de toda sorte.

A *terceira dimensão* que aparece nesta obra é a noção de que a penitência produzia a mesma santificação batismal.

O *quarto elemento* importante é o fato de a penitência não ser um acontecimento privado, que se esgotaria na relação entre Deus e o pecador. Ela deve passar pela Igreja. É esta, na aparência de uma mulher veneranda, quem lhe impõe pregar a penitência. A atuação da penitência é realizada por um anjo, que se lhe aparece sob a forma de pastor. Retornar a Deus é fazer, de novo, parte da Igreja, simbolizada na torre em construção...

2.5 A carta de Barnabé[179]

A figura bíblica de Barnabé, o "filho da exortação", é sobejamente conhecida. Nesta parte do capítulo sobre os Padres Apostólicos haveremos de nos deter na figura do autor da carta como é hoje entendida pelos estudiosos, bem como na carta em si mesma e no seu valor sempre atual.

2.5.1. Autoria e data de composição

Esta carta estava, junto com textos do Antigo e do Novo Testamento, no Código Sinaítico de 350. Foi encontrada em 1859 pelo pesquisador alemão Constantino Tischendorf. Posteriormente, em 1875, Nicéforo Bryennios a encontra no Jerusalemitano. Esta carta não nos fornece o nome de seu autor, nem a data e o local de sua composição.

---

[179] Épître de Barnabé, intr. et trad. de Pierre Prigent, SC 172, Paris, Les Éditions du Cerf 1971 [*Barnaba*, PG 2,727-782]. Tradução: *Carta de Barnabé*, in *Padres apostólicos* = Coleção Patrística, vol. 1, Paulus, São Paulo, 31997

A *Carta de Barnabé* é uma coleta de diferentes tradições que o autor anônimo reuniu de comunidades pagão-cristãs. Há argumentos apologéticos contra o judaísmo, profecias da Paixão e da Ressurreição, comentários na tradição midráxica judaica dos textos bíblicos e, finalmente, uma cópia quase literal de um manual moral de origem judaica. Estes textos nos levam bem próximos do cristianismo primitivo do primeiro século.

Por algum tempo atribuiu-se a carta a Barnabé, companheiro de São Paulo. Neste sentido Orígenes seguiu Clemente de Alexandria, que dizia: "A Tiago, o Justo, a João e a Pedro, o Senhor, após sua ressurreição, transmitiu a gnose. Estes a transmitiram aos outros apóstolos e os outros apóstolos aos 70, dos quais um era Barnabé".[180] Tida como apostólica, a Carta teve um lugar entre os livros canônicos. O Sinaítico contribuiu para manter essa crença.

Contudo, Eusébio e Jerônimo colocam a Carta entre os livros apócrifos, excluindo-a de entre os livros inspirados. Parece que a obra foi escrita no Egito, entre o reinado de Nerva (96-98), ou, mais provavelmente, sob Adriano (117-138). Pode-se situá-la na corrente do pensamento de Filão de Alexandria. O nome de Panteno[181] foi aventado como seu possível autor. A exegese alegórica busca comunicar ao leitor "o conhecimento perfeito" e chama a atenção contra o "perigo judaico".

A carta nos permite compreender o caminho dos pensadores cristãos com relação à Torá. O autor situa-se aqui a meio caminho entre a Epístola aos Hebreus e as Antíteses de Marcião. Ele dá à Lei uma interpretação alegórica e não lhe conserva nenhum valor transitório. Recusa-se a reconhecer que, atualmente superada, ela tenha sido, por sua vez, boa e necessária.[182]

O ponto de partida para a fixação da data da composição desta obra são os capítulos IV e XVI.[183]

---

[180] Clemente de Alexandria, *Stromates* V 63,1-6, trad. de Pierre Voulet, SC 279, Paris, Les Éditions du Cerf 1981.

[181] Panteno (140-216), filósofo e teólogo do século II, foi o fundador da escola teológica de Alexandria, também chamada *Didaskaleion*. Nesta Escola teve como sucessores Clemente, Orígenes e Alexandre. Educado na doutrina estoica, viveu sempre em Alexandria. Convertido ao cristianismo, buscou conciliar a nova fé com a filosofia grega. Entre os seus grandes legados sobressai a Escola de Alexandria e seus alunos brilhantes.

[182] Pseudo-Barnabé, *Lettre*. Trad. de Suzanne-Dominique, notes de Louvel, in *Les Pères apostoliques* = *Foi vivante*, Paris, Éd. Cerf, Paris 1991.

[183] "Eles, porém, a perderam, por se terem voltado para os ídolos. Com efeito, assim disse o Senhor: 'Moisés, Moisés, desce depressa, pois teu povo pecou, aqueles que fizeste sair da terra do Egito'. Moisés compreendeu, e jogou as duas tábuas de suas mãos. A Aliança deles foi rompida, para que a de Jesus, o Amado, fosse selada em nossos corações pela esperança da fé que nele temos (…). 'Eis! Aqueles que destruíram esse templo, eles mesmos o edificarão'. E o que está acontecendo. De fato, por causa da

Provavelmente a carta teria sido escrita durante o período de reconstrução do templo, entre 131-135.[184] Evocando Isaías, o autor diz: "Eis que aqueles que destruíram esse templo, eles mesmos o edificarão". E prossegue: "É o que está se realizando, pois, por causa da guerra deles, o templo foi destruído pelos inimigos. E agora os mesmos servos dos inimigos o reconstruirão". Este "é o que está se realizando" e o "agora" dão a impressão de que o autor está bem informado e é contemporâneo aos acontecimentos.

2.5.2 A carta

A obra está dividida em duas partes bem distintas e muito desiguais. A primeira parte corresponde aos capítulos 2 a 16. O capítulo 1 é uma introdução e o capítulo 17 se constitui na conclusão desta primeira parte. À segunda parte, correspondem os capítulos 18 a 21. A primeira parte é doutrinária e dogmática. A segunda, utilizando a imagem dos "Dois caminhos", transmite ensinamentos morais.

A carta de Barnabé utiliza a exegese alegórica ou tipológica, praticada especificamente pela Escola de Alexandria.[185] Esta exegese condena a mentalidade judaica por sua interpretação literal da Escritura.

Sabemos bem que os primeiros mestres da interpretação alegórica remontam ao século quinto antes de Cristo, com Heráclito e posteriormente Platão. Relacionada à Escritura, o grande propugnador foi Filão. Mestre da *alegorese*,[186] Filão escreveu diversas obras sobre a Escritura utilizando-se das ideias de Platão. Pode-se dizer que ele procurou conciliar platonismo e Bíblia. Este esforço vai ser continuado no cristianismo pela escola de Alexandria.

---

guerra deles, o templo foi destruído pelos inimigos. E agora, os mesmos servos dos inimigos o reconstruirão" (*Carta de Barnabé* IV e XVI 4).

[184] Depois de Schürer e Harnack, mas com argumentos totalmente novos, Paulin Ladeuze assinala como data de composição da Carta do Pseudo-Barnabé os anos 130-131. A concepção abstrata que o autor faz do judaísmo manifesta um tempo no qual as controvérsias tinham amainado. O argumento mais importante de Ladeuze é o fato de encontrar na Carta alusões muito claras ao decreto de Adriano contra a circuncisão e, sobretudo, à construção da *Aelia Capitolina* no local onde fora o templo de Jerusalém. Esta alusão conduz aos anos 130-131. Ademais se comparamos a certas passagens de Ireneu (*Adv. Haer.*, I 26,2 e I,3) e de Justino (*Diálogo com Trifão* 47) (cf. Ladeuze, Paulin. L'épître de Barnabé, in *Revue d'histoire ecclésiastique* 1 (1900) 31-40, 212-225).

[185] Cf. a introdução do livro de Daniélou, Jean, *Bíblia e Liturgia. A teologia bíblica dos Sacramentos e das festas nos Padres da Igreja*, tradução de Geraldo Lopes, São Paulo, Paulinas, 2013.

[186] Palavra grega derivada de alegoria, que significa dizer uma coisa com outras palavras.

A carta de Barnabé, atribuída ao apóstolo homônimo, utiliza abundantemente a exegese alegórica.[187] Nesta carta fica famosa a exegese que o autor faz de Gn 14,14, os 318 homens de Abraão: "Quando Abraão soube que seu parente fora levado prisioneiro, reuniu seus aliados e familiares, em número de trezentos e dezoito, e perseguiu os inimigos até Dã". Eis a interpretação de Barnabé 9,6: "Filhos do amor, aprendei mais particularmente estas coisas: Abraão, praticando por primeiro a circuncisão, circuncidava porque o Espírito dirigia profeticamente seu olhar para Jesus, dando-lhe o conhecimento das três letras. Com efeito, ele diz: 'E Abraão circuncidou entre os homens de sua casa trezentos e dezoito homens'. Qual é, portanto, o conhecimento que lhe foi dado? Notai que ele menciona em primeiro lugar os dezoito e depois, fazendo distinção, os trezentos. Dezoito se escreve: I, que vale dez, e H, que representa oito. Tens aí: IH (*sous*) = Jesus. E como a cruz em forma de T devia trazer a graça, ele menciona também trezentos (= T). Portanto, ele designa claramente Jesus pelas duas primeiras letras e a cruz pela terceira".

Outro grande utilizador da exegese alegórica foi Panteno. A ele se atribui a autoria da Carta de Barnabé. Panteno, como sabemos, foi o fundador da escola catequética de Alexandria.

2.5.3 Conclusão: valores e atualidade

Uma leitura atenta da Carta do Pseudo-Barnabé permite destacar alguns elementos significativos para a vida e missão da Igreja.

Já foi dito que a Carta segue, em traços gerais, a doutrina dos dois caminhos, herdada do judaísmo. Percebe-se a proximidade com a Didaquê. E isto se explica pela proximidade das datas de composição de ambas.

Falou-se da doutrina dos dois caminhos. Contudo, o que se deve destacar não é o caminho em si. Mas o notável é o fato da carta não deter-se no moralismo ou dualismo, e sim acentuar a pessoa que conduz e acompanha no caminho, Jesus Cristo.[188]

---

[187] Usa uma interpretação fortemente alegórica com um tom singularmente antijudeu. O seu autor reproduz uns poucos textos que aparecem no Evangelho de Mateus, entre eles Mateus 22,14, ao qual antepõe a fórmula 'está escrito' (*Epístola de Barnabé* IV:14).

[188] Nesse ponto a Carta de Barnabé permite uma abordagem pedagógica. Jesus Cristo é o *pedagogo* que conduz para a casa do Pai a pessoa que o acolhe e a ele se converte. Uma leitura dos inícios da *paideia* cristã é feita por Greggersen, Gabrielle, Paideia dos Pais da Igreja, in *Revista Caminhando*, 9,1[15], 2005,71-84.

A carta permite, ademais, uma ligação profunda entre as virtudes teologais e as cardeais... A justiça é parte inalienável da vida em Cristo. "A justiça que entendemos hoje é muito associada a leis, códigos e processos burocráticos do que à ética do cristianismo. Assim, a patrística torna-se um bom corretivo para o pensamento moderno".[189]

A Carta do Pseudo-Barnabé é mais que um manual de bons costumes. Todas as suas orientações para a prática do bem e das boas obras estão fundamentadas no mandamento maior: o do *amor*.

Barnabé tematiza a profunda mudança no culto cristão e todas as consequências que dela advêm após a Ressurreição de Jesus e sua ascensão aos céus. Ele tem presente a Celebração Eucarística dos cristãos no primeiro dia da semana, o *oitavo*. Para Barnabé o oitavo dia é uma prefiguração da segunda criação, aliás, para ele, da nova criação do homem novo em Cristo.[190] Ele substitui e anula a prática do sábado judaico.[191]

A carta proclama, em alto e bom som, que o Senhor é o Deus criador e redentor: "Amarás aquele que te criou, temerás aquele que te formou, glorificarás aquele que te resgatou da morte".[192] A Carta dá a entender que a primeira criação no Gênesis é considerada pelo Pseudo-Barnabé uma prefiguração da segunda, a regeneração do homem em Cristo. A primeira criação foi realizada pelo Filho, a ela preexistente.

A encarnação e a Paixão são necessárias para a redenção e salvação da criação humana. Delas decorre a dignidade do Batismo que nos torna filhas e filhos de Deus e templos do Espírito Santo.

2.6 Policarpo de Esmirna

O Martírio de Policarpo é um relato emblemático que passou para posteridade na redação de Eusébio de Cesareia.[193] O martírio foi a razão de muitas conversões de pagãos ao cristianismo. Ele é tão fundamental que alguns anos

---

[189] Greggersen, Gabrielle, ibid.

[190] Cf. Barnabé 15,9. Cf. Corbelini, Vital, *A visão da Eucaristia no período pré-niceno*. Disponível em: http://revistaseletronicas.pucrs.br/ojs/index.php/teo/article/viewFile/1718/1251 – acessado em: 19.10.10.

[191] Cf. O oitavo dia, in Daniélou, Jean, *Bíblia e Liturgia. A teologia bíblica dos Sacramentos e das festas nos Padres da Igreja*, tradução de Geraldo Lopes, São Paulo, Paulinas, 2013.

[192] Barnabé 19,2.

[193] Cf. *HE* IV 15,1-43.

depois Tertuliano afirmava: "O sangue dos cristãos é semente".[194] Foi esta semente que fez brotar tanta vida.

Policarpo torna-se um exemplo, pois sua vida foi um seguimento radical de Cristo. Ao governador que o interrogava, ele responde prontamente: "Sou cristão, sou seguidor de Cristo". O seu ato supremo de entrega de sua vida a Jesus Cristo chamou a atenção da multidão ali presente. Como um pão que é assado, para depois transformar-se em vida de muitos, como o ouro brilhando na fornalha, ele se torna a pérola da Igreja.

2.6.1 Dados da vida de Policarpo

Os dados da vida de São Policarpo podem ser retirados de quatro documentos, a saber: 1º Das cartas de Santo Inácio de Antioquia; 2º Da carta que Policarpo escreveu aos Filipenses; 3º De diversas passagens de Santo Irineu; 4º Da carta que a comunidade de Esmirna escreveu à comunidade de Filomélio. Trataremos das passagens de Irineu e das cartas de Inácio nesta parte.

Nos pontos a seguir, falaremos da carta à Igreja de Filomélio e do martírio do santo.

a) Diversas passagens de Santo Irineu

Policarpo nasceu entre 67 e 70 de nossa era. De família cristã e nobre, ele foi educado na fé e na adesão irrevogável a Jesus Cristo. Foi discípulo do apóstolo São João, conforme atesta seu discípulo Irineu, mais tarde bispo de Lião, na Gália, e mártir. É o testemunho de Pápias, o qual, como sabemos por Irineu,[195] "foi um ouvinte de João e companheiro de Policarpo".

Irineu recorda ainda o bispo Policarpo na carta que escreve a um seu companheiro de infância, Florino. Eles teriam sido discípulos de Policarpo entre 135 e 150. Este se tornara montanista, quando era presbítero da Igreja de Roma, e apostatou.[196] "Estes teus ensinamentos, ó Florino, para dizer-te de forma concisa, não são doutrinalmente corretos; discordam da Igreja e lançam na impiedade mais profunda os míseros que os abraçam; são ensinamentos que nem mesmo os heréticos, que estão fora da Igreja, ousaram dizer; são

---

[194] Tertulliano. *Apologetico* 50,13.
[195] Irineu de Lião, *Contra as heresias* V 22,1.
[196] Eusébio de Cesareia, *HE* V 20,1-7.

ensinamentos que certamente não te deram os presbíteros que viveram antes de nós, e que estiveram junto dos apóstolos. Eu te conheci quando ainda eras menino, e foi na Ásia Menor, junto de Policarpo, de quem buscavas a estima, se bem tu ocupavas um lugar de honra na corte do procônsul. As coisas de então eu as me lembro melhor que as de agora. Porque o que se aprende na infância forma um conjunto com a nossa vida e se desenvolve e cresce com ela. Eu te poderia dizer ainda o lugar onde o Beato Policarpo costumava sentar-se para nos falar, e como entrava no argumento; que vida ele levava, qual era o aspecto de sua pessoa, os discursos que fazia ao povo, como nos recordava as íntimas conversas que tinha tido com João e com os outros que tinham visto o Senhor, dos quais recordava as palavras e as coisas que eles tinham ouvido junto do Senhor, os seus milagres e a sua doutrina. Tudo isto Policarpo tinha recebido justamente das testemunhas do Verbo da Vida, e o anunciava em plena harmonia com as sagradas Escrituras. Estas coisas de então, por dom da divina misericórdia, eu escutava atentamente, e as conservo na memória; não já no papel, mas no íntimo do coração e, graças a Deus, assídua e amorosamente as repenso. Posso afirmar-te diante do Senhor que, se aquele presbítero beato e apostólico tivesse compreendido as coisas como as entendes tu [Florino], teria saído do povo um grande grito e, tapados os ouvidos e teria dito: 'Bom Deus, a que tempos me reservaste! Eis o que me toca suportar!', e, certamente, teria fugido daquele lugar, onde, em pé ou sentado, tivesse ouvido tais doutrinas."

Outro documento significativo para conhecer Policarpo é a sua relação com a Igreja de Roma.[197] Trata-se do contraste na celebração da festa da Páscoa. As Igrejas do Ocidente a comemorava sempre no domingo, enquanto os asiáticos a celebravam no dia 14 de Nissan, fosse qual fosse o dia da semana. O Papa Vitor quis estabelecer a unidade. As Igrejas da Ásia recusaram a data romana e a imposição. Foram excomungadas. Contudo, e aqui é importante o testemunho de Irineu, Policarpo dirige-se a Roma, já na época do pontificado de Aniceto. Dialogam muito, mas não entram em acordo. Entretanto, embora em posições diversas e até opostas, comungaram juntos. Aniceto, em sinal de respeito, permitiu que a Igreja de Esmirna administrasse a Eucaristia. Separaram-se em paz.[198]

---

[197] Estamos sempre no testemunho de Irineu, na redação de Eusébio de Cesareia, HE V 24.
[198] Há uma dificuldade com relação à visita de Policarpo a Roma. A data da ascensão de Aniceto ao papado é colocada, por Eusébio, entre 156 e 157. O martírio de Policarpo é datado do ano de 155. A provável

O último testemunho de Irineu[199] é fundamental para confrontar as riquezas das Igrejas da Ásia com relação à de Roma. Em Roma a época apostólica terminou por volta do ano 67, com os martírios de Pedro e Paulo. Na Ásia, por volta do ano 100, com a morte do apóstolo João. Já a era subapostólica, isto é, daquelas pessoas que tinham conhecido os apóstolos, também teve datas diversas. Em Roma, com a morte de Clemente, "que tinha visto os bem-aventurados apóstolos". Na Ásia terminou mais de cinquenta anos depois, com o martírio de Policarpo em 155. Aqui Irineu emprega o argumento da sucessão apostólica. Nele Roma aparece como *"potior principalitas"*. A ela as demais Igrejas devem se adequar. Irineu enumera a lista dos bispos de Roma até Eleutério, o décimo segundo desde os apóstolos e o nono depois de Clemente, "o qual tinha visto e conversado com os bem-aventurados apóstolos". Irineu passa a seguir para a Igreja de Esmirna. Diz de Policarpo: "Não somente foi discípulo dos apóstolos e viveu em relação familiar com muitos que tinham visto a Cristo, mas também que recebeu sua nomeação de Bispo da Igreja de Esmirna das mãos do apóstolo João".

b) As cartas de Santo Inácio de Antioquia

Em sua estadia em Esmirna, Inácio de Antioquia escreveu quatro cartas. Ele fala de Policarpo nas cartas aos Magnésios e aos Efésios. A última de suas sete cartas foi dirigida a Policarpo. Estas referências pouco acrescentam à história do santo, mas têm contidas em si uma profunda dimensão humano-divina. Nas palavras iniciais Inácio glorifica a Deus "que me concedeu ver teu rosto". Estas palavras podem deixar entender que ambos não tivessem se encontrado antes... Uma frase de Inácio marca sua profunda admiração por Policarpo: "Sua consciência está fundada em Deus como em uma rocha inamovível!".

---

explicação é o erro de data de Eusébio, coisa muito provável em se tratando de cronologia (cf. http://ec.aciprensa.com/p/policarpio.htm – acessado em: 25.10.10).

[199] Irineu de Lião, *Contra as heresias* III 3.

2.6.2 A carta de Policarpo aos Filipenses[200]

a) Enquadramento da carta

A carta aos filipenses é uma resposta a um pedido que esta comunidade tinha feito a Policarpo. Ao escrever para esta comunidade, Policarpo aproveita para enviar-lhe a carta escrita por Inácio, quando de sua passagem por Esmirna.

As cartas de Inácio e a de Policarpo têm diferenças significativas. As de Inácio são mais longas. O autor possui um grande conhecimento da Escritura e do seu cânon, embora suas situações sejam casuais e esporádicas. Já a carta de Policarpo está construída com precisão. Uma passagem é colocada após a outra a partir de passagens dos escritos evangélicos e apostólicos. A profusão de citações em Policarpo indica certa falta de originalidade, enquanto as cartas de Inácio têm uma marcada individualidade, destacando-se entre todos os escritos cristãos primitivos.

Outra diferença é de nível especificamente teológico. As cartas de Inácio colocam toda a ênfase no episcopado. A de Policarpo nem sequer o menciona. Inácio faz profundas declarações sobre a encarnação de Jesus, sobre as duas naturezas do Verbo. Policarpo apenas toca estes dados.

b) Breve apresentação da carta

A carta aos Filipenses é uma série de exortações morais calcadas na Encarnação, Paixão, Morte e Ressurreição de Jesus Cristo:
- A carta tem sabor eclesial; a saudação, contudo, não faz menção ao Espírito Santo.
- Para viver plenamente a fé é preciso não se esquecer da paixão gloriosa de Jesus e de sua Ressurreição vitoriosa (I).
- A virtude se fundamenta na Paixão, bem como na certeza do juízo de Deus que pedirá contas do sangue do seu Filho; os pecados de toda ordem contra o amor serão levados em consideração. O artigo é uma leitura de Mt 5 (II).
- As virtudes teologais são as exigências para seguir o caminho da justiça (III).
- O número IV traz uma série de exortações baseadas na carta aos Efésios de Paulo.

---

[200] Polycarpe de Smyrne, *Lettres*, intr. et trad. de Pierre Thomas Camelot, SC 10bis, Paris, Les Éditions du Cerf 1945 [Polycarpus Smyrnensis, *Epistula ad Philippenses*; CPG 1040; PG 5, 1005-1016; Funk-Bihlmeyer, 114-120].

- Os diáconos são servos de Deus e de Cristo e os jovens e as virgens são instados a manter uma vida casta (V).
- O número VI acentua uma série de deveres morais dos presbíteros.
- Confessar Jesus Cristo encarnado, acreditar na vitória da sua cruz mediante a ressurreição e viver uma vida sóbria na oração: eis os princípios da salvação (VII).
- A esperança e a paciência são virtudes fundadas no exemplo de Jesus (VIII).
- Viver no exemplo dos maiores na fé, para estar um dia com eles na glória da ressurreição (IX).
- Uma conduta virtuosa é o maior testemunho que podemos dar no seguimento do Senhor (X).
- Não abandonar o desgarrado, não tratá-lo como inimigo; chamá-lo de volta como membro perdido do corpo; a comunidade deve salvar todo o corpo (XI).
- O conhecimento da Escritura conduz à prática das virtudes; entre elas sobressai a relação de respeito para com todos e o dever de rezar para que todos se salvem: reis, autoridades, príncipes e os perseguidores (XII).
- O respeito e o valor dado às cartas de Santo Inácio (XIII).
- Permanecer em Jesus Cristo: esta é a graça que deve estar com todos (XIV).

2.6.3 O martírio de Policarpo[201]

a) Introdução

O martírio de Policarpo, aos 86 anos de idade, foi um momento especial de glorificação para a Igreja antiga.[202] O cristianismo, nos seus primeiros anos de expansão, era considerado uma seita desdobrada do judaísmo. Contudo, sua mais ampla divulgação data dos anos 100 d.C. É quando os cristãos percebem que a *parusia*, ou o retorno do Senhor, não seria iminente. Era preciso continuar a expansão da mensagem salvadora "até os confins da terra". A penetração do sangue cristão nas veias do império era algo novo. Esta vida nova ocasionava uma mudança de vida das pessoas, trazia-lhes a alegria da doação

---

[201] *Epistula ecclesiae Smyrniensis de Martyrio s. Polycarpi*; CPG 1045; PG 5, 1029-1045; Funk-Bihlmeyer, p. 120-132.

[202] Sobre a dimensão específica do martírio enquanto vivência eclesial, haveremos de tratar no próximo capítulo.

para os outros e a caridade fraterna. Esta nova visão de mundo começou a incomodar o império. Na visão do momento, não havia outra solução senão aniquilar a nova religião. O martírio ocasionava conversões.[203] O mártir, com efeito, sofria e entregava, com ar sereno e feliz, a sua vida por Jesus e para Jesus. O martírio era visto como uma imitação do fiel a Jesus até às últimas consequências, pela sua paixão, morte e a esperança na ressurreição.

b) Os relatos cristãos sobre o martírio

Os estudiosos dividem os escritos referentes ao martírio e que começam a surgir na Igreja a partir do século II, em três grupos: *Acta*, *Passiones* ou *Martyria* e *Legendae*.

1º *Acta*

"Os *Acta* são atas (protocolos) do processo concretizado normalmente diante do procônsul, glosadas pelos escrivães do tribunal e reproduzindo ao pé da letra o interrogatório. Isso não exclui que mais tarde fossem completadas ou refundidas por um relator cristão, pois elas se preservam na verdade apenas na tradição da Igreja. Nas *Passiones* ou *Martyria*, pelo contrário, são autores cristãos que narram – muitas vezes com interpretação decididamente teológica – os últimos dias e a morte dos mártires. As *Legendae* contêm um cerne histórico, mas em volta desse escol há muitos elementos da fantasia piedosa; constituem a origem da literatura hagiográfica... surgem só a partir do século IV. As Atas dos mártires em regra começam informando a data, o nome do juiz e dos acusados, como também a acusação. A elaboração cristã do quadro revela-se nas caracterizações das pessoas como 'santos mártires', 'imperadores iníquos', ou na qualificação das leis como 'injustas'. O procônsul abre o interrogatório indicando a identidade dos acusados, e estes às vezes não dão o seu nome civil, mas apenas professam: '*cristianus/a sum*' como o único e verdadeiro nome de um cristão. O processo não discute a substância do cristianismo, mas procura provar o pretenso crime dos cristãos, ou exige simplesmente que se jure pelo gênio de César e se ofereça um sacrifício imprecatório [*supplicatio*] por ele; em suma, voltar à religião tradicional e racional

---

[203] Leia-se, a respeito, o testemunho de Justino de Roma: "Eu mesmo, quando segui as doutrinas de Platão, ouvia as calúnias que corriam contra os cristãos. Ao ver, porém, sua impavidez diante de tudo o que comumente se julga espantoso, pensei ser impossível serem homens malvados e entregues ao prazer. Pois, que amante do prazer, que intemperante, quem é que julga ser bom devorar carnes humanas e recebe alegremente a morte que os priva de tudo aquilo que julgam ser bem? Seria natural que procurassem prolongar indefinidamente a vida presente e não sonhar em se denunciar para a morte?" (Justino de Roma, *II Apologia* 3 = Coleção Patrística 3, São Paulo, Paulus 1997).

dos romanos. O procônsul procura persuadir disso os réus, lembrando-lhes sua juventude ou sua idade adiantada, suas obrigações familiares etc., prometendo riqueza, honras e cargos ou ameaçando-os com torturas e a morte. Comumente, tudo isso não obtém o efeito esperado; ao contrário, os mártires, por sua vez, tomam a iniciativa e procuram dar testemunho de sua fé cristã, ou advertem o juiz e o público com a punição de Deus. No final, ficam apenas a confissão 'cristianus/a sum' e a abdicação do culto pagão. É apregoada então a pena de morte. Isso se dá [ex tabella]: o julgamento é lido de uma tabela. Ou seja, a sentença já estava preparada e estabelecida básica e anteriormente."[204]

2º *Martyria ou Passiones*

Nos *Martyria* ou *Passiones*, os *Acta* são reelaborados. Sua finalidade é a edificação dos crentes e a fortificação daqueles ou daquelas que possam vir a sofrer o martírio mais tarde. Um autor cristão fala das circunstâncias da prisão, caracteriza as pessoas, descreve as torturas e os milagres. Neles se sobrepõem reflexões teológicas e espirituais. Os relatos dos mártires possuem uma unidade global de línguas e autores.

3º *O Martyrium Polycarpi na carta da Igreja de Esmirna à Igreja de Filomélio*

Os romanos gostavam dos estádios. Ao dominar uma cidade, a primeira coisa que faziam era construir um estádio. Era o símbolo do seu poder e da sua engenhosidade. Os estádios eram centros da vida social dos romanos, fonte de lazer e diversão. Eles amavam os espetáculos, principalmente quando neles se dava a morte de algum condenado.

À época do martírio de Policarpo, o Império Romano, tendo Trajano como imperador, estava no seu apogeu. Adriano sucedeu a Trajano no trono imperial. Embora conservasse a enorme área do império, achou conveniente não estendê-lo mais ainda. A Adriano sucedeu Antonino Pio, que reinou de 138 a 161. Ele também não fez grandes obras.

O *Martyrium Policarpi*, a primeira obra a chamar de mártir uma pessoa morta pela fé, é a mais antiga narrativa da paixão e morte de um mártir que se tenha conservado.[205] A narrativa é calcada principalmente nos escritos do judaísmo, tais como II e IV Macabeus. Por sua vez, ela influencia o desenvolvimento deste gênero literário entre os cristãos. "Em substância, é autêntica e

---

[204] Paraizo Junior, Elias Santos, *Análise crítica-literária e tradução da carta circular da Igreja de Esmirna sobre o martírio de São Policarpo*: a mais antiga narrativa do gênero, pp. 4-5. Disponível em: http://www.google.com.br – acessado em: 22.10.10.

[205] Ibid.

fidedigna; reveste a forma de epístola da comunidade de Esmirna à Igreja de Filomélio."[206]

2.6.4 Elementos de conclusão

O martírio de Policarpo nos faz perceber, já em meados do século II, uma dimensão trinitária precisa na vida e na oração da Igreja. A oração, eminentemente bíblico-cristológica, é feita de louvor e agradecimento.

O martírio considerado como imitação de Jesus Cristo segundo o Evangelho. O tom antijudaico, presente na teologia do século III, aparece já neste *Martyrium*.

2.7 Pápias de Hierápolis

2.7.1 Introdução

Hierápolis fica perto de Laodiceia e Colossos, no Vale do Lico, na Frígia. Hoje se chama Pambukcallesi e fica na Turquia. Segundo a história, teria sido fundada por Eumenes II, rei de Pérgamo, no século II a.C., entre 197-160. Tornou-se província romana em 133 a.C. Segundo Cl 4,13 ali existia uma comunidade cristã já na era apostólica.[207] Seu nome significa "cidade santa" devido às águas termais com efeito terapêutico que possuía. Na cidade foram construídos um Teatro Romano e Fontes termais. Além de Pápias, de quem trataremos a seguir, em Hierápolis também foi bispo Abércio, célebre pelo epitáfio deixado e gravado numa pedra.[208] Este epitáfio foi encontrado em

---

[206] Ibid. Filomélio é uma pequena cidade da Pisídia, localizada próximo à fronteira com a Frígia. Está a mais ou menos 400 km a leste de Esmirna, ambas na Turquia asiática.

[207] "Eu sou testemunha de que ele se empenha muito por vocês e por aqueles que estão em Laodiceia e Hierápolis".

[208] "Cidadão de pátria ilustre, construí este túmulo durante a vida, para que meu corpo – num dia – pudesse repousar. Chamo-me Abércio: Sou discípulo de um Santo Pastor [Jesus Cristo], que apascenta seu rebanho de ovelhas, por entre montes e planícies. Ele tem enormes olhos que tudo enxergam, ensinou-me as Escrituras da Verdade e da Vida e enviou-me até Roma para vislumbrar sua soberana majestade e ver a Rainha [a Igreja] com vestes e sandálias de ouro: lá conheci um povo marcado com um sinal resplandecente. Também fui à planície da Síria e vi cidades – como Nísibe – para lá do [rio] Eufrates. Por toda parte encontrei irmãos e tive Paulo por companheiro. Por toda parte a fé me guiou e ela me serviu de alimento com um Peixe [a Eucaristia] de fonte, grande e puro, pescado por uma Santa Virgem, que o entregava a seus amigos. Ela possui um vinho delicioso e o serve misturado com pão".

1883 pelo arqueólogo protestante W. Ramsay, nas proximidades de Hierápolis (Frígia). Hoje se encontra no museu de Latrão.

Em Hierápolis conserva-se o túmulo de São Filipe, martirizado na cidade. As impressionantes ruínas da antiga cidade testemunham sua importância na antiguidade.

2.7.2 A figura de Pápias

Pápias é um dos personagens mais misteriosos da antiguidade cristã. O pouco que se sabe sobre ele dá lugar a muitas discussões por parte de historiadores e pesquisadores. Sabemos, isto sim, que desfrutou de grande prestígio na Antiguidade.

Pápias viveu entre os anos 70 e 140. Foi contemporâneo e amigo de Inácio de Antioquia e de Policarpo de Esmirna. Irineu, que foi seu discípulo, afirma que ele conheceu e aprendeu com São João Apóstolo.[209] Já Eusébio, por sua vez, afirma que ele foi discípulo de outro João, o "presbítero" e não o apóstolo.[210] Também Jerônimo atesta:[211] "Pápias, discípulo de João, bispo de Hierápolis, na Ásia, não escreveu senão cinco volumes, que intitulou *Explicações dos discursos do Senhor*. Afirma, no prefácio, que não segue variedade de opiniões, mas procura a verdade na tradição oral vinda dos apóstolos e discípulos do Senhor, preferindo-a aos livros, pois é palavra viva e permanente".

Pápias foi contemporâneo de Policarpo, embora seja pouco provável que tenha atingido uma idade avançada. A data mais provável de sua morte é o ano de 150. Não pode ser qualificado de mártir, pois os dados disponíveis são insuficientes para esta afirmação.

Segundo Eusébio, ele foi um pensador apenas medíocre, um homem de inteligência pouco profunda, como demonstram seus livros. Esta é uma verdade revelada pelos poucos fragmentos que restam dos seus livros. Ele exagera nas afirmações que atribui a Jesus, muito próximas dos evangelhos apócrifos. Fala do retorno de Jesus, assumindo ideias milenaristas, quando a criação for libertada e renovada. Seus fragmentos falam somente dos Evangelhos de Marcos e de Mateus. Nada dizem das cartas de Paulo, nem do Evangelho de Lucas e do próprio João.

---

[209] Cf. Irineu de Lião, *Contra as Heresias* III, 1.
[210] Cf. HE, III 39,15ss.
[211] Jerônimo, *De viris Illustribus* 18.

2.7.3 A obra de Pápias e sua importância[212]

Em seu labor exegético é provável que Pápias utilizasse um Novo Testamento composto de quatro evangelhos, dos Atos, das principais cartas de Paulo, do Apocalipse, das cartas de João e da primeira carta de Pedro. Sua obra pode, com bastante evidência, ser datada entre os anos 115 e 140. Sua obra foi bastante significativa. Na atualidade, toda introdução ao Novo Testamento ou sobre o Quarto Evangelho não pode deixar de mencioná-lo.

Pelo ano 130, Pápias escreveu uma obra em cinco volumes: *Explicações das sentenças do Senhor* (*Lógion Kuriakou Exegéseis*). Esta obra, baseada principalmente na tradição oral dos discípulos dos apóstolos, apresenta uma coleção de ditos, sentenças e feitos de Jesus e de seus discípulos. Além de dados sérios e certos, Pápias menciona lendas e outras informações que não são provadas. É esta falta de crivo crítico que deu origem à crítica severa que lhe fez Eusébio. Embora tenha se perdido na quase totalidade, o que se conserva é da máxima importância, pois contém o ensinamento oral dos discípulos dos apóstolos. Ele mesmo, Pápias, assim afirma: "Para ti, não hesitarei em acrescentar às minhas explicações aquilo que outrora ouvi muito bem dos presbíteros, cuja lembrança guardei muito bem, estando seguro de sua verdade. Realmente, não me comprazia – como faz a maioria – com os que falam muito, mas com os que ensinam a verdade. Também não me comprazia com os que recordam mandamentos alheios, mas com os que recordam os mandamentos dados pelo Senhor à fé, nascidos da própria verdade. Se, por acaso, acontecia de chegar algum dos que tinham seguido os presbíteros, eu me informava sobre a palavra dos presbíteros, isto é, o que tinham dito André, Pedro, Filipe, Tomé, Tiago, João, Mateus ou outro discípulo do Senhor. E, também, o que falam Aristão e João, o presbítero, discípulos do Senhor. Eu não achava que as coisas conhecidas pelos livros pudessem me auxiliar tanto quanto as coisas ouvidas através da palavra viva e permanente".[213]

---

[212] Papias Hyerapolitanus, *Explanationes verborum dominicorum*, CPG 1047; PG 5,1256-1261; Funk, F. X. – Bihlmeyer, K., *Die Apostolischen Väter*, Neubearbeitung der Funkschen Ausgabe, 2e éd., p. 133-140.

[213] Eusébio, *HE* III 39,3-4. Nesse trecho Pápias menciona duas vezes o nome de João. Na primeira vez, relaciona-o com Pedro, Tiago, Mateus e os demais apóstolos, o que indica claramente o evangelista. O segundo João é colocado à parte, alheio ao número dos apóstolos e recebe o título de presbítero. Com muita probabilidade houve na Ásia duas pessoas com o nome de João. Na atualidade, em Éfeso, há duas sepulturas que são atribuídas a João. É, pois, verossímil que o segundo foi aquele que viu a revelação transmitida sob o nome de João.

Ainda nos fragmentos de Eusébio há duas observações sobre os dois primeiros Evangelhos. "O presbítero também dizia o seguinte: 'Marcos, intérprete de Pedro, fielmente escreveu – embora de forma desordenada – tudo o que recordava sobre as palavras e atos do Senhor. De fato, ele não tinha escutado o Senhor, nem o seguido. Mas, como já dissemos, mais tarde seguiu a Pedro, que o instruía conforme o necessário, mas não compondo um relato ordenado das sentenças do Senhor. Portanto, Marcos em momento algum errou ao escrever as coisas conforme recordava. Sua preocupação era apenas uma: não omitir nada do que havia ouvido, nem falsificar o que transmitia'".[214] Aqui apresenta-se a melhor confirmação da canonicidade do Evangelho de Marcos.

Esse é o relato de Pápias sobre Marcos. Sobre Mateus, diz o seguinte: "Mateus reuniu, de forma ordenada, na língua hebraica, as sentenças [de Jesus] e cada um as interpretava conforme sua capacidade".[215]

Esta afirmação prova que, já nos tempos de Pápias, a obra original de Mateus tinha sido substituída pela tradução grega. As traduções às quais se refere Pápias não eram versões escritas, e sim traduções orais das sentenças do Senhor contidas no Evangelho. Com muita probabilidade elas eram perícopes utilizadas nas assembleias litúrgicas das comunidades gregas ou bilíngues.

Pápias foi o primeiro a aplicar a palavra clássica exegese, que já há muito tempo significava interpretação ou comentário. É ele também quem nos fornece as mais antigas informações sobre a composição dos evangelhos de Mateus e Marcos, textos sempre procurados por quantos se ocupam da questão das origens e autenticidade dos evangelhos.

2.7.4 Conclusão

O primeiro grande valor da obra de Pápias é o testemunho da tradição oral viva. O que ele disse sobre os evangelhos de Marcos e Mateus, bem como sobre o apocalipse, em que pesem suas posições quiliastas, permaneceu na memória e no ensinamento da Igreja.[216]

---

[214] Eusébio, *HE* III 39,15-16.

[215] Eusébio, *HE* III 39,16.

[216] Eusébio afirma que Pápias compreendeu de forma equivocada a mensagem mística do Apocalipse (cf. *HE* III 39,11-12). Ademais ele diz que Pápias induziu muitos escritores cristãos posteriores a ele: "Ele foi culpado pelo fato de muitos homens da Igreja abraçar a mesma opinião depois dele. Com efeito, eles se escudaram na antiguidade daquele varão. É o caso de Irineu e algum outro que se manifestou com ideia semelhante" (*HE* III 39,16).

De seu labor teológico-bíblico herdamos o termo *exegese* aplicado à busca da explicação racional e atualizada da Escritura. É pena que sua obra tenha sido quase que completamente perdida. Teríamos um exemplo concreto desta forma de procura da compreensão do ensinamento bíblico.

2.8 A Carta a Diogneto[217]

Este último documento poderia ser colocado no capítulo sobre *apologia*. Contudo, a escolha para inseri-lo nesse espaço é devido ao seu conteúdo, muito semelhante aos demais que compõem o estudo da era apostólica. A *Carta a Diogneto* é a única dos padres apostólicos que tem um argumento em favor do cristianismo.

Embora a sua inclusão entre os Padres Apostólicos não seja aceita por todos,[218] ela foi aí inscrita por Andrea Gallandi (1709-1780).[219] Ele publicou *A Diogneto* junto com Hermas, Barnabé, Clemente, Inácio, Policarpo e os Fragmentos de Pápias. Embora tenha rompido com o modo como até então eram considerados os Padres Apostólicos,[220] a obra aí permaneceu e é nesse espaço que vamos apresentá-la.

2.8.1 Um encontro casual e afortunado

O códice transmissor da *epístola a Diogneto* foi descoberto por acaso, em 1436, na cidade de Constantinopla por Tomás d'Arezzo, jovem estudante de grego.[221] O códice por ele encontrado no jornal velho era um *corpus apologeticum*

---

[217] À *Diognète*, intr. et trad. par Henri Irénée Marrou, SC 33 bis, Paris, Les Éditions du Cerf 1951 [Réimpression de la deuxième édition revue et augmentée en 2005].

[218] Cf. http://es.wikipedia.org/wiki/A_Diogneto#cite_note-82 – acessado em: 28.10.10.

[219] Um teólogo e historiador italiano de descendência francesa. Escreveu a *Bibliotheca graecolatina veterum Patrum antiquorumque scriptorum ecclesiasticorum*, uma obra de especial mérito, uma vez que se ocupa de autores considerados pequenos e pouco valorizados.

[220] São os seguintes critérios: ter sido discípulo dos apóstolos; desfrutar da estima das comunidades primitivas; ter surgido entre os séculos I e II da era cristã.

[221] Eis um relato significativo do encontro: "Era uma sexta-feira. No mercado de peixe de Constantinopla havia barulho, pregões, sujeira e muita gente. Tomás d'Arezo, um rapaz italiano, estudante de grego na cidade, escolheu o seu peixe, ajustou o preço. O vendedor embrulhou-o, recebeu o dinheiro, e Tomás regressou à casa. Preparou-se para lavar o peixe e, curioso como todo bom estudante deve ser, deu uma olhadela no papel do embrulho. Coisa que todos fazemos frequentemente. Era uma folha escrita em grego, com traços grossos, com iniciais em vermelho. Foi lendo e esqueceu-se da refeição e do peixe. Deu-se conta de que se tratava de algo muito antigo e com muito interesse. Correu de novo ao mercado,

grego dos séculos XIII ou XIV e que continha 22 obras gregas, quatro das quais atribuídas a Justino Mártir.[222] Uma quinta obra, desconhecida até então, começava assim: "Excelentíssimo Diogneto, vejo que te interessas em aprender a religião dos cristãos e que, muito sábia e cuidadosamente, te informaste sobre eles...". A obra, consequentemente, passou a ser chamada de *Carta a Diogneto* ou, mais simplesmente, *A Diogneto*.

Este texto é uma apologia do cristianismo em forma de carta dirigida a Diogneto, eminente personalidade pagã. Nada mais se sabe nem do autor nem do destinatário. A carta traz trechos que podem ser aproximados à obra de Aristides, de Ireneu ou mesmo de Hipólito. Chegou-se a aventar ser a carta deste último, principalmente pela observação que o autor faz do cristianismo ter atingido os extremos do mundo. A carta seria, então, do começo do século III.

2.8.2 A Diogneto: a expressão de uma mudança de atitude cristã

Durante o século II, o cristianismo vivia uma situação especial marcada por dois fatores. De um lado, iniciava-se o período das perseguições devidas à condenação pelas autoridades romanas, que consideravam a adesão à fé cristã como um crime gravíssimo. De outro, o aumento dos cristãos se dava em meio a um desconhecimento de sua doutrina. Uma pessoa podia ser condenada à morte pelo simples fato de ser cristã.[223] Os cristãos, na sua grande maioria, escolhiam não negar. É nesse quadro de início do século que muda a vida cristã e a sua literatura deixa entrever essa mudança, sendo dominada preferentemente pelos textos que dariam origem ao cânon do Novo Testamento. Na segunda metade do primeiro século, percebia-se um fenômeno significativo. As cartas de Paulo buscavam resolver as questões colocadas pelas comunidades cristãs. Os Evangelhos transmitiam a vida e os ensinamentos de Jesus. O Apocalipse, o Pastor de Hermas aprofundavam a literatura escatológica. A

---

pelas ruelas mal empedradas daquela parte da cidade, e por mais umas poucas moedas o vendedor do peixe cedeu-lhe as folhas todas que tinha iguais àquela. (E quantas já não se teriam perdido!). Mas estavam bem conservadas. Isto se passou em 1436. O jovem Tomás verificou então tratar-se de vários documentos com séculos de antiguidade, entre os quais a *Carta a Diogneto*, do século II da era cristã, dos primeiros tempos da Igreja. Uma carta dirigida por não se sabe bem quem a um grego não cristão, falando-lhe da fé cristã. Ainda o cânon bíblico não estava completo e organizado!" (de http://www.iqc.pt/index.php?option...id...carta-a-diogneto – acessado em: 28:10.10).

[222] *De Monarchia, Cohortatio ad Graecos, Expositio fidei* e *Oratio ad Graecos*.

[223] As autoridades favoreciam a delação. A pessoa era presa e, se negasse sua fé cristã, era solta e ficava livre. Se confessasse, era sumariamente condenada à morte.

Didaquê e a Carta de Barnabé descreviam os primeiros rudimentos da liturgia. Clemente de Roma, Inácio de Antioquia e Policarpo de Esmirna escreviam cartas aconselhando suas Igrejas.

No século II dá-se uma mudança radical *a dextra*. Quadrato, bispo de Atenas, entre 124 e 125 escreveu um escrito apologético ao imperador Adriano, denunciando as injustiças que sofriam os cristãos. O cristianismo passa a desafiar o mundo, *a dextra*, para fora. Outros passarão a imitar o seu exemplo. Escreviam em grego, a língua usual de então. A *Carta a Diogneto* nasce neste clima.

2.8.3 A apresentação da carta

O pedido de um pagão ilustre, Diogneto, dá origem à carta. De forma precisa e brilhante, o autor mostra a superioridade do cristianismo com relação à idolatria. Apresenta a realidade dos deuses pagãos, a forma como são feitos e conservados. No mesmo nível da idolatria dos pagãos, o autor coloca o que chama a "estultícia" dos judeus. Seu apego aos ritos, aos sacrifícios, o seu orgulho diante do que chama religião.

O ponto alto da carta encontra-se nos capítulos V e VI. Fala da vida sobrenatural dos cristãos e do que significam para a vida da humanidade. Esses dois capítulos são aqui sintetizados: "Os cristãos (...) vivendo em cidades gregas e bárbaras, conforme a sorte de cada um, e adaptando-se aos costumes do lugar quanto à roupa, ao alimento e ao resto, testemunham um modo de vida social admirável e, sem dúvida, paradoxal. Vivem na sua pátria, mas como forasteiros; participam de tudo como cristãos e suportam tudo como estrangeiros. Toda pátria estrangeira é pátria deles, e cada pátria é estrangeira. Casam-se como todos e geram filhos, mas não abandonam os recém-nascidos. Põem a mesa em comum, mas não o leito; estão na carne, mas não vivem segundo a carne; moram na terra, mas têm sua cidadania no céu; obedecem às leis estabelecidas, mas com sua vida ultrapassam as leis; amam a todos e são perseguidos por todos; são desconhecidos e, apesar disso, condenados; são mortos e, desse modo, lhes é dada a vida; são pobres, e enriquecem a muitos; carecem de tudo, e têm abundância de tudo".[224]

---

[224] Diogneto VI.

2.8.4 Conclusões

Diogneto, por meio de sua carta, é o único dos padres apostólicos que tem um argumento em favor do cristianismo. Se Deus esperou tanto para se revelar, é para nos convencer experimentalmente de nossa indignidade e de nossa impotência para conseguir o Reino de Deus. E mais ainda: é para provar seu amor ao nos chamar à vida. Isto ele realiza pela manifestação de seu Verbo, pela fé em sua palavra e nessa inter-relação consiste a salvação.

Esta carta merece ser colocada entre as mais brilhantes e formosas da literatura cristã grega. O autor é um mestre em retórica. O ritmo de suas frases está cheio de encanto e graciosamente balanceado. Seu estilo é límpido. O conteúdo revela uma pessoa de fé ardente e vastos conhecimentos, um espírito totalmente imbuído do cristianismo. Sua linguagem transmite vitalidade e entusiasmo.

A *Carta a Diogneto* representa o começo da tese sobre a necessidade da revelação. Após ter descartado o politeísmo e o judaísmo, o autor da carta mostra a função do cristão no mundo, faz o traçado da vida cristã e conclui pela divindade do cristianismo: "Isso não parece obra humana. Isso pertence ao poder de Deus e prova a sua presença".[225]

3. CONCLUSÕES FINAIS

A quinta parte do verbete: Pères Apostoliques, de G. Bareille, no *Dictionnaire de Théologie Catholique*, é nossa fonte na conclusão deste capítulo.[226]

Os ensinamentos dos Padres Apostólicos não podem ser relevados somente pela sua importância relacionada à proximidade do Novo Testamento ou à forma como trataram da autoridade de Pedro e Paulo. Sua importância advém, antes de tudo, dos ensinamentos que nos legaram e que precisam ser relevados. Bareille detalha a sua apresentação em seis tópicos, a saber: Dogma, Moral, Igreja, Ministério cristão, Liturgia, Polêmica e apologética.

---

[225] Diogneto VII 9. "Ele antes nos convenceu da impotência da nossa natureza para ter a vida; agora nos mostra o salvador capaz de salvar até mesmo o impossível. Com essas duas coisas, ele quis que confiássemos na sua bondade e o considerássemos nosso sustentador, pai, mestre, conselheiro, médico, inteligência, luz, homem, glória, força, vida, sem preocupações com a roupa e o alimento" (Diogneto IX 6-7).

[226] Disponível em: http://jesusmarie.free.fr/DTC_peres_apostoliques.html – acessado em: 20.10.10. No final deste artigo são apresentadas as obras mais fundamentais no estudo dos padres apostólicos.

REZANDO COM OS SANTOS PADRES

Como um sacrifício perfeito e agradável
Da Carta da Igreja de Esmirna sobre o Martírio de São Policarpo.[227]
"Quando a fogueira ficou pronta, Policarpo desfez-se de todas as vestes e desatou o cinto; tentou desamarrar as sandálias, o que há muito não fazia, pois os fiéis sempre se apressavam em ajudá-lo, desejando tocar-lhe o corpo, no qual muito antes do martírio já brilhava o esplendor da santidade da sua vida.

Rapidamente o cercaram com o material trazido para a fogueira. Quando os algozes quiseram pregá-lo ao poste, ele disse: "Deixai-me livre. Quem me dá forças para suportar o fogo, também me concederá que fique imóvel no meio das chamas, sem necessitar do vosso cuidado". Assim não o pregaram, mas limitaram a amarrá-lo.

Amarrado com as mãos para trás, Policarpo era como um cordeiro escolhido, tirado de um grande rebanho para o sacrifício, uma vítima agradável, preparada para Deus. Levantando os olhos para os céus, ele disse:

'Senhor Deus todo-poderoso, Pai do vosso amado e bendito Filho Jesus Cristo, por quem vos conhecemos, Deus dos anjos e dos poderes celestiais, de toda a criação e de todos os justos que vivem diante de vós, eu vos bendigo porque neste dia e nesta hora, incluído no número dos mártires, me julgaste digno de tomar parte no cálice de vosso Cristo e ressuscitar em corpo e alma para a vida eterna, na incorruptibilidade, por meio do Espírito Santo. Recebei-me hoje, entre eles, na vossa presença, como um sacrifício perfeito e agradável; e o que me havíeis preparado e revelado, realizai-o agora, Deus de verdade e retidão.

Por isso e por todas as coisas, eu vos louvo, bendigo e glorifico, por meio do eterno e celeste Pontífice Jesus Cristo, vosso amado Filho. Por ele e com ele seja dada toda glória a vós, na unidade do Espírito Santo, agora e pelos séculos futuros. Amém'.

---

[227] Martírio de São Policarpo 13,2-15,3, in *Funk* 1,297-299; apud *Liturgia das Horas* II 1460-1462.

Depois de ter dito 'Amém' e de ter terminado a oração, os algozes atearam o fogo e levantou-se uma grande labareda.

Então nós, a quem foi dado contemplar, vimos um milagre – pois para anunciá-lo aos outros é que fomos poupados: – o fogo tomou forma de uma abóbada, como a vela de um barco batida pelo vento, e envolveu o corpo do mártir por todos os lados; ele estava no meio, não como carne queimada, mas como um pão que é cozido, ou o ouro e a prata incandescente na fornalha. E sentimos um odor de tanta suavidade que parecia estar se queimando incenso ou outro perfume precioso."

BIBLIOGRAFIA

À DIOGNÈTE, intr. et trad. par Henri Irénée MARROU, SC 33 bis, Paris, Les Éditions du Cerf 1951 [Réimpression de la deuxième édition revue et augmentée en 2005].

ANONYME, *Doctrine des douze apôtres* (La Didachè), intr. de M. Willy RORDORF et trad. de M. André TUILIER, SC 248.248bis, Paris, Les Éditions du Cerf 1978.1998 [*Doctrina XII apostolorum (Didache)*, *CPG* 1735; FUNK-BYHLMEYER 1-9].

ARNS, Paulo Evaristo, *Cartas de Santo Inácio de Antioquia. Comunidades Eclesiais em Formação*, Petrópolis, Vozes ³1984.

CARTA A DIOGNETO, Trad. das Monjas de Abadia de Santa Maria; intr. e notas de Fernando de FIGUEIREDO = Fontes da Catequese 10, Petrópolis, Vozes ²1984.

CARTA A DIOGNETO, trad. de Fernando FIGUEIREDO et alli, Petrópolis, Vozes 1970.

CLÉMENT DE ROME, *Épître aux Corinthiens*, intr. et trad. de Mme. Annie JAUBERT, SC 167, Paris, Les Éditions du Cerf 1971 [*Epistula ad Corinthios prima*; *CPG* 1001; *PG* 1,199-328; Schneider].

CLÉMENT DE ROME, *Épître aux Corinthiens*, intr. et trad. de Mme. Annie JAUBERT, SC 167, Paris, Les Éditions du Cerf 1971 [Epistula ad Corinthios prima; *CPG* 1001; *PG* 1,199-328; Schneider].

COTTELIER, Jean-Baptiste, *SS. Patrum qui temporibus apostolicis floruerunt, Barnabæ, Clementis, Hermæ, Ignatii, Polycarpi opera edita et non edita, vera et supposita, græce et latine, cum notis*, Paris 1672.

ÉPÎTRE DE BARNABÉ, intr. et trad. de Pierre PRIGENT, SC 172, Paris, Les Éditions du Cerf, 1971 [*Barnaba*, *PG* 2,727-782].

FRANGIOTTI, Roque [ed.], *Padres apostólicos*, tradução de Ivo STORNIOLO e Euclides M. BALANCIN = Coleção Patrística 1, São Paulo, Paulus ³1997.

HERMAS, *Le pasteur*, intr. et trad. de M. Robert JOLY, SC 53bis, Paris, Les Éditions du Cerf 1958 [*Pastor*; *CPG* 1052; *PG* 2, 891-1012; *GCS* 48].

I PADRI APOSTOLICI, Roma, Città Nuova 1976.

IGNACE D'ANTIOCHE, *Lettre à Polycarpe*, intr. et trad. de Pierre Thomas CAMELOT, SC 10bis, Paris, Les Éditions du Cerf 1945 [*Epistula ad Polycarpum*; *CPG* 1025/7; *PG* 5; *Funk-Bihlmeyer*, 110-113].

IGNACE D'ANTIOCHE, *Lettre aus Smyrniotes*, intr. et trad. de Pierre Thomas CAMELOT, SC 10bis, Paris, Les Éditions du Cerf 1945 [*Epistula ad Smyrnaeos*; *CPG* 1025/6; *PG* 5, 644 sq.; Funk-Bihlmeyer, 105-110].

IGNACE D'ANTIOCHE, *Lettre aux Ephésiens*, intr. et trad. de Pierre Thomas CAMELOT, SC 10bis, Paris, Les Éditions du Cerf 1945 [*Epistula ad Ephesios*; *CPG* 1025/1; *PG* 5, 644 sq.; Funk-Bihlmeyer, 82-88].

IGNACE D'ANTIOCHE, *Lettre aux Magnésiens*, intr. et trad. de Pierre Thomas CAMELOT, SC 10bis, Paris, Les Éditions du Cerf 1945 [*Epistula ad Magnesios*; *CPG* 1025/2; *PG* 5, 644 sq.; Funk-Bihlmeyer, 88-92].

IGNACE D'ANTIOCHE, *Lettre aux Philadelphiens*, intr. et trad. de Pierre Thomas CAMELOT, SC 10bis, Paris, Les Éditions du Cerf 1945 [*Epistula ad Philadelphenos*; *CPG* 1025/5; *PG* 5, 644 sq.; Funk-Bihlmeyer, 102-105].

IGNACE D'ANTIOCHE, *Lettre aux Romains*, intr. et trad. de Pierre Thomas CAMELOT, SC 10bis, Paris, Les Éditions du Cerf 1945 [*Epistula ad Romanos*; *CPG* 1025/4; *PG* 5, 644 sq.; Funk-Bihlmeyer, p. 96-101].

IGNACE D'ANTIOCHE, *Lettre aux Tralliens*, intr. et trad. de Pierre Thomas CAMELOT, SC 10bis, Paris, Les Éditions du Cerf 1945 [*Epistula ad Trallianos*; *CPG* 1025/3; *PG* 5, 644 sq.; Funk-Bihlmeyer, 92-96].

JAVIERRE, Antonio Maria, *Clemente Romano. La successione apostolica e la 1 Clementis*: dialogo col prostestatessimo contemporaneo, Torino, Pontificio Ateneo Salesiano 1953.

MEULENBERG, Leonardo. A carta a Diogneto: um diálogo aberto, in *Atualização* 30 (2000) 287, pp. 387-402.

PADRES APOLOGISTAS, *Carta a Diogneto, Aristides de Atenas, Taciano, o Sírio, Atenágoras de Atenas, Teófilo de Antioquia, Hérmias, o Filósofo* = Patrística, São Paulo, Paulus 1995.

POLYCARPE DE SMYRNE, *Lettres*, intr. et trad. de Pierre Thomas CAMELOT, SC 10bis, Paris, Les Éditions du Cerf 1945 [*Polycarpus Smyrnensis, Epistula ad Philippenses*; *CPG* 1040; *PG* 5, 1005-1016; Funk-Bihlmeyer, 114-120].

RUIZ BUENO, Daniel, *Padres Apostólicos*, Madrid, BAC 65, 1985.

ZILLES, Urbano, *Didaquê, Catecismo dos primeiros cristãos*, Petrópolis, Vozes [6]2003.

O Cristianismo desafia o paganismo e o judaísmo:[1] martírio e apologias

O presente capítulo tem como finalidade estudar o comportamento dos primeiros cristãos, bem como sua fidelidade ao Evangelho. Esta atitude levou ao martírio. Ele suscitou o estupor na sociedade do tempo. Faremos uma rápida apresentação do martírio e dos documentos que conservaram a sua memória.[2] A partir do segundo século aparecem as figuras dos *Apologistas*. São eles intelectuais assumidos e comprometidos, os quais, uma vez convertidos, passam a defender os cristãos e os princípios fundamentais do cristianismo. Será a segunda parte deste capítulo.

1. A ORGANIZAÇÃO DO TESTEMUNHO CRISTÃO: O MARTÍRIO

O ponto fundamental desta parte é estudar o martírio e sua função apologética fundamental para o cristianismo. A base desta apresentação são os verbetes do *Dicionário Patrístico e de Antiguidades Cristãs*.[3] Estes temas fazem-nos descobrir como o testemunho eclesial superou as barreiras do tempo e escreveu as mais belas páginas de fidelidade das quais se tem notícia.

---

[1] Caso você queira aprofundar, citamos alguns elementos de bibliografia: Hamman, A., Justino de Roma, in *Os Padres da Igreja* 26-34; Gomes, Cirilo Folch, Aristides de Atenas, Justino, Melitão de Sardes, Atenágoras, Teófilo de Antioquia, in *Antologia dos Santos Padres* 62-87.98-108; Altaner, B. – Stuiber, A., Apologistas gregos do século II, in *Patrologia* 69-88; Quasten, Johannes, Los apologistas griegos, in *Patrologia* I 180-242; Bosio, G., Il cristianismo di fronte al paganesimo e al giudaismo, in *Iniziazione* 135-202; Figueiredo, F., S. Justino Mártir, in *Curso de Teologia Patrística* I 116-136.

[2] Fizemos uma rápida abordagem do martírio ao tratar dos Padres Apostólicos. Ali apresentamos os Martírios de Inácio de Antioquia e de Policarpo, emblemáticos para aquela época. Nesse capítulo abordaremos as Atas do Martírio de Justino, as Atas dos Mártires de Lião e aludiremos ao Martírio de Perpétua e Felicidade. O tema é vasto, rico e entusiasmante, mas temos que nos ater ao escopo deste estudo. Procuraremos suprir as lacunas com indicações bibliográficas alusivas.

[3] Rordorf, W. et. al. Martírio, in *DPAC*, p. 895-903. Não deixaremos de apresentar, como complemento, outros estudos alusivos ao tema.

1.1 O sentido do martírio cristão

A época clássica do martírio cristão é a dos primeiros três séculos. Considerado como *religio illicita*, o cristianismo era, por isso mesmo, perseguido.[4] Após Constantino o *martírio* recebe uma conotação mais espiritual e passa a significar todo o cristão que sofre, física ou espiritualmente, por amor a Cristo.

Martys, uma palavra que significa *testemunha*, recebeu um sentido exclusivamente cristão a partir do século II. *Especificará o cristão que sofre e morre por causa da fé*. A simples testemunha, aquela pessoa cristã que não sofre fisicamente, é chamada *confessor*. Os mártires são portadores do Espírito. Seu sacrifício é expiação tanto dos seus próprios pecados como os de seus irmãos e irmãs. Toda a comunidade é beneficiada com sua morte e as forças demoníacas são vencidas.[5] Os mártires intercedem pelos vivos, pois *estão juntos do Senhor*. Para os não cristãos o martírio é visto, seja com *indiferença* e *desprezo*, seja com *aberta admiração*, que podia mesmo levar à conversão.

Alguns pagãos, principalmente os cultos, *desprezavam* o testemunho do martírio. Para Tácito, os cristãos estão imbuídos de ódio para com o gênero humano.[6] Plínio os vê cheios de orgulho e invencível obstinação,[7] enquanto Marco Aurélio fala de *vulgar enfrentamento* da morte.[8] Muitas vezes, os principais causadores desta atitude dos pagãos são os próprios cristãos. Com efeito, em algumas narrações do martírio não estão ausentes palavras pesadas com relação aos perseguidores. As acusações aos algozes não estão em sintonia com as de Jesus na Cruz[9] nem com as de Estêvão, o protomártir.[10] E muitas vezes os cristãos demonstravam uma avidez incontrolada do martírio, vindo a chocar os pagãos e merecendo seus comentários mordazes.

A segurança dos mártires, contudo, suscitava também interesse e admiração dos pagãos. Tertuliano confessa: "Quem, com efeito, diante do espetáculo dado pelos mártires, não é incitado a perguntar-se o que esteja por detrás de sua confissão? E quem, uma vez que tenha buscado 'esta força' não adere, e

---

4   Veja o verbete Perseguições, de Frend, Willian Hugh Clifford, in *DPAC*, p. 1140-1145.
5   "... Sendo imitadores de Deus, reanimados no sangue de Deus, levastes a termo a obra que vos é congênita..." (Inácio de Antioquia, *Eph* I,1).
6   Tacitus, Publius Cornelius, *Annales* XV 44,6 [ed. Ch. D. Fisher, Oxford, Clarendon Press, 1906].
7   "Cantam hinos a Cristo (como se fosse Deus, segundo dizem), com perseverança e inflexível obstinação" (Plínio, o Jovem, *Epistula* X 96,3).
8   Marco Aurélio, *Pensamentos* XI 3,3.
9   "Pai, perdoai-lhes, não sabem o que fazem" (Lc 23,34).
10 "Senhor, não lhes leves em conta este pecado" (At 7,60).

uma vez que aderiu, não deseja também sofrer?".[11] Justino também confessa ter sido a firmeza dos mártires a razão principal de sua conversão. Diz ele: "Eu mesmo, quando segui as doutrinas de Platão, ouvia as calúnias que corriam contra os cristãos; porém, ao ver sua impavidez diante de tudo o que comumente se julga espantoso, pensei ser impossível serem homens malvados e entregues ao prazer. Pois, qual é a pessoa amante do prazer, ou intemperante, quem é que julga ser bom devorar carnes humanas e recebe alegremente a morte que os priva de tudo aquilo que julgam ser bem? Seria natural que procurassem prolongar indefinidamente a vida presente e não sonhar em se denunciar para a morte?".[12] Numerosos, também, são os testemunhos dos expectadores e carrascos que se convertem pelo testemunho dos mártires. Hipólito escreve: "Todos, à vista destes prodígios, ficam cheios de estupor... e um grande número, atraídos pela fé dos mártires, se tornam também eles mártires de Deus".[13] Torna-se verdade a afirmação de Tertuliano: "quanto mais nos maltratais, mais nosso nome cresce: nosso sangue é uma semente de cristãos e cristãs".[14]

1.2 Os escritos cristãos sobre o martírio

"A literatura cristã relativa aos mártires recebeu nomes diversos. Os *Atos* são os documentos que trazem as decisões das autoridades judiciárias em mérito à condenação dos mártires. As *Paixões* e os *Martirológios* têm um caráter mais ou menos narrativo e se referem aos seus últimos dias e à sua morte. As *Lendas* são contos que trazem mais elementos de fantasia que verdades históricas."[15]

Guido Bosio[16] traz uma classificação dos *documentos* dos martírios numa tríplice divisão. Num primeiro grupo estão as cópias das atas oficiais do

---

[11] Tertuliano, *Apologeticum* 50,15, in CPL 3; *PL* 1,257-536A; [CCL 1, 85-171, éd. E. Dekkers (1954)].

[12] Justino de Roma, *II Apologia* 12; in Justino de Roma, *I e II Apologia* = Patrística 3, São Paulo, Paulus 1997.

[13] Hippolyte de Rome, *Commentaire sur Daniel (In Danielem)*, 2,48 [trad. Maurice Lefévre; intr. Gustave Bardy, SC 14, Les Éditions du Cerf, Paris 1947].

[14] "*plures efficimur quotiens metimur a vobis: semen est sanguis christianorum*" (Tertuliano, Apologético 50,13). Ainda Diogneto VII 7-9: "Não vês como são lançados às feras a fim de obrigá-los a renegar seu Senhor e não se consegue vencê-los? Não vês como, quanto mais os castigas à morte, mas se multiplicam? Estas coisas não têm marcas de mãos humanas; elas pertencem ao poder de Deus; elas são provas de sua presença".

[15] Saxer, Victor, *Atos, paixões, legendas*, in DPAC, p. 898-901.

[16] Op. cit., p. 81.

processo, chamadas de *Acta* ou *gesta martyrum*. São eles: os Atos do martírio de São Justino e companheiros, em Roma, no ano de 165, os Atos dos *Mártires Silitanos*,[17] numa região da Numídia em 180 e os Atos proconsulares de *São Cipriano*.

No *segundo grupo* ele relaciona os testemunhos oculares dos contemporâneos (*passiones* ou *martyria*). São o Martírio de São Policarpo em Esmirna, no dia 23 de fevereiro de 155, a Carta das Igrejas de Lião e Viena às Igrejas da Ásia e da Frígia, os mártires de Lião em 177, a Paixão das Santas Perpétua e Felicidade, em Cartago, no dia 7 de março de 203, os Atos dos Santos Carpo, Pápilo e Agatonico, em Pérgamo entre 161-169, e os Atos de Apolônio, em Roma, no governo de Cômodo entre 180 e 185.

Num *terceiro grupo* são colocadas as narrações compostas posteriormente, com escopo edificante. Nelas o elemento histórico vem misturado com lendas em graus diversos. Nestas narrações as lendas podem chegar a encobrir a verdade histórica. São exemplos destas narrações as Atas dos Mártires romanos: Inês, Cecília, Felicidade e os seus sete filhos, Hipólito, Lourenço, Sixto, Sebastião, João e Paulo, Cosme e Damião, bem como o Martírio de Clemente e de Santo Inácio.

2. A ORGANIZAÇÃO DO TESTEMUNHO CRISTÃO: AS APOLOGIAS

Esta segunda parte do capítulo trata do *encontro* do cristianismo com o mundo pagão e o judeu. Com efeito, em sua primeira expansão, o cristianismo surge, literalmente, como organização religiosa, no Estado pagão. Como *religião monoteísta*, choca-se com o politeísmo. Como *religião messiânica*, enfrenta o judaísmo. Apresentando-se como *mensagem plenamente revelada*, tem contra si a filosofia.

O *Estado pagão* reage acusando os cristãos de *crimen maiestatis*, ou seja, de recusar a sujeição ao imperador. Acusa, ainda, de *crimen religionis* ou de sacrilégio. Para ambos os crimes existia a pena de morte. Acontecem as páginas ricas sobre o *martírio*, que já estudamos acima. Diante do povo, os cristãos

---

[17] Sob o imperador Cômodo, ainda no início do seu governo, deu-se o processo contra os cristãos de Sílio, um lugarejo da Numídia, na África proconsular. Provavelmente a fé cristã já se difundira na África proconsular. Esta perseguição pode ser considerada uma continuação da que foi iniciada sob Marco Aurélio. A tradução é feita a partir de um texto latino contemporâneo aos fatos. Trata-se do primeiro documento sobre o martírio de cristãos africanos.

passavam por canibais, incestuosos e ateus. Diante dos sábios, os cristãos eram tratados com ironia e sarcasmos. Os sábios, contudo, afirmavam mais que negavam. Em seus escritos, deixam entrever a vida de amor e o testemunho que unia os cristãos, bem como a força de suas organizações. Dentre os sábios que mais ridicularizaram o cristianismo destacam-se *Luciano* (170),[18] *Frontão*[19] e *Celso* (178).[20] Este último, dentre todos, foi o mais perigoso. Justino haverá de enfrentá-lo diretamente.

Os *judeus*, por sua vez, jamais cessam de perseguir aquele grupo de rebeldes que rompeu com a religião-mãe, embora se diga seu legítimo cumpridor e realizador, bem como sua continuação. A força dos argumentos judeus chega aos pagãos, reforçando sua prevenção. Entre os apologistas, sobressairão Aristão de Pela[21] e Milcíades.[22] Contudo, o mais célebre na defesa do cristianismo contra o judaísmo será Justino, com sua obra *Diálogo com Trifão*.

A ação dos apologistas consistirá em rebater as acusações dos doutos e do povo. De outro lado, eles contra-atacarão a religião e a filosofia pagãs, demonstrando os seus absurdos e a insuficiência dos erros da filosofia diante

---

[18] Escritor latino nascido na Síria, Luciano de Samosata foi um dos maiores críticos do cristianismo das origens. Eis um trecho seu: "Antes de tudo, esses infelizes [cristãos] estão convencidos de que são imortais e de que viverão para sempre. Por isso, desprezam a morte e muitos a enfrentam voluntariamente. Seu primeiro legislador os convenceu de que eram todos irmãos. A partir do momento em que renunciaram aos deuses da Grécia, passaram a adorar seu sofista crucificado e amoldaram suas vidas aos seus preceitos. Eles também desprezam todos os bens, mantendo-os para uso comum [...]. Se entre eles aparecer um hábil impostor, que saiba se beneficiar da situação, este se enriquecerá rapidamente, pois poderá manipular como quiser essas pessoas que nada percebem", in *A morte do peregrino*, apud http://praelio.blogspot.com/2009/02/luciano-de-samosata-relato-sobre-os.html.

[19] Marco Cornélio Frontão, um dos principais oradores e sábios do segundo século d.C., e tutor do futuro imperador Marco Aurélio, que reinou entre 161 e 180.

[20] Celso, filósofo do segundo século que se coloca em defesa da religião vigente, que mais tarde se chamaria pagã. Sua obra principal é o *Discurso verdadeiro*, expondo a religião pagã e reagindo contra o messianismo judaico e cristão. A obra, desaparecida pelo prevalecimento do cristianismo, pode ser reconstruída pelo seu principal opositor, Orígenes. O *Contra Celsum* de Orígenes é uma refutação tardia, entre 245 e 250, no século III. Orígenes rebate, passo a passo, o pensamento de Celso. A obra de Celso, o *Discurso verdadeiro*, dividia-se em quatro partes: 1a os cristãos mudaram a natureza da ideia do messianismo; 2a a falsidade do messianismo judaico; 3a crítica à fé e à moral cristãs e 4a dissertação e defesa da religião pagã vigente.

[21] Nada se sabe com certeza sobre Aristão de Pela, escritor judeo-cristão do século II. A ele se atribui a *Disputa entre Jasão e Papisco*. (cf. Zangara, V., Aristão de Pela, in DPAC, p. 153).

[22] Nada restou da produção literária deste escritor cristão do século II. Tertuliano o chama de *ecclesiarum sophista*. Foi autor de obras antipagãs e anti-heréticas, máxime contra os valentinianos. Eusébio recorda dois livros seus contra os gregos e dois contra os judeus, bem como uma apologia em defesa da filosofia. Tal apologia é um escrito dirigido aos dirigentes deste mundo. Visava, quem sabe, ao imperador Marco Aurélio (161-180) e Lúcio Vero (162-169). Teria escrito, também, contra o montanismo afirmando que um profeta verdadeiro não fala em êxtase (cf. Zangara, V., *Milcíades apologeta*, in DPAC, p. 936).

das verdades cristãs. Ademais eles se preocuparão em expor a doutrina cristã, demonstrando que somente os cristãos possuem a verdade.[23]

Os apologistas realizam sua missão organizando os primeiros rudimentos de uma incipiente teologia. Testemunham, deste modo, a tradição que receberam e que os envolveu.

Significativa também é sua atitude diante da filosofia. Os mais extremistas, como Tertuliano, Taciano e Teófilo de Antioquia, condenam e deixam de lado toda a filosofia e cultura pagãs. Outros, entre os quais Justino, Atenágoras, Clemente de Alexandria, têm o seguinte arrazoado: a "verdade é uma só. O Verbo, que falou nos profetas, iluminou também todos aqueles que buscam a verdade com sinceridade (os filósofos). Manifestou, enfim, em sua plenitude em Cristo. O cristianismo é a única, verdadeira e completa filosofia".[24]

2.1 Quadro geral dos apologistas e seus principais princípios teológicos

2.1.1 Generalidades

Dada a importância histórica desse período, nós o dividimos em apologistas gregos e latinos. Os apologistas gregos são Justino, Taciano, Atenágoras e Teófilo de Antioquia. Naturalmente esse período está dentro de outro, que é o da formação do pensamento teológico. Trazê-lo aqui, em separado, significa dar realce a um momento prévio da formação da teologia cristã. Num primeiro momento estudaremos alguma coisa dos principais apologistas gregos. Especificamente, contudo, haveremos de nos deter em Justino de Roma.

---

[23] "Os apologistas são pagãos geralmente cultos que, comparando os diversos sistemas filosóficos com a doutrina dos cristãos, relevaram a superioridade desta. Converteram-se, pois, ao cristianismo e sentem a necessidade de partilhar com os outros a sua feliz experiência religiosa. Buscam esclarecer as ideias das autoridades e do povo com relação aos cristãos. Comunicam a luz ofuscante que brilhou diante de seus olhos, defendendo, destarte, uma sociedade de homens tão admiráveis e tão mal conhecidos. Os seus escritos estão cheios de vida e de entusiasmo. São verdadeiros textos de batalha" (Bosio, Guido, op. cit., p. 139).

[24] "Todo princípio sadio que os filósofos e legisladores tenham encontrado é fruto de pesquisa e dialética em força de uma parte do Logos (Logos parcial). Eles caíram em contradições, muitas vezes, porque não tiveram total conhecimento do Logos, que é Cristo" (Justino, II *Apologia* 10). "Todos aqueles que viveram conforme o Logos são cristãos. Entre os gregos, Sócrates, Heráclito e outros. Entre os bárbaros, Abraão, Ananias, Misael, Elias e outros" (Justino, I *Apologia* 46). "A verdade, que reluz na filosofia grega, é parcial. Mas é sempre verdade" (Clemente de Alexandria, *Stromates* VI 10). "A filosofia era para os gregos o caminho para Cristo, como era a lei para os hebreus" (idem, *Stromates* I 1). "A semente do Logos se encontra (é ingênita) em toda a estirpe humana" (Justino, II *Apologia* 8). "Em todos os homens, mas especialmente naqueles que ocupam o seu tempo nos raciocínios, está instilado certo eflúvio divino. Graças a ele, ainda contra sua vontade, eles reconhecem que existe um só Deus, ingênito e imortal, que existe desde sempre" (Clemente de Alexandria, *Protréptico* VI 68,2) (apud Bosio, Guido, op. cit., p. 140-141).

2.1.2 Os principais apologistas

a) Taciano

É um escritor cristão do século II. Natural da Assíria,[25] é contemporâneo de Luciano de Samosata, tendo nascido por volta de 125. Sua educação é fundamentalmente helenista. Fez muitas viagens, como era comum aos *rétores* do tempo, buscando aplausos e riqueza. Sua conversão dá-se em Roma, pelo ano 160.

Depois de sua conversão Taciano foi discípulo de Justino. Dele afirma ser um homem digno de toda a admiração.[26] Após a morte de Justino, em 165, Taciano abriu também ele uma escola em Roma. Não esteve muito tempo com esta escola. Crescente, que entregara Justino, procurava-o também.

Passando pela Grécia, Taciano retornou ao Oriente e exerceu sua atividade especificamente na Síria, Cilícia e Pisídia. Irineu[27] afirma que, enquanto Justino viveu, Taciano manteve-se na ortodoxia. Com a morte do mestre, ele caiu no gnosticismo. Destacou-se da tradição da grande Igreja e se inclinou para o *encratismo*.[28]

Epifânio[29] diz que Taciano chegou a proibir o vinho na celebração da Eucaristia. Seus seguidores celebravam somente com água. O rigorismo e a intransigência aparecem na sua obra, o *Discurso aos gregos*. Três quartos dela são dedicados à polêmica (cc. 1-30). Uma polêmica demolidora, violenta, áspera e implacável. Os gregos, segundo ele, não inventaram nenhuma arte ou ciência. "Deixai de cantar triunfos com os discursos dos outros e de vos adornar,

---

[25] "Rétor, experiente nas cavilações sofísticas mais refinadas até esgrimir com os adversários em subtileza e agressividade polêmica, ele se apresenta como 'bárbaro', rico daquela sabedoria que os gregos, ao invés, desprezavam, sabedoria que se identifica, de fato, com a tradição bíblica. Desta forma Taciano une conjuntamente nacionalismo oriental, fé cristã, polêmica intransigente, sarcasmo e desprezo contra os adversários" (Bolgiani, F., Taciano, in *DPAC*, p. 1321-1322).

[26] *Discurso* 18; também Eusébio de Cesareia, *HE* IV 29,1; Irineu de Lião, *Contra as heresias* I 28; apud Bosio, Guido, op. cit., p. 165-166.

[27] Irineu de Lião, *Contra as heresias* I 28,1; III 23,8.

[28] *Encratismo* vem de *enkráteia*, palavra grega que significa continência. O encratismo define uma forma de ascetismo extremo, que na Igreja antiga sofreu sérias suspeitas. Os encratistas recusavam os bens da criação a serviço dos homens (cf. 1Tm 4,1-5). Por estas tendências, recusavam também o casamento e o comer carnes. Eram encratistas, antes dos cristãos, os *essênios* na Palestina e os *terapeutas* no Egito (cf. Bolgiani, F., Encratismo, in *DPAC*, p. 474). Cf. também: Eusébio de Cesareia, *HE* IV 29.

[29] *Adversus Haereses* 46-47; apud Bosio, G., op. cit., p. 166. A principal obra de Epifânio é o *Panárion*, que literalmente significa "caixa de remédios". É também conhecido por *Adversus Haereses*, contra as heresias. Epifânio escreveu-o em grego por volta de 374 ou 375.

como a pega, com as penas que não são vossas. Se cada cidade retirasse o que vos deu dos próprios discursos, cairiam por terra os vossos sofismas."[30]

Tudo o que os gregos produziram tornou-se objeto de perdição. Há uma civilização mais antiga e melhor que a grega. É a barbárica (judeo-cristã). Conscientemente ou não, os gregos a plagiaram. Também ele, Taciano, dobrou os joelhos diante da sabedoria grega. Mas, por fim, encontrou a sabedoria da Escritura: a simplicidade profunda deste livro condena a soberba vazia da sabedoria grega.

Taciano é o Tertuliano dos gregos. Como Tertuliano, ele coloca a inteligência a serviço da paixão. Evidencia, estigmatiza, com aspereza e violência, o que é negativo no helenismo. Condena, em bloco, toda a sabedoria dos helenos como estultícia, mentira e imoralidade. Mais que apologética, Taciano faz polêmica venenosa e demolidora. Ninguém chegaria ao cristianismo a partir de escritos como os seus. O rigorismo extremista e a intransigência que animam seus escritos acabarão por afastá-lo da fé, já abraçada e defendida.

O *Discurso aos Gregos, Lógos prós Helenas*,[31] é uma forma literária recalcada na leitura dos sofistas. Foi composto após a morte de Justino e antes que o autor passasse à heresia, certamente por volta do ano 170. Segundo Clemente de Alexandria, ele teria escrito também *Sobre a perfeição segundo o Senhor*.[32]

A obra que fez a celebridade de Taciano é seu *Diatessaron*,[33] do qual só se tem fragmentos em diversos testemunhos. Como obra completa, a história do Cristianismo Siríaco é uma obra perdida. Taciano buscava eliminar as repetições de passagens paralelas nos Evangelhos, ao mesmo tempo que procurava soluções para as divergências nas ordem dos fatos e nas palavras de Jesus. Disso decorre sua tentativa audaciosa de uma fusão harmoniosa dos evangelhos separados em um relato único da vida e dos ensinamentos de Jesus. De fato, Diatessaron combina frases e perícopes dos quatro evangelhos segundo uma ordem inspirada em Mateus. Diversos índices à escolha do evangelista João para começar e terminar o Diatessaron permitem concluir que Taciano concebia o quarto evangelho como a chave dos sinóticos.

---

[30] Discurso 26. *Pega*: Ave da família dos corvídeos. Bastante grande [50 cm], de plumagem negra com reflexos metálicos, largas manchas brancas e longa cauda. Faz um grande ninho no topo das árvores e para ele costuma levar objetos brilhantes (do Dicionário do Aurélio).

[31] Tatianus, Oratio ad Graecos, *CPG* 1104; *PG* 6,804-888.

[32] Cf. *Stromates* III 13.

[33] Há um texto do *Diatésseron* disponível em: http://escrituras.tripod.com/Textos/Diatessaron.htm – acessado em: 13.07.11.

2.1.3 Atenágoras de Atenas[34]

a) Dados de sua vida e obras

Atenágoras é um apologista cristão da segunda metade do século II. De certo se sabe somente que foi um filósofo ateniense convertido ao cristianismo. Em toda a sua vida, conforme ele mesmo confessa, manterá sempre um profundo amor e respeito para com a Escritura.

As suas obras seguras que chegaram até nós são a *Súplica do filósofo cristão Atenágoras em favor dos cristãos* (*Presbéia perì christianõn*). Esta obra se torna a fonte quase que única de notícias seguras a seu respeito.[35]

1º Súplica em favor dos cristãos[36]

A súplica foi endereçada a Marco Aurélio e ao seu filho Cômodo, que foi associado no império ao pai no ano de 176. Em 180 morre Marco Aurélio. Portanto, a súplica deve ter sido enviada entre 176 e 180. E caso se queira levar em consideração o que diz o autor no capítulo primeiro, "tudo aquilo que o império, por vossa sabedoria, goza de paz profunda", pode-se precisar que a súplica foi composta em 177, porque em 178 estoura a guerra contra os Marcomanos. A *Súplica* apresenta Atenágoras como um autor de profunda erudição e cultura. Forte como filósofo e retórico, fino apreciador do temperamento intelectual de seu tempo e com um tato peculiar e delicado para tratar com os poderosos que se opunham ao cristianismo.

A *Súplica*, cuja data de publicação, determinada por evidência interna, é de 176 ou 177, não é uma "defesa", como o título *presbeia* deixa entrever. Ela é, antes, uma minuciosa súplica escrita, pedindo justiça para os cristãos. Seu autor é um filósofo e as bases de sua tradição são filosóficas. Ela é dirigida aos imperadores Marco Aurélio Antonino e a seu filho Cômodo, conquistadores, mas antes de tudo "filósofos".

Em seus 36 capítulos, a *Súplica* começa queixando-se de que a perseguição aos cristãos é ilógica e injusta discriminação. Não têm sentido as calúnias

---

[34] A fonte fundamental para esta parte é o verbete *Atenágoras* da *Enciclopédia Católica*, ed. espanhola, disponível em: http://ec.aciprensa.com/a/atenagoras.htm – acessado em: 02.11.10.

[35] Outras notícias que temos de Atenágoras na literatura cristã primitiva são um fragmento de Metódio de Olimpo (morto em 312) e os detalhes pouco confiáveis que se encontram nos fragmentos da História Cristã de Filipe de Side (cf. De Nicola, A., *Filipe de Side*, in *DPAC*, p. 573). Pode ter acontecido que seus tratados, circulando anonimamente, tivessem sido considerados como obra de outro apologista.

[36] Além de: *Padres Apologistas*. São Paulo, Paulus, 1995 (Patrística, 2), cf. principalmente: Athénagore, *Supplique au sujet des chrétiens* (1re éd.), intr. et trad. de Gustave Bardy, SC 3, Paris, Les Éditions du Cerf 1943; idem. *Supplique au sujet des chrétiens* (2e éd.), intr. et trad. de M. Bernard Pouderon, SC 379, Paris, Les Éditions du Cerf 1992.

dirigidas a eles (I-III). A seguir enfrenta a pecha de ateísmo (IV). Estabelece o princípio do monoteísmo, citando poetas e filósofos em apoio às mesmas doutrinas pelas quais os cristãos são condenados (V-VI). Ele afirma que poetas e filósofos da antiguidade, professando substancialmente o monoteísmo, forneceram uma preparação ao cristianismo. Os cristãos continuam as melhores tradições dos filósofos pagãos. Também estes foram perseguidos, como os cristãos, por obra dos pérfidos demônios. Estes introduziram as deformações e as imoralidades da religião e da vida social dos pagãos. Demonstra, então, a superioridade que a crença cristã em Deus tem com respeito aos pagãos (VII-VIII). Ele diz que poetas e filósofos da antiguidade, professando substancialmente o monoteísmo, forneceram uma preparação ao cristianismo. Suplementa esta primeira demonstração fortemente racional da unidade de Deus na literatura cristã com uma hábil exposição da Santíssima Trindade (X).[37]

Colocando-se na defensiva, o apologista justifica a abstenção cristã do culto às divindades (XII-XIV) baseado no fato de que é absurdo e indecente. Cita, então, os filósofos e poetas pagãos em apoio à sua negação (XV-XXX). Finalmente enfrenta os cargos de imoralidade ao expor o ideal cristão de pureza, inclusive no pensamento. Fala, então, da inviolável santidade do vínculo matrimonial. Refuta a pecha de canibalismo lançada sobre os cristãos, mostrando que eles têm profundo respeito pela vida humana. Por essa razão os cristãos condenam de forma veemente o crime do aborto (XXXI-XXXVI).[38]

2º Tratado sobre a ressurreição do corpo[39]

Esta obra é particularmente significativa para a história das relações entre fé e razão. Trata-se da primeira exposição completa da doutrina na literatura cristã. A obra, escrita após a *Súplica*, deve considerar-se um apêndice dela.[40] O autor prova a realidade da ressurreição com três argumentos:

---

[37] Cf. Atenágoras, *Petição em favor dos cristãos*, trad. In. Ivo Storniolo, Euclides M. Balancin, rev. Honório Dalbosco. *Padres Apologistas*. São Paulo, Paulus, 21995. Alguns estudiosos acusaram Atenágoras de subordinacionista. É temerário, contudo, acusar de subordinacionista a um autor que, em pleno segundo século, muito antes do Concílio de Niceia, escreveu o texto transcrito acima!

[38] "Nós afirmamos que os que realizam o aborto cometem homicídio e terão que dar contas dele diante de Deus; então, por que razão teríamos que matar alguém? Não, nós somos em todo lugar e sempre iguais e de acordo conosco mesmos, pois servimos à razão e não a violentamos" (*Súplica* XXXV).

[39] Cf. ainda: Athénagore, *Sur la résurrection*, intr. et trad. de M. Bernard Pouderon, SC 379, Paris, Les Éditions du Cerf 1992. [*De resurrectione mortuorum*, CPG 1071; PG 9,973-1024].

[40] Em português temos Atenágoras, *Sobre a Ressurreição dos Mortos*, trad. de Ivo Storniolo e Euclides M. Balancin, rev. Honório Dalbosco, São Paulo, Paulus 21995.

1º *A dignidade da criatura racional.* Afirma ele que Deus, por ser sábio, não fez a criatura humana em vão, nem para dela se utilizar. Ademais, Deus não fez a criatura humana para submetê-la a nenhuma outra... Deus fez a criatura humana para ela própria. Ao criar desta maneira a criatura humana, Deus concedeu-lhe viver para sempre. O Criador dotou-a de inteligência a fim de conhecer a Deus, contemplando a sua sabedoria e seguindo sua lei e sua justiça. Se a criatura humana deve permanecer para sempre, há de haver a ressurreição da carne, que é a vida além da morte.[41]

2º *A criatura humana é alma e corpo.* Este é um argumento decisivo para a história da filosofia cristã. Sendo um composto de corpo e alma, é necessário dizer que o corpo não pode perecer, senão que deve também permanecer e gozar do mesmo fim da alma.[42] Logo, é necessário admitir a ressurreição, haja vista que o corpo se corrompe com a morte e a permanência somente da alma não equivaleria à permanência do homem enquanto tal.[43] Com estas afirmações, Atenágoras percebeu e denunciou o perigo do platonismo. Este afirma, com efeito, que o ser humano é a sua alma. Destarte, bastaria a imortalidade da alma para afirmar a imortalidade da criatura humana.[44]

3º *A justiça de Deus.* Aqueles que admitem Deus como criador do mundo devem também admitir que Ele, por Sua sabedoria, governa todo o universo e que de Sua providência nada escapa. Da afirmação da justiça de Deus decorre a exigência de atribuir todas as ações humanas ao

---

[41] "... Deus fez o homem por motivo do próprio homem e pela sua bondade e sabedoria, que se contempla em toda a criação..." (Atenágoras, *Sobre a Ressurreição dos Mortos* 12).

[42] Idem, 15: "Agora, como universalmente toda a natureza consta de alma imortal e de corpo que foi adaptado a essa alma no momento da criação; como Deus não destinou tal criação, tal vida e toda a existência à alma por si só ou ao corpo separadamente, mas aos homens, compostos de alma e corpo, a fim de que pelos mesmos elementos dos quais se geram e vivem cheguem, terminada a sua vida, a um só e comum termo...".

[43] Idem. "A constituição dos próprios homens demonstra que a ressurreição dos corpos dos mortos e desfeitos necessariamente se seguirá; caso ela não houvesse, não seria possível que as partes se unissem naturalmente umas com as outras, nem a natureza se comporia dos mesmos homens".

[44] "Esse princípio levou Atenágoras a formular, em termos de um vigor e de uma nitidez insuperáveis, uma ideia de importância fundamental para todo filósofo cristão: o homem não é sua alma, mas composto de sua alma e de seu corpo. Ponderando-se bem, essa tese acarretava desde a origem a obrigação de que os pensadores cristãos só tomarão consciência mais tarde de não ceder à miragem do platonismo. (...) O dogma da ressurreição dos corpos era um convite instigante a incluir o corpo na definição do homem; por mais paradoxal que essa tese possa parecer à primeira vista, parece que esse dogma de fato tem como que justificado de antemão o triunfo final do aristotelismo sobre o platonismo no pensamento dos filósofos cristãos" (Gilson, Etenne, *A Filosofia na Idade Média*, trad. Eduardo Brandão, São Paulo, Martins Fontes 1995, p. 21).

composto corpo e alma. É à criatura humana, alma e corpo, que são devidos os prêmios e os castigos, conforme suas ações boas ou más. Donde nem a alma poderá receber sozinha o que fez junto com o corpo nem o corpo receberá sozinho o que não faria senão unido à alma.[45]

É verdade que esse prêmio ou castigo não acontece nesta vida. Há muitos maus que vivem na abundância e chegam ao fim desta vida sem sofrer nenhum mal. De outro lado, há as pessoas que, mesmo vivendo conforme a virtude, sofrem imensamente nesta vida... É certo que a justiça acontece após esta vida. Mas não somente para a alma... O corpo, com efeito, desfaz-se e não se recorda de seus atos.

Ora, decerto que após esta vida a justiça ocorre! No entanto, por estar a alma separada do corpo, tal justiça ainda não é deveras completa. Isto porque, separado da alma, o corpo se desfaz e não guarda a memória dos seus atos. É preciso, e Atenágoras afirma com São Paulo, esperar que nosso corpo corruptível se revista de incorruptibilidade – mediante a ressurreição. Então receberá o que lhe é devido por suas obras, boas ou más. Para que o ser humano, enquanto tal, receba a justa retribuição, é necessária a ressurreição dos corpos.

b) Uma pequena conclusão

Com sua personalidade marcante, seu estilo inconfundível e sua preclara inteligência, Atenágoras assinala um momento importante na história das relações entre o cristianismo e a filosofia. A sua tratação é feita em tom pacato e benévolo, contrastando com a violência virulenta de Taciano. Mas é também diverso do inquieto e generoso entusiasmo de Justino. O seu método de apologia não tem mais a simplicidade, um pouco primitiva, de Justino. Não tem nada da aspereza de Taciano, embora não seja menos indulgente que ele com os vícios do paganismo. Mas a atitude é benévola e a forma, cortês. Expressa com lógica e clareza, ajudado por uma forma correta e harmoniosa, em pura língua grega.

Sua formação é platônica e ele não a rejeita. Busca, num primeiro momento, realçar as concordâncias existentes entre a fé e a razão. Para tanto, toma da filosofia o método e a forma. Como bom filósofo cristão, busca manter o equilíbrio entre a fé e a razão. Liberal na sua formação de filósofo, ao buscar realizar uma demonstração racional da fé, ele atribui exclusivamente à

---

[45] Atenágoras, *Sobre a Ressurreição dos Mortos*, 12.

revelação o conhecimento sólido e completo para chegar a Deus.⁴⁶ Destarte, sua teologia é mais clara e lógica que a dos demais apologistas de seu tempo.

Atenágoras é um raciocinador límpido, claro e perfeitamente equilibrado. O seu pensamento teológico é mais seguro que o de Justino. Sua ideia fundamental é *a unidade de Deus* (é a mais antiga demonstração racional), *a divindade de Cristo e do Espírito Santo, unidade e distinção na Trindade, anjos e demônios, a virgindade fruto da moral cristã, a procriação dos filhos como fim primário do matrimônio e a ressurreição dos corpos*. Atenágoras é um escritor brilhante pela estrutura e pela forma. A sua *Súplica* é, artisticamente, a mais bela apologia da antiguidade.

Com Atenágoras, a ciência teológica dá um passo decisivo para sua consolidação, máxime no que diz respeito às relações entre fé e razão. Embora não se possa dar crédito total à informação de Felipe de Side, ao dizer que ele foi o chefe da Escola de Alexandria, tem-se que afirmar que ele recorda o pensamento cristão daquela Escola.

2.1.4 Teófilo de Antioquia

a) Vida⁴⁷

Teófilo é um mesopotâmico. Nasceu junto do Tigre e do Eufrates, conforme ele mesmo escreve no seu segundo livro, *A Autólico*. Após ter nomeado dois dos quatro rios que brotam do rio Eden, isto é, o Fison e o Gehon, diz: "Os outros dois rios, chamados Tigre e Eufrates, são a nós bem conhecidos, porque estão perto de nossa região".⁴⁸ A data provável do seu nascimento é o ano 120. Sua família era pagã e ele teve educação helênica. Como Taciano e Atenágoras, foi levado à conversão pela leitura das Sagradas Escrituras. Diz ele: "nem mesmo eu cria... mas agora creio... tendo tido nas mãos as Sagradas Escrituras dos Santos Profetas, os quais, por meio do Espírito Santo, narraram o passado como aconteceu, predisseram o presente como agora se desenvolve, e o futuro na forma como se efetuará".⁴⁹

---

⁴⁶ Para chegar a Deus há que "aprender de Deus a conhecer a Deus" (*Súplica* VII).
⁴⁷ Em português temos Teófilo de Antioquia, Os três livros a Autólico, in *Padres Apologistas* = Patrística 2. trad. Ivo Storniolo – Euclides M. Balancin, rev. Honório Dalbosco, São Paulo, Paulus 21997.
⁴⁸ *II ad Autol.* 24; apud Bosio, G., op. cit., p. 191.
⁴⁹ *I Ad Autol.* 14; apud Bosio, G., op. cit., p. 191.

Converteu-se já adulto ao cristianismo. Em 169 é nomeado sexto bispo de Antioquia depois de São Pedro.⁵⁰ Governou Antioquia até 185. Eusébio o situa junto ao Papa Soter (169-177). Sua conversão dá-se após longas reflexões e um estudo conscencioso das Escrituras. Ele mesmo relata sua conversão: "Não sejas, pois, incrédulo, *mas crê...* após ter lido as Escrituras dos Santos Profetas, os quais, inspirados pelo Espírito de Deus, *predisseram o passado tal como aconteceu, o presente tal como acontece e o que está por vir tal como será realizado.* Tendo, pois, a prova das coisas acontecidas após ter sido preditas, não sou incrédulo, mas creio e obedeço a Deus".⁵¹

b) As suas obras

*1a Os três livros Ad Autholycum*⁵²

O *Ad Autholycum* é o único escrito de Teófilo que chegou até nós. Esta obra teria sido composta, provavelmente, no ano de 180. Trata-se de uma apologia do cristianismo. São três livros, trabalhos efetivamente separados, escritos em diferentes épocas, e corresponde exatamente à descrição dada por Eusébio de "três trabalhos elementares".⁵³ Autólico é um pagão culto, que não entendia como se podia tornar-se cristão. Teófilo procura não somente responder às suas objeções, mas também justificar a sua fé no Deus invisível e criador e na ressurreição.

Primeiro livro

Neste livro o autor fala da essência de Deus, que pode ser visto somente pelos olhos da alma: "Com efeito, Deus é visto por aqueles que são capazes de olhá-lo com os olhos da alma. Embora todos tenham olhos, há aqueles que os têm obscurecidos... O ser humano, porém, deve ter a sua alma pura como um espelho brilhante. Um espelho enferrujado não permite que o rosto de quem o olha possa ser visto. Da mesma forma não pode ver a Deus a pessoa que tem a alma obscurecida pelo pecado".⁵⁴

---

50 Cf. Eusébio de Cesareia, *HE* IV 20. Antes dele foram bispos Pedro, Evódio, Inácio, Erão, Cornélio e Heros.

51 Teófilo de Antioquia, *Primeiro Livro a Autólico* I,14, in *Padres Apologistas* II = Coleção Patrística. Trad. Ivo Storniolo – Euclides M. Balancin, rev. Honório Dalbosco, São Paulo, Paulus 21997.

52 Além da obra da Paulus, citada antes, cf. Theophile d'Antioche, *Trois livres à Autolicus*, CPG 1107, trad. de M. Jean Sender, intr. de Gustave Bardy, SC 20 Paris, Les Èditions Du Cerf, 1948 [Theophilus, *Ad Autolycum* III, in *PG* 6,1024-1168.

53 Cf. Eusébio de Cesareia, *HE* IV 24.

54 Teófilo de Antioquia, *Primeiro Livro a Autólico* I,2.

Além disso, o primeiro livro trata das contradições internas da idolatria e da diferença que existe entre a honra tributada ao imperador e a adoração devida a Deus. Com efeito, "mais honra atribuiria eu ao imperador rezando por ele e não o adorando. *Adorar eu o faço real e verdadeiramente somente a Deus, pois sei que o imperador foi criado por Ele*".[55]

No final, Teófilo aborda o sentido e a importância do *nome cristão*, objeto de burla por parte do adversário. Após uma explicação sobre a fé na ressurreição, conclui: "tu me disseste: ó amigo, mostra-me teu Deus! Este é meu Deus e te aconselho a *temê-lo e crer nele*".[56]

Segundo livro

Este livro opõe o ensinamento dos profetas, inspirados pelo Espírito Santo, à necessidade da religião pagã e às doutrinas contraditórias dos poetas gregos, tais como Homero e Hesíodo no que diz respeito à origem do mundo e a Deus. Encontramos neste livro o primeiro comentário cristão do início do Gênesis e o primeiro exemplo de emprego do termo Trindade (*trias*), para designar "Deus, o Verbo e a Sabedoria (o Espírito Santo)".[57] Interpreta alegoricamente o relato do Gênesis sobre a criação do mundo e do ser humano, bem como o paraíso e a queda, analisando-os com detalhes. No final, o autor dá algumas instruções dos profetas sobre a forma correta de honrar a Deus e viver a vida.[58]

Terceiro livro

O livro III contém uma cronologia do mundo destinada a mostrar que Moisés é anterior a Homero e aos mais antigos escritores gregos.[59] Demonstra, ademais, a superioridade do cristianismo do ponto de *vista moral*. Rebate as calúnias dos pagãos e as acusações de imoralidade feitas contra os cristãos. Por outro lado, ele prova a imoralidade da religião pagã na maldade que os escritores pagãos atribuem aos deuses.

---

[55] Idem 1,11.
[56] Idem 1,14.
[57] Idem 1,15.
[58] Nestas instruções, Teófilo não duvida em aduzir também a autoridade da Sibila. Desta forma ele nos conservou dois grandes fragmentos de seus oráculos, que não se encontram em nenhum outro manuscrito dos *Oracula Sibyllina*. Estes dois fragmentos constam de oitenta e quatro versos e exaltam, em termos sublimes, a fé em um só Deus (cf. Quasten, Johnnes, disponível em: http://www.holytrinitymission.org/books/spanish/patrologia_j_quasten_1.htm# – acessado em: 28.10.10).
[59] Cf. Nautin, P., *Teófilo de Antioquia*, in DPAC, p.1344-1345.

2ª Outras obras

Há autores que afirmam ter Atenágoras escrito outras obras. Ele próprio fala de um trabalho histórico que teria escrito. Jerônimo[60] adiciona comentários aos Evangelhos e ao livro dos Provérbios.[61]

Teófilo fala dos colóquios que teve com Autólico e os três livros foram escritos para convencê-lo da falsidade da religião pagã e mostrar-lhe a divindade do cristianismo. Justino e Atenágoras tinham endereçado suas apologias aos imperadores. Taciano endereça-a ao grande público dos gregos. Esta é a primeira apologia dirigida a uma pessoa em particular, prescindindo da Carta a Diogneto, anônima e difícil de ser datada com precisão. Certamente que Teófilo não escreve somente para Autólico, como Lucas não tinha em mente somente o "excelentíssimo Teófilo", ou o anônimo autor a Diogneto. O nosso Autólico poderia ser um nome fictício, em uma forma de composição muito conhecida, a exortação ou *protreptikós*. Exemplar neste gênero é o *Hortensius* de Cícero, que tanto influenciou Agostinho.

Justino, Taciano e Atenágoras são filósofos pagãos convertidos ao cristianismo e que permaneceram leigos. Eles utilizam a arte que receberam do paganismo para demolir a religião pagã e defender as doutrinas cristãs.

c) Estilo e teologia

Teófilo foi do paganismo ao sacerdócio e à dignidade episcopal. Não possui a mesma capacidade especulativa dos seus predecessores. As armas da sua apologia são a Revelação e a história. Ele demonstra a verdade das doutrinas cristãs baseando-se unicamente nas Sagradas Escrituras e na prioridade cronológica das mesmas. Quando recorre aos argumentos da razão, age de forma superficial e tênue, muito longe da profundidade especulativa e da lógica penetrante de Atenágoras: a filosofia não é o seu campo.

Teófilo se move como água. Procede com digressões. Sua forma de escrever é um tanto monótona. Tem um estilo sem brilho. Não possui o *pathos* de Justino, nem a lógica brilhante de Atenágoras, nem o ímpeto de Taciano. Não

---

[60] "Teófilo, sexto bispo da Igreja de Antioquia. No reinado do imperador Marco Antonio Vero compôs um livro contra Marcião, que ainda existe. Mais três volumes *Ad Autholicum* e um contra a Heresia de Hermógenes. E ainda outros tratados curtos e elegantes, que contribuem para a edificação da Igreja. Eu li, supostamente escritos por ele, sobre o *Evangelho* e *Os provérbios de Salomão*. Estas obras não parecem corresponder, pelo estilo e a linguagem, com a elegância e a expressividade dos anteriores" (*De viris illustribus* 25).

[61] Ainda se fala de uma carta *Ad Algasiam*, da qual resta um longo comentário e na qual Teófilo fala de um *Diatesseron* ou *Evangelho da Harmonia*.

é um artista: é um bispo. A sua personalidade tem a dignidade e o equilíbrio próprios do chefe de uma grande Igreja, a quem é confiada a tarefa de explicar oficialmente a verdade.

A doutrina cristã encontra nele um expositor claro e plano. Nele se encontra, pela primeira vez, o termo *Trías*,[62] que certamente encontrou na Tradição. Dele são os dois termos *Logos Endiátetos*[63] e *Logos Proforikós*,[64] que tirou dos estoicos. O mérito de Teófilo, mais que na arte, está na exposição da doutrina tradicional e na formulação de uma doutrina teológica, que é rudimentar e incerta, como a dos outros apologistas.

Como Justino[65] e Irineu,[66] Teófilo afirma que *a imortalidade da alma não é inerente à sua natureza*, mas é recompensa da observância dos mandamentos de Deus. Por si mesma, a alma não é nem mortal nem imortal. Contudo, é capaz de mortalidade ou de imortalidade. "O que afirmamos é que a natureza não foi feita nem mortal nem imortal. Pois, se desde o princípio Deus o tivesse criado imortal, tê-lo-ia feito um deus. Por sua vez, se o tivesse criado mortal, pareceria ser Deus a causa da sua morte... Ao contrário, o ser humano é capaz de mortalidade ou imortalidade. Destarte, a pessoa humana inclinada à imortalidade, guardando os mandamentos de Deus, receberia de Deus o galardão da imortalidade e chegaria a ser deus; mas se se voltar para as coisas da morte, desobedecendo a Deus, o próprio ser humano seria para si a causa de sua morte. Pois Deus fez a pessoa humana livre e senhora de seus atos."[67]

---

[62] "Assim também os três dias, que precederam à criação dos dois luminares, representam a Trindade: Deus, o seu Verbo e a Sabedoria" (*II Livro a Autólico* 15; apud G. Bosio, op. cit., p. 196).

[63] "Deus, portanto, gerou o seu Verbo, que estava imanente em seu seio (*lógos endiátetos*), e o produziu juntamente com a sua Sabedoria, antes de todas as coisas. Este mesmo Verbo ele teve por ministro naquilo que foi por Ele criado; e por meio Dele criou todas as coisas. Ele é dito princípio, porque precede e domina todas as coisas, que foram por Ele criadas. O Verbo, pois, sendo espírito de Deus e princípio de sabedoria e poder do Altíssimo, desceu nos profetas e, por meio deles, falou da criação do mundo e de todas as outras coisas. Porque quando foi criado o mundo, não existiam os profetas, mas a Sabedoria de Deus (Espírito Santo), que mora em Deus, e o seu Verbo santo que está sempre com Ele" (*II Livro a Autólico* 10; apud Bosio G., op. cit., p. 195-196). A terminologia é incerta, embora o conceito de Trindade seja exato.

[64] Cf. *Livro a Autólico* 22; apud Bosio, G., op. cit., p. 196-197).

[65] Cf. Justino de Roma, *Diálogo com Trifão* 5 = Coleção Patrística 3, São Paulo, Paulus 1997.

[66] Cf. Irineu de Lião, *Contra as heresias* IV 4,3.

[67] *II Livro a Autólico* 27.

d) Conclusão

Como os demais apologistas, Teófilo é um intelectual que usou todo o seu saber em favor da defesa do cristianismo e do bem da Igreja. Este foi o grande escopo de sua obra *Ad Autholycum*. Nesta obra, no segundo livro, é ele o primeiro a utilizar o termo – *Trías*,[68] para se referir à unidade na distinção das três pessoas divinas. Dele são os dois termos *Logos Endiátetos* e *Logos Proforikós* que retirou dos estoicos. Destarte, ele afirma que tais termos possuíam valor análogo às antigas Escrituras. Doutrinariamente é de particular interesse a sua tentativa de exposição e explicação da doutrina trinitária. Ele foi, mesmo, o primeiro autor a apresentar a distinção na mesma Pessoa. Esta doutrina, que não é ainda hoje entendida e aceita entre muitas denominações cristãs de periferia, leva muitos a negar a plena divindade de Jesus Cristo. Ele é o *"Logos endiáthetos"* – na sua linguagem – isto é, o *"Logos* imanente" ou "eterno",[69] que está em e com Deus Pai desde a eternidade. Ele é também o *"Logos proforikós"* – na sua linguagem – isto é, *"Logos"* proferido" ou "emitido"[70] como matriz e instrumento da criação desde o começo dos tempos.

2.1.5 Justino de Roma

Justino é o mais importante dos Padres apologistas do século II. Com sua vida e seu testemunho no martírio, ele realizou ao máximo o que significa ser "apologista". Com a sua doutrina, defendeu a fé das pesadas acusações dos pagãos e dos judeus. Ademais, expôs a fé dentro das categorias da cultura do seu tempo. Ainda foi também um "missionário", expondo os conteúdos da fé dentro de uma compreensão própria dos seus contemporâneos.

Em três momentos concatenados, apresentaremos sua *vida*, suas *obras e doutrina* e o seu *martírio*. A tratação será precedida por uma pequena introdução.

---

[68] "Assim também os três dias, que precederam à criação dos dois luminares, representam a Trindade: Deus, o seu Verbo e a Sabedoria" (*II Livro a Autólico* 15; apud Bosio, G., op. cit., p. 196).
[69] "Imanente", em linguagem teológica posterior.
[70] "Econômico", em linguagem teológica posterior.

a) Introdução: Justino, o marco de uma mudança radical

O cristianismo dos primórdios não conheceu uma filosofia explícita, coerente com o ensinamento explícito de Paulo.[71] O discurso filosófico, propriamente dito, começa no século II com os apologistas, principalmente com aquele que é o seu expoente, Justino de Roma. Ele colhe o ponto de chegada da guinada filosófica do cristianismo. O mundo pagão, diante da expansão do cristianismo, exigia respostas precisas para explicitar a fé cristã. Surge daí uma primeira exigência de explicação: diferentemente do discurso dos mistérios iniciáticos espalhados no Império Romano, o cristianismo tinha um discurso aberto e público. Outra exigência surge da expansão do cristianismo pós-apostólico. O grupo que havia bebido diretamente do ensino dos apóstolos e de seus imediatos sucessores exigia uma fixação escrita dos ensinamentos da fé. O cristianismo saía da oralidade que o caracterizou para tornar-se escritura, e, portanto, necessitando de hermenêutica, de interpretação.[72] Aquilo que a Igreja ensinava e praticava tinha que ser escrito e explicado. Ademais, e aqui surge uma terceira exigência: a consciência de ser uma religião distinta do judaísmo. Essa ideia se aprofunda a partir da destruição de Jerusalém. O cristianismo descobre que precisa de um discurso próprio para justificar suas tradições. Esta necessidade faz-se ainda mais premente pela dilatação da parúsia. De fato, com a demora da segunda vinda de Cristo, tão fortemente esperada nos primeiros anos da Igreja, ela viu-se na necessidade de estabelecer-se neste mundo, tanto de modo físico como intelectual.

Uma fé e uma explicação carismática já não eram mais suficientes para elaborar uma apologia racional ou para responder a problemas teológicos específicos e complexos surgidos com a expansão da Igreja. Separando-se do judaísmo, o cristianismo encontra-se com o helenismo, o que acontece principalmente com as viagens missionárias de Paulo e a fundação de comunidades na Síria e na Turquia. Entre os primeiros convertidos, há judeus helenizados. Podemos considerar o Concílio de Jerusalém como a superação deste desafio inicial (cf. At 15). Paulo torna-se o arauto desta exigência de mudança. Mister se fazia rejeitar os preceitos da observância estrita do judaísmo e assumir a fé

---

[71] Apesar da discussão que teve com os estoicos e os epicureus em Atenas (cf. At 17,18), Paulo escreveu: "tomai cuidado para que ninguém vos escravize por vãs e enganosas especulações da *filosofia*, segundo a tradição de homens, segundo os elementos do mundo, e não segundo Cristo" (Cl 2,8; ainda 1Tm 6,20).

[72] São os primeiros ensaios feitos pelos Padres Apostólicos e seus escritos. Os exemplos mais significativos são as Cartas a Barnabé e Diogneto...

em Cristo. Começa uma mensagem de salvação para "gregos e judeus, escravos e livres" (Rm 1,12-16; 4,14; 1Cor 1,24; Gl 3,28-29).

b) A vida

Justino é natural de Flávia Neápolis, hoje Naplusa, na Síria Palestinense. Esta foi uma cidade fundada por Vespasiano sobre as ruínas da Antiga Siquém. Na sua vida ele passou por várias correntes filosóficas.

A vida dos cristãos o conduz à conversão. Estamos no ano de 130, em Éfeso. Eis como ele mesmo narra este processo: "Eu mesmo, quando segui as doutrinas de Platão, ouvia as calúnias que corriam contra os cristãos. Ao ver, porém, sua impavidez diante de tudo o que comumente se julga espantoso, pensei ser impossível serem homens malvados e entregues ao prazer. Pois, que amante do prazer, que intemperante, quem é que julga ser bom devorar carnes humanas e recebe alegremente a morte que os priva de tudo aquilo que julgam ser bem? Seria natural que procurassem prolongar indefinidamente a vida presente e não sonhar em se denunciar para a morte?".

Mesmo após a sua conversão, não abandona a vida de filósofo. Em 138, sendo imperador Antonino Pio (138-161), muda-se para Roma. Aí ele funda uma escola filosófica. Nesta entravam cristãos desejosos de aprofundar a sua instrução, como Taciano. Também pagãos o procuravam. Era seu vizinho o filósofo Crescente, que lhe provocou tais e tantas dificuldades que Justino o chamava de *amante do barulho* (*filópsofos*) e da *ostentação* (*filókompos*). Ele não merecia o nome de filósofo, uma vez que, "sobre nós dava testemunho em público do que desconhecia e dizia que os cristãos são ateus e ímpios; falava isto para obter graças e favores junto do povinho crédulo".[73] O martírio de Justino, do qual se possuem as Atas autênticas e será transcrito em apêndice, deu-se no ano de 165, sendo imperador Marco Aurélio e Rústico prefeito da Urbe.

c) As obras

Justino foi um escritor fecundo. Possuímos somente três de suas obras. São elas as duas *Apologias* e o *Diálogo com Trifão*. Eusébio[74] cita oito de suas obras. As três estão conservadas em um manuscrito danificado de 1364.[75] Neste se encontram também as obras apócrifas e duvidosas. As obras certas são as

---

[73] Justino de Roma, *II Apologia* 3.
[74] Cf. Eusébio de Cesarea, *HE* IV,18,1-3.
[75] É o manuscrito *Paris* 450.

Duas Apologias contra os pagãos[76] e o *Diálogo com o judeu Trifão*. O estilo destas obras não é agradável de ler. Justino não segue um plano prévio, deixando-se levar pela inspiração do momento. Muitas digressões tornam seu pensamento desarticulado. Sua escrita procede com frases longas, sem força de expressão. Raros são os momentos de eloquência ou mesmo veemência. Apesar destas debilidades, seus escritos exercem uma atração irresistível. Eles demonstram um escritor que possui um caráter sincero e reto, que busca chegar a um acordo com o adversário. Com efeito, ele afirma: "Todo aquele que, podendo dizer a verdade não a diz, será julgado por Deus".[77] Justino é o primeiro escritor cristão que faz uma ponte, um nexo, entre o cristianismo e a filosofia pagã.

1º As duas Apologias de Justino[78]

Elas são os escritos mais importantes de Justino. Falando delas, Eusébio afirma: "Justino deixou-nos muitas obras, testemunho de uma inteligência culta e entregue ao estudo das coisas divinas, cheias de toda utilidade. A elas remeteremos os estudiosos, após ter citado utilmente as que chegaram ao nosso conhecimento. Em primeiro lugar está um discurso dirigido a Antonino, de sobrenome Pio, aos seus filhos e ao Senado Romano em favor dos nossos dogmas, e a seguir outro, que contém uma segunda apologia da nossa fé, dirigida ao sucessor do citado imperador e que se chama Antonino Vero".[79] Em nota Eusébio afirma: "De todas, só chegaram a nós as chamadas Apologias I e II e o Diálogo com Trifão, ainda que com algumas lacunas". A primeira, a maior delas, tem 68 capítulos e é dirigida a Antonino Pio. A segunda, mais curta, com 17 capítulos tem como destinatário o Senado.[80] A razão dos escritos são os incidentes acontecidos enquanto Urbico era prefeito de Roma. A segunda

---

[76] Segundo Charles Munier, professor honorário da Faculdade de teologia católica da Universidade de Estrasburgo, na introdução do número 507 de SC, justamente a que trata das Apologias de Justino, há uma só apologia. Aduz como argumento o fato de a segunda apologia, no único manuscrito que resta, o *Parisinus graecus 450*, antecede a primeira. Trata-se, pois, de um *libelo*, um escrito relevante do gênero judiciário. Há um exórdio, uma narração, prova, refutação e peroração no texto que foi endereçado ao imperador... Contudo, Munier conserva, em SC 507, a divisão tradicional da obra.

[77] Justino de Roma, *Diálogo com Trifão* 82,3.

[78] Além de: Justino de Roma. *I e II Apologias. Diálogo com Trifão*. São Paulo, Paulus 1997 (Patrística, 3); cf. também Justin Martyr, *Apologie* [CPG 1073], intr. et trad. de M. Charles Munier, SC 507, Paris, Les Éditions Du Cerf, 2006 [Justinus, *Apologiae*, in PG 6,328-470].

[79] Eusébio de Cesareia, *HE* IV,18,1-3

[80] Na atualidade, grande parte dos estudiosos considera a segunda apologia como um apêndice da primeira.

apologia começa, com efeito, recordando estes acontecimentos. Justino as teria escrito entre 148 e 161.[81]

A Primeira Apologia

Esta Apologia divide-se em quatro partes, a saber: uma introdução (c. 1-3), duas seções na parte principal (c. 4 a 67) e uma conclusão (c. 68).

Introdução

Nesta parte, dos capítulos de 1 a 3, em nome dos cristãos, Justino pede ao imperador que assuma pessoalmente o caso, formando um juízo próprio, sem deixar-se influenciar pelos preconceitos e o ódio do povo.

Primeira seção

Ela vai dos capítulos 4 a 12. Neles Justino *condena* a atitude oficial com relação aos cristãos. Critica, então, o procedimento judicial utilizado pelo governo contra a comunidade cristã. Condena ainda as falsas acusações lançadas contra ela. Protesta contra a absurda atuação das autoridades, que castigam pelo simples fato de alguém se reconhecer cristão. O nome *cristão*, continua Justino, o mesmo que o de *filósofo*, não prova nem a culpa nem a inocência de uma pessoa. Pode-se, unicamente, impor castigos por crimes dos quais o acusado esteja convicto. Porém, os crimes dos quais se acusam os cristãos são puras calúnias. Os cristãos não são ateus. Se eles negam adorar os deuses, é porque acreditam que é ridículo adorar tais divindades. As ideias escatológicas dos cristãos e o temor dos castigos eternos são um empecilho para que façam o mal. Os cristãos são o melhor sustento do governo.

Segunda seção

Ela é grande e vai dos capítulos 13 a 67. Trata-se de uma *justificação da religião cristã*. Justino descreve, de modo detalhado, a doutrina cristã, o seu culto, o seu fundamento histórico e as razões que levam alguém a abraçar a fé cristã.

A doutrina dogmática e moral dos cristãos

As divinas profecias provam que Jesus Cristo é o Filho de Deus e o fundador da religião cristã. *Fundou por explícita vontade Deus e com a finalidade de transformar e restaurar a humanidade.* Os demônios imitaram e arremedaram as profecias do Antigo Testamento nos ritos dos mistérios pagãos. Deste modo se

---

[81] "Cristo nasceu faz somente cento e cinquenta anos, sob o governador Quirino", escreve Justino na *Primeira Apologia* 46.

explicam as frequentes semelhanças e pontos de contato entre a religião cristã e as formas pagãs de culto. Também filósofos como Platão assumiram muitas coisas do Antigo Testamento. Não é de estranhar que se descubram ideias cristãs no platonismo.

O culto cristão

Justino fala do Batismo.[82] Descreve a celebração da liturgia eucarística. Descreve assim: "No chamado dia do Sol, reúnem-se em um mesmo lugar todos os que moram nas cidades ou nos campos. Leem-se as memórias dos apóstolos ou os escritos dos profetas, na medida em que o tempo permite. Terminada a leitura, aquele que preside toma a palavra para aconselhar e exortar os presentes à imitação de tão sublimes ensinamentos.

Depois, levantamo-nos todos juntos e elevamos as nossas preces; como já dissemos acima, ao acabarmos de rezar, apresentam-se pão, vinho e água. Então o que preside eleva ao céu, com todo o seu fervor, preces e ações de graças, e o povo aclama: Amém. Em seguida, faz-se entre os presentes a distribuição e a partilha dos alimentos que foram eucaristizados, que são também enviados aos ausentes por meio dos diáconos.

Os que possuem muitos bens dão livremente o que lhes agrada. O que se recolhe é colocado à disposição do que preside. Este socorre os órfãos, as viúvas e os que, por doença ou qualquer outro motivo, se acham em dificuldade, bem como os prisioneiros e os hóspedes que chegam de viagem; numa palavra, ele assume o encargo de todos os necessitados".[83]

Conclusão

Composta pelo c. 68, a conclusão é uma severa admoestação ao imperador. No final dessa apologia ele acrescenta cópia do reescrito que no ano de 125 o imperador Adriano enviou a Minúcio Fundano, procônsul da Ásia. Esse é um documento de suma importância para a história da Igreja. Promulga quatro normas para *um procedimento judicial mais justo e correto* nas causas contra os cristãos: 1ª os cristãos devem ser julgados por meio de um procedimento *regular* diante de um tribunal criminal; 2ª só podem ser condenados se existirem provas de que transgridem as leis romanas; 3ª os castigos devem ser

---

[82] Justino, I *Apologia* 61, in *PG* 6,419-422.
[83] Justino, I *Apologia* 66-67, in *PG* 6,427-431.

proporcionais à natureza e qualidade dos crimes; 4ª toda *falsa acusação* deve ser castigada com severidade.[84]

A Segunda Apologia

Este escrito começa narrando um incidente recente. O prefeito de Roma, Urbico, mandou decapitar três cristãos *pelo único crime de terem confessado sua fé*. Justino apela para a opinião pública de Roma. Protesta de novo diante destas crueldades e aproveita para refutar várias críticas. Argui contra os romanos pelo fato de zombarem dos cristãos, pois estes não aceitam o suicídio que os levaria mais facilmente a Deus.[85] São os demônios os instigadores das perseguições contra os cristãos, pois eles odeiam a verdade e a virtude. Com efeito, foram eles que incomodaram os justos do Antigo Testamento. Contudo, eles jamais teriam poder sobre os cristãos se Deus não quisesse conduzir os seus à virtude e ao prêmio mediante as tribulações. Para os cristãos, a morte e a destruição são caminho para a vida e a felicidade eternas. Ademais, as perseguições permitem aos cristãos manifestar, de maneira impressionante, a *superioridade* de sua religião diante do paganismo. Termina pedindo ao imperador, uma vez mais, que, ao julgar os cristãos, se deixe guiar somente pela justiça, a piedade e o amor da verdade.

2º O Diálogo com Trifão

Embora incompleto, o Diálogo com Trifão é a mais antiga apologia cristã contra os judeus.[86] O Diálogo deve ser posterior às Apologias, pois no capítulo 120 faz-se alusão a uma delas, ao tratar da disputa com o rabino. O cenário para a discussão é Éfeso.[87] Dedicado a um tal de Marco Pompeu, o diálogo é extenso, com 142 capítulos.

Na introdução (c. 2-8), Justino fala de sua formação intelectual e sua conversão. Na primeira parte, dos c. 9 a 47, o autor fala da Lei Mosaica. Sua validez cessa com o cristianismo, a *Lei nova e eterna para toda a humanidade*. A segunda parte, dos capítulos 48 a 103, justifica a adoração de Cristo como

---

[84] Segundo Eusébio (cf. *HE* IV,8,8) o mesmo Justino incorporou tal documento na Apologia. Eusébio traduziu-o para o grego e o incluiu em sua *HE* IV,9.

[85] Eis a arguição de Justino: "Se agíssemos assim, estaríamos contra o desígnio de Deus. Enquanto ao fato de não negarmos ao ser interrogados, isto se deve ao fato de termos a consciência de não ter cometido nenhum mal. Pelo contrário, consideramos uma impiedade não ser veraz em tudo" (*Segunda Apologia* 4).

[86] Falta justamente a introdução e uma parte do capítulo 74.

[87] Cf. Eusébio de Cesareia, *HE* IV 18,6.

Deus. A terceira prova que o Novo Israel são as nações que creem em Cristo, seguindo suas leis (c. 109-142).

O método apologético difere do que foi empregado nas Apologias. Aqui o destinatário é uma pessoa e Justino dá muita importância ao Antigo Testamento, citando os profetas para provar que a verdade cristã já existia antes de Cristo. A escolha dos textos que Justino faz privilegia aqueles que falam do repúdio de Israel e da eleição dos gentios.

O Diálogo não é mera reprodução textual, nem somente uma ficção. Certamente houve encontros e conversações que precederam a composição da obra.[88]

3º Obras perdidas

Justino compôs certamente outras obras. Além dos títulos e de algumas citações.[89]

- *Liber contra omnes haereses*, mencionado pelo mesmo Justino;[90]
- *Contra Marcião*, utilizado por Irineu[91] e mencionado por Eusébio;[92]
- *Discurso contra os gregos*;[93]
- Uma *Refutação* contra os gregos;[94]
- *Sobre a soberania de Deus*;[95]
- *Sobre a alma*;[96]
- *Saltério*.

Há, ainda, uma série de outros títulos atribuídos a Justino. "Justino não é um escritor fluente; com frequência, por digressões, se desvia do assunto propriamente dito. A sequência das ideias é interrompida por desmembramentos e repetições. A construção das frases é falha, seu estilo insípido. Todavia, de

---

[88] É possível que estes encontros tenham acontecido em Éfeso, durante a guerra de Bar Kochba, mencionada nos capítulos de 1 a 9.

[89] É o caso de uma citação de Irineu e outras de Eusébio, que fornece uma lista significativa destas obras.

[90] Cf. *Primeira Apologia* 26.

[91] Cf. *Contra as Heresias* IV 6,2.

[92] Cf. *HE* IV 11,8-9.

[93] Nesta obra, segundo Eusébio (IV 18,3), "depois de longos e extensos argumentos sobre diversas questões de interesse dos cristãos e para os filósofos, Justino disserta sobre a natureza dos demônios".

[94] Cf. Eusébio de Cesareia IV 18,4.

[95] Desta obra Eusébio (citado acima) afirma que Justino a compôs "não somente tendo em base as nossas escrituras, mas também os livros dos gregos".

[96] Eusébio (*HE* IV 18,5 descreve dessa forma o seu conteúdo, afirmando que Justino "propõe várias questões relativas ao problema discutido a partir das opiniões dos filósofos gregos; promete refutá-las e dar sua própria opinião num outro livro".

vez em quando, se anima, alcançando, então, admirável envergadura, ardor e convicção; porém, sempre com nobreza e lealdade."[97]

d) Alguns pontos da doutrina teológica de Justino

A doutrina específica de Justino baseia-se nos estudos de Altaner-Stuiber[98] e Fernando Figueiredo[99]. Justino não apresenta uma exposição completa e exaustiva da fé cristã, uma vez que suas obras propriamente teológicas se perderam.[100] Dado o fato de ter utilizado a filosofia de Platão, única considerada verdadeira para ele, as suas obras acusam a influência desta reflexão.

1º Conceito de Deus

Deus não tem princípio e, portanto, é inefável, sem nome. Com efeito, ter um nome supõe que haja alguém mais antigo que tenha imposto a alguém esse nome. Os apelativos de Pai, Deus, Criador, Senhor, Dono, não são propriamente nomes, e sim denominações tomadas dos seus benefícios e de suas obras. A denominação Deus não é nome, e sim uma concepção ingênita à natureza humana de uma realidade inexplicável.[101]

O nome que melhor se enquadra a Deus é o de Pai; sendo Criador, ele é realmente o Pai de todas as coisas. Justino nega a onipresença de Deus. Vivendo nas regiões situadas acima do céu, ele não pode abandonar sua morada e por isso não pode aparecer no mundo.[102]

O Pai inefável e Senhor de todas as coisas permanece sempre em sua própria região, vigiando tudo, pois nada lhe é oculto. Ele não precisa se mover para cuidar do mundo... nem está circunscrito a nada.[103]

Como existia um abismo entre Deus e o ser humano que os separava, o Logos foi o *mediador* entre Deus Pai e o mundo. É por Ele que o Pai se comunica e se revela. Ele torna-se o guia que conduz a Deus e o mestre do ser

---

[97] Altaner Berthold – Stuiber, A., *Patrologia* 76.
[98] Idem 79-81.
[99] *Curso de Teologia Patrística* I 116-136.
[100] É o caso dos tratados *Sobre a soberania de Deus, Sobre a ressurreição, Refutação de todas as heresias* e *Contra Marcião*. Já os tratados apologéticos que possuímos, mais que abordar pontos de reflexão teológica, afirmam pontos doutrinais específicos, bem como os fundamentos racionais da fé.
[101] *Segunda Apologia* 5.
[102] *Diálogo* 60,2.
[103] *Diálogo* 127,2-3.

humano. Foi por Ele que o mundo foi criado.[104] O Logos também é gerado pelo Pai, a Palavra divina, como processão no interior de Deus.[105]

Sua doutrina mais importante é a do Logos, que forma uma espécie de nexo entre a filosofia pagã e o cristianismo. Embora o Logos divino tenha aparecido em sua plenitude somente em Cristo, uma "semente do Logos" estava espalhada por toda a humanidade muito antes de Cristo. Todo ser humano possui em sua razão esta *semente* do Logos. Profetas do Antigo Testamento, bem como os filósofos pagãos tinham esta semente em processo de germinação.[106] Destarte, tudo de bom que os filósofos disseram pertence a nós, os cristãos, pois adoramos e amamos, depois de Deus, o Verbo que procede do mesmo Deus, ingênito e inefável. Com efeito, por amor ele se fez homem para participar e curar nossos sofrimentos. O que de bom foi afirmado antes da Encarnação do Logos é obra deste mesmo Logos. Eles não o conheceram perfeitamente e isso explica as suas contradições nas investigações e raciocínios. Os que agiram conforme a "semente do Verbo", produzindo o bem, foram levados aos tribunais e condenados como ímpios.[107] Os filósofos pagãos disseram muitas verdades, pois se apropriaram da literatura dos judeus do Antigo Testamento.[108] Somente os cristãos possuem a verdade por inteiro, porque Cristo revelou-se como a Verdade em pessoa.

2º Maria e Eva

Justino é o primeiro a fazer o paralelismo cristão Maria-Eva, assim como Paulo fizera o de Cristo-Adão.[109]

3º Anjos e demônios

Justino é uma das primeiras testemunhas do *culto dos anjos*: "nós prestamos culto ao exército dos outros anjos bons que o seguem e lhe são

---

[104] Justino vale-se aqui da imagem do fogo que acende outro sem ser diminuído, permanecendo ele mesmo, assim, como o novo fogo (cf. *Diálogo* 60,2).

[105] Justino dá a impressão de se inclinar para o subordinacionismo ao tratar das relações do Pai com o Filho. Eis uma passagem da *Segunda Apologia* 6: "Seu Filho, aquele que só propriamente se diz Filho, o Verbo, que está com Ele antes das criaturas e foi engendrado quando, no princípio, criou e ordenou por seu intermédio todas as coisas, se chama Cristo por sua unção e por ter Deus ordenado por Ele todas as coisas". Sua função pessoal deu-lhe existência pessoal. Ele é pessoa divina, mas subordinado ao Pai (cf. *Diálogo* 61).

[106] Justino cita aqui os exemplos de Heráclito, Sócrates e o filósofo estoico Musonio. Segundo ele tais pensadores foram perfeitos cristãos. (cf. *Primeira Apologia* 46,2-3).

[107] Justino traz o exemplo de Sócrates (cf. *Segunda Apologia* 10,2-8).

[108] *Primeira Apologia* 1,44,8.

[109] *Diálogo* 100.

semelhantes...".[110] Do céu eles cuidam de todos os seres humanos: "entregou a providência dos seres humanos, assim como das coisas sob o céu, aos anjos que assinalou para isto".[111]

Justino atribui aos anjos, apesar de sua natureza espiritual, um corpo semelhante ao corpo humano.[112] A forma como concebe a queda dos anjos faz acreditar que Justino lhes atribui um corpo. O pecado dos anjos teria sido manter relação sexual com mulheres.[113] O castigo no fogo eterno só começaria após a segunda vinda de Cristo.[114] Destarte eles podiam extraviar e seduzir os seres humanos. Após a vinda de Cristo, eles redobraram os esforços para que as pessoas não se convertessem ao Logos.[115] Os hereges, pelo fato de ensinarem um Deus distinto do Pai e do Filho, são instrumentos do demônio. Foram eles que cegaram e induziram os judeus a causar toda espécie de sofrimento ao *Logos que apareceu em Jesus*. Sabedores que eram de que Jesus recrutaria a maioria de seus seguidores entre os pagãos, o demônio esforçou-se para que a missão fracasse entre os gentios. Mas o nome de Jesus é poderoso sobre os demônios.[116]

4º Pecado original e deificação

Justino é convicto de que todo ser humano é capaz de deificação. Esse era o caso no princípio da criação. Contudo, nossos pais pecaram e atraíram a morte sobre si próprios. Mas agora o ser humano recuperou o poder de se tornar Deus.[117]

5º Batismo e Eucaristia

A descrição da Liturgia do Batismo e da Eucaristia que Justino apresenta no final da Primeira Apologia possui um valor todo especial.[118] Esta Apologia descreve ainda, por duas vezes, a *liturgia eucarística*. No c. 65 fala da liturgia eucarística dos recém-batizados. No capítulo 67 descreve, de modo detalhado, a celebração eucarística de todos os domingos. A liturgia começava com uma leitura tomada dos evangelhos canônicos, aqui chamados expressamente de

---

[110] *Primeira Apologia* 1,6.
[111] Idem II 5.
[112] *Diálogo* 57.
[113] *Segunda Apologia* II,5.
[114] Cf. *Primeira Apologia* I 28.
[115] Cf. *Primeira Apologia* I 26.54.57.62.
[116] *Diálogo* 30,3.
[117] *Diálogo* 124.4.
[118] *Primeira Apologia* I 61,1-3.7-13.

"Memórias dos apóstolos" ou dos livros dos profetas. Esta leitura era seguida de um sermão com aplicação moral das leituras. A seguir, a comunidade rezava pelos cristãos e por todos os seres humanos do mundo inteiro. No final, todos os participantes davam-se o beijo da paz. Apresentavam-se ao presidente o pão, o vinho e a água. O presidente recitava sobre elas uma oração consecratória. Os diáconos distribuíam os dons consagrados a todos os presentes e os levavam aos ausentes. Justino fala explicitamente que estes dons não são pão ou bebida comum, e *sim a carne e o sangue de Jesus encarnado*. Para provar ele cita as palavras da instituição. Esta oração é do presidente. E de Justino, é claro: *o alimento eucarístico é consagrado por uma oração que contém as mesmas palavras de Cristo*. Esta observação deixa entrever que todo o relato da instituição formava uma parte fixa da oração consecratória. É o que se chama de um tipo semifixo da liturgia. Enquanto contém elementos regulares, deixa ao mesmo tempo uma margem suficiente para a inspiração pessoal do sacerdote consagrante. No rito eucarístico que segue imediatamente à recepção do Batismo, Justino não menciona a leitura da Escritura nem o sermão do presidente. Certamente esta omissão se deve à cerimônia batismal que o tinha precedido.[119]

No capítulo 67, Justino descreve a missa dos *domingos ordinários*. Este dia foi escolhido para a reunião litúrgica da comunidade pelo fato de ser o dia da criação do mundo e da ressurreição de Jesus Cristo de entre os mortos. "No dia que se chama do *sol* celebra-se uma reunião de todos os que habitam nas cidades ou nos campos."[120] No *Diálogo* 41 Justino fala explicitamente da Eucaristia como *sacrifício*: "... fala de sacrifícios que nós oferecemos em todo lugar, a saber, do pão da Eucaristia e o mesmo do cálice da Eucaristia...". O *Diálogo* 117,2 não deixa dúvida de que Justino *identifica claramente a Eucaristia com o sacrifício profetizado por Malaquias*.[121]

Fiel à sua concepção filosófica, Justino afirma que a Eucaristia é o sacrifício espiritual que a humanidade tanto esperou, porque o mesmo Logos, Jesus Cristo, é a vítima.

6º Ideias escatológicas

A doutrina escatológica de Justino partilha das ideias *quiliastas* sobre o milênio. "... nós admitimos não somente a futura ressurreição da carne, como

---

[119] A descrição da liturgia eucarística após o Batismo encontra-se na *Primeira Apologia* 65-66.
[120] Idem 66.
[121] Cf. também *Primeira Apologia* 13.

também *mil anos em Jerusalém*, reconstruída, formosa e aumentada."[122] Coerentemente admite que nem todos os cristãos partilham desta opinião: "Também te indiquei que há muitos cristãos de pura e piedosa sentença, que *não admitem* essas ideias".[123] Segundo ele, as almas dos falecidos devem primeiro ir ao Hades, lugar em que permanecem até o fim do mundo. Os mártires são a exceção. Suas almas são recebidas imediatamente no céu. No Hades, contudo, as almas dos bons estão separadas das dos maus. As almas dos justos se regozijam esperando sua salvação, enquanto as dos maus vivem desgraçadas por causa do castigo iminente.[124]

e) Uma conclusão geral

As obras de Justino mostram seu espírito de pesquisador da verdade, seu caráter generoso e aberto. Provam, outrossim, seu espírito audaz, a ponto de dar a vida pela verdade. Foi fiel ao seu lema: "Quem pode dizer a verdade e não a diz, será julgado por Deus".

Com Justino, pela primeira vez a filosofia entra em contato direto com a Revelação, no intuito de torná-la acessível à razão. São os primeiros passos de uma *doutrina teológica*. Seu trabalho será retomado por Clemente de Alexandria, Orígenes e levado à perfeição por Agostinho e Tomás de Aquino, dos quais é modesto precursor.

Seus escritos testemunham a *tradição da Igreja*. Neles se afirmam, com efeito, a unidade da mesma, a veneração pela memória dos Apóstolos, a divindade de Cristo e a sua missão redentora. Com ele, pela primeira vez, aparece o paralelo Eva-Maria, ilustrando o papel desta na História da Salvação. Justino testemunha ainda a prática batismal e a tradição da Ceia Eucarística.

"Na sua totalidade, a figura e a obra de Justino marcam a opção decidida da Igreja antiga pela filosofia, mais pela razão do que pela religião dos pagãos. Com a religião pagã, de fato, os primeiros cristãos rejeitaram corajosamente qualquer compromisso. Consideravam-na idolatria, à custa de serem acusados por isso de 'impiedade' e de 'ateísmo'. Em particular Justino, especialmente na sua primeira *Apologia*, fez uma crítica implacável em relação à religião pagã e aos seus mitos, por ele considerados diabólicas 'despistagens' no caminho da verdade. A filosofia representou ao contrário a área privilegiada do encontro

---

[122] *Diálogo* 80.
[123] Idem.
[124] *Diálogo* V 80.

entre paganismo, judaísmo e cristianismo precisamente no plano da crítica à religião pagã e aos seus falsos mitos."[125]

f) Apêndice: O Martírio[126]

> Martírio dos Santos Mártires
> Justino, Caritão, Cariste, Evelpisto, Iérace, Peão e Liberiano,
> que testemunharam a fé em Roma

1. No tempo dos iníquos defensores da idolatria, foram promulgados, nas cidades e nos vilarejos, ímpios decretos contra os piedosos cristãos, para obrigá-los a sacrificar aos ídolos vãos. Foram feitos prisioneiros aqueles santos homens e conduzidos diante do prefeito de Roma, de nome Rústico.[127]

Introduzidos diante do tribunal, o prefeito Rústico disse a Justino: "Antes de tudo, obedece aos deuses e presta homenagem aos soberanos".

Justino disse: "Coisa santa e irrepreensível é obedecer aos mandamentos do nosso Salvador Jesus Cristo".

O prefeito Rústico disse: "Sobre quais doutrinas tu vives a discorrer?".

Justino disse: "Eu procurei aprender todas as doutrinas e acreditei somente nos verdadeiros ensinamentos dos cristãos, ainda que eles não agradem aos que professam a mentira".

O prefeito Rústico disse: "E a ti, miserável, agradam estas doutrinas?".

Justino disse: "Sim, porque as sigo com ânimo disposto a acolher uma doutrina verdadeira".

O prefeito Rústico disse: "Qual é esta doutrina?".

Justino: "Eis: nós veneramos o Deus dos cristãos, que nós acreditamos ser desde o princípio o único criador e origem de toda a natureza visível e invisível, e o Senhor Jesus Cristo, Filho de Deus, que foi também preanunciado pelos profetas como aquele que apareceria ao gênero humano, mensageiro da salvação e mestre de santos discípulos. Eu sou homem e me vejo dizendo coisas muito aquém da sua infinita natureza divina, mas me apego naquela que chamamos virtude profética: por esta, com efeito, foi predito tudo o que

---

[125] Apud Bento XVI, disponível em: http://www.vatican.va/holy_father/benedict_xvi/audiences/2007/documents/hf_ben-xvi_aud_20070321_po.html – acessado em: 04.11.10.

[126] O que se revela do martírio é uma tradução livre do texto italiano apresentado por Bosio, Guido, I 147-150. A tradução foi feita por Geraldo Lopes.

[127] Junio Rústico foi prefeito entre 163 e 167.

diz respeito àquele que acabei de afirmar ser Filho de Deus. Porque eu sei que os profetas, por divina inspiração, predisseram a sua vinda entre os homens, assim como aconteceu".

2. O prefeito Rústico perguntou: "onde vos reunis?".

Justino respondeu: "Onde cada um prefere e onde pode. Crês que nós nos reunamos todos no mesmo lugar? Não é assim: porque o Deus dos cristãos não é limitado pelo espaço, mas, sendo invisível, enche o céu e a terra, e onde pode ser adorado e glorificado pelos fiéis".

O prefeito Rústico disse: "Diz-me onde habitualmente vos reunis e onde tu acolhes os teus discípulos?".

Justino disse: "Eu habito em cima do quarto de banho de um certo Martino, filho de Timóteo, e durante todo este tempo, desde quanto cheguei em Roma pela segunda vez, não conheço outra moradia fora desta. E se alguém desejasse vir à minha casa, eu o iniciaria nas doutrinas sobre a verdade".

Rústico perguntou: "Mas, para terminar, tu és cristão?".

Justino confirmou: "Sim, sou cristão".

3. O prefeito Rústico disse a Caritão: "Também tu, Caritão, és cristão?".

Caritão respondeu: "Sou cristão pela vontade de Deus".

O prefeito Rústico disse a Carite: "Que dizes tu, Cariste?".

Ela afirmou: "Sou cristã por graça de Deus".

O prefeito Rústico disse a Evelpisto: "E tu, que és?".

Evelpisto, escravo de César, respondeu: "Também eu sou cristão, tornado livre por Cristo, e pela graça de Cristo eu participo da mesma esperança".

O prefeito Rústico disse a Iérace: "Também tu és cristão?".

Iérace confirmou: "Sou cristão: venero e adoro o mesmo Deus".

O prefeito Rústico: "Justino vos fez cristãos?".

Iérace confirmou: "Eu era e serei cristão".

Peão se levantou em pé e disse: "Eu também sou cristão".

Rústico disse: "Quem te ensinou?".

Peão retrucou: "De meus pais recebi esta nobre fé".

Evelpisto disse: "Eu ouvia com prazer os discursos de Justino, mas eu também recebi a fé cristã de meus pais".

O prefeito Rústico disse: "Onde estão os teus pais?".

Evelpisto disse: "Na Capadócia".

Rústico dirigiu-se a Iérace: "E os teus pais, onde estão?".

Ele respondeu dizendo: "O nosso verdadeiro pai é Cristo, nossa mãe é a fé nele. Quanto aos meus pais terrenos, eles já morreram. E eu vim para cá quando me trouxeram de Icônio da Frígia".

O prefeito Rústico disse a Liberiano: "E tu, o que dizes? És cristão? Nem tu veneras os deuses?".

Liberiano disse: "Também eu sou cristão, venero e adoro o único e verdadeiro Deus".

4. O prefeito disse a Justino: "Escuta tu, que gozas da fama de ser homem eloquente e de saber discorrer sobre a verdade: se depois dos açoites te for decepada a cabeça, subirás ao céu?".

Justino disse: "Espero de ter lá minha morada definitiva, se suportar tais sofrimentos. Pois eu sei que a quantos tiverem vivido assim é reservada a recompensa divina até a consumação de todo o mundo".

O prefeito Rústico disse: "Tu, portanto, pretendes subir ao céu para receber não sei qual recompensa?".

Justino disse: "Não pretendo, mas sei isto, e estou plenamente convencido".

O prefeito Rústico: "Vejamos a questão que se faz urgente resolver. Vinde à frente todos juntos, e todos de acordo sacrificai aos deuses".

Justino disse: "Nenhum homem sábio passaria da religião à impiedade".

O prefeito Rústico: "Se não obedeceis, sereis punidos sem misericórdia".

Justino: "As nossas orações nos obtêm chegar à salvação por meio dos teus castigos; eles (os castigos) estarão a nosso favor e conforto diante do tribunal de nosso Senhor e Salvador, tribunal mais temível que este, e ao qual comparecerão todos os homens do mundo".

Do mesmo modo os outros mártires disseram: "Faze o que quiseres. Nós somos cristãos; não sacrificamos aos deuses".

O prefeito Rústico pronunciou a sentença dizendo: "Estes, que não quiseram sacrificar aos deuses nem se submeter ao decreto do imperador, sejam flagelados e depois conduzidos ao suplício e sofram a pena de morte por decapitação, segundo o procedimento legal".

5. Os santos mártires, dando glória a Deus, saíram e se dirigiram ao lugar costumeiro, onde foram decapitados e concluíram destarte o seu testemunho, confessando o Salvador. Alguns fiéis, às ocultas, tiraram os seus corpos e os colocaram em um lugar conveniente. Puderam fazer isto com o auxílio da graça do Senhor nosso Jesus Cristo, a quem se dê glória nos séculos dos séculos. Amém.

3. PONTOS PRINCIPAIS DA DOUTRINA DOS APOLOGISTAS

Os apologistas são, normalmente, pessoas mais cultas que os padres apostólicos. São quase todos filósofos ou intelectuais que se converteram. É o caso de São Justino Mártir. Suas obras, em geral, não apresentem uma unidade sistemática. Eles continuam filósofos também depois da conversão e se esforçam por defender a fé mediante a filosofia. Para bem compreendê-los, é mister lembrar que o escopo por eles visado era, sobretudo, evidenciar os pontos de contato existentes entre o cristianismo e a razão, entre o cristianismo e a filosofia. Apresentavam o cristianismo como uma sabedoria, aliás, como a sabedoria mais perfeita, para levarem, gradualmente, os pagãos até à conversão.

Os apologistas são testemunhas da Tradição. Exemplo típico dessa tradição vital são as páginas de Justino sobre o Batismo e a Eucaristia. Para defender o cristianismo, contudo, eles contrapõem a limpidez da fé cristã à absurdidade e imoralidade das doutrinas pagãs. Eles trazem os primeiros rudimentos de uma incipiente doutrina teológica. Eis, em síntese, o seu pensamento teológico.

3.1 Inspiração

Eles admitem, de forma clara e explícita, a inspiração para a Sagrada Escritura.

3.2 Deus e Trindade

Deus é Trino e eminente em todas as suas perfeições. É cognoscível através das coisas criadas. Ele é criador do universo por meio do Verbo. Deus é único, mas em três termos, nem sempre exata e claramente precisados: Pai, Filho e Espírito Santo. O Pai é Deus por excelência (*ó óntos Theós*). Também o Verbo é Deus, distinto numericamente do Pai, anterior a toda criatura, imanente em Deus, embora o digam proferido com um ato de vontade do Pai no momento da criação. Desta forma pensam Taciano e Atenágoras. Teófilo confirma o erro usando por primeiro a distinção de *Logos endiátetos* e *Logos proforikós*. Mas como existe o Verbo do Pai? Como uma *dynamis*, como um *Logos endiátetos* (= *razão imanente*). Os apologistas se limitam a dizer que *foi proferido* como instrumento da criação. A sua formulação se inspira no conceito platônico de um Deus absolutamente transcendente e completamente separado do mundo, até o ponto de ter necessidade de um ser intermediário para se comunicar: este é o Verbo, que cria o universo e fala a Adão no paraíso terrestre. Esta concepção, quase geral nos apologistas, estando-se à terminologia ainda inexata, levará ao *subordinacionismo*.

3.3 Anjos e demônios

Eles admitem claramente a sua existência. Os anjos são ministros de Deus no governo do mundo, amigos dos bons. Os demônios são perseguidores dos bons e disseminadores de todos os males no mundo.

3.4 Escatologia

Eles têm clara a noção de uma recompensa e de um castigo após a morte, bem como da ressurreição da carne.[128]

BIBLIOGRAFIA

ALTANER, Berthold – STUIBER, Alfred, Apologistas gregos do século II, in *Patrologia* 69-88.

ATHÉNAGORE, *Supplique au sujet des chrétiens (1re édition)*, intr. et trad. de Gustave BARDY, SC 3, Paris, Les Éditions du Cerf 1943.

ATHÉNAGORE, *Supplique au sujet des chrétiens (2e édition)*, intr. et trad. de M. Bernard POUDERON, SC 379, Paris, Les Éditions du Cerf 1992.

ATHÉNAGORE, *Sur la résurrection*, intr. et trad. de M. Bernard POUDERON, SC 379, Paris, Les Éditions du Cerf 1992. [*De resurrectione mortuorum*, CPG 1071; PG 9,973-1024].

BENTO XVI, *São Justino, filósofo e mártir*, disponível em: http://www.vatican.va/holy_father/benedict_xvi/audiences/2007/documents/hf_ben-xvi_aud_20070321_po.html – acessado em: 04.11.10.

BOSIO, G., Il cristianismo di fronte al paganesimo e al giudaismo, in *Iniziazione* 135-202.

FIGUEIREDO, F., São Justino Mártir, in *Curso de Teologia Patrística* I 116-136.

GOMES, Cirilo Folch, Aristides de Atenas, Justino, Melitão de Sardes, Atenágoras, Teófilo de Antioquia, in *Antologia dos Santos Padres* 62-87.98-108.

HAMMAN, A., Justino de Roma, in *Os Padres da Igreja* 26-34.

JUSTIN MARTYR, *Apologie* [CPG 1073], intr. et trad. de M. Charles MUNIER, SC 507, Paris, Les Éditions Du Cerf, 2006 [Justinus, *Apologiae*, in PG 6,328-470].

---

[128] Cf. Bosio, Guido, op. cit., p. 139-140.

JUSTINO DE ROMA, *I e II apologias: diálogo com Trifão*. Introd. e notas explicativas de Roque FRANGIOTTI; trad. Ivo STORNIOLO e Euclides Martins BALANCIN = Patrística 3, São Paulo, Paulus 1995.

PADRES APOLOGISTAS, *Carta a Diogneto, Aristides de Atenas, Taciano, o Sírio, Atenágoras de Atenas, Teófilo de Antioquia, Hérmias, o Filósofo* = Patrística, São Paulo, Paulus 1995.

PASSION DE PERPÉTUE et Félicité suivit des Actes, intr. et trad. par Jacqueline AMAT, SC 417, Paris, Les Éditions du Cerf 1996.

QUASTEN, Johannes, Los apologistas griegos, in *Patrologia* I 180-242.

RUIZ BUENO, Daniel. *Padres apologetas griegos* (s. II), Madrid, Biblioteca de Autores Cristianos, ³1996.

THEOPHILE D'ANTIOCHE, *Trois livres à Autolicus*, *CPG* 1107, trad. de M. Jean SENDER, intr. de Gustave Bardy, SC 20 Paris, Les Èditions Du Cerf, 1948 [Theophilus, *Ad Autolycum* III, in *PG* 6,1024-1168].

O surgimento da Tradição como princípio de hierarquia

O período que agora vamos estudar é longo, pois acolhe *todo o arco do século III*. Nele encontramos *os mestres gregos*, Irineu de Lião e Hipólito, os *principais mestres latinos*, entre eles Minúcio Félix, Tertuliano, Cipriano, Novaciano e Lactâncio, as *Escolas Teológicas de Alexandria*, com Clemente e Orígenes, e a de *Cesareia* com Eusébio. Para facilitar a abordagem, o assunto será tratado também nos dois capítulos subsequentes.

Quadro geral do período

Esta introdução constará de duas partes. Na primeira apresentamos um quadro geral de todo o período. Na segunda faremos considerações gerais sobre as heresias dessa etapa da história.

"Guardar e defender a tradição dos Apóstolos, *a gloriosa e veneranda norma da nossa tradição*, diz Clemente de Alexandria. Esta foi a preocupação da Igreja nascente e a tarefa que se prefixaram os escritores do século II.

Nos primeiros decênios do século III, Orígenes afirmará o dever da fidelidade à tradição, mas juntamente com a necessidade da pesquisa científica. Orígenes continua elencando as verdades que devem ser cridas, distinguindo-as nitidamente das questões não definidas, que podem ser objeto de estudo e de discussão. Neste seu tratado fornece a primeira explicação científica do cristianismo, antes da *Summa Theologica*, e fará o primeiro grande salto, muito grande para aquela época e muito incerto".[1]

De seu século, Orígenes será o primeiro especulativo, estruturando cientificamente a doutrina da Igreja, embora de forma nem sempre segura. Tertuliano dará à teologia a linguagem técnica. Irineu conservará a tradição. Mas nesta

---
[1] Bosio, Guido, I 205-206.

sua pretensão, ele realiza uma verdadeira obra de inculturação, deixando, destarte, o primeiro corpo doutrinal completo da Igreja do seu tempo. A teologia terá o seu pleno desenvolvimento e a sua sólida organização estrutural nos grandes teólogos do século IV, chegando ao seu auge com Santo Agostinho.

A heresia na vida da Igreja[2]

Em todos os tempos, a heresia fez pensar e fascinou os pensadores da teologia. Paradoxalmente, contudo, não os amedrontou. Fez pensar, porque eles, principalmente se tinham a responsabilidade de uma comunidade eclesial, viam na heresia um grave perigo para a unidade. Com efeito, a unidade foi a grande pregação de Jesus: ele rezou pela unidade e convidou a comunidade a permanecer coesa, unida. A heresia fascinou, pois nela o teólogo compreendeu o âmbito da definição da ortodoxia, isto é, da justa fé.

Nos primeiros séculos de sua existência, o cristianismo teve de defender-se de dois inimigos exteriores: o *judaísmo* e o *paganismo*. A resposta a esses inimigos foi dada pelos Padres Apologistas, sendo Justino o seu máximo representante. A seguir foram os inimigos interiores: o *gnosticismo* e o *montanismo*. Ambos tinham como ponto de partida o cristianismo, mas eram de caráter totalmente diverso. Os gnósticos pregavam um cristianismo adaptado ao mundo, enquanto os montanistas pregavam uma vida cristã de total renúncia a ele.

Destarte os *gnósticos* postulavam uma absorção dos mitos religiosos do Oriente e davam à filosofia religiosa dos gregos um papel predominante. Não havia quase espaço para a revelação enquanto fundamento da ciência teológica, nem para o Evangelho e para a fé. Já os *montanistas*, que esperavam a destruição iminente do mundo, postulavam para todos uma vida religiosa ascética e de total alheamento do mundo e dos seus prazeres.

A proposta destas seitas era sedutora, arrebanhando muitos adeptos em meio à comunidade cristã. Dupla era a crise da Igreja. O gnosticismo ameaçava seu fundamento espiritual e seu caráter religioso. Já o montanismo colocava em perigo sua missão e seu caráter universal. O gnosticismo era a ameaça mais consistente e perigosa.

---

[2] Para uma primeira abordagem e posterior aprofundamento, veja a obra de Frangiotti, Roque, *História das Heresias (Séculos I-VII)*: conflitos ideológicos dentro do cristianismo, São Paulo, Paulus 32002.

1. A HERESIA GNÓSTICA

1.1 O gnosticismo pré-cristão

O gnosticismo tem sua origem nos tempos pré-cristãos. Suas raízes afundam-se, no Oriente, na época das conquistas de Alexandre Magno (334-324 a.C.). Dá-se então origem a uma mistura de religião oriental e filosofia grega que é justamente chamada de *gnosticismo*. Das religiões orientais ele herda a fé no dualismo absoluto entre Deus e mundo, alma e corpo, a teoria do bem e do mal originado de fatores diferentes e o anelo pela redenção e imortalidade. A filosofia grega lhe fornece o elemento especulativo. Os mediadores entre Deus e o mundo advêm do neoplatonismo; o neopitagorismo deu-lhe um misticismo naturalista e do neoestoicismo tomou o valor do indivíduo e o sentido do dever moral.

O maior representante do final desse período é *Simão Mago*, conforme encontramos em Atos 8,9-24. Dele temos reminiscências na *Epistola Apostolorum*.[3] Justino afirma que ele nasceu na Samaria e foi para Roma no reinado do imperador Cláudio, sendo aí aclamado como um deus. Dele fala também Hipólito.[4]

Neste grupo se podem colocar também Dositeu e Menandro, mestre e discípulo. Dositeu é o fundador de uma escola na Samaria. Seu discípulo Menandro nasceu na Samaria e foi discípulo de Simão Mago e faz a ligação com o gnosticismo cristão.

1.2 O gnosticismo cristão[5]

1.2.1 Em geral

Com a chegada do cristianismo nas grandes cidades do Oriente, pessoas cultas e eminentes, anteriormente gnósticas, converteram-se. Não renunciaram suas ideias gnósticas, mas acrescentaram as novas doutrinas cristãs à sua crença gnóstica. Enquanto no gnosticismo pré-cristão não se falava de Jesus

---

[3] É a mais importante das epístolas apócrifas sob o ponto de vista histórico; cf. *Epistola Apostolorum*, in *Semeia* 49, 1990, 7-34.

[4] *Phil.* 6.7-20.

[5] Cf. Daniélou, Jean, *Histoire des Doctrines Chrétiennen avant Nicée II: Message Évangélique et Culture Hellénistique aux IIe IIIe siècles*, Paris-Tournai-New York-Rome, Desclée Co. 1961.

Cristo, no gnosticismo cristão ele se torna peça-chave. Os fundadores do gnosticismo cristão elevaram o cristianismo do nível da fé ao da ciência, buscando o direito de cidadania do cristianismo no mundo helênico. A produção literária do gnosticismo cristão é muito grande, máxime no campo da literatura teológica e da poesia. Neste grupo entram também os evangelhos apócrifos, cartas e atos apócrifos dos Apóstolos e os apocalipses apócrifos. Dado o caráter popular dessa literatura, ela produziu imensos estragos no meio cristão.

A literatura gnóstica, cuja produção se julgava perdida, foi acrescida pelas descobertas feitas no Egito em 1945. Elas devem projetar nova luz sobre a compreensão do gnosticismo.

1.2.2 Representantes

a) Basílides

Entre os representantes do gnosticismo cristão citamos Basílides,[6] um professor de Alexandria, no Egito. Clemente de Alexandria[7] copia várias passagens do Livro 23 que tratam do problema do sofrimento. De Basílides é também a informação do envio do Nous procedente do Pai. Ele, o Nous, é o primogênito, é o que chamam de Cristo. Ele veio para livrar os que creem no poder dos que fizeram o mundo, isto é, dos anjos. O Cristo apareceu como homem, operou milagres... Na sua condenação, ele trocou de lugar com Simão de Cirene, que acabou sendo crucificado em seu lugar. Com efeito, Jesus é a potestade incorpórea, o Nous do Pai. Destarte, os gnósticos não têm obrigação de confessar que Jesus foi crucificado... e sim confessar Jesus como enviado do Pai.

De sua cosmologia, Basílides deduziu as seguintes conclusões práticas:
- o conhecimento (*gnosis*) livra dos principados que fizeram este mundo;
- somente uns poucos, um por mil, dois por dez mil, podem possuir o verdadeiro conhecimento;
- os mistérios têm que ser guardados em segredo;
- o martírio é inútil;
- a redenção afeta somente a alma, não o corpo, que está sujeito à corrupção;

---

[6] Irineu de Lião, *Contra as Heresias* I 24,1. Nesta citação Irineu afirma os princípios doutrinais deste gnóstico.
[7] Cf. *Stromates* IV 12,81,1 – 88,5.

- todas as ações, mesmo as mais nefandas, são matéria totalmente indiferente;
- o cristão devia confessar a Jesus, o enviado do Pai, e não o crucificado;
- devem-se desprezar os sacrifícios pagãos, embora se possa fazer uso deles sem escrúpulo algum, pois não são nada.

b) Outros gnósticos menores

Entre estes, citam-se Isidoro, discípulo de Basílides. Valentim é contemporâneo de Basílides e de seu filho Isidoro.[8] Em outro lugar Irineu transmite a impressão de que as pessoas que os escutam "professam doutrinas semelhantes às nossas; não temos, pois, motivo para não manter relações com eles; dizem as mesmas coisas que nós, têm a mesma doutrina e, sem dúvida, os chamados de hereges".[9]

Além de Isidoro e seu filho, temos também Ptolomeu, discípulo da escola italiana de Valentim.[10] Ainda fala de Heraclião, que escreveu um Comentário ao Evangelho de João, amplamente citado por Orígenes. Dele temos notícia por Clemente de Alexandria.[11] Florino, presbítero romano e companheiro de Irineu, que lhe dirigiu uma carta.[12] Com Irineu, ele tinha sido discípulo de Policarpo.

Da escola oriental de Valentim sobressai Bardesano (Bar Daisan). Feito cristão, tornou-se Valentiano, tendo, posteriormente, abjurado.[13] Harmônio, filho de Bardesano, continuou a obra de seu pai. Segundo Eusébio,[14] ele era fluente em língua grega e compôs versos em sua língua original, cuja música ainda se conserva. Este fato se deve a Efrém, que se aproveitou da música para passar mensagens de acordo com o conteúdo da fé. Desde então, é sempre Eusébio quem afirma, os sírios cantam as odes de Efrém com as melodias de Harmônio.

---

[8] Irineu de Lião, *Contra as Heresias* III 4,3.
[9] Idem III 15,2.
[10] Dele se possui uma Carta a Flora, conservada por Epifânio (Haer. 33,3-7). Ela se constitui na peça mais importante de toda a literatura gnóstica que se possui.
[11] Cf. *Stromates* 4,71,1.
[12] As notícias são de Eusébio em *HE* 5,1-7. A carta a Florino está citada no capítulo sobre os *Padres Apostólicos*, à nota 255. Contra Florino e sempre conforme Eusébio em HE 5,20,1, Irineu escreveu a obra *Sobre la Ogdoada*, uma obra que, segundo Irineu, tinha se espalhado pelas Gálias, causando grande mal entre os cristãos.
[13] Cf. Eusébio de Cesareia, *HE* 4,30.
[14] Idem 3,16.

Ainda membro da escola oriental de Valentim foi Teodoto. Sua obra está num apêndice dos *Estrômates* (*Stromates*) de Clemente de Alexandria. Lembramos também Marcos, de quem fala Irineu.[15] Carpócrates é, junto com Basílides e Valentim, o terceiro fundador da seita gnóstica. Segundo Irineu,[16] ele ensinava que a criação do mundo é obra de anjos muito inferiores ao Pai Ingênito. Jesus, por sua vez, era filho de José. Por sua pureza constante, lembrava-se de muita coisa que tinha presenciado junto ao Pai Ingênito. Fizeram imagens de Jesus e as colocaram junto com as dos filósofos.[17] Uma de suas discípulas, Marcelina, foi a Roma no tempo do Papa Aniceto (154-165) e seduziu a muitos. Os escritos de Carpócrates não chegaram até nós, e sim alguns fragmentos da obra de seu filho, Epífanes. Morreu com dezessete anos, sendo considerado como deus em Cefalônia, ilha natal de sua mãe Alexandra. A obra de Epífanes, *Sobre a justiça*, é citada por Clemente de Alexandria.[18]

c) Marcião

Dada a repercussão das suas doutrinas, faremos uma apresentação mais detalhada do pensamento deste gnóstico. Marcião nasceu em Sínope, no Ponto, hoje Sinob, na costa do Mar Negro. De classe social elevada, ele mesmo fez fortuna como armador.

No ano de 140, sendo imperador Antonino Pio, foi para Roma e associou-se à comunidade cristã. Muito cedo, porém, sua doutrina causou estranheza e suscitou viva oposição. Os dirigentes da Igreja pediram-lhe explicação de sua fé. Ele não apareceu e foi excomungado em 144. Diferentemente de outros hereges, Marcião fundou uma Igreja após a sua separação da Igreja de Roma. Esta Igreja tinha uma hierarquia de bispos, presbíteros e diáconos. Suas reuniões litúrgicas eram muito próximas às da comunidade cristã. Suscitou muito mais seguidores que as demais seitas gnósticas. Dez anos após, Justino diz que a Igreja de Marcião tinha se estendido por "toda a humanidade". Encontravam-se comunidades marcionitas ainda nos princípios da Idade Média.

Antes de ir para Roma, Marcião já tinha sido excomungado por seu pai. Ao analisar sua doutrina, tem-se que afirmar que a única obra que Marcião

---

[15] Cf. *Contra as Heresias* I 20,1.
[16] Idem I 25,1.
[17] Idem I 25,6.
[18] Cf. *Stromates* 3,2,5-9. Epífanes defendia a comunidade de bens. Entre eles estavam também as mulheres, consideradas, como qualquer outro bem, comum a todos.

escreveu, as *Antíteses*, foi perdida, assim como a carta que dirigiu aos chefes da Igreja romana, dando conta de sua fé. Irineu o associa a um gnóstico sírio Cerdão, que teria vivido sob o papa Higino (136-140). Este gnóstico ensinava "que o Deus proclamado pela Lei e os Profetas não é o Pai de nosso Senhor Jesus Cristo, pois aquele é conhecido, este desconhecido; um é justo e o outro é bom".[19]

Marcião deu um grande impulso à escola de Cerdão. Assumiu a distinção entre o Deus da Lei e dos Profetas e o Deus de Jesus Cristo. Aquele era mau, amigo das guerras, inconstante em seus juízos. Jesus fez-se homem e se manifestou na Palestina, no tempo de Pôncio Pilatos, do procurador Tibério César. Veio para abolir a Lei e os Profetas e todas as obras do Deus que criou o mundo, o *Cosmocrator* (Soberano do mundo), diferente do Deus de Jesus Cristo. Marcião mutila o Novo Testamento, eliminando do Evangelho de Lucas os dados referentes ao nascimento humano de Jesus e parte dos discursos, máxime os que afirmavam que Jesus reconhecia o Criador deste mundo como Pai. Marcião consegue convencer os seus discípulos de que ele merece mais crédito que os Apóstolos. Destarte, ele coloca em mãos dos seus seguidores somente uma parte dos Evangelhos, eliminando as passagens que testemunham ser Jesus o Filho do Pai que tudo criou. Elimina ainda as citações proféticas que falam do Messias. Afirma, outrossim, que se salvarão somente o grupo dos seguidores de suas doutrinas. Desta salvação o corpo não participará.[20]

Embora Irineu e os demais padres depois dele incluam Marcião entre os gnósticos, deve-se dizer que ele difere da tipologia gnóstica. Alguns chegam mesmo a considerá-lo como o primeiro reformador e restaurador cristão do paulinismo (Harnack). A doutrina de Marcião não inclui a vasta gama de éons, nem tenta explicar a causa das desordens reinantes no mundo visível. Ademais, ele repudia a interpretação gnóstica das Escrituras. Porém, sua teologia apresenta a mesma mescla de ideias cristãs e pagãs que caracteriza o gnosticismo. Seu conceito de divindade é gnóstico, apresentando a diferença entre o deus bom, que vive no terceiro céu, e o deus justo, que é inferior a ele. Sua cosmologia aceita um demiurgo, o segundo deus, que é o criador do mundo e do ser humano. O mundo não foi criado do nada, e sim da matéria eterna, princípio de todo mal. Este segundo Deus é o da Lei e dos profetas, portanto, o

---

[19] Cf. *Contra as Heresias* I 27,1.
[20] Cf. *Contra as Heresias* I 27,2-3. Irineu (cf. III,3,4) conta que Marcião encontrou-se com Policarpo. Perguntou ao santo bispo: "Tu me conheces?" e ouviu esta resposta: "Sim, reconheço em ti o primogênito de Satanás!".

Deus dos judeus. É iracundo, vingador, princípio de todas as guerras e de todo o mal, tanto físico como moral.

Gnóstica é a cristologia de Marcião. Cristo não é o Messias, não nasceu da Virgem Maria, nem cresceu... No ano décimo quinto do reinado de Tibério ele se manifestou repentinamente na Sinagoga de Cafarnaum. A partir deste momento teve uma aparência humana que conservou até sua morte na Cruz. Derramando seu sangue, *remiu todas as almas* do poder do demiurgo, cujo reino destruiu com sua pregação e milagres. Portanto, para Marcião a redenção afeta somente a alma. O corpo permanece sujeito ao poder do demiurgo e está destinado à destruição.

A doutrina de Marcião é inconsistente e ilógica. Não explica a razão da morte de cruz de alguém que considera fantasma. Ademais, não dá razões para a *depuração* que faz do Novo Testamento e da eliminação de todo o Antigo Testamento. Contudo, diferentemente dos demais gnósticos, ele não escreve novos livros. Convencido de que os judeus tinham mesclado o Evangelho com doutrinas suas, ele afirma que Cristo chamou o apóstolo Paulo para restabelecer o Evangelho em sua forma original. Porém, e é sempre ele quem afirma, os inimigos de Paulo conseguiram corromper suas epístolas, introduzindo nelas elementos espúrios. Marcião eliminou os evangelhos de Mateus, Marcos e João, bem como as chamadas interpolações no Evangelho de Lucas. Só Lucas, sem interpolações judaicas, conservava o Evangelho de Cristo. Das cartas de Paulo ele excluiu as pastorais e a Carta aos Hebreus. Mudou a ordem das cartas de Paulo, começando por Gálatas. Trocou o nome da carta aos Efésios, chamando-a de carta aos Laodicenses. O Novo Testamento de Marcião possui dois documentos: *Evangelho* e *Apóstolo*. A estes documentos agregou seu livro *Antítese*, no qual provava seu repúdio ao Antigo Testamento e a todos os escritos que apresentassem o deus mau dos judeus. Expõe, ademais, suas objeções contra os Evangelhos e os Atos dos Apóstolos.

d) Apeles, discípulo de Marcião

Ele foi o mais importante discípulo de Marcião. Segundo Tertuliano, Apeles seguiu as doutrinas de Marcião em Roma, até discordar dele. Foi então para Alexandria e posteriormente retornou a Roma. Em Eusébio de Cesareia temos dados sobre a discrepância de Apeles com Marcião e do diálogo de ambos, classificado por Harnack como a mais importante disputa religiosa da história... Eis os dois relatos, retirados da História Eclesiástica de Eusébio:

"Por isso, os seguidores de Marcião, os marcionitas, estão em desacordo entre eles mesmos, sustentando pareceres incompatíveis. Um de sua grei, Apeles, venerado pela forma de vida que leva e por sua idade avançada, admite um só princípio, porém afirma que os profetas provêm de um espírito inimigo. A isto foram persuadidos pelos oráculos de uma donzela possuída, chamada Filomena. Porém outros, entre eles o próprio chefe, Marcião, introduzem dois princípios. A esta escola pertencem Potito e Basílico. Eles seguiram o Lobo do Ponto (Marcião), sendo como ele incapazes de perceber a divisão das coisas, e recorrem a uma solução simples, estabelecendo, pura e simplesmente, dois princípios, sem prova alguma. Outros ainda, passando a um erro ainda pior, supõem a existência não já de duas naturezas, mas de três. Seu chefe e diretor foi Sinero, como asseguram os que representam sua escola".[21]

Segundo o trecho que relata a discussão entre Rodão e Apele, *HE* 5,13,5-7, percebemos que Apele discordava de Marcião em questões muito importantes. Ele rechaçava o dualismo reconhecido de seu mestre e procurava retornar a um Princípio único. Como consequência, apresentava o demiurgo como uma criatura de Deus, um anjo que criou o mundo. Apeles eliminou o docetismo de Marcião. Jesus Cristo não era um fantasma. Tinha um corpo real, embora não o tivesse recebido da Virgem Maria, mas o tomou dos quatro elementos das estrelas. Em sua ascensão restituiu seu corpo aos quatro elementos.

Ademais, Apele ia mais longe em seu desprezo pelo Antigo Testamento. Enquanto Marcião o considerava um documento puramente histórico, sem significação religiosa, Apele afirmava que ele era um livro mentiroso, cheio de contradições e de fábulas, no qual não se pode absolutamente confiar.

Apele compôs uma obra chamada *Silogismos*, com cerca de trinta e oito livros. Em seu livro *De Paradiso*, Ambrósio de Milão conserva grande número de parágrafos desta obra. Nada resta de outra obra sua, *Manifestações*, na qual divulgava as visões da profetisa Filomena.

e) Os encratistas

Eles estão relacionados com a doutrina de Marcião e foram fundados por Taciano, o Sírio. Este tem em comum com Marcião o fato de rechaçar o matrimônio. Ainda mais, em sua obra *Diatesseron* Taciano omite as genealogias de Jesus e sendo mais um indício do fato de ter algo em comum com Marcião.

---

[21] Eusébio de Cesareia, *HE* 5,13,24.

Entre as figuras de encratistas, cita-se Júlio Cassiano. Em *Estrômates*,[22] Clemente de Alexandria menciona dois escritos dele: *Exegética* e o *Estado de Eunuco* ou *Sobre a abstinência*.[23] Clemente o associa a Valentim e Marcião por causa de seu docetismo. Júlio Cassiano teria ensinado no Egito, lá pelos anos 170.[24]

2. OS PRIMEIROS MESTRES GREGOS: IRINEU E HIPÓLITO

Dois são os principais personagens deste momento do final do século II e início do III: Irineu e Hipólito. Apresentaremos Irineu de uma forma mais detalhada, dada a sua importância na patrística intermédia, isto é, entre os padres apostólicos e as grandes escolas teológicas. Num segundo momento, abordaremos também Hipólito de Roma, máxime por sua obra emblemática, a *Tradição Apostólica*.

2.1 Irineu de Lião

De Irineu de Lião estudaremos a vida, as obras, os princípios de sua doutrina e uma visão da sua obra *Contra as Heresias*.

2.1.1 Alguns dados da vida de Irineu

Já dissemos ter sido ele o anel de conjunção entre os escritores dos séculos II e III, considerado como o último homem apostólico e o primeiro teólogo. Como tal, Irineu expõe, explica e defende a doutrina tradicional.

Tem-se notícia de Irineu por volta do ano 177, quando eclodiu a perseguição de Lião, que vitimou um grande número de cristãos daquela comunidade,

---

[22] Cf. 3,13,92.
[23] Nesta obra o autor condena toda e qualquer relação sexual.
[24] As traduções coptas citam vários escritos gnósticos. Entre eles estão o Codex Askewianus, de propriedade de A. Askew e agora no British Museum; o Codex Brucianus, antiga propriedade de James Bruce e agora na biblioteca Bodleiana de Oxford. Um terceiro manuscrito conserva-se em Berlim e contém três escritos: O *Evangelho de Maria*, um *Apócrifo de João* e a *Sophia Jesu Christi*; os escritos gnósticos de Chenoboskion, descobertos no Egito em 1946 em Nag-Hammadi; contém 37 obras completas e cinco fragmentos. Cinco delas são atribuídas a Hermes Trimegistos [Três vezes grande] e o Codex Jung, adquirido por G. Guispel em nome de Instituto Jung de Zurique. Recebeu esse nome em homenagem ao conhecido psicólogo suíço... Esse código data provavelmente do IV século e teve origem no Egito. Epifânio, em *Panarion* 30,7,1 afirma que no IV século havia valentianos em diversas partes do Egito.

entre os quais o seu velho e amado bispo, *Potino*. Desta mesma época é o aparecimento da mensagem de Montano,[25] que veio trazer um grande dissenso às Igrejas da Gália e da Frígia.[26] É aí que aparece Irineu, que fora o presbítero escolhido pela comunidade para levar as cartas ao Papa Eleutério.[27] A viagem a Roma subtraiu Irineu da perseguição, mas o traz de retorno a Lião como sucessor de Potino.

Irineu é natural de Esmirna, na Ásia Menor. Lá fora discípulo de Policarpo. Ele mesmo o afirma, dizendo: "Nós o vimos em nossa primeira idade. Ele teve vida longa e era muito idoso quando foi martirizado de forma gloriosa e nobre".[28] A familiaridade com Policarpo é um ponto de força no seu comportamento e na sua doutrina, enquanto lhe permite unir seus ensinamentos aos dos apóstolos.[29]

Irineu é um homem da tradição. Guarda a fé e faz-se guarda da fé e do cânon imutável da verdade. Em sua apresentação da pregação apostólica apresenta uma série ininterrupta de bispos, cada um tendo o *charisma veritatis certum* e chega até os apóstolos e destes a Cristo.

2.1.2 Obras de Irineu e sua doutrina

Irineu escreveu em grego várias obras. Duas delas são conservadas, seja em traduções latinas (a *Adversus Haereses*), seja em armênio (a *Demonstratio*).

Sua obra mais importante é a *Denúncia e refutação da falsa gnose* (*Helenchos kaì anatropè tes pseudonúmou gnóseos*) e normalmente denominada com o nome latino de *Adversus haereses*, *Contra as heresias*. Ela pode ser datada entre

---

[25] Para um conhecimento mais explícito do *Montanismo* você poderá ler Aland, B., *Montano-Montanismo*, in *DPAC*, p.959-961. Foi uma heresia forte; em seu segundo período teve Tertuliano entre os seus seguidores. Esta heresia chegou a considerar Montano como um profeta que tinha vindo trazer uma nova revelação.

[26] Eusébio afirma que os cristãos de Lião enviaram cartas os bispos da Ásia, da Frígia e ao Papa Eleutério, pedindo a paz e o perdão para estes hereges: cf. *HE* V 3,4.

[27] Esta carta reproduz a opinião da comunidade de Lião sobre o jovem diácono: "Novamente te auguramos toda felicidade em Deus e que esta seja sem fim, padre Eleutério. Encarregamos Irineu, nosso irmão e companheiro, de entregar-te estas cartas; digna-te recebê-lo como um zelador do testamento de Cristo. Se pensássemos que a posição de alguém é a que o torna justo, o teríamos logo apresentado como presbítero, como de fato é" (*HE* V 4,1-2).

[28] *Contra as Heresias* III 3,4.

[29] Irineu recorda isto na carta que escreve a um seu companheiro de infância, Florino. Este se tornara montanista, quando era presbítero da Igreja de Roma e apostatou. Cf. Eusébio, *HE* V 20,1-7.

os anos 180 e 185. A outra obra é a *Demonstração da pregação apostólica*[30] (*Epídeicsis tou apostolikou kerýgmatos*). Nesta Irineu discorre sobre a fé, a partir de uma argumentação comprobatória do Antigo Testamento. Nesta obra, o bispo de Lião não procura combater as heresias, mas expor simplesmente e de forma relativamente breve a doutrina cristã, com a finalidade de firmar a fé de seu amigo Marciano.

Várias são as abordagens da doutrina de Irineu. Duas de suas obras estão em português. São as de Fernando Figueiredo[31] e do *Dicionário patrístico*.[32]

a) A *Demonstração da pregação apostólica*

Conhecida somente por uma citação de Eusébio,[33] esta obra foi encontrada em 1904 por Ter-Mekerttschian em uma tradução armênia e foi publicada, pela primeira vez, em 1907. Este opúsculo não é uma catequese, mas um tratado apologético dividido em duas partes, a partir de algumas observações introdutórias sobre os motivos que levaram o autor a escrever (c. 1-3).

Primeira parte

Compreendendo os c. 4-42, estuda o conteúdo essencial da fé cristã, a saber: as Três Pessoas divinas, a criação e queda do ser humano, a encarnação e a redenção. A seguir, são descritas as relações de Deus com o ser humano, de Adão até Jesus Cristo.

Segunda parte

Vai dos c. 49 a 97. Aponta algumas provas em favor da verdade da revelação cristã, tiradas das profecias do Antigo Testamento, e apresenta Jesus como Filho de Davi e como Messias. Eis a argumentação do autor no c. 68: "Se, pois, os profetas predisseram que o Filho de Deus apareceria sobre a terra, se eles anunciaram em que parte da terra, como e em que forma se manifestaria, e se o Senhor realizou em sua pessoa todas estas predições, nossa fé nele descansa por isso mesmo sobre um fundamento inquebrantável, e a tradição de nossa pregação tem que ser verdadeira. É, pois, *verdadeiro o testemunho dos Apóstolos*

---

[30] A *Sources Chrétiennes* possui duas traduções dessa obra. Cf. Saint Irenée de Lyon, *Démonstration de la prédication évangélique*, 2ème, (Demonstratio). trad. du arménien de P. Léon Marie Froidevaux, SC 62 Les Éditions du Cerf, Paris 1959, e *Démonstration de la prédication évangélique*, 1ère, (Demonstratio). Trad. P. Adelin Rousseau SC 406, Les Éditions du Cerf, Paris 1995.

[31] Leia Perspectiva história de Irineu, Doutrina da Recapitulação e Pedagogia divina, in *Curso de Teologia Patrística* I 139-152.

[32] Entre eles, A. Orbe, *Teologia de Irineu*, in DPAC, p.716-720.

[33] "Acontece que, além dos escritos e cartas de Irineu já mencionados, conservam-se dele um tratado... que dedicou a seu irmão, chamado Marciano, *Em demonstração da pregação apostólica*..." (HE V 26).

que foram enviados pelo Senhor e que pregaram no mundo inteiro que o Filho de Deus veio para sofrer a paixão pela qual aboliu a morte e nos mereceu a ressurreição".

Conclusão

O autor exorta os seus leitores a viverem de acordo com sua fé e a se precaverem contra a heresia e sua impiedade. Em resumo, ele mostra que a apologia não tem nada de polêmico. Limita-se a apresentar uma prova da doutrina verdadeira. Para refutar aos gnósticos ele remete para a obra principal de Ireneu.

b) *Contra as Heresias*, a principal obra de Ireneu[34]

"Concede, o Senhor, a todos aqueles que lerem este livro, reconhecer que tu és o único Deus: faze que todos sejam confirmados na fé e se conservem longe de toda doutrina herética, ateia e ímpia" (*Contra as heresias* III 6,4).

1º Estrutura da obra

Conhecida como *Contra as heresias* (*Adversus Haereses*), esta é a obra mais significativa de Ireneu. O título e diversos acenos do mesmo texto dão a estrutura. Ireneu a chama de *Detectio falsae cognitionis*, ou seja, o desmascaramento da falsa gnose, segundo o princípio que "basta revelar as teorias para confutá-las" (livro I). Após a *Detectio*, Ireneu trabalhará a *Eversio falsae cognitionis*. Realiza esta operação por passos. No livro II, a ação é *ex ratione*, isto é, com argumentos racionais. *Ex doctrina apostolorum*, isto é, por meio do ensinamento dos apóstolos, contido na Escritura e na Tradição. No livro III é *per Domini sermones*, utilizando as palavras do Senhor, contidas no Novo e também no Antigo Testamento. Segundo Ireneu, os escritos de Moisés e dos profetas são palavras de Cristo. É a argumentação do livro IV. Finalmente, no livro V, *ex reliquis sermonibus Domini et ex epistolis apostolicis*, ainda com as outras palavras do Senhor e com as cartas dos Apóstolos, especificamente de São Paulo.

---

[34] Irénée de Lyon, *Contre les Hérésies* I, intr. et trad. par Louis Doutreleau et Adelin Rousseau, SC 263.264 1979 [*Adversus haereses* I; CPG 1306; PG 7,437-706]; idem, *Contre les Hérésies* II, intr. et trad. par Louis Doutreleau et Adelin Rousseau, SC 293.264 1982 [*Adversus haereses* II; CPG 1306; PG 7,707-842]; idem, *Contre les Hérésies* III, intr. et trad. par Louis Doutreleau et Adelin Rousseau, SC 34.220.211 1952.1974 [*Adversus haereses* III; CPG 1306; PG 7,843-972]; idem, *Contre les Hérésies* IV, intr. et trad. par Louis Doutreleau et Adelin Rousseau, SC 34.220.211, 1952.1974 [*Adversus haereses* IV; CPG 1306; PG 7,973-1118]; idem, *Contre les Hérésies* V, intr. et trad. par Louis Doutreleau, Adelin Rousseau et C. Mercier, SC 152.153 1952.1969 [*Adversus haereses* V; CPG 1306; PG 7,1119-1224]. Ainda: Ireneu de Lião, *Contra as heresias* = Coleção Patrística 4, São Paulo, Paulus 1997.

2º Livro I: Desmascaramento da falsa gnose, com a exposição dos sistemas gnósticos

As doutrinas de Ptolomeu (cc. 1-9), às quais é imediatamente contraposto um compêndio da pregação apostólica, o *Símbolo* (c. 10). As doutrinas de Valentino (c. 11). Doutrina, liturgia e artes mágicas de Marcos (cc. 12-21), às quais é logo contraposta uma sintética exposição da *Regula veritatis* (c. 22). As raízes do erro, ou seja, os antepassados dos valentinianos: Simão Mago, Menandro, Saturnino, Basílides, Carpócrates, Cerinto, Ebionitas, Nicolaítas, Cerdão, Marcião, Taciano, Barbelo, Ofites, Setianos, Cainitas (cc. 23-31).

3º Livro II: Confutação da falsa gnose com argumentos racionais

Deus não é distinto do Criador (Demiurgo), como dizem os gnósticos. Ele é o único Deus que fez todas as coisas (cc. 1-11). A teoria dos éones é absurda e é a mais ridícula das teogonias pagãs (cc. 12-19). Os argumentos da Escritura e os cabalísticos dos gnósticos não têm valor algum. Irineu exemplifica as suas fantasiosas interpretações (cc. 20-35).

Expressamente o autor não trata o problema da relação entre ciência e revelação, razão e fé, como fazem outros escritos de sua época. Sustenta que a razão está em grau de conhecer a existência de Deus (c. 6); mas um conhecimento pleno pode-se ter somente com a revelação. Irineu estima e ama a ciência, mas não deixa de admoestar sobre os perigos da supervalorização da razão que incha e distancia-se de Deus.

4º Livro III: Confutação da falsa gnose com o ensinamento dos Apóstolos

O ensinamento dos Apóstolos está contido: – nos quatro *Evangelhos*, nos *Atos dos Apóstolos*, nas *Cartas* dos Apóstolos e especialmente em São Paulo, no *Antigo Testamento*, que foi traduzido pelos Setenta; na *Tradição Eclesiástica*, que se encontra em todas as Igrejas, especialmente naquelas fundadas pelos Apóstolos, como as de Esmirna e de Éfeso, e em modo particularíssimo na Igreja de Roma, fundada por Pedro e Paulo, com a qual todas as Igrejas devem estar de acordo (cc. 1-4).

Indicadas as fontes, Irineu passa a demonstrar as duas teses principais contra os gnósticos: que Deus não é outro senão o Criador (cc. 5-15) e Jesus, nascido de Maria, é o Redentor (cc. 16-25). Nesta trama estão intercaladas as digressões: a salvação de Adão, contra Taciano, que sustentava a sua condenação (c. 23); a justiça e a providência de Deus, contra Marcião (c. 25).

Para Irineu a *Regula Fidei* é, portanto, a mensagem pregada pelos Apóstolos (*kérygma*), cânone imutável da verdade, conservado na sua plenitude na Igreja e garantido: historicamente pela sucessão (*diadoké*) ininterrupta dos bispos;

sobrenaturalmente pela assistência do Espírito Santo, vivente e operante na Igreja. Síntese do *kérygma* é o símbolo professado no Batismo: *o cristão tem em si o cânone imutável da verdade (ò canòn tes aletéias aklinés), que recebeu no Batismo*. Irineu dirá depois[35] que esta *Regula Fidei*, cânone imutável da verdade, é o magistério vivente da Igreja. Este magistério é feito vida e vive de perene juventude pela ação vivificadora do Espírito Santo. Ele confere, por sua vez, perene juventude à Igreja, que dele é guarda e despenseira.

Irineu demonstra, com a prova das Escrituras, que existe um só Deus (cc. 6-15) e um só Cristo (cc. 16-23), e depois faz a conclusão (cc. 24-25). É neste livro que aparece a doutrina da *recapitulação, anakefalaíosis*. Cristo é o *novo Adão*. Irineu retoma o conceito de São Paulo em Ef 1,10. Antes do pecado original, todas as criaturas subordinadas umas as outras formavam um grandioso e harmônico organismo em cujo vértice estava Deus. O pecado de Adão turbou esta ordem e arruinou a harmonia. Jesus Cristo, encarnando-se, *recapitulou* (fez a soma, compendiou, concentrou) na sua pessoa todas as criaturas, representando-as coletivamente, comunicou-lhes a imortalidade e a incorruptibilidade, e restabeleceu-as naquela harmonia universal, que terá o seu pleno cumprimento na ressurreição e no reino eterno.

Singular, neste livro, é a doutrina da *nova Eva, Maria*. Paulo tinha cunhado o paralelo Adão-Cristo; Justino introduziu o de Eva-Maria, que Irineu desenvolve, encontrando na redenção exatamente as etapas da queda.

Significativa e rica, no final deste livro, é a sua conclusão, que traz a *Invocação a Deus pela conversão dos heréticos*.

5º Livro IV: *Confutação da falsa gnose com as Palavras do Senhor. Continuidade do Antigo e do Novo Testamento e as Revelações sucessivas de um único Deus*

O autor confirma a demonstração dos livros precedentes com as mesmas palavras do Verbo, que ele encontra nos dois Testamentos. Argumento principal: a demonstração, contra os gnósticos, da harmonia dos dois Testamentos e da identidade de Deus e do Criador. A ação do Verbo sobre os Profetas (cc. 1-8 e 21-25). Confronto entre a Lei antiga e a Lei nova: a Eucaristia-sacrifício (cc. 9-20). Profecias e modo de interpretá-las (cc. 26-37). A liberdade dos anjos e dos homens e a sua responsabilidade com relação à remuneração (cc. 38-41).

---

[35] Cf. cap. 24,1.

6º Livro V: Confutação da falsa gnose com as remanescentes palavras do Senhor e com as Cartas de São Paulo. Escatologia

O livro era reservado às Cartas de São Paulo. Mas o autor utiliza ainda alguns discursos do Senhor sobre a ressurreição da carne, doutrina muito hostilizada pelos gnósticos (cc. 1-12). Depois vêm os testemunhos de São Paulo sobre os efeitos da redenção em ordem ao pecado e à natureza humana (cc. 13-20). A luta entre Cristo e Satanás que continuará no Anticristo e terminará com a vitória de Cristo e dos seus eleitos, que reinarão com Ele mil anos (cc. 21-36).

É muito rica, neste livro, a afirmação da *Eucaristia como penhor da ressurreição*. "Totalmente estultos são aqueles que desprezam toda a economia de Deus, negam a salvação da carne e desprezam a sua ressurreição, sustentando que ela é incapaz de incorruptibilidade."[36]

É fundamental, nesta parte, a teoria do *Anticristo* como *"recapitulação" de toda iniquidade*. João, no Ap 13,18, diz que o nome da besta, isto é, do Anticristo é indicado pelo número 666, isto é, conterá as letras que, tomadas como sinais numéricos segundo o valor que elas possuem (na língua grega ou hebraica?) darão o número 666. No capítulo seguinte Irineu propõe três prováveis nomes: *Evanthas*, mas não diz quem possa ser; *Lateinos*, que significaria Império Romano; *Teitan* (o *Titano* ou *Tito*). Irineu pensa que este último nome desfrute de maior probabilidade. "Porém nós não arriscamos a afirmar com segurança que o Anticristo terá este nome, porque sabemos que, se fosse conveniente que este nome fosse manifestado em nossa época, ele teria sido certamente revelado por meio daquele que teve a visão do Apocalipse. João, com efeito, teve a sua revelação, não faz muito tempo, quase em nosso século, no fim do império de Domiciano."[37]

É significativa, também, a visão do milenarismo que o autor deixa entrever em seu livro. Como Pápias, Justino, Tertuliano e Lactâncio, também Irineu acha que, depois do sexto milênio da criação, Cristo deverá reinar sobre a terra com os justos ressuscitados por mil anos; depois virá o juízo universal e o reino eterno. Na *Exposição da pregação apostólica*, escrita depois desta obra maior, parece que Irineu renunciou a esta teoria.

---

[36] Os gnósticos sustentam que a matéria é obra do Demiurgo. É má, por essência, e será destruída no incêndio final.
[37] Apud Bosio, G., 213 nota 48.

c) Outras obras

De outras obras de Irineu conservam-se alguns fragmentos ou somente o título. Sabe-se que ele escreveu uma carta ao presbítero Florino *Sobre a monarquia* ou *Que Deus não é o autor do mal*. Após a ruptura de Florino com a Igreja, Irineu escreveu sobre a *Ogdoada*.[38] Ainda se conserva em Eusébio a indicação de uma carta a Blasto que vivia em Roma e era inclinado a novidades.[39] Conservam-se fragmentos das cartas ao Papa Victor sobre Florino e sobre a data da celebração da Páscoa.[40] Há ainda notícias, e sempre segundo Eusébio, de um *Tratado sobre o conhecimento* e vários discursos nos quais menciona a *Carta aos Hebreus* e a *Sabedoria de Salomão*.[41]

2.1.3 Elementos de conclusão final

A importância de Irineu como teólogo brota de seus escritos. Tendo desmascarado o caráter pseudocristão da gnose, acelerou sua eliminação do seio da Igreja. Anunciando os artigos da fé com êxito, ele merece o título de fundador da teologia cristã, embora não fosse levado a teorizar sobre os dados da fé. Ele suspeitava de toda especulação.[42]

Apesar dessa sua atitude, Irineu foi o primeiro a formular toda a doutrina cristã em termos dogmáticos. Os pontos mais significativos de suas afirmações podem ser encontrados na seção: "la teología de Irieneo" em Johan QUASTEN.[43]

A obra de Irineu é significativa, seja pelo volume de seus tratados, principalmente o *Contra as Heresias*, seja pelo seu conteúdo interno, bem como pela atualidade no momento em que foram escritas e o valor de alguns *insigths*.

---

[38] *HE* V 20,1.
[39] Id., ib.
[40] Dada a importância do que estava em jogo, Eusébio dedica um bom trecho do quinto livro da *HE* a este tema. Particularmente: *HE* V 23,3 e 24,11-17.
[41] Esta obra seria, provavelmente, uma coleção de sermões. Cf. Eusébio de Cesareia *HE* V 26.
[42] "É preferível não saber absolutamente nada, nem uma só das razões pelas quais se fez uma só coisa da criação, mas crer em Deus e perseverar no seu amor, que, inflado pelo conhecimento, separar-se deste amor que é a vida da criatura humana. A cair na impiedade por questões sutis e discussões sem fim, mas vale procurar o conhecimento de Jesus Cristo, o Filho de Deus, que foi crucificado por nós" (*Contra as Heresias* II 26,1).
[43] Disponibilizado em http://www.holytrinitymission.org/books/spanish/patrologia_j_quasten_1.htm# – acessado em: 28.10.10

A obra de Irineu é o labor de um pastor constantemente atento ao seu rebanho e um bispo profundamente aberto à universalidade da *ecclesia*. Este valor é tanto mais importante quanto maiores eram as dificuldades que se deviam enfrentar naquele tempo...

Sua obra é fruto de suas extensas leituras dos tratados gnósticos, aos quais ele responde após tê-los lido e compreendido. Serviu-se, também, das contribuições de fontes que o precederam. As que Irineu nomeia explicitamente se perderam. É, pois, muito difícil o trabalho de identificação...

Irineu fala das "Sentenças de Pápias de Hierápolis", das "Sentenças dos Africanos e da Ásia Menor" e do "Tratado contra Marcião" de Justino. Mas não é possível determinar até que ponto ele dependa dessas fontes. Há quem afirme que ele teria utilizado dois tratados perdidos de Teófilo de Antioquia, a saber, o *Contra Hermógenes* e o *Contra Marcião*. Sabemos da existência dessas obras porque Eusébio as nomeia na sua História Eclesiástica.

A obra de Irineu carece de falta de nitidez na disposição e na unidade de pensamento. Resulta daí que sua leitura se torna pesada pelo fato de serem prolixas e terem muitas repetições. Certamente ele escreveu aos poucos, embora tenha tido, desde o início, um plano que é, em grande parte, observado. Contudo, ao lê-las em seu conjunto, tem-se a impressão de que ele foi acrescentando detalhes aos livros já terminados. Como não aconteceu uma disposição prévia do material de que dispunha, percebemos uma falta de síntese no final.

Estas falhas não prejudicam a grandeza da obra de Irineu. Ele consegue fazer uma descrição clara, simples e persuasiva das doutrinas da Igreja. Esta a razão pela qual sua obra é fundamental para conhecer os sistemas gnósticos e a teologia da Igreja primitiva.

Tinha consciência dos limites de sua obra, pois ele mesmo afirma: "não podes esperar de mim nenhuma exibição de retórica, pois habito entre os celtas e estou acostumado a usar quase continuamente um dialeto bárbaro. Nunca aprendi a retórica nem mesmo a qualidade na composição. Nem mesmo pratiquei um estilo formoso e persuasivo, nem mesmo pretendo agir assim. Porém, tu aceitarás com espírito benévolo o que eu escrevi com o mesmo espírito, com simplicidade, sinceridade e modéstia".[44]

---

[44] *Contra as Heresias* I Prefácio 3.

2.2 Hipólito de Roma

Hipólito é o último escritor cristão de Roma que escreve em grego e é o primeiro antipapa. Tendo sido martirizado em 235, é venerado como santo. Com efeito, o martírio lava todos e quaisquer pecados que uma pessoa tenha cometido em vida.

Sobre Hipólito, seguiremos de perto Johan Quasten.[45]

2.2.1 Dados de sua vida

A figura de Hipólito é significativa. Certamente é de origem grega e de formação grega. Conhecia profundamente a filosofia grega desde as origens, bem como estava familiarizado com os mistérios gregos. Sua formação teológica indica a proximidade com as ideias de Alexandria. Hipólito é grego em sua forma de se exprimir e nas manifestações de seu pensamento. Sua produção literária é comparável, em volume, a de seu contemporâneo Orígenes, embora não seja tão profundo e original como ele. O seu interesse deriva mais para questões práticas que para problemas científicos, tendo tido um campo de preocupações mais amplo que o de Orígenes. Com efeito, Hipólito publicou tratados anti-heréticos, crônicas e ordenações eclesiásticas e até mesmo poesias religiosas.

Segundo ele mesmo afirmou em uma de suas obras perdidas, teria sido discípulo de Irineu. Dele teria recebido o ardor e o zelo na defesa da doutrina católica contra as heresias. Foi muito longe ao atacar de forma violenta o modalismo trinitário e o patripassianismo de Noeto, Cleomenes, Epígono e Sabélio. Sua doutrina sobre o Logos tem tendência subordinacionista...

O estopim para se tornar antipapa foi um ato do Papa Calisto que mitigou a disciplina para os penitentes que se tinham manchado com o pecado mortal. Hipólito, ambicioso e austero, reprovou o papa, tachando-o de fraco, e se separou da primitiva Igreja. Acusou Calisto de ser discípulo de Sabélio,[46] e separou-se da Igreja, levando consigo alguns de seus correligionários, poucos,

---

[45] Disponibilizado em http://www.holytrinitymission.org/books/spanish/patrologia_j_quasten_1.htm# – acessado em: 28.10.10

[46] Nascido provavelmente na Líbia ou no Egito durante o século II. Estabeleceu-se em Roma, acatando a heresia do monarquianismo, a saber, Deus é uma pessoa que se manifesta e opera em diferentes modos, como Pai, Filho e Espírito Santo. Sua doutrina foi ainda rotulada de Patripassianismo, isto é, subentendendo que Deus, o Pai, teria sofrido na cruz.

mas influentes. Torna-se, pois, o primeiro antipapa. O cisma continua mesmo quando Urbano sucedeu a Calisto (223-230) e posteriormente Ponciano (230-235). A crise em Roma amainou quando Maximino Trácio[47] desterrou Ponciano e Hipólito na Sardenha. Parece que aí se reconciliaram. Ponciano renunciou ao pontificado em setembro de 235, para que a comunidade de Roma recuperasse a paz e pudesse eleger o seu sucessor. Hipólito fez o mesmo e a Igreja pôde escolher Antero (235-236). Hipólito e Ponciano foram martirizados em 236. O Papa Fabiano (236-250) mandou transladar seus corpos para Roma, onde receberam todas as honrarias.

O Papa Ponciano foi sepultado na cripta papal de São Calisto e Hipólito no cemitério da Via Tiburtina, que recebeu o seu nome. A lista mais antiga da *Depositio Martyrum* do ano de 354 transcreve: *"idus Aug., Ypoliti inTiburtina et Pontiani in Callisti"*. O Papa Dâmaso, notável pelos epitáfios que escrevia, após ter mandado decorar a tumba de Hipólito, deixou escrito que ele teria sido discípulo de Novaciano (herege), mas após sua reconciliação com Roma aconselhou seus seguidores a se reconciliarem com a Igreja. No Museu de Latrão, em Roma, há uma estátua de Hipólito, certamente feita no cemitério em que foi sepultado, com todas as características de uma obra do século III. Na cadeira em que se assenta o santo estão gravadas todas as suas obras.

2.2.2 As obras de Hipólito

As obras de Hipólito tiveram a mesma sorte que as de Orígenes, ou seja, a maioria foi perdida, embora por razões distintas. Além da cristologia herética do autor, duas outras situações jogaram contra ele: a sua condição de cismático e a decadência do conhecimento do grego na cidade de Roma. Por sorte, muitas de suas obras foram conservadas nas traduções latinas, siríacas, coptas, árabes, etiópicas, armênias, georgianas e eslavas. A quantidade e a variedade das traduções orientais proclamam a fama que Hipólito conservou no Oriente. No rol de suas obras foram incluídos muitos tratados espúrios.[48]

---

[47] Gaio Júlio Vero Maximino, nascido em 173 e morto em 238. É conhecido como Maximino Trácio ou Maximino I. Foi imperador de 235 a 238. Foi o primeiro bárbaro (era assim que a cultura greco-romana denominava aqueles que não eram legítimos gregos ou romanos) a vestir a púrpura imperial e o primeiro imperador que nunca pôs os pés em Roma. Foi o primeiro dos imperadores soldados do século III. O seu governo é frequentemente considerado como o início da crise do século III.

[48] Deve-se fazer menção às discussões que se fizeram e ainda se fazem a respeito das obras de Hipólito, da autenticidade das listas das mesmas. O maior especialista no caso é o P. Nautin.

As obras atribuídas a Hipólito são objeto de intensas discussões entre os especialistas. Pode-se afirmar que houve uma confusão entre os personagens, provavelmente homônimos. Esta confusão começou com os primeiros historiadores da Igreja, Eusébio e Jerônimo, no século IV. Atribuem a ele certo número de obras, inclusive um *Cômputo Pascal*. Esta confusão brota de duas datas simétricas: 1551 e 1851.

Deve-se dizer que a opinião abalizada de Dal Covolo não é unânime. B. Capelle, M. Richard, J. Daniélou, G. Bardy, B. Botte, S. Giet e outros demonstram que as obras propostas na divisão de Nautin (e é a que Dal Covolo assume), possuem numerosos pontos comuns quanto ao estilo e ao vocabulário. Portanto, não podem ser atribuídas a autores distintos. Elas devem ter saído de uma mesma mão... A controvérsia está longe de chegar a um acordo.

a) As *Philosophumena*[49]

Esta obra chama-se também *Refutação de todas as heresias*. Este nome, contudo, aparece somente nos três primeiros livros. E a obra tem dez. A obra era atribuída a Orígenes e a descoberta dos livros de IV a X datam de 1842, de um códice grego do século XIV, outrora do Monte Athos e agora em Paris. A obra pertence, de fato, a Hipólito, uma vez que tem muitas semelhanças com *Syntagma* e com a *Essência do Universo*, ambas obras do mesmo autor. Nesta obra, quanto ao conteúdo e ao método, Hipólito depende de seu mestre Irineu de Lião.

Na Introdução o autor descreve o conteúdo do livro: "... Mostraremos que os hereges forjaram sua doutrina da sabedoria dos gregos, das conclusões dos autores de sistemas filosóficos, dos mistérios e das divagações dos astrólogos. Parece-nos oportuno expor, antes, as opiniões que emitiram os filósofos gregos e provar a nossos leitores que são mais antigas que as heresias e as suas ideias sobre a divindade são mais dignas de respeito... veremos, então, que a heresia adaptou os sistemas filosóficos para seu proveito, apropriando-se de seus princípios... Para começar, exporemos quais foram, entre os gregos, aqueles que expuseram os princípios da filosofia natural... Provaremos, a seguir, pela comparação [entre as ideias filosóficas e as doutrinas dos hereges...]".[50]

O objetivo das *Philosophumena* é claro: demonstrar o caráter não cristão das heresias, provando sua dependência da filosofia pagã. A obra está dividida

---

[49] Ela não é nomeada por Eusébio (cf. HE VI,2), nem por Jerônimo (*De viris illustribus* III, 61), nem na lista que aparece na estátua.
[50] Hipólito, *Philosophumena*, Proêmio.

em duas partes: a primeira corresponde aos c. 1-4, que trata dos diferentes sistemas pagãos. É um resumo medíocre da filosofia grega, de Tales a Hesíodo. Utiliza-se de fontes secundárias e de pouco valor.

Os livros segundo e terceiro foram perdidos. Tratavam das religiões de mistérios e da mitologia dos gregos e dos bárbaros. O quarto livro está consagrado à astrologia e à magia. A segunda parte da obra, os livros de 5 a 9, refuta as heresias relacionando cada uma das 33 seitas gnósticas com um dos sistemas filosóficos ou pagãos mencionados na primeira parte. O livro 10 faz um resumo de tudo o que precede e propõe uma cronologia da história judaica, fazendo uma exposição da verdadeira doutrina.

Os livros de 5 a 9 são superiores aos demais, pois o autor está em seu próprio terreno e utiliza um sentido crítico mais seguro. Seu mentor é Irineu em *Contra as Heresias*, usando também fontes gnósticas que não mais existem. Esta é a razão que faz da *Refutação* de Hipólito uma fonte preciosa para conhecer o gnosticismo. Em *Philosophumena* 9,12 parece indicar que o Papa Calisto já havia falecido quando ele compôs esse tratado, o que leva a entender que ele é posterior a 222.

b) O *Syntagma* ou *Contra as Heresias*

Esta obra, anterior a *Philosophumena*, recebeu diversos nomes. Eusébio[51] chama-a de *Contra todas as heresias*. Jerônimo[52] dirá *Adversum omnes haereses* e Fócio chamará de *Syntagma*, ou mais exatamente *Syntagma contra trinta e dois hereges, de Hipólito, discípulo de Irineu*. Nesta obra, Fócio diz que Hipólito "começa com os dossietanos e continua com as heresias de Noeto e seus seguidores. Estas heresias teriam sido refutadas por Irineu em suas conferências. A presente obra seria o resultado de tais conferências. O estilo é claro, um tanto severo e isento de redundâncias".[53] A obra foi perdida e pode ser reconstruída pelos fragmentos que se conservaram, permitindo que se reconstruam as trinta e duas heresias tratadas por Hipólito. Esta obra teria influenciado obras posteriores, tais como o *De praescriptione* de Tertuliano, o *Panarion* de Epifânio

---

[51] Cf. *HE* 6,22.
[52] Cf. *De viris illustribus* 61.
[53] Cf. Photius, *Bibliotheca*, cod. 121. Também chamada de *Myriobiblon*, esta obra reúne as 279 resenhas de livros que Fócio teria lido. É uma verdadeira enciclopédia. Alguns autores a consideram como "uma produção fascinante, na qual ele se mostra o inventor da crítica literária" (cf. Reynolds, L. D. – Wilson, N. G., *Scribes and Scholars*: A Guide to the Transmission of Greek and Latin Literature, Oxford, Clarendon Press 31991).

e o *Liber de haeresibus* de Filástrio. A obra deve ser do primeiro período da vida de Hipólito, quando Zeferino era papa (199-217). Com efeito *Philosophumena* 1,20 o menciona.

c) O Anticristo[54]

É o único tratado dogmático de Hipólito que chega à posteridade. Dirigido a um tal de Teófilo, o tratado, composto por volta do ano 200, conserva-se em grego. No c. 5 Hipólito faz um resumo da obra. Em síntese ele tratará da vinda de Cristo e como ela ocorrerá; quando vai acontecer e de qual tribo vai brotar esse ímpio; como é o seu nome e qual é o seu número na Escritura; como induzirá os humanos ao erro, reunindo-as dos confins da terra; quais tribulações, guerras e perseguições ele vai produzir; como vai ser o seu fim e como será a repentina aparição do Senhor; qual será o glorioso reinado das pessoas santas e o castigo das pessoas culpadas.

Na literatura patrística, esse é o trabalho mais completo sobre a aparição do anticristo. A obra, em certos momentos, mostra Hipólito como discípulo de Ireneu. Em outros, ele se distancia do mestre. A obra é autêntica, pois o mesmo Hipólito a atribui a si próprio no Comentário de Daniel.[55]

d) Tratados exegéticos

Como Orígenes, também Hipólito compôs inúmeras obras exegéticas. Embora ambos sigam o método alegórico e tipológico, há uma diferença significativa entre ambos. Enquanto Orígenes é mais místico, Hipólito é mais sóbrio. Elencamos as obras conhecidas: *Comentário sobre Daniel*, *Comentário sobre o Cântico dos Cânticos*.[56] Esta obra exerceu profunda influência sobre Ambrósio de Milão e chegou aos místicos da Idade Média. Outras obras são: *A Bênção de Isaque*,[57] *Jacó e Moisés*, a *História de Davi e Golias*, a *Homilia sobre os Salmos*.[58] Há ainda um elenco de obras perdidas: *Os seis dias da criação, O que se seguiu aos seis dias, A bênção de Isaque, a bênção de Balaão, o Cântico de Moisés, o Livro de Rute, Elcana e Ana, A pitonisa de Endor, Os Provérbios, Eclesiastes,* parte de

---

[54] Hippolytus Romanus, Demonstratio de Christo et Antichristo (Peri tou antichristou); in *PG* 10,725-788.

[55] Hippolyte de Rome, *Commentaire sur Daniel* [IV 7,1; XIII 1] trad. de M. Maurice LEFÈVRE, intr. de Gustave BARDY, SC 14, Paris, Les Éditions du Cerf 1947 [*In Danielem*, PG 10, 637-669 et 669-697].

[56] Hippolytus Romanus, *In Canticum canticorum*, PG 10, 628-629.

[57] Hippolytus Romanus, *De benedictionibus Isaaci et Iacobi et Moysis*, in CPG 1874-1875.

[58] Idem, *In Psalmos*, PG 10,608-609.

Isaías, partes de *Ezequiel*, *Zacarias*, partes de *Mateus*, *Os dois ladrões*, *A parábola dos talentos*, *Apocalipse*.

e) Tratados cronológicos

No ano de 234, visando acalmar a ansiedade das pessoas que acreditavam na proximidade do juízo final e do milênio, Hipólito compôs *A Crônica*. Nesta obra ele quis provar que o final estava muito distante. Com efeito, o mundo deveria durar seis mil anos e ainda se encontrava no ano cinco mil setecentos e trinta e oito desde a criação. Nesta obra se encontram o *Diamerismos* ou Divisão da terra entre os filhos de Noé, como também o *Stadiasmos*, uma espécie de carta de navegação com dados concretos para um viajante entre Alexandria e Espanha. Sua fonte principal, além de manuais helenísticos, é sempre a Bíblia. Utiliza-se ainda da *Crônica* de Júlio Africano e dos *Estrômates* de Clemente de Alexandria.

Outro tratado é o *Cômputo Pascal*, uma obra que está na lista da estátua de Hipólito. Chamada de *Determinação da data da Páscoa*.[59] Provavelmente a obra foi escrita em 222. No fragmento das tabelas, um dos mais importantes que se conserva de Hipólito, vai do ano 222 ao 233. Sua intenção era libertar a Igreja do calendário judaico e estabelecer o cálculo científico da lua cheia da Páscoa... fracassou redondamente. Com efeito, já em 237, seus cálculos não batiam com os dados astronômicos.[60]

f) Homilias

A maioria dos comentários exegéticos de Hipólito é de caráter homilético. Como Hipólito escreveu aqueles para a edificação dos fiéis, é difícil fazer uma demarcação entre suas obras exegéticas e homiléticas.

Mencionamos alguns de seus sermões, dentre os muitos que terá feito. O mais significativo deles é o *Sobre a Páscoa*. Outro sermão é *Sobre o louvor do Senhor, Nosso Salvador*. Este sermão, segundo Jerônimo,[61] Hipólito tê-lo-ia feito na presença de Orígenes, quando de sua visita a Roma. Temos ainda a *Homilia*

---

[59] Por esse mesmo tempo Hipólito compôs, ao lado de muitos comentários, um tratado sobre a Páscoa. Nele estabelece o cálculo dos tempos e propõe um cânon de um ciclo de dezesseis anos para a Páscoa, determinando as datas a partir do primeiro ano do imperador Alexandre" (Eusébio de Cesareia, *HE* VI 22,1).

[60] Os cálculos de Hipólito foram corrigidos por um autor anônimo em 243, o *De Pascha computu* e se encontra entre as obras de São Cipriano.

[61] Cf. *De viris illustribus* 61.

sobre a heresia de Noeto. Segue-se a *Demonstração contra os judeus*, do qual se discute a paternidade hipolitana.

g) A Tradição apostólica[62]

1º Generalidades

É a obra mais importante de Hipólito e a que mais interesse despertou em todos os tempos. Excetuada a *Didaquê*, a Tradição é a mais antiga e a mais importante das Constituições eclesiásticas da antiguidade, pois contém um ritual rudimentar com regras e formas fixas para a ordenação e outras funções dos distintos graus da hierarquia, para a celebração da Eucaristia e a administração do Batismo. Escrita no ano de 215, a Tradição é a mais rica fonte de informação que se tem para o conhecimento e a constituição da vida da Igreja nos três primeiros séculos.

Ela influenciou bem mais o Oriente, máxime a Igreja do Egito, que o Ocidente. Encontram-se documentos derivados da Tradição em várias Constituições eclesiásticas orientais. É o caso exemplar das Constituições apostólicas em siríaco do ano 380, que representa a mais exata coleção litúrgico-canônica da antiguidade cristã que chegou até os nossos dias.

2º Conteúdo

A Tradição apostólica compreende três partes principais.

Primeira parte

A *primeira* é composta de um prólogo, no qual o autor explica as razões de sua obra, os cânones para a eleição e consagração de um bispo, a oração de sua consagração, a liturgia eucarística que se segue a esta cerimônia e as bênçãos do azeite, do queijo e das azeitonas. Seguem-se normas e orações para a ordenação de sacerdotes e diáconos. Finalmente se fala dos confessores, viúvas, virgens, subdiáconos e das pessoas que têm o dom da cura.

Hipólito tinha a intenção de mencionar somente as formas e os ritos que eram tradicionais e os costumes estabelecidos desde muito tempo. Ao escrever, ele protestava contra as inovações. Daí se deduz que a liturgia proposta nestas Constituições precede à data da sua escritura. Esta é a razão mais fundamental

---

[62] Hippolyte de Rome, *La Tradition Apostolique d'après les anciennes versions*, introduction, traduction et notes par B. Bardy, SC 11, Les Éditions du Cerf, Paris 1946; em português há obra: *Tradição apostólica de Hipólito de Roma. Liturgia e Catequese em Roma no século III*. Tradução: Maria da Glória Novak e Introdução: Maucyr Gibin. Petrópolis: Vozes, 1981. (Fontes da catequese, 4). Disponível em: http://www.ecclesia.com.br/biblioteca/pais_da_igreja/tradicao_apostolica_hipolito_roma.html – acessado em: 13.11.10.

do seu valor: é a liturgia que Roma usava, provavelmente, na segunda metade do século segundo.

A consagração de um bispo se faz no domingo. Escolhido pelo povo e de forma pública, a ordenação deve ser assistida pelos bispos vizinhos. O presbitério está junto com a comunidade. Os bispos impõem as mãos, enquanto o presbitério está de pé, em silêncio. Todos pedem a vinda do Espírito Santo. Um bispo reza a oração na qual são acentuados a sucessão apostólica e o poder de perdoar os pecados.[63]

A liturgia da missa que sucede a ordenação do bispo contém a mais antiga oração eucarística ou cânon que se tem. É muito breve e de caráter eminentemente cristológico. Seu único tema é a obra de Cristo. Não há o *Sanctus*, mas há a *epiclese*.[64]

É de notar que Hipólito afirma a continuação desta Oração, que o presidente não pode mudar o conteúdo da oração, embora possa fazer modificações nas palavras. Já as traduções que se fizeram no Oriente não permitem nenhuma mudança, nem no conteúdo nem na forma... o que significa que a liturgia já estava fixada àquela época.

Segunda parte

A segunda parte dá norma para os leigos. Legisla-se sobre os recém-convertidos, sobre as artes e as profissões proibidas aos cristãos, os catecúmenos, o Batismo, a confirmação e a primeira comunhão. A descrição do Batismo contida na Tradição é de inestimável valor, pois contém o primeiro Símbolo romano.

Inclui a renúncia a Satanás, a unção com o óleo de exorcismo e, em seguida, o Batismo pelo diácono que dirá, impondo-lhe as mãos sobre ele: "Crês em Deus Pai todo-poderoso?". E aquele que é batizado responda: "Creio". Imediatamente, com a mão pousada sobre a sua cabeça, batize-o uma vez, dizendo a seguir: "Crês em Jesus Cristo, Filho de Deus, nascido do Espírito Santo e da Virgem Maria, que foi crucificado sob Pôncio Pilatos, morrendo e sendo sepultado e, vivo, ressurgiu dos mortos no terceiro dia, subindo aos céus e sentando-se à direita do Pai, donde julgará os vivos e os mortos?". Quando responder: "Creio", será batizado pela segunda vez. E dirá mais uma vez: "Crês no Espírito Santo, na Santa Igreja e na ressurreição da carne?". Responderá o

---

[63] Hipólito de Roma, *Tradição Apostólica* 2,2. Ele não punha em dúvida o poder de perdoar os pecados, embora tenha se oposto a Calisto, quando este abranda a praxe eclesial nesse sentido.

[64] Hipólito de Roma, *Tradição Apostólica* 2,3.

que está sendo batizado: "Creio", e será batizado pela terceira vez. Depois de subir da água, será ungido com o óleo santificado pelo presbítero, que dirá: "Unjo-te com o óleo santo em nome de Jesus Cristo".[65]

Ao realizar a confirmação, com um ato nitidamente distinto do Batismo, o bispo, impondo a mão, reza uma oração. Após isto, derramará o óleo santo nas mãos e dirá, colocando as mãos sobre a sua cabeça: "Eu te unjo com o óleo santo, no Senhor Pai todo-poderoso e em Jesus Cristo e no Espírito Santo". Marcando-o na fronte com o sinal da cruz, oferecer-lhe-á o ósculo, dizendo: "O Senhor esteja contigo". O que foi marcado responderá: "E com o teu Espírito".[66]

Após a confirmação encontramos o rito da primeira Eucaristia ou missa pascal, com ritos e cerimônias próprios. Os diáconos apresentam ao bispo o pão juntamente com três cálices. O primeiro contém água com vinho; o segundo, uma mistura de leite e mel, e o terceiro, somente água.

No momento da comunhão, os recém-batizados recebem primeiro o Pão Eucarístico. Imediatamente a seguir, são apresentados a ele os três cálices: primeiro o cálice com água, que representa a purificação interior que aconteceu no Batismo; a seguir o cálice com a mistura de leite e mel (recordando a plenitude da terra prometida), e por fim o cálice com o vinho consagrado.[67]

Terceira parte

A terceira parte da *Tradição apostólica* trata de vários costumes cristãos. Assim se fala da Eucaristia dominical. Há indicações para o jejum, para o ágape e para a cerimônia da bênção dos lucernários, isto é, a luz da noite. Faz-se menção de oração constante, o ágape que deve distinguir a Eucaristia (a missa, a ceia) da eulogia, isto é, a refeição santa dos cristãos. Há ainda normas para o enterro, a oração da manhã e a instrução do catecismo. Fala-se da leitura espiritual, da oração e da santificação.

O epílogo é significativo e dá razão ao título da obra: "Se estes ensinamentos forem recebidos com gratidão e fé ortodoxa, permitirão a edificação da Igreja e a vida eterna àqueles que crerem".[68]

---

[65] Idem 3,5. A administração do sacramento é repartida entre as três perguntas feitas ao candidato, submergindo-o na água a cada resposta que der. Não há indicação de uma fórmula especial para o Batismo. Este costume encontra-se em Tertuliano (*De Baptismo* 2,1; *De Corona* 3), em Ambrósio de Milão (*De Sacramentis* II 7,20). A Igreja de Roma a conservou por longo tempo, pois a encontramos no *Sacramentário Gelasiano*, do V século.

[66] Idem 3,6.

[67] Idem 3,7.

[68] Idem 5.

2.2.3 Obras perdidas

Muitas das obras desse escritor fecundo se perderam. É bom, contudo, elencá-las aqui. A primeira é *Sobre o universo, contra os gregos e Platão*. A existência deste escrito é documentada pela *Philosophumena*,[69] pela lista da Estátua, por Jerônimo[70] e por Fócio,[71] que faz uma apresentação sucinta da obra.

Perdeu-se, ainda, o tratado *Contra a heresia de Artemão*. Dela dá testemunho Eusébio.[72] Ele cita três passagens desta obra, sem, contudo, citar o autor. Há sérias discussões a favor ou contra a paternidade hipolitana da obra.

Jerônimo[73] afirma que Hipólito compôs uma obra *Sobre a Ressurreição*. Ela se encontra também na lista da Estátua, que chama a obra de tratado *Sobre Deus e a ressurreição da carne*. A obra seria uma série de respostas que o autor teria dado às interrogações da imperatriz Mamea sobre a doutrina da ressurreição.

Embora esteja na lista da Estátua, nada resta de uma *Exortação a Severina*. Não aparece na lista da Estátua, mas Eusébio[74] e Jerônimo[75] falam de uma obra *Contra Marcião*. Na lista da Estátua aparece uma obra com o título *Sobre o bem e a origem do mal*. Supõe-se ser a mesma obra, pois a doutrina de Marcião ocupava-se justamente com esses problemas. Dessa obra também nada resta.

A Estátua grava uma outra obra *Sobre o evangelho de João e o Apocalipse*, chamando-a *Apologia pro apocalypsi et evangelio Ioannis apostoli et evangelistae*. Era uma obra contra os *alogoi*, isto é, negadores da doutrina do Logos. Deles era chefe Gaio, que rechaçava o evangelho de João e o Apocalipse.

Ainda se cita um tratado especial de Hipólito *Contra Gaio*, fazendo a defesa do Apocalipse. Gaio negava algumas passagens do Apocalipse por razões escatológicas. Apoiando-se nas Sagradas Escrituras, Hipólito as afirma.

---

[69] 10,32.
[70] *Epistola* 70,4.
[71] *Bibliotheca*, cod. 48.
[72] Cf. *HE* V 28.
[73] Cf. *De viris illustribus* 61.
[74] Cf. *HE* VI 22.
[75] Cf. *De viris illustribus* 61.

3. UMA PEQUENA CONCLUSÃO

As obras de Irineu marcaram um momento fundamental na caminhada da Igreja dos primórdios. Ambos, Irineu e Hipólito, de modos diferenciados, deram razões concretas e intelectualmente pertinentes aos desafios que o paganismo e as heresias colocaram à nova manifestação da fé.

3.1 Uma leitura diferenciada

A leitura que fizemos de ambos os autores procurou ser coerente com a caminhada histórica dos estudos feitos até então. Não se pode deixar de aludir a novos cortes intelectuais e posturas críticas de pessoas cultas que se aproximam dos mesmos documentos. É o caso de um artigo publicado na internet.[76] O autor, a partir da *leitura isotópica*,[77] aplica ao primeiro livro de *Contra as Heresias* os conceitos de *magia* e de *estigmatização*.

3.2 O valor de Irineu de Lião

Na doutrina de Irineu a dignidade do homem, corpo e alma, está firmemente ancorada na criação divina, na imagem de Cristo e na obra permanente de santificação do Espírito. Esta doutrina é como uma "via mestra" para esclarecer juntamente com todas as pessoas de boa vontade o objeto e os confins do diálogo sobre os valores, e para dar impulso sempre renovado à ação missionária da Igreja, à força da verdade que é a fonte de todos os valores verdadeiros do mundo.[78]

---

[76] É a tese de mestrado de Márcio Gonçalves dos Santos: O processo de estigmatização dos gnósticos em *Contra as heresias* de Irineu de Lião, Dissertação (Mestrado em História) – Universidade Federal do Estado do Rio de Janeiro – UNIRIO, Centro de Ciências Humanas – Departamento de História, 2009. Disponível em: http://historiaunirio.com.br/ppg/c.php?c=dissertacoes – acessado em: 12.11.10 (o artigo está em PDF).

[77] O método da *leitura isotópica*, simplificando bastante, é feito em três passos: *primeiro* procede-se a um exame comparativo das partes de um texto para descobrir suas categorias sêmicas (de significação); *segundo*, isolam-se as que se repetem (que são as categorias isotópicas), e terceiro: distribuem-se estas partes pelos três níveis semânticos do discurso (figurativo, temático e axiológico). Aplicando o método da leitura isotópica, o autor usou os cortes da *magia* e da *estigmatização* para ler o primeiro livro do *Contra as Heresias*. O resultado merece ser conferido!

[78] Bento XVI, disponível em: http://www.veritatis.com.br/patristica/biografias/363-santo-Irineu-de-liao – acessado em: 08.11.10.

BIBLIOGRAFIA

HIPPOLYTE DE ROME, *La Tradition Apostolique d'après les anciennes versions*, introduction, traduction et notes par B. Bardy, SC 11, Les Éditions du Cerf, Paris 1946.

HIPPOLYTE DE ROME, *Commentaire sur Daniel*, trad. Maurice LEFÉVRE; intr. Gustave BARDY, SC 14, Les Éditions du Cerf, Paris 1947.

HIPPOLYTE DE ROME, *Homélies pascales*, tome I (Une homélie inspirée du traité sur la Pâque d'Hippolyte), texte traduit et annoté par Pierre NAUTIN, SC 27 Les *Éditions* du Cerf, Paris 1951 (réimpr. 2003).

HIPPOLYTE DE ROME, *Démonstration de la prédication évangélique*, 1ère, (Demonstratio). trad. P. Adelin ROUSSEAU, SC 406, Les *Éditions* du Cerf, Paris 1995.

IRÉNÉE DE LYON, *Contre les Hérésies* I, intr. et trad. par Louis DOUTRELEAU et Adelin ROUSSEAU, SC 263.264 1979 [*Adversus haereses I*; *CPG* 1306; *PG* 7,437-706].

IRÉNÉE DE LYON, *Contre les Hérésies* II, intr. et trad. par Louis DOUTRELEAU et Adelin ROUSSEAU, SC 293.264 1982 [*Adversus haereses II*; *CPG* 1306; *PG* 7,707-842].

IRÉNÉE DE LYON, *Contre les Hérésies* III, intr. et trad. par Louis DOUTRELEAU et Adelin ROUSSEAU, SC 34.220.211 1952.1974 [*Adversus haereses III*; *CPG* 1306; *PG* 7,843-972].

IRÉNÉE DE LYON, *Contre les Hérésies* IV, intr. et trad. par Louis DOUTRELEAU et Adelin ROUSSEAU, SC 34.220.211, 1952.1974 [*Adversus haereses IV*; *CPG* 1306; *PG* 7,973-1118].

IRÉNÉE DE LYON, *Contre les Hérésies* V, intr. et trad. par Louis DOUTRELEAU, Adelin ROUSSEAU et C. MERCIER, SC 152.153 1952.1969 [*Adversus haereses V*; *CPG* 1306; *PG* 7,1119-1224].

IRENÉE DE LYON, *Démonstration de la prédication évangélique*, 2ème, (Demonstratio). trad. du arménien de P. Léon Marie FROIDEVAUX, SC 62 Les *Éditions* du Cerf, Paris 1959.

IRINEU DE LIÃO, *Contra as Heresias* = Patrística 4, São Paulo, Paulus 1997.

TRADIÇÃO APOSTÓLICA de Hipólito de Roma = Fontes da Catequese 4, Petrópolis, Vozes 1971.

Os mestres latinos

Abordaremos, neste capítulo, dois tópicos que se integram: a Igreja "Latina" da África e a Igreja "Grega" de Roma que se latiniza. Dizendo em outras palavras, o latim passa a ser língua comum em Roma a partir do final do século III, enquanto na África o latim é língua comum já no século III. Eis a razão dessas duas partes da introdução.

1. A IGREJA DA ÁFRICA EM MEADOS DOS SÉCULOS II E III

"O cristianismo ocidental não nasceu na Europa, mas ao sul do Mediterrâneo."[1] A literatura cristã latina nasceu na África romana. Este dado é certo: as mais antigas obras da teologia cristã em latim provêm de Cartago. No norte do Mediterrâneo, nos séculos II e III escrevia-se em grego. É o caso de Clemente Romano e Justino, e mesmo Irineu de Lião e também Hipólito, contemporâneo de Tertuliano. Estes escritores antecederam, não muito, a Tertuliano, que escreveu em latim.

O primeiro escritor a usar o latim, além de Tertuliano, é Minúcio Félix, de quem falaremos a seguir. A Tertuliano se deve a formação do *corpus* cristão em latim, para desta forma chegar ao seu público africano.[2]

Também o africano Cipriano (†258) deixou sua obra em latim. Sua obra antecede, de mais de um século, às de Hilário de Poitiers (†367), de Ambrósio

---

[1] A expressão é de Claude Lepelley. Nascido em 1934, Lepelley é um historiador francês, especialista da Tardia Antiguidade e da África romana. Sua tese sobre *As cidades da África romana no Baixo Império*, defendida em 1977 sob a direção de Willian Seston, modificou profundamente nosso conhecimento do mundo urbano nos séculos III e IV: ao invés de declinar, as cidades da África conhecem certa prosperidade nesta época, confirma ele.

[2] Diz que a teologia deve a Tertuliano mais de mil palavras cristãs! Ao falar especificamente de Tertuliano, apresentaremos exemplos de sua contribuição.

de Milão (†397) e de Jerônimo (†420). Citamos ainda os teólogos seculares Arnóbio e Lactâncio (†325). Este ensinou latim na Nicomédia, Ásia Menor, considerado "o mais eloquente de seu tempo em língua latina". No Ocidente cristão, nesse tempo, não há nenhum escritor que utilize o latim. O primeiro será Hilário de Poitiers (†367).

Os começos da Igreja de África foram tardios, mas sua contribuição para a literatura e a teologia cristãs é maior que a de Roma... Esta, segundo a tradição, a evangelizou, embora não haja dados seguros a este respeito. Os cristãos do norte da África, contudo, voltaram seus olhares para Roma em busca de orientação e direção. Cartago, na antiguidade, ecoava toda a movimentação intelectual e espiritual que acontecia em Roma. Os autores africanos são testemunhas destas relações íntimas entre Roma e África. É quase certo que o Evangelho tenha sido pregado em grego no norte da África.

O Ocidente latino, repito, deve à África romana algumas de suas mais antigas traduções bíblicas.[3] É o caso da Vetus Latina, em mais de uma das suas versões e do livro dos Salmos. Africanos são também os primeiros relatos da paixão dos mártires. É o caso dos mártires de Sili, cuja localização ainda gera dúvidas na atualidade. Esses documentos, considerados os mais antigos em seu gênero literário, servirão de modelo para os trabalhos seguintes no Ocidente. O mesmo vale para as biografias dos santos. Esse gênero nasceu na África e teve grande expansão na Igreja. Inaugurou-o o diácono Pôncio na vida de Cipriano. É também conhecida a vida de Santo Agostinho, escrita por Possídio de Cálama (atual Guelma, na Argélia) e a de Fulgêncio de Ruspe (†527; hoje na atual Tunísia), escrita pelo seu antigo diácono, Ferrando.

2. A IGREJA DE ROMA NESSE MESMO PERÍODO

Quando o cristianismo começou, oficialmente, em Roma, ela era uma cidade habitada por um grande grupo de estrangeiros, máxime orientais. Grande parcela deles era formada por judeus. No final do primeiro século, à época da Carta de Clemente aos Coríntios, Juvenal se lamentava de que Roma tinha se tornado uma cidade grega.

---

[3] "Quando essa necessidade começou a ser sentida – [a tradução da Bíblia] seguramente a partir de meados do século II, na África romana –, a Bíblia foi traduzida do grego para o latim. [...] Até prova em contrário, sou mais pela origem africana [das traduções] que pela origem romana ou italiana" (Bogaert, Pierre Maurice, *La Bible latine des origines au Moyen-Âge*, in: *Revue Theologique de Louvain*, 19 [1988], p. 137).

Era uma invasão de orientais, vindos de todas as partes, com todos os meios, intrigantes e que conseguiam galgar postos eminentes. "Os romanos deram a paz ao mundo e nós utilizamos desta paz para irmos onde queremos, seja por terra, seja por mar".[4] De Esmirna ele foi para Lião. Lá Irineu encontrou um grupo numeroso de orientais. De toda aquela região ele se tornou apóstolo. Em seu tempo falavam-se três línguas em Lião. Os autóctones falavam o céltico. As pessoas cultas e os empregados do estado falavam o latim. Os comerciantes provenientes do Oriente falavam o grego e tinham seus bairros reservados.

Alexandre, conquistando o Oriente, impusera o grego como língua comum a todo o Oriente. No século I o grego se torna também uma língua mediterrânea falada na Itália, na Espanha, na Gália e na África. Na época de Cícero, contudo, o grego era apanágio das classes altas que podiam enviar seus filhos para estudar em Atenas. Eles retornavam lendo e escrevendo em grego. A crescente migração de orientais de baixa condição torna comum o grego também para o povo simples.

Foi neste ambiente de orientais e judeus que o cristianismo fez o seu ingresso em Roma. O grego é a língua da comunicação normal dos cristãos e a língua na qual celebram os seus ritos.

É na metade do século II, quando o *Pastor de Hermas* é composto, que o latim começa a suplantar o grego no uso ordinário. Sente-se, mesmo, a necessidade de se traduzir a Bíblia para o uso comum das comunidades.[5] Também os documentos oficiais da Igreja começam a ser redigidos em latim. O grego, contudo, resiste até o pontificado do Papa Dâmaso (366-384), que estabelece o latim como língua da Igreja (382). Roma, contudo, dado o regime de perseguições e martírio, não contribuiu eficazmente no campo da produção teológica. Nela também não nasceu uma Escola teológica, como a de Alexandria. "Se, a partir do século II, se pode falar de uma teologia ocidental, ela era a comum da Igreja e se exprimia em grego: os seus mestres mais famosos serão Irineu e Hipólito. Irineu imprimira a esta teologia o caráter de ciência eminentemente tradicional. Tertuliano fornecerá [à teologia] uma língua, uma terminologia técnica e as primeiras fórmulas doutrinais precisas. Dependendo dele e na trilha da sua tradição, alguns decênios mais tarde, o primeiro teólogo de

---

[4] Cf. *Contra as Heresias* IV 30.3.
[5] É a versão chamada de *Itálica*; na verdade não é uma única versão, mas um conjunto de versões anteriores a S. Jerônimo. Desta época são também as traduções latinas da Carta de Clemente, do Pastor de Hermas e da Carta de Barnabé.

Roma, Novaciano, acrescentará uma notável contribuição à terminologia e à formulação do dogma, especialmente trinitário. Pelos méritos dos fundadores da teologia ocidental, o Ocidente terá a sua teologia, que é a latina. Os outros mestres do Ocidente serão Minúcio, Cipriano, Arnóbio e Lactâncio."[6]

3. OS TEÓLOGOS DESSE TEMPO

Neste capítulo haveremos de abordar dados sobre a vida e a teologia de Minúcio Félix, Cipriano, Arnóbio, Lactâncio e Tertuliano. Dada a importância deste último para a história da teologia ocidental, buscaremos aprofundá-lo um pouco mais.

3.1 Minúcio Félix[7]

Pouco se sabe da vida de Minúcio Félix. Possuímos a seu respeito as afirmações de Lactâncio e Jerônimo. Lactâncio traz a seguinte informação: "Entre os defensores de nossa fé que conheço, Minúcio Félix ocupa um lugar muito distinto no foro. Seu livro intitulado *Otávio* demonstra que ele seria um campeão excelente da verdade se tivesse se dedicado inteiramente a esta classe de estudo".[8] Jerônimo fala de Minúcio em várias ocasiões. Numa delas afirma: "Minúcio Félix, advogado distinto de Roma, escreveu um diálogo no qual narra uma disputa entre um cristão e uma pessoa ilustre. O diálogo intitula-se *Otávio*".[9] Esta obra, composta provavelmente em 197, é a única apologia no tempo das perseguições.

Convertido ao cristianismo, Minúcio ataca duramente os filósofos gregos, máxime Sócrates e os acadêmicos. Ele tem, contudo, em elevada consideração a Cícero, que reputa seu modelo. Foi ainda influenciado por Sêneca, além de outros autores em menor escala. Sua apologia foi a melhor escrita dentre as que hoje se conhecem. Ela se caracteriza por uma linguagem elegante, uma exposição serena da fé e um pensamento claro.

---

[6] Bosio, G., I 288-289. Ulteriores informações sobre o nascimento da teologia ocidental você poderá obter em B. Altaner-A. Stuiber, *Patrologia* 153; Fernando Figueiredo, *Curso de Teologia Patrística* II 43-48.

[7] Seguimos de perto: Johan Quasten. Disponível em: http://www.conoze.com/doc.php?doc=5436 – acessado em: 15.11.10.

[8] Lactâncio, *De Divinis institutionibus* V 1,21.

[9] Jerônimo, *De viris illustribus* 58.

3.1.1 O Otávio[10]

a) Generalidades sobre a obra

A primeira particularidade dessa apologia é o fato de ser a única escrita em latim. Quase toda ela se restringe ao diálogo que sustentam, na presença de Minúcio, dois amigos seus: o pagão Cecílio e o cristão Otávio. Ela é contemporânea de obras de Tertuliano, como o *Apologeticum* e o *Ad Nationes*, dadas as analogias existentes.[11]

A obra teria sido escrita em memória de Otávio, já morto. Com efeito, o autor começa recordando a íntima amizade que os unira. Tinham um só pensamento e um só coração, pois tinham abraçado a fé na mesma época.

O *Otávio* é uma deliciosa defesa do cristianismo e foi sempre admirada por sua nobreza e elegância. O autor demonstra uma notável imparcialidade para com os pontos de vista pagãos. Defende o cristianismo com diálogos semelhantes aos de Cícero em sua forma literária. Não se pode concluir daí que os personagens do *Otávio* sejam fictícios.[12]

Mesmo refutando as calúnias contra os cristãos, o autor procura evitar tudo o que possa parecer ofensivo. O diálogo é realizado em nível elevado, com apresentação agradável. A matéria é bem distribuída, sem digressões. Estas qualidades fazem de *Otávio* a mais bela apologia da Igreja primitiva. Renan afirma que se trata da "pérola da literatura apologética".

b) A razão da apologia

A cena do diálogo é Óstia, porto marítimo nas cercanias de Roma. É lugar escolhido para o descanso dos romanos. Marco Minúcio Félix, o cristão Otávio e o pagão Cecílio tomam parte nele. Otávio, advogado como Minúcio,

---

[10] Minucius Felix, *Octavius*, CPL 37; PL 3,231(240) [Bibliotheca scriptorum graecorum et romanorum Teubneriana éd. B. Kytzler (ed.) 1998]. Em português, a referência mais significativa que se encontrou é a dissertação de mestrado de Manuel Naia da Silva, *Minúcio Félix, Octávio*, Introdução, tradução e comentário, (Dissertação de Mestrado) = Col. Biblioteca Euphrosyne 7, Lisboa, INIC, 1990. Há também a tese de Cescon, Argentino, *Filosofia e arte literária no Otavio de Marco Minúcio Félix*, São Paulo, s.c.p., 2v., 1990.

[11] O *Apoleticum* de Tertuliano foi escrito por volta de 197. As analogias com as obras de Tertuliano estão longe de ser resolvidas. Jerônimo dá prioridade a Tertuliano (cf. *De viris illustribus* 53.58).

[12] Minucius Felix, *Octavius*, in CPL 37; PL 3,231 [Bibliotheca scriptorum graecorum et romanorum Teubneriana éd. B. Kytzler]

viera da África para visitá-lo.[13] Cecílio parece ser natural de Cirta da Numídia, também na África.[14]

A razão para a Apologia brota da reação que Otávio tem ao fato de Cecílio ter lançado um beijo com a mão para a estátua de Serápis.[15] Era o costume dos pagãos. Otávio não se contém e comenta: "Na verdade, diz ele a Minúcio, não é justo deixar que um homem que te aprecia permaneça abandonado às aberrações de uma ignorância vulgar e dirija homenagens às pedras em um dia como esse. Tu te fazes responsável como ele por esse erro vergonhoso".[16] Cecílio e Minúcio ficaram envergonhados pelo incidente. Chegados ao final do cais, começa entre eles uma discussão em forma de debate. Cecílio atua como fiscal. Otávio assume a defesa e Minúcio age como árbitro.

c) Fontes da Apologia

O *Otávio* é devedor de uma série de fontes, sejam as pagãs, sejam as cristãs. Entre as primeiras citamos Cícero.[17] São de Cícero ainda a utilização do *De divinatione* e *De Republica*. É devedor ainda de Sêneca, através de quem tomou vários pontos da ética estoica. Cita várias vezes Platão, Homero, Xenofonte, Floro, Horácio, Juvenal, Lucrécio, Marcial, Ovídio, Salústio, Tíbulo e Virgílio.

O *Otávio* deixa entrever numerosas analogias com os primeiros apologistas, tais como Justino, Taciano, Atenágoras e Teófilo. Estas semelhanças não podem, contudo, ser classificadas de dependência no sentido verdadeiro da palavra.

---

[13] Entre Otávio e Minúcio Félix há uma profunda amizade. Na abertura da apologia, encontramos: "Nos passatempos e nos assuntos mais sérios conservávamos uma perfeita harmonia, uma idêntica vontade. Dizia-se que tínhamos um só coração e uma só alma dividida entre os dois. Ele foi confidente de meus amores, colega em meus extravios religiosos e, sobretudo, quando, dissipada a cegueira, eu nascia do abismo das trevas à luz da verdadeira sabedoria. Então eu o escolhi como companheiro e, o que é mais glorioso, ele me precedeu nessa empresa. Ao recordar esse tempo de nossa vida comum e de nossa familiaridade, ela começa em um grave raciocínio com o qual Cecílio foi retirado de suas vãs superstições e chegou à verdadeira razão" (*Otávio* 1; apud Johan Quasten. Disponível em: http://www.conoze.com/doc.php?doc=5436 – acessado em: 15.11.10).

[14] Cecílio fala de Frontão de Cirta como seu concidadão...

[15] *Serápis* foi uma divindade sincrética helenístico-egípcia da Antiguidade clássica. Seu templo mais célebre encontrava-se em Alexandria, no Egito. O culto foi introduzido no século IV a.C., visando unir as religiões do Egito e da Grécia. É um deus masculino universal. Serápis é representado com o aspecto de um homem de idade madura e semblante grave, usando barba e cabelos longos. O seu atributo é a corbelha sagrada dos mistérios, símbolo da abundância, juntamente com a serpente de Asclépio, que fazia dele um deus curandeiro.

[16] Cf. *Otávio* 1-4.

[17] O *De natura deorum* parece ter-lhe dado a trama da apologia. A passagem 1,25-42 aparece ao pé da letra em Otávio 9.

O *Otávio* não cita uma só passagem da Escritura. A ausência se deve ao fato de Otávio dirigir-se a pagãos cultos, para os quais a Escritura não teria nenhum valor de prova. Esta mesma razão pode explicar a ausência dos dados da verdade revelada. A doutrina sobre Deus é a da filosofia estoica. A filosofia do autor gira ao redor do monoteísmo e da imortalidade da alma. Para Minúcio, *o cristianismo é uma moral prática.*

3.1.2 Conclusão, que é também juízo crítico

A apologia de Minúcio Félix deve ser considerada uma obra de primeira ordem. Nem tanto por sua originalidade, e sim pela perfeição de exposição e desenvolvimento do pensamento. Segue os cânones do mais puro método clássico, com um estilo puro e uma linguagem harmônica.

Contudo, se vista com rigor dogmático e escriturístico, a Apologia dá a sensação de conter lacunas. Com efeito, o cristianismo parece estar reduzido a uma filosofia e a Escritura está totalmente ausente.

Explicando o cristianismo como uma filosofia, Minúcio quer ver o cristianismo elevar-se, superior por sua beleza, por sua sinceridade e universalidade. Destarte a filosofia cristã de Minúcio se converte em uma autêntica propedêutica para a fé.

3.2 Cipriano de Cartago

3.2.1 Introdução

A Igreja de Cartago, nos primeiros séculos da história eclesiástica, deu um grande testemunho de fidelidade, de santidade e de martírio. Grandes personalidades a animaram e aprofundaram o seu sentido de ser Igreja. Entre a segunda parte do século segundo e a metade do terceiro, dois grandes teólogos viveram no seio dessa Igreja: Tertuliano e Cipriano. São personalidades totalmente distintas. Tertuliano era "intemperante" em seus arroubos e dominador em suas ideias. Já Cipriano demonstrou possuir aqueles dons do coração que estão sempre unidos com a caridade, a amabilidade, a prudência e o espírito de conciliação.

Como teólogo, Cipriano depende de Tertuliano, admitindo sua superioridade intelectual.[18] É deste pastor que buscaremos conhecer a vida, as obras e as principais ideias teológicas.

3.2.2 Vida

Temos muitos dados para traçar a vida de Cipriano. As mais importantes e fidedignas são seus próprios tratados e sua copiosa correspondência. Sua prisão e martírio são transcritos pelas *Acta proconsularia Cypriani*, baseada em documentos oficiais. Há, ainda, uma *Vita Cypriani*, escrita por seu diácono Pôncio. Feita para a edificação, com estilo de panegírico,[19] ela carece de valor histórico.

Jerônimo escreve:[20] "Cipriano da África foi um famoso professor de retórica. Posteriormente, persuadido pelo presbítero Caecilius, de quem recebeu o sobrenome, tornou-se cristão. Deu todos os seus bens aos pobres. Não muito tempo depois, foi feito presbítero e bispo de Cartago. É desnecessário fazer um catálogo das obras de seu gênio, já que são mais evidentes que o sol. Foi condenado à morte sob os imperadores Valeriano e Galieno, na oitava perseguição, no mesmo dia em que Cornélio foi condenado à morte em Roma, mas não no mesmo ano".

Cecílio Cipriano, chamado também Táscio, passou para a história não somente como santo, mas também como excelente orador. Nasceu entre os anos 200 e 210, na África, provavelmente em Cartago, no seio de uma família pagã, rica e extremamente culta.

Como advogado tinha grande prestígio em Cartago, pois era hábil retórico e mestre de eloquência. Sua alma, contudo, buscava algo mais elevado, pois vivia desgostoso da vida pública e privada dos cartagineses, bem como da corrupção do governo. Foi quando apareceu em sua vida o presbítero Cecílio que o conduziu a converter-se.

Pouco depois, como aconteceu a outros Padres posteriores a ele, tais como Ambrósio e Agostinho, entre outros, foi feito presbítero e bispo de Cartago

---

[18] Em *De viris illustribus* 53 Jerônimo afirma: "Cipriano já estava em idade avançada. Seu secretário afirma que tinha visto como Cipriano estava acostumado a nunca passar um dia sem ler Tertuliano. Frequentemente ele lhe pediu: 'Dá-me o mestre', significando com essas palavras Tertuliano".

[19] Pôncio, cheio de admiração, exclama: "que este incomparável e sublime exemplo passe à posteridade como memorial perene"...

[20] *De viris illustribus* 67.

em 248. Foi aclamado pelo povo, embora tivesse tido a oposição de alguns presbíteros mais antigos, entre os quais Novato.

Após um ano de ação apostólica à frente de sua Igreja, em 250, explode a perseguição de Décio. Esta perseguição afetava a todos os súditos do império, obrigando-os a sacrificar aos deuses.

Cipriano preferiu esconder-se e continuar mantendo contato com sua Igreja e seu clero.[21] Mas nem todos aprovaram seu escondimento. Após o martírio do Papa Fabiano em Roma, os presbíteros e diáconos que ficaram à frente da Igreja mandaram uma comunicação do martírio. Junto com ela, manifestaram sua surpresa pela fuga do bispo de Cartago. Cipriano envia imediatamente um relatório de suas atividades: "Achei necessário escrever-vos esta carta para dar conta de minha conduta, de minha conformidade com a disciplina e com o meu zelo. Assim que estalou o primeiro distúrbio, o povo pedia minha presença com muitos gritos e insistência. Então, segundo os ensinamentos do Salvador, preocupado com a paz de toda a comunidade, mais que com minha segurança, no momento, resolvi fugir, a fim de evitar que minha presença imprudente servisse de incentivo ao motim que tinha sido armado. Porém, ainda que ausente no corpo, estive presente em espírito, e com minhas ações e conselhos, conforme podiam minhas pobres forças, busquei dirigir meus irmãos segundo os preceitos do Senhor".[22]

Em 258, o bispo foi denunciado, preso e processado. Temos as *Acta* do processo de seu martírio que relatam suas últimas palavras ao saber de sua sentença à morte.

---

[21] As cartas de Cipriano estão publicadas. Numa delas, ele manifestava sua profunda preocupação com a sua Igreja. "Cipriano aos presbíteros e diáconos, seus irmãos caríssimos, saudações. Saúdo-os, caríssimos irmãos, encontrando-me bem pela bondade de Deus e desejando, em seguida, ir vê-los, a fim de dar satisfação a meu desejo, que é o vosso e o de todos os irmãos... A melhor ação é velar pela paz comum e, mesmo com pesar, sentir que estou ausente... para que nossa presença não provoque a animosidade e as violências dos gentios e não me torne responsável pela perda da paz, uma vez que temos que almejar a tranquilidade de todos. Destarte, quando me escreveis que tudo está em paz e que já posso retornar ... para juntar-me a vós. Pois, onde estarei melhor ou mais satisfeito do que no lugar onde Deus quis conceder-me a fé e o crescimento? Peço-vos que tenhais extrema solicitude com todas as viúvas, com os enfermos e com todos os necessitados. Também para com os forasteiros, se forem necessitados, podem utilizar de um pecúlio que deixei com Rogaciano, nosso presbítero. E se este fundo já tiver sido distribuído, eu mandei ao mesmo Rogaciano outra soma por meio do acólito Narico, com a finalidade de fazer a distribuição com toda larguza e prontidão. Desejo-vos, irmãos caríssimos, constante e grande saúde" (*Carta 7*, ML 36; BAC 241, 383-384; disponível em: http://www.ecclesia.com.br/biblioteca/pais_da_igreja/s_cipriano_cartas.html – acessado em: 19.11.10).

[22] Cipriano, *Carta 20*; apud Quasten, Johnnes. Disponível em: http://www.holytrinitymission.org/books/spanish/patrologia_j_quasten_1.htm#_Toc23391237 -acessado em: 19.11.10.

a) A situação dos "lapsi" em geral

Na carta que escreveu à comunidade de Roma, Cipriano incluiu as cópias de outras treze que havia escrito ao clero, confessores e comunidades, a fim de demonstrar que não tinha abandonado seus deveres de pastor.

Contudo, a dificuldade da comunidade era muito concreta. No Edito de 250-251, Décio dispôs que cada cristão teria que realizar um ato de *idolatria*. As penas para quem ousasse recusar cumprir a ordem imperial eram severíssimas. Os funcionários imperiais deviam procurar os cristãos, obrigá-los a sacrificar e perseguir com a máxima severidade os recalcitrantes.

Para a Igreja, as consequências deste primeiro edito de perseguição geral foram terríveis. Durante o longo período de paz anterior, muitos cristãos tinham relaxado sua disciplina e adquirido um espírito de mundanidade. Apenas saído o edito, muitos cristãos, inclusive membros do clero, apressaram-se a ir aos altares para sacrificar aos ídolos. O testemunho mais precioso deste período são as obras de Cipriano e sua correspondência.[23]

Os cristãos que recaíram no paganismo, sacrificando aos ídolos, receberam o nome de *lapsi*. Estes não só renegavam a sua fé, mas sacrificavam às divindades pagãs. Na maioria dos casos, o temor das severas punições (exílio, trabalhos forçados ou mortes) conduzia à apostasia. Destarte, conseguiam conservar a sua propriedade, a sua fé e a própria vida.

A reconciliação dos que tinham negado a fé cristã durante as perseguições provocou vivas desavenças. Estas, por fim, desembocaram em um cisma.

A obrigação de confessar a fé em todas as circunstâncias e evitar todo ato de abjuração tinha sido solidamente estabelecida pelo período apostólico (cf. 1Pd 1,6-7; 4,16-17). Já no século II, na carta que escrevera a Trajano, afirmara que os cristãos jamais ofereceriam sacrifícios às divindades pagãs, pois não blasfemariam contra Cristo. A verdade, contudo, é que esta situação já começava a mudar no século II, conforme testemunhava o Pastor de Hermas.[24]

Era um princípio afirmado na Igreja do século II e início do século III que um apóstata, mesmo se fizesse a devida penitência, não podia ser reintegrado na comunidade cristã ou admitido à Eucaristia. A apostasia era um dos *três pecados mortais* que impunham a exclusão da Igreja. Já em meados do século III

---

[23] No ponto a seguir, haveremos de tratar das duas obras fundamentais a este respeito: *De catholicae ecclesiae unitate* e *De lapsis*.

[24] Já no *Martírio de Policarpo* e na narração dos *Mártires de Lião* (177) se fala de cristãos que prevaricam (cf. *HE* V 2).

essa doutrina era discutida. Aconteceram muitas disputas no interior da Igreja dando origem a um posterior desenvolvimento da disciplina penitencial da Igreja.[25]

A questão dos *lapsi* originou uma classificação significativa dentro da Igreja. Assim temos:
- os *turificati*: cristãos que queimavam incenso às divindades;
- os *sacrificati*, isto é, pessoas que ofereciam sacrifícios aos deuses;
- os *libellatici*, pessoas que conseguiam documentos falsos, provando o sacrifício feito às divindades;
- os *traditores*: designação utilizada para bispos e presbíteros que haviam entregue as Sagradas Escrituras às autoridades romanas.[26]

Os cristãos que estavam dentro de um dos grupos acima nomeados recebiam um certificado de seu ato (*libellum tradere*). Tal certificado era apresentado às autoridades e recebiam um documento (*libellum accipere*).

O nome dos cristãos que tinham manifestado sua apostasia era escrito em listas próprias para isto. Destarte, sentiam-se seguros contra novas inquisições e perseguições. É preciso que se diga: a maioria dos *lapsi* obedecera ao Edito de Décio por fraqueza. No fundo, eles desejavam continuar vivendo sua vida cristã, assistindo ao culto e sendo admitidos novamente à comunhão da Igreja.

b) A Igreja de Cartago e os *lapsi*

É aqui que entra a relação de Cipriano com os *lapsi*. Em Cartago, eles conseguiram pôr ao seu lado alguns cristãos que tinham permanecido fiéis mesmo após as torturas e prisões. Estes confessores enviaram ao bispo cartas de recomendação em nome de todos os mártires, inclusive dos que tinham sido mortos (os *libella pacis*). Mediante estas cartas, os *lapsi* queriam reentrar imediatamente na Igreja... Muitos deles foram mesmos reassumidos pelo clero hostil a Cipriano. Com efeito, Cipriano tinha contra ele cinco presbíteros que haviam votado negativamente em sua eleição episcopal. A situação vai se complicar quando Cipriano, retornando à sua sede, excomunga dois presbíteros.

A dificuldade com os *lapsi* não cessam. Os inimigos de Cipriano procuram um apoio em Roma para prejudicá-lo. Com efeito, ele dera como orientação que nenhuma absolvição fosse concedida aos *lapsi* enquanto não cessassem as perseguições. A única exceção para serem admitidos à Eucaristia era uma

---

[25] Na perseguição de Décio a questão dos *lapsos* ocasiona um cisma, conforme se verá.
[26] O termo deriva da raiz latina *tradere* que significa *entregar*.

doença grave ou o perigo de morte. De outra parte, Roma estabeleceu o princípio de que os apóstatas não deviam ser perdoados de imediato, e sim exortados a fazer penitência. Em caso de serem novamente chamados pelas autoridades pagãs, poderiam descontar a pena de apostasia confessando firmemente a fé. A comunhão não devia ser negada a quem se encontrasse gravemente doente ou que desejasse fazer penitência para superar a apostasia.

Em 251 Cipriano retorna a Cartago. Encontra a sua Igreja em uma situação crítica. Tem problemas com os seus presbíteros, entre eles Novato que fora a Roma apoiar o grupo de Novaciano contra o novo Papa Cornélio. Outro presbítero que era contra ele, Felicíssimo, foi excomungado, bem como os seus seguidores.

Cipriano trabalha denodadamente. Publicou cartas pastorais: o *De lapsis*, buscando trabalhar a situação dos apóstatas, e o *De unitate ecclesiae*, sobre o cisma de sua Igreja. Em maio de 251 congrega um sínodo que confirma as suas atitudes pastorais, aprovando a excomunhão dos que agiam contra a unidade da Igreja. O Sínodo decidiu que todos os *lapsi*, sem distinção, fossem admitidos à penitência e reconciliados ao menos na hora da morte. A duração da expiação variaria conforme a gravidade do caso.

Neste mesmo ano Cartago foi afligida por uma peste devastadora. Cipriano, e com ele a sua Igreja, deveu sofrer mais ainda, pois as autoridades acusavam os cristãos de serem os responsáveis pela calamidade, devida à indignação dos deuses... O zelo manifestado por Cipriano no cuidado dos enfermos e a ajuda caritativa a todos os afligidos contribuíram para acalmar a exasperação dos pagãos.

c) A diatribe com Roma[27]

A situação dos *lapsi* criou problemas *ad extra* para a Igreja de Cartago. O nó da questão foi a exigência da Igreja de Cartago de batizar de novo os apóstatas e aqueles que procuravam a comunidade católica após terem recebido o Batismo administrado pelos hereges (o caso do *rebatismo*).[28] Cipriano é claro:

---

[27] Esta situação de conflito com a sede de Roma foi estudada por Mac Gaw, Carlos O. Garcia, La epístola 59 de Cipriano y el conflicto entre las sedes de Roma y Cartago. *Gerión. Revista de Historia Antigua*, vol. 17 (1999). Disponível em: http://revistas.ucm.es/ghi/02130181/articulos/GERI9999110479A.PDF – acessado em: 20.11.10.

[28] Esta questão é séria para as Igrejas do Norte da África e suas posições eram diferentes e até mesmo antagônicas com a Igreja de Roma, cuja missão de capitalidade reconheciam. Tertuliano, em seu tempo, já afirmava que os hereges não têm o mesmo Deus nem o mesmo Cristo como os católicos. Consequentemente o seu Batismo é nulo. A Igreja da África adotou este ponto de vista em um Concílio celebrado

"Enquanto não pode haver senão um Batismo, eles pensam que podem batizar. Abandonaram a fonte da vida e ainda prometem a graça da água que dá a vida e a salvação. Lá os homens não são purificados, mas, ao contrário, mais poluídos. Lá os pecados não são perdoados, mas, antes, aumentados. Aquele nascimento não gera filhos para Deus, mas para[29] o demônio".[30] A ação pastoral de Cipriano é passada a outros bispos que o consultam. Esta opinião é mantida pelo Sínodo de Cartago na primavera de 255.[31]

Contudo, apesar da firmeza de Cipriano, os bispos da Mauritânia não seguiam o costume da África Proconsular e da Numídia. Por esta razão, os bispos destas Igrejas receberam uma carta aprovando sua adesão ao costume Romano.

Consultado pelo bispo Quinto, da Numídia, Cipriano enviou-lhe a carta 70, respondendo suas perguntas na carta 71. No ano de 256 celebrou-se o Concílio de Cartago, reunindo sessenta e um bispos. Eles assinaram uma carta conciliar, dando ao papa explicações das razões pelas quais exigiam o rebatismo. Afirmavam, outrossim, que esta era uma questão pela qual os bispos tinham liberdade para deferir... Contudo, este não era o parecer de Estêvão. Com efeito, um decreto seu afirmava, com categoria, que neste ponto não haveria inovação, isto é, nenhum novo Batismo. Ademais, continuava Estêvão, impor as mãos aos hereges em sinal de perdão, como faz a Igreja de Roma, deve ser seguido em todas as partes, sob pena de excomunhão. Tais orientações estavam contidas em uma carta dirigida aos bispos da África, contendo ainda censuras severas ao mesmo Cipriano.

Na carta LXXIII Cipriano se defende, afirmando estar protegendo a Igreja: "Por que é chamado de prevaricador da verdade, um traidor da verdade".[32]

Quando o bispo Pompeu lhe pede para ver uma cópia da versão de Estêvão, Cipriano escreve com violência: "À medida que leres, notarás seu erro mais e mais claramente; ao aprovar o Batismo de todas as heresias, ele

---

    por Agripino, predecessor de Cipriano em Cartago. Para se ter uma visão da frequência e regularidade dos Sínodos nas Igrejas da África, veja Sínodos Africanos (disponível em: http://ec.aciprensa.com/a/africasino.htm – acessado em: 22.11.10). Idêntico costume, isto é, o de rebatizar os hereges montanistas que retornavam à Igreja, era encontrado também nas Igrejas da Cilícia, Capadócia e Galácia.

[29] Rebatizar é a orientação dada por Cipriano ao bispo Magno sobre o Batismo dos Novacianos. Cf. *Epistula* 39.

[30] Cipriano, *A unidade da Igreja* XI 3; apud http://www.ecclesia.com.br/biblioteca/pais_da_igreja/s_cipriano_sobre_a_unidade.html – acessado em: 19.11.10.

[31] Cf. *Epistula* 70.

[32] *Epistula* LXXIII; o mesmo argumento encontra-se nas cartas LXX, LXXI e LXXII; ao destinatário Jubaíno envia também uma cópia de seu tratado mais recente: *De Bono Patientiae*.

acumulou em seu seio os pecados de todas elas; uma magnífica traição, com efeito. Que cegueira de mente, que depravação!" – "Inépcia", "cegueira" – tais são os adjetivos que saem da pena de alguém que declarou existir liberdade de opinião sobre este tema. Nesta mesma carta ele afirma que um bispo não pode ser rancoroso, mas dócil e mestre.

Cipriano procurou resolver a contenda num Concílio em setembro de 256.[33] Neste Concílio todos foram instados a dar a própria opinião.[34] Juntas, estas opiniões foram enviadas a Estêvão... Contudo, os mensageiros enviados a Roma não foram acolhidos por Estêvão, nem receberam acolhida de sua parte.

Após o retorno dos legados de Roma, Cipriano procurou apoio junto ao bispo de Cesareia da Capadócia, Firmiliano. A ele enviou o *De unitate* e a correspondência sobre a questão batismal.

Em meados de novembro recebeu a resposta de Firmiliano. O tom de sua resposta foi mais violento que o de Cipriano.

A questão só não foi adiante por que Estêvão foi martirizado em 257, quando explodiu a perseguição geral no império. Cipriano foi desterrado em Cúrubis no dia 30 de agosto de 257. Um ano mais tarde, foi decapitado não distante de Cartago. É o primeiro bispo africano mártir.

As visões teológicas de Estêvão e Cipriano, em matéria de Batismo, tinham diversos pontos de vista. Bem mais tarde, outro bispo africano dirimiria a situação. Com efeito, Agostinho irá ensinar que é Cristo o autor principal do Batismo: *Ipse est qui baptizat*, dirá ele. A validade do Batismo não se baseia na dignidade do ministro. Desde que o Batismo seja ministrado em nome da Trindade, ele jamais deve ser dado novamente. É certo que, na África, várias heresias não aceitavam o dogma da Trindade e, concomitantemente, não ministravam validamente o Batismo.

Este capítulo da vida da Igreja foi doloroso. Mais tarde Agostinho, Jerônimo e Vicente de Lérins elogiam a firmeza de Estêvão em sua posição. Contudo, as desafortunadas cartas de Cipriano converteram-se no principal apoio do puritanismo dos Donatistas.

Donatismo: heresia que se origina na África. Seu mentor foi Donato de Casa Nigra, bispo da Numídia e de Cartago. Baseado em Cipriano, Montano e Tertuliano, os donatistas eram rigorosos. Sustentavam que a Igreja não devia

---

[33] Neste Concílio não se menciona o nome de Estêvão, o que leva a supor que Cipriano não tenha recebido sua comunicação.

[34] Os atos desse concílio encontram-se na correspondência de Cipriano com o nome de *Sententiae Episcoporum*.

perdoar e admitir pecadores, e que os sacramentos, como o Batismo, administrados pelos *traditores* (cristãos que negaram sua fé durante a perseguição, e posteriormente foram perdoados e readmitidos na Igreja), eram inválidos.

3.2.3 Obras[35]

A obra de Cipriano é grande e foi ditada pela sua atividade pastoral. Sem a genialidade de Tertuliano, a quem considerava seu mestre, sua obra possui a profundidade do pastor atento às circunstâncias de sua vida pastoral.

Dividimos nossa explanação, principalmente, em escritos e cartas.

a) Escritos[36]

1º *Ad Donatum*[37]

A primeira obra que escreveu, Cipriano dedicou-a ao amigo *Donato*. Nela descreve as maravilhas da graça divina em sua conversão.

Cipriano redigiu este volume certamente após o seu Batismo, acontecido na noite pascal de 256. Com ele deseja, de um lado, justificar sua conversão e, do outro, convidar outras pessoas a darem o mesmo passo. Segundo ele, todo pecador deveria sentir em si renascer a esperança ao verificar o abismo do qual Cipriano foi retirado.

---

[35] Para o conhecimento das obras de Cipriano temos *três* antigos catálogos. O primeiro figura na *Vita de Poncio*. Este, no capítulo 7, descreve o conteúdo dos doze tratados, na mesma ordem em que aparecem nos códices mais antigos. O segundo foi publicado por Mommsen e o terceiro nos é dado por um sermão de Agostinho, *De Natale S. Cypriani*, editado por G. Morin. Na atualidade a edição mais antiga de todas as obras é Cyprianus, *Opera omnia*, ed. Wilhelm Hartel 1868/71, vol. 3/1-3; foi a primeira a ser publicada após a revolução nos métodos da crítica textual. É considerado fundador desse método o filólogo e crítico alemão, Karl Konrad Friedrich Wilhelm Lachmann, nascido em Brunswick (04.03.1793) e morto em Berlim (13.03.1951). Com efeito, Lachmann, estudando os princípios fonéticos e métricos da língua alemã, lançou as bases da moderna análise crítica de textos. Na atualidade, há os estudos da Brepols de Paris, que apresentamos. Cf. Cyprianus, Opera I: *Ad Quirinum, Ad Fortunatum, De Lapsis, De ecclesiae unitate*, R. Weber, M. Bevenot (eds.) = Corpus Christianorum Series Latina (CCSL 3), Brepols 1972; Cyprianus, Opera II: *Ad Donatum. De mortalitate. Ad Demetrianum. De opere et eleemosynis. De zelo et livore. De dominica oratione. De bono patientiae* M. Simonetti, C. Moreschini (eds.) = Corpus Christianorum Series Latina (CCSL 3A), Brepols 1976.

[36] Cf. Disponibilizado em http://www.holytrinitymission.org/books/spanish/patrologia_j_quasten_1.htm#_Toc23391237– acessado em: 28.10.10

[37] Cyprien de Carthage, *À Donat*, intr. et trad. de M. Jean Molager, SC 291, Paris, Les Éditions du Cerf 1982 [CPL 38; PL 4,192; CCL 3A, 3-13].

2º Sobre o vestido das virgens (De habitu virginum)[38]

A vida e a disciplina religiosa floresciam em Cartago. É quando Cipriano dedica esta obra às virgens. Escreveu-a, certamente, após sua consagração episcopal, em 249. Afirma ele que as virgens "são flor nascida da Igreja, beleza e esplendor da graça espiritual, alegria da natureza, obra perfeita e merecedora de toda a honra e louvor, imagem em que se reflete a santidade do Senhor, a mais ilustre porção do rebanho de Cristo. Compraz-se nelas a Igreja e nelas floresce exuberante a sua gloriosa fecundidade; de modo que, quanto mais aumenta o número de virgens, tanto mais cresce a alegria da mãe".[39]

O bispo dá orientações precisas. Elas devem vestir-se com modéstia e simplicidade, evitando adornos e os perigos do mundo que as rodeia. Exorta as virgens a perseverar no caminho que empreenderam, sabendo da grande recompensa que haverão de receber.[40] Sua principal fonte parece ser Tertuliano[41]

3º Sobre os Apóstatas (De lapsis)[42]

Voltando do desterro, em 251, Cipriano escreveu esse tratado. Não se pode conceder um perdão fácil aos apóstatas, pois isto impediria que fizessem a devida penitência. Todos devem fazer penitência, mesmo os que não mancharam suas mãos com os sacrifícios, mas compraram os certificados (os *libellatici*). Segundo Cipriano, estes mancharam a consciência. Seu tratado foi lido no concílio de Cartago e foi referência no trato com os *lapsi* em todo o norte da África.

4º A unidade da Igreja (De ecclesiae unitate)[43]

Obra mais significativa e completa de Cipriano, o *De unitate* foi feito tendo em conta o cisma de Novaciano e, em ponto menor, o de Felicíssimo de Cartago. Esta obra, Cipriano enviou-a aos confessores romanos quando apoiavam Novaciano contra o Papa Cornélio.

---

[38] Cyprianus, *De habitu virginum*, CPL 40; PL 4,440-464B [CSEL 3/1, 185-205 éd. G. Hartel].

[39] Cipriano, *De habitu virginum*, 3, in *PL* 4, 443. Disponível em: http://www.30giorni.it/br/articolo.asp?id=3917 – acessado em: 23.11.10.

[40] Agostinho teve tanta predileção por esse escrito que o apresentou para seus jovens oradores (cf. Agostinho, *De doctrina christiana* 4).

[41] Seu modelo é Tertuliano no *De cultu feminarum*.

[42] Cyprianus, *De lapsis*, CPL 42; PL 4,465-494B [CCL 3, 221-242 éd. M. Bévenot].

[43] Cyprien de Carthage, L'Unité de l'Église catholique [CPL 41], trad. de M. Michel Poirier, intr. de M. Paul Mattei, SC 500, Paris, Les Editions du Cerf 2006 [PL 4,493-520A; CCL 3, 249-268].Cf. Cipriano de Cartago, *A unidade da Igreja Católica* = Fontes da catequese 8, Petrópolis, Vozes, 1973. Encontra-se o texto disponível em: http://www.ecclesia.com.br/biblioteca/pais_da_igreja/s_cipriano_sobre_a_unidade.html – acessado em: 19.11.10.

Novaciano era um brilhante sacerdote da Igreja de Roma em meados do século III. Após a perseguição de Décio ele esperava ser bispo, mas Cornélio foi eleito bispo de Roma. Ele se faz eleger e consagrar por três bispos do sul da Itália e torna-se antipapa. Uma das razões do cisma criado por ele é a atitude da Igreja romana com relação aos que tinham prevaricado durante a perseguição. Novaciano não aceitava que fossem perdoados. Seu cisma é de linha dura com relação ao perdão e à penitência e vai durar até o século V. Exige o rebatismo daqueles que foram batizados pelos hereges e também dos que, da Igreja Católica, migram para a que ele fundou.

Na introdução, Cipriano afirma que os cismas e heresias são causados pelo diabo. Eles são mais perigosos que as perseguições, pois comprometem a unidade interna dos crentes, arruínam a fé e corrompem a verdade. Deve-se permanecer na Igreja Católica, pois esta é uma só e é a que foi edificada sobre Pedro.[44]

Não há salvação fora da Igreja: "Não pode ter a Deus por Pai quem não tem a Igreja como Mãe". Estar fora da Igreja é como, ao tempo de Noé, estar fora da Arca. Aqui, como lá, ninguém se salva. Ademais, não se pode ler erroneamente Mt 18,20... E Cipriano é taxativo: não pode ser mártir quem está fora da Igreja... o sangue não pode apagar a mancha do cisma e da heresia! Ninguém está totalmente imune da tentação. Quem sofreu e sofre por Cristo tem que dobrar sua atenção, pois com sua ação provocou a ira do Adversário. Que ninguém se perca dos que se separaram; ao contrário, que todos retornem à Igreja...

5º A oração do Senhor (De dominica oratione)[45]

Na lista de Pôncio, a *Oração do Senhor* vem logo após o *Da Unidade*, datando o tratado entre o final de 251 e 252. Cipriano utiliza-se do *De Oratione* de Tertuliano, mas o supera de forma mais profunda e completa.[46]

Na introdução Cipriano trata da oração em geral. Aí assinala o Pai-Nosso como a mais excelente e a mais eficaz. Com efeito, o Pai ama ouvir a voz do seu Filho. Sempre que rezamos o Pai-Nosso, temos Cristo como nosso advogado junto do Pai. A seguir, dá normas sobre a ordem, o recolhimento

---

[44] Cf. Cipriano, A unidade 4,1-5,1.

[45] Cyprianus, De dominica oratione, CPL 43; PL 4,520-544A; CCL 3 A, 90-113 ed. C. Moreschini. "Gosto particularmente de seu livro sobre o 'Pai-Nosso', que me ajudou muito a compreender melhor e a rezar melhor a oração do Senhor" (Bento XVI, disponível em: http://blog.bibliacatolica.com.br/historia-da--igreja/sao-cipriano-de-cartago/ – acessado em: 19.11.10).

[46] Com efeito, em Tertuliano a interpretação do Pai-Nosso ocupa um quarto da obra. Em Cipriano torna--se tema central dos capítulos 7 ao 27!

e a modéstia que se requerem para se dirigir ao Altíssimo. Em tudo, porém, Cipriano tem em mente a unidade.

6º A Demetriano (Ad Demetrianum)[47]

Esta obra é uma resposta a um tal de Demetriano que responsabilizava os cristãos pelas recentes calamidades: guerra, peste, fome e seca.[48] Cipriano responde aplicando à natureza as leis da *usura* e da *decadência*. Segundo ele, o mundo já não produz o mesmo que fazia na primavera da criação. O verdadeiro mal do mundo é o pecado e a imoralidade dos pagãos, e Deus tem o direito de castigá-los...

A data da composição é incerta, uma vez que faz menção da morte de Décio e de seus filhos no capítulo 17. Pôncio a menciona após o *De Oratione*, sendo a data mais provável o ano de 252. O tratado *Ad Demetrianum* é um dos mais vigorosos e originais de Cipriano e se aproxima do *Apologeticum* e do *Ad Sacpulam* de Tertuliano. Chega mesmo a superá-los pela força de sua sátira.

7º Sobre a morte (De mortalitate)[49]

Acabada a perseguição de Décio, que impusera um pesado tributo de vidas humanas, uma peste grassa em Cartago, semeando terror e espanto em 252. A morte, companheira de cada dia, forneceu a razão para Cipriano escrever o *De mortalitate*, buscando explicar o que significa a morte para quem crê. Um cristão distingue-se de um pagão pelo espírito com o qual afronta a morte.

Nesta obra se encontram, consciente ou inconscientemente, uma significativa quantidade de elementos retirados dos estoicos, máxime de Cícero e Sêneca. Contudo, o pensamento de Cipriano ultrapassa de modo infinito a resignação estoica, pois abre-se para a imortalidade e a felicidade eternas.

8º As boas obras e as esmolas (De opere et eleemosynis)[50]

Esta obra é contemporânea ao *De mortalitate*. Nela ele insta à prática da esmola generosa. Com efeito, a peste fizera crescer o número de necessitados e pobres, oferecendo à caridade cristã um ótimo momento para ajudar os

---

[47] Cyprien de Carthage, *À Démétrien*, intr. et trad. de M. Jean-Claude Fredouille, SC 467, Paris, Les Éditions du Cerf 2003 [*CPL* 46; *PL* 4, 543-564B; *CCL* 3 A, p. 35-51].

[48] Não era a primeira vez que se atribuíam estas calamidades aos cristãos e cristãs pela infidelidade aos deuses da Antiga Roma. Cf. Tertuliano, *Apologeticum* 40; *Ad Nationes* 1,9 e *Ad Scapulam* 3. Santo Agostinho vai tratar destas acusações em *Cidade de Deus*, bem como outros escritores africanos: Arnóbio (*Ad nationes* 1) e Lactâncio (*De divina institutione* V 4,3).

[49] Cyprianus, *De mortalitate*, CPL 44; PL 4,583-602B [CCL 3A, 17-32 ed. M. Simonetti].

[50] Cyprien de Carthage, *La bienfaisance et les aumônes*, trad. et intr. de M. Michel Poirier, SC 440, Paris, Les Editions du Cerf 1999 [*De opere et eleemosynis*, *CPL* 47; *PL* 4, 601-622B; *CCL* 3A, 55-72].

necessitados, enfermos e moribundos. Este tratado de Cipriano foi uma das leituras favoritas da antiguidade cristã.

9º As vantagens da paciência (De bono patientiae)[51]

Dependendo do *De Patientia* de Tertuliano, esta obra de Cipriano revela uma maior dependência literária que em outros escritos. O plano geral da obra e as imagens são de Tertuliano. Contudo, as obras se distinguem na linguagem e no espírito. Possuindo a paciência em comum com Deus, ela se torna o distintivo dos cristãos. Dele provém esta virtude, e dele provém sua glória e dignidade. A *paciência é uma imitação de Cristo. Foi ele quem deu o melhor exemplo com sua vida aqui na terra até mesmo no momento da sua cruz e da sua paixão.*[52]

Em sua carta ao bispo da Mauritânia, Jubiano,[53] ele diz que escreveu por volta de 256, no período turbulento da controvérsia batismal, entre o segundo e o terceiro sínodos africanos.

10º Do ciúme e da inveja (De zelo et livore)[54]

O trado *De zelo et livore* foi chamado de companheiro do *De bono patientiae*. Como Pôncio o coloca depois do *De bono patientiae*, acreditou-se que ele também data dos anos 256 ou início de 257, época do período da controvérsia do Batismo dos hereges.[55] A inveja é como uma brasa que dorme sob as cinzas em cada pessoa. Espera unicamente o sopro de uma ocasião para se inflamar... A inveja é velha como Caim ou Lúcifer. É nova como em sua época, na qual seja Novaciano em Roma ou Felicíssimo em Cartago, candidatos vencidos à ordenação episcopal, incendiaram suas Igrejas com o fogo da divisão. Cipriano usa o argumento teológico do Batismo: entre irmãs e irmãos batizados não é possível que se cultivem a inveja e o ciúme... Não se deixar conduzir pelo diabo da inveja... Ela venceu um anjo... pode bem vencer um ser humano!

---

[51] Cyprien de Carthage, *La vertu de la patience*, intr. et trad. de Jean Molager, SC 291, Paris, Les Éditions du Cerf 1982 [*De bono patientiae*, CPL 48; PL 4, 622-638B; CCL 3A, 118-133].
[52] Idem 6-8.
[53] Cf. Cipriano, *Epistula* 73,26.
[54] Cyprien de Carthage, *La jalousie et l'envie*, intr. et trad. de M. Michel Poirier, SC 519, Paris, Les Éditions du Cerf 2008 [*De zelo et livore*, CPL 49; PL 4,637-652A; CCL 3A, 75-86].
[55] Alguns estudiosos colocam a obra após o *De unitate*. Destarte ela seria de 251, no máximo 252, época dos cismas de Roma e Cartago...

11º Exortação ao martírio, dirigida a Fortunato
(Ad Fortunatum de exhortatione martyrii)[56]

Este tratado é um florilégio bíblico em resposta ao pedido de Fortunato, para fortalecer a fé dos cristãos em vista da perseguição que se avizinhava. Os textos distribuem-se em doze títulos. Cipriano quer fornecer material e não fazer uma exposição completa.

Não há dúvida de que o tratado se refere a uma perseguição. Não se sabe se é a de Décio (250-251) ou a de Valeriano (257). Há quem diga que seja a de Galo, na primavera do ano 253. O destinatário parece ser Fortunato de Thuccabori, que tomou parte no Concílio africano de setembro de 256.

12º A Quirino: Três livros de testemunhos
(Ad Quirinum: Testimoniorum libri III)[57]

É o livro mais importante para o valor das primeiras versões latinas da Bíblia. O texto contém muitos trechos da Bíblia e está dedicado a Quirino, a quem Cipriano chama de "seu filho querido". O mesmo Cipriano explica a divisão do livro: "Dividi minha exposição em dois livros de igual extensão: no primeiro procuro demonstrar como os judeus, conforme fora predito, *separaram-se* de Deus e perderam o favor que lhes tinha sido outorgado no passado e prometido para o futuro. Os cristãos, ao contrário, tomaram o lugar dos judeus tornando-se credores por sua fé, vindos de todas as nações e de todo o mundo. O segundo livro contém o mistério de Cristo, e explica como Ele veio tal como tinha sido anunciado nas Escrituras. Ele realizou e levou a termo todas as coisas por meio das quais, conforme predito, Ele poderia ser percebido e conhecido".[58]

Destarte, o livro I é uma apologia contra os judeus, enquanto o segundo é um compêndio de Cristologia. O livro III tem um prefácio próprio, dando a entender que foi composto mais tarde. É um sumário dos deveres morais e disciplinares, bem como *um guia para o exercício das virtudes cristãs*. Enumera cento e vinte teses, acompanhadas de teses correspondentes tomadas da Escritura. O prefácio deste livro III não menciona os dois primeiros. Pergunta-se pela época na qual teria sido feito. O certo é que, quando Cipriano escreveu o *De habitu virginum*, teria utilizado o volume III dos *Testemunhos*. Neste caso, a

---

[56] Cyprianus, *Ad Fortunatum de exhortatione martyrii*; CPL 45; PL 4, c. 651-676 B; CCL – Corpus Christianorum, Series Latina 3, p. 183-212 ed. R. Weber, 1972.

[57] Cyprianus, *Ad Quirinum*, CPL 39; PL 4, c. 675-780 B; CCL – Corpus Christianorum, Series Latina 3, p. 3-179, éd. R. Weber, 1972.

[58] Cipriano, *Ad Quirinum* I 1.

data mais certa do livro III é anterior a 249. *Ad Quirinum* exerceu uma influência profunda e duradoura no ensinamento e na pregação da Igreja.[59]

13º Os ídolos não são deuses (Quod idola dii non sint)[60]

Este opúsculo pretende demonstrar, em uma primeira parte,[61] que as divindades pagãs não são deuses. Elas são, sim, antigos reis que, por sua lembrança gloriosa, começaram a receber culto depois de sua morte. A fim de conservar os traços dos defuntos, esculpiram sua imagem. Celebraram-se festas em sua honra e imolaram-se vítimas, como demonstra a história. Não há nada que justifique a conexão que existe entre estas práticas religiosas e a glória de Roma. A segunda parte[62] comprova que existe um só Deus, invisível e incompreensível. A seguir, um esboço de *Cristologia* que forma a terceira parte.

b) Cartas[63]

A correspondência de São Cipriano chegou até nós num total de mais de oitenta cartas. Ela se torna uma mina de ensinamentos altamente autorizados sobre a história da Igreja, sua constituição, sua disciplina e sua liturgia em meados do século II. Através delas ecoam as palavras de eminentes personalidades da época. Estas cartas refletem os problemas e as controvérsias enfrentados pela administração eclesiástica na metade do terceiro século.

A reunião destas cartas vem da antiguidade. Foi o mesmo Cipriano quem começou, quando ordenou parte de sua correspondência conforme seu conteúdo e enviando cópias aos diferentes centros da cristandade e aos seus irmãos no episcopado. Outras coleções foram feitas com a finalidade de edificação.

As edições modernas contêm oitenta e uma cartas. Sessenta e cinco saíram da pena de Cipriano. Dezesseis foram destinadas a Cipriano ou ao clero de

---

[59] Aparece citado no *Adversus Aleatorse* do Pseudo-Cipriano, por Comodiano, Lactâncio, Fírmico Materno, Lucífero de Cagliari, Jerônimo, Pelágio e Agostinho.

[60] Cyprianus, *Quod idola dii non sint*; *CPL* 57; *PL* 4, 564-582 A; *CSEL* 3/1, 17-31 ed. G. Hartel.

[61] Cipriano, *Quod idola* 1-7.

[62] Idem 8-9.

[63] Cyprianus, *Epistularium. Epistulae* 1-57; G. F. Diercks (ed.) = Corpus Christianorum Series Latina (CCSL 3B), Tournhout, Brepols 1994; Cyprianus, *Epistularium. Epistulae* 58-81; G. F. Diercks (ed.) = Corpus Christianorum Series Latina (CCSL 3C), Brepols 1996; Cyprianus, *Epistularium*. Prolegomena – Indices; G. F. Diercks (ed.) = Corpus Christianorum Series Latina (CCSL 3C), Brepols 1999. "Após anos ou mesmo decênios de trabalhos preparatórios... G. Diercks apresenta agora uma obra monumental, estabelecida sobre a primeira recensão completa da vasta tradição cipriânica... É uma edição destinada a permanecer" (P. Petitmengin, *Revue des Etudes Augustiniennes* 41 [1995] 328-329).

Cartago. Neste último grupo encontram-se cartas do *"presbyterium"* de Roma, de Novaciano, do papa Cornélio, entre outros.

As cartas de Cipriano, além de uma fonte importante para a história da Igreja e do Direito Canônico, são um monumento extraordinário do latim cristão. Com efeito, nos tratados, Cipriano utiliza um latim com procedimentos estilísticos, enquanto suas cartas reproduzem o latim falado pelas pessoas cultas do século III.

3.2.4 Algumas conclusões

Cipriano foi um homem de ação. Seus escritos, suas cartas e sua atividade brotam de circunstâncias precisas e respondem a fins práticos. Se o comparamos com outros escritores ou homens de Igreja de seu tempo, podemos afirmar que ele não tinha nem o talento de um, nem a fogosidade de outro, nem mesmo os exageros de um terceiro... Mas, afinal, as pessoas se comparam ou cada uma delas é própria?

Com uma linguagem clara e bem trabalhada, seus escritos mostram a influência do léxico e das imagens da Escritura com a qual nutria sua vida. Contudo, homem sábio e prudente, sempre soube usar em sua vida o que outros já tinham construído. Seu mentor e mestre foi sempre Tertuliano. Por essa razão, da antiguidade cristã até à Idade Média, Cipriano foi sempre um dos autores mais populares. Seus escritos, conservados em uma série de manuscritos, mostram a perenidade de seu gênio e a atualidade de suas opções.

Sua ação pastoral é norma ainda hoje. Diante dos problemas que enfrenta, tais como o do Batismo dos hereges ou o dos *lapsi*, ele jamais toma decisões abruptas que cortam o mal destruindo as pessoas. Como pastor, ele sabe extirpar os erros, buscando recuperar sempre as pessoas.

A herança de Cipriano é sentida principalmente na base da Tradição eclesial, elemento fundamental de perenidade da Igreja.

1º Um dos legados de máxima atualidade de Cipriano diz respeito ao *primado de Pedro*. Pastor para quem a "unidade da Igreja" é o máximo valor a ser conservado, ele vê no *primado* a pedra angular da estrutura eclesial. "... É certo que os demais Apóstolos eram iguais a Pedro, adornados com a mesma participação de honra e poder, mas o princípio dimana da unidade. A Pedro é conferido o primado, para que se manifeste que é uma a Igreja de Cristo..."[64]

2º Outro legado é o reconhecimento pastoral da centralidade da Sé de Roma sobre as demais Igrejas, inclusive a sua de Cartago. Quando a Igreja de Roma lhe escreve pedindo explicações de sua fuga durante a perseguição, ele responde: "Creio necessário escrever-te esta carta para dar-te conta da minha conduta, da minha conformidade de disciplina e de meu zelo... Porém, ainda que ausente em corpo, estou presente em espírito..."[65] A Igreja de Roma como "a cátedra de Pedro" é a Igreja principal de onde brotou a unidade do sacerdócio: "*ad ecclesiam principalem unde unitas sacerdotalis exorta est*".[66]

3º Cipriano nos lega ainda a força das boas obras e da esmola para conseguir a remissão do pecado. É sempre bom recordar a clareza e a força das palavras de Cipriano: "Assim como na lavagem da água salvífica o fogo do inferno é extinto, assim também é subjugada a chama pela esmola e pelas boas obras. Porque no Batismo se concede a remissão dos pecados de uma vez para sempre e o exercício constante e incessante das boas obras, à semelhança do Batismo, outorga novamente a misericórdia de Deus...; aqueles que escorregaram após a graça do Batismo podem ser limpos novamente".[67]

4º Como para a Igreja Católica, o caráter sacrifical [da Eucaristia] é indiscutível. Nela, chamada por Cipriano de "o Pão da vida" e o "Corpo do Senhor", se apresenta ao Pai o *sacrifício perfeito* de seu Filho. A Igreja de Cartago no testemunho de Cipriano atesta o costume da celebração diária da Eucaristia.

5º Cipriano lega-nos, outrossim, uma praxe penitencial precisa: *a da confissão dos pecados* e a absolvição por intermédio da imposição das mãos do bispo ou do clero. Esta confissão deve ser feita antes da recepção da Eucaristia. Esta prática eclesial já é atestada também pela Didaquê. Confirma-a Orígenes e outros padres com ele: "... antes de ter feito penitência, antes de confessar tão grave e extremo delito, antes que fosse imposta a mão em sinal de penitência

---

[64] *De unitate* 4,5.

[65] *Epistula* 20.

[66] *Epistula* 50,14. Ainda na *Epistula* 67 continua apresentando a dimensão da principalidade da Sé de Roma. É o caso do bispo Basílides. Quando deposto por apostasia, ele foi interceder junto de Estêvão, bispo de Roma, para ser reintegrado em sua Igreja... caso todos os bispos tivessem a mesma autoridade, ele não precisaria ter apelado para Estêvão... Aliás, é bom lembrar que desde o século I o Bispo de Roma assumia posição em conflito de Igrejas... é o caso de Clemente e Corinto.

[67] Cf. *De opere et eleemosynis*.

pelo bispo e o clero, se atrevem a oferecer ali e dar a Eucaristia a eles, isto é, a profanar o santo Corpo do Senhor...".[68]

6º Ligada à Eucaristia e à sua celebração, está o costume de se oferecer a Eucaristia pelo descanso eterno dos falecidos, bem como sua celebração em louvor aos mártires: "... os dias em que os nossos queridos irmãos partem do cárcere para a imortalidade, ao final de uma morte gloriosa, para que celebremos aqui as nossas oblações e sacrifícios em comemoração a eles...".[69] E Cipriano afirma: "Porque Cristo é o pão daqueles que tocam o seu corpo. Pedimos, pois, que nos seja dado diariamente, a fim de que vivamos em Cristo e recebamos diariamente sua Eucaristia para alimento da saúde e para que não sejamos separados do seu corpo por algum delito grave que nos proíba o celeste Pão, nos separando do corpo de Cristo".

7º Rico, outrossim, é o legado batismal do Bispo de Cartago. O Batismo é o sacramento da regeneração e é de necessidade primeira para a salvação. Por ele são perdoados todos os pecados da vida passada. E traz o seu próprio exemplo: "Como me encontrava retido e enredado entre tantos erros em minha vida anterior, dos quais eu não acreditava que poderia me desprender, acabava por condescender em meus vícios inveterados e, desesperado para emendar-me, fomentava meus males como fatos da minha própria natureza. Mas depois que foram apagadas pela água da regeneração as manchas da vida passada e se infundiu a luz em meu espírito transformado e purificado, depois que a infusão do Espírito celestial me transformou em um homem novo através de um segundo nascimento, nesse instante esclareceram-se as dúvidas de maneira maravilhosa".[70]

8º *E para finalizar esta conclusão, ficamos com o legado da oração. Cipriano é mestre da oração*: "Rezemos, portanto, irmãos queridos, escreve o bispo de Cartago, como Deus, o Mestre, nos ensinou. É uma oração confidencial e íntima rezar a Deus com o que é seu, elevar a seus ouvidos a oração de Cristo. Que o Pai reconheça as palavras de seu Filho quando elevamos uma oração: que quem habita interiormente no espírito esteja também presente na voz... Quando se reza, também é preciso ter uma maneira de falar e de rezar que, com disciplina, mantenha calma e reserva. Pensemos que estamos ante o olhar de Deus. É necessário ser gratos ante os olhos divinos, tanto com a atitude do

---

[68] *Epístula* 10.
[69] *Epístula* 37.
[70] *Ad Donatum* 4.

corpo como com o tom da voz... E quando nos reunimos junto aos irmãos e celebramos os sacrifícios divinos com o sacerdote de Deus, temos de fazê-lo com temor reverencial e disciplina, sem jogar ao vento por todos os lados nossas orações com vozes desmesuradas, nem lançar com tumultuosa verborreia uma petição que deve ser apresentada a Deus com moderação, pois Deus não escuta a voz, mas o coração (*'non vocis sed cordis auditor est'*)".[71]

3.3 Arnóbio de Sica[72]

Na antiguidade, Jerônimo retratou Arnóbio com estas parcas palavras: "Durante o reinado de Diocleciano ele foi um professor de retórica muito bem-sucedido em Sica, na África. Escreveu o volume *Contra as Nações* que pode ser encontrado em toda parte".[73]

3.3.1 Vida

Sica Proconsular fica na África. Atualmente se chama Le Tek, na Tunísia. Lá Arnóbio foi reitor na época de Diocleciano, entre 284-303. Enquanto pagão e por muito tempo, Arnóbio foi decidido adversário do cristianismo. Ele atribui sua conversão a um sonho premonitório. Na sua obra, Arnóbio escreve de forma desdenhosa contra a força dos sonhos. Isto leva a crer que Jerônimo tenha aumentado o conteúdo do sonho de Arnóbio. Ainda se pode pensar que o medo da morte o tenha levado à conversão, conforme ele mesmo afirma: "Por razões desses temores nós nos submetemos a Deus como nosso Libertador".[74] Pergunta-se, depois: "Uma vez que somos perseguidos pelo temor da morte, ou seja, da destruição de nossas almas, agindo na busca do que é bom para nós..., abraçamos aquele que nos promete libertar de semelhante perigo [a

---

[71] Apud Bento XVI, disponível em: http://blog.bibliacatolica.com.br/historia-da-igreja/sao-cipriano-de--cartago/ – acessado em: 19.11.10.

[72] Arnobius Siccaensis, *Adversus nationes*, CPL 9; PL 5, c. 713-1288 C; *CSLP* – Corpus Scriptorum Latinorum Parauianum 62 ed. C. Marchesi, Arnobii adversus nationes libri VII, Torino 21953.

[73] Jerônimo, *De viris illustribus* 79.

[74] *Adversus Nationes* 2,32.

destruição pela morte]".⁷⁵ Sabemos, ao certo, a data de sua morte em 330.⁷⁶ Ele próprio descreve sua conversão.

O bispo local teve dúvidas a respeito dessa conversão. Foi então que Arnóbio escreveu sua obra para justificar sua fé. É o *Adversus nationes*, que Jerônimo intitula *Adversus Gentes*.

Arnóbio tornou-se um vigoroso defensor da fé cristã. Expõe seu monoteísmo a partir da divindade de Cristo. Fala da religião cristã, cuja veracidade comprova por sua rápida difusão, sua incrível influência sobre os povos civilizados. Ele é crítico com relação aos filósofos.

O conhecimento que temos de Arnóbio deve-se a Jerônimo. Ele fala que foi mestre de Lactâncio.

3.3.2 Obras

A partir da difusão do cristianismo, os pagãos passaram a atribuir todas as calamidades, pestes, fome e guerras à infidelidade deles para com os deuses. Esta afirmação caluniosa deu origem ao *Apologeticum* de Tertuliano e ao *Ad Demetrianum* de Cipriano. Arnóbio, outro africano, compôs, ele também, uma refutação destas acusações infundadas.

A obra de Arnóbio, o *Adversus nationes*,⁷⁷ é composta de sete livros. Ele a escreveu para demonstrar a sinceridade de sua conversão. O livro foi terminado antes de 311. Com efeito, nesse ano, cessaram as perseguições. Arnóbio fala frequentemente delas e nada diz a respeito do restabelecimento da paz.

Adversus nationes foi escrito, provavelmente, quando Arnóbio ainda tinha escassos conhecimentos da fé e agia de forma precipitada. A obra, que pretende julgar o paganismo, justificando o cristianismo, coloca-se entre as apologias. Trata-se, com efeito, de um violento ataque, mais que uma defesa. A história foi muito parca em referências a Arnóbio. No século IV somente Jerônimo o conhece um pouco. Ele é colocado entre os apócrifos pelo *Decretum de libris recipiendis et non recipiendis*, do século VI.

O pensamento teológico de Arnóbio, considerado pobre pelo que produziu, lega-nos esta bela oração no primeiro livro do *Contra os pagãos*. Nela pede

---

⁷⁵ Idem 2,33.
⁷⁶ Cf. também Shahan, Thomas J., disponível em: http://en.wikisource.org/wiki/Catholic_Encyclopedia_(1913)/Arnobius – acessado em: 25.11.10.
⁷⁷ O único manuscrito que se tem é do século IX, o *Codex Parisiensis* 1661.

perdão para os perseguidores dos cristãos e apresenta um conceito de Deus muito elevado.

3.4 Lactâncio[78]

Os dados que possuímos sobre Lactâncio não são abundantes. Contudo, a posteridade conservou muitas de suas obras, algumas delas de inegável valor e beleza. É o caso da *ave fênix*. Nesta seção, trataremos da vida, das obras, de alguns dados que sobressaem do pensamento teológico e de uma conclusão.

3.4.1 Dados da vida de Lactâncio

"Lactâncio (Lucius Caecilius Firmianus), retórico cristão do Norte da África, é uma das mais importantes testemunhas do momento que abrange o final do século III e o início do IV. Suas obras, especificamente *De ira Dei* e *De mortibus persecutorum*, são um relato dos debates filosóficos, teológicos e de alguns eventos de seu tempo. Influenciado pelo Antigo Testamento – no caso, Gênesis, Êxodo, Números e o livro de Josué –, pela ideia de Providência, pela História e memória dos israelenses, Lactâncio constrói suas ideias acerca da Providência de Deus, além de uma História e memória para os cristãos nas obras *De ira* e *De mortibus persecutorum*."[79]

Lucio Célio Firmiano Lactâncio nasceu na África do Norte,[80] provavelmente em 240. Não se conhece a data de sua morte, provavelmente em 320. Foi conselheiro de Constantino I, guiando sua política religiosa. Posteriormente foi tutor de seu filho.

Foi discípulo de Arnóbio de Sica, tendo sido, posteriormente, professor de retórica em várias cidades do império. Homem de rara erudição, considerado o Cícero dos Padres, suas obras constituem-se numa apologia em favor dos cristãos. É um convertido. As suas apologias são destinadas aos pagãos

---

[78] Cf. a página de Sources Chrétiennes, disponível em: http://www.sources-chretiennes.mom.fr/index.php?pageid=auteurs_anciens&id=86&sourcepg=auteurs_anciens –acessado em: 19.07.11.

[79] Paulo Roberto, Tigges Júnior. *História, memória e identidade no século IV d.C.* Lactâncio e a Ação da Providência na construção de uma ordem política cristã. Dissertação de mestrado. Disponível em: http://portais.ufes.br/PRPPG/ext/mono.php?progpess=8705&curso=34&prog=30001013017P5 – acessado em: 26.11.10. Consultar também: http://www.sources-chretiennes.mom.fr/index.php?pageid=auteurs_anciens&id=86&sourcepg=auteurs_anciens – acessado em: 19.07.11.

[80] Provavelmente em Cirta, na Numídia, onde uma inscrição menciona certo *L Caecilius Firmianu*.

intelectualizados, dada a forma de expressão por ele utilizada. O *De divinae institutiones* (*As instituições divinas*) constitui-se num exemplo de seu modo sistemático de apresentar o pensamento cristão. Os humanistas da Renascença valorizaram consideravelmente sua forma latina de retórica extremamente elaborada.

No início de sua vida, Lactâncio teve uma bem-sucedida carreira pública. O imperador Diocleciano fê-lo professor de retórica em Nicomédia, hoje Izmit. Nessa cidade ele entra no círculo imperial. Faz-se conhecido do polemista Sossianus Hiérocles e do filósofo pagão Porfírio. Encontra-se com Constantino e Galério. A perseguição de Diocleciano, em 24 de fevereiro de 303, fá-lo perder o seu lugar de professor. Viverá na pobreza e vai ganhar a vida com seus escritos, até ser chamado por Constantino para ser tutor de seu filho Crispo, a quem deveria ensinar latim. Segundo Jerônimo, Crispo César teria sido morto por ordem do pai.[81]

3.4.2 Os escritos

Chamado de Cícero cristão, Lactâncio é considerado o escritor mais elegante do seu tempo.[82] Lactâncio sabia que só um discurso elegante e atraente podia abrir o cristianismo à cultura do seu tempo. Infelizmente a qualidade do seu pensamento não corresponde à excelência de sua expressão. Pouco profundo e superficial, grande parte do seu pensamento é obra de compilador. Sua obra demonstra pouco conhecimento dos autores gregos, tanto pagãos quanto cristãos, é pobre. Sua educação teológica é insuficiente. Como lia assiduamente os clássicos latinos e tinha facilidade de assimilação, conseguia apresentar suas ideias de forma brilhante. Estas qualidades contribuíram para a conservação de suas obras. Alguns manuscritos são muito antigos. Até o século XV fizeram-se catorze edições completas de suas obras.

---

[81] Jerônimo, *De viris illustribus* 80. Lactâncio teria seguido Crispo para Augusta Treverorum, hoje Trier, na Alemanha. Lá Crispo foi feito César, coimperador na Tetrarquia. Este termo deriva do grego *tetra*, "quatro", e *árchein*, "governar". Ele designa qualquer sistema de governo em que o poder é dividido entre quatro indivíduos, denominados "tetrarcas". A tetrarquia foi introduzida pelo imperador romano Diocleciano, em 293, e durou até 313. Ela foi a resolução da crise do século III e a recuperação do Império Romano. As primeiras tetrarquias estavam sediadas em Nicomédia (atual Izmit), Sírmio, Milão e Tréveris (atual Trier).

[82] Cf. Jerônimo, *Epistula* 58,10.

a) Obras autênticas e conservadas

1º *Sobre a obra de Deus (De opificio Dei)*[83]

Lactâncio dedicou-a a Demetriano, seu ex-aluno e cristão de boa posição econômica. A obra, desde o início, apresenta a diferença entre Lactâncio e Arnóbio. Para este, a alma está na carne como em um cárcere e não é criação imortal de Deus. Já Lactâncio admira no corpo humano uma maravilha de ordem e de beleza. Naturalmente o seu autor possui a Perfeição infinita e a criatura humana é mantida com especial cuidado por sua providência.

A obra teria sido composta no final de 303 ou princípios de 304, conforme dão a entender diversas alusões à perseguição de Diocleciano.[84]

2º *As instituições divina (De divinis institutionibus)*

Esta obra teria sido escrita por volta de 304, pouco depois de *Opificio Dei*. Lactâncio faz várias alusões a ela[85] e a considera uma obra escrita recentemente.

Composta de sete livros, *as instituições divinas* é a obra principal de Lactâncio. Apesar de suas imperfeições, ela tem o mérito de ser o primeiro esforço de uma suma do pensamento cristão em latim.

A finalidade que lhe dera Lactâncio era, de um lado, demonstrar a falsidade da religião e especulação pagãs e, de outro, expor a verdadeira doutrina e a verdadeira religião. O título, Lactâncio tomou-o dos manuais de jurisprudência.[86] Com este livro o autor busca responder aos ataques, ainda recentes. Um deles fê-lo Hiérocles, governador da Bitínia e instigador da perseguição de Diocleciano.[87] Lactâncio tinha a ousadia de refutar, de uma vez por todas, os adversários do cristianismo, os do passado e os do futuro, "para extirpar, de um só golpe e definitivamente tudo o que produz ou produziu... e privar os escritores futuros de toda possibilidade de escrever e replicar".[88]

---

[83] Lactance, *L'ouvrage de Dieu créateur*, intr. et trad. de M. Michel Perrin, SC 214, Paris, Les Éditions du Cerf 1974 [*De opificio Dei*; CPL 87; PL 7, 9-78 A.; CSEL 27/1, p. 3-64].
[84] Lactâncio, *De opificio* 1,1; 1,7; 20,1.
[85] Cf. Lactantius, *De divinis institutionibus* 2,10,15.
[86] Trata-se, no caso, das *Institutiones iuris civilis*; cf. *De divinis* I 1,12.
[87] Cf. *De divinis* V,2-4; cf. também *De mortis persecutorum* 16,4.
[88] *De divinis* V 4,1.

3º O Epítome[89]

No final do *De divinis institutionibus*, em muitos manuscritos, como se fora um apêndice, há um *Epítome*.[90] Lactâncio o compôs para certo "irmão Pentádio". Pelo conteúdo, trata-se de uma reedição abreviada da obra principal. Nela existem omissões, mas também adições, mudanças e correções. Terá sido escrito após o ano 314. O texto completo foi descoberto no início do século XVIII, em Turim, em um manuscrito do século VII. As demais cópias contêm somente uma versão mutilada. É a esta que Jerônimo deu o nome de "o livro sem título".[91]

4º A cólera de Deus (De ira Dei)[92]

Arnóbio compartilhava da visão epicurista de Deus, imaginando-o inteiramente imóvel e sem participar das coisas do mundo. Lactâncio escreveu a obra *De ira Dei*, entre 313 e 314, para refutar esta teoria. Dedicou-a a certo Donato.

5º A morte dos perseguidores (De mortibus persecutorum)[93]

Lactâncio aborda, nesse tratado, os efeitos da cólera divina como castigo dos perseguidores. Escrito após a concessão da paz à Igreja, o autor quer provar que todos os seus opressores tiveram morte horrível.

Apesar de alguns exageros, esta obra é uma fonte muito importante sobre a perseguição de Diocleciano. Testemunha ocular, o autor transmite informações de primeira mão. A obra é de Lactâncio, segundo o precioso testemunho de Jerônimo.[94]

6º Sobre a ave fênix (De ave Phoenice)[95]

Este poema, em 85 dísticos, relata a conhecida fábula da ave fênix. A obra aparece em Heródoto. Entre os autores cristãos, Clemente Romano é o

---

[89] Lactance, *Épitomé des Institutions divines*, intr. et trad. de M. Michel Perrin, SC 335, Paris, Les Éditions du Cerf 1987 [Epitome Diuinarum Institutionum; CPL 86; PL 6, 1017-1094 A; CSEL 19, 675-761].

[90] *Epítome*: resumo de um livro, particularmente de um livro de história, máxime de História Sagrada.

[91] "... um epítome da mesma obra num único volume, sem título..." (Jerônimo, *De viris illustribus* 80).

[92] Lactance, *La colère de Dieu*, intr. et trad. de Mme. Christiane Ingremeau, SC 289, Paris, Les Editions du Cerf 1982 [De ira Dei; CPL 88; PL 7, 79-148 B; CSEL 27/1, 67-132].

[93] Lactance, *De la mort des persécuteurs*, intr. et trad. de M. Jacques Moreau, SC 39, Paris, Les Éditions du Cerf 1954 [De mortibus persecutorum; CPL 91; PL 7, 189-276 A].

[94] Cf. loc. cit. à nota 192 deste capítulo.

[95] Lactantius, *De ave Phoenice*, CPL 90; PL 7, 277-284; *CSEL* – Corpus Scriptorum Ecclesiasticorum Latinorum 27/1, p. 135-147 ed. S. Brandt. Há ainda um estudo significativo sobre a ave fênix com a tradução do pema; cf. Carrara, Daniel Peluci – Natividade, Everton da Silva, Da Ave Fênix, Lactâncio (?) – Tradução. *Caliope. Presença Clássica*, Rio de Janeiro, n. 15, pp. 133-143, 2006. Disponível em: http://www.letras.ufrj.br/pgclassicas/files/upload/caliope15.pdf – acessado em: 26.11.10.

primeiro autor cristão a apresentá-la como símbolo da Ressurreição,[96] e ainda Tertuliano[97] e a arte paleocristã.

b) Obras perdidas

1º O *Symposium* ou *Banquete*, primeira obra escrita por Lactâncio, enquanto ele ainda se encontrava na África.

2º O *Hodoeporicum* e *Itinerario*, mencionado por Jerônimo.[98] É uma descrição, em hexâmeros, de sua viagem da África à Nicomédia.

3º O *Grammaticus*, também mencionado por Jerônimo. Desta obra nada se sabe.

4º Jerônimo fala ainda de dois livros *A Asclepíades*, quatro livros de *Cartas a Probo*, dois livros de *Cartas a Severo* e dois livros de *Cartas a seu discípulo Demetriano*, o mesmo a quem dedicou o *De Opificio Dei*.

5º O fragmento chamado *Lactantius de motibus animi* foi encontrado em Milão.[99] O manuscrito, de poucas linhas, trata dos afetos da alma, explicando sua origem. Tais afetos foram implantados por Deus para ajudar a pessoa no exercício da virtude. Conservados dentro de certos limites, conduzem à justiça e à vida eterna. Caso contrário, levam ao vício e à perdição eterna. Tanto a forma como o conteúdo levam a atribuir a obra a Lactâncio.

6º *De resurrectione* e *De pascha*, que lhe são atribuídos por alguns manuscritos. O verdadeiro autor parece ser Venâncio Fortunato.[100] Também não se pode atribuir a Lactâncio o poema *De passione Domini*.

3.4.3 Principais ideias

A perspectiva das obras de Lactâncio são a da teologia e da moral natural. A sua ideia motriz é a da Providência de Deus no mundo. Essa providência, de alguma forma, pode ser conhecida pela ordem moral das coisas.[101] É pobre a sua teologia trinitária. O Pai e o Filho são uma mesma substância. Eles se

---

[96] Cf. Clemente Romano, *1 Coríntios* 25,1-6.
[97] Cf. *De resurrectione carnis* 13.
[98] Cf. *De viris illustribus* 80.
[99] Cf. *Codex Ambrosianus F 60 sup. saec. VIII-IX*.
[100] São Venâncio Fortunato ou Venantius Honorius Clementianus Fortunatus (c. 530-c. 600/609). Bispo e compositor de hinos latinos.
[101] Cf. *De divinis institutionibus* 1,25; 2,7; 7,9,5.

distinguem do mesmo modo que o raio distingue-se do sol.[102] Jerônimo afirma que Lactâncio negava a existência do Espírito Santo,[103] identificando-o seja com o Pai, seja com o Filho.

Antes da criação do mundo, Deus produziu um terceiro ser. Contudo, por inveja do Filho, este não lhe foi fiel. Ele pecou e por isso se chama diabo.[104] É ele o inimigo íntimo de Deus e a origem do mal. Daí brota o seu dualismo.[105]

A divindade de Jesus é demonstrada pelo cumprimento das profecias do Antigo Testamento. Elas, com efeito, profetizaram mesmo a sua morte.[106] Jesus tinha consciência de que sua morte seria a causa da salvação de muitos.[107] Lactâncio insiste na missão de Jesus como mestre.

A Igreja é princípio de vida e de salvação. Nela se encontram o verdadeiro culto, a confissão e a penitência,[108] que são necessárias para conseguir o perdão. Necessário é ainda o Batismo para a purificação do ser humano.[109]

A escatologia de Lactâncio é milenarista.[110] Deus criou o mundo e o ser humano com sua alma plasmada por suas próprias mãos.[111] De outro lado, Lactâncio rechaça todo *traducianismo*.[112] Por natureza, a alma é imortal. Lactâncio não aceita a doutrina do seu mestre, Arnóbio, segundo o qual são os exercícios que conduzem à aquisição da imortalidade.

3.4.4 Avaliação

Mestre pela sua forma de exprimir, o estilo de Lactâncio se parece muito com o de Cícero. Com efeito, Lactâncio estudou em profundidade as obras de Cícero. Recebeu dos humanistas o epíteto de Cícero cristão. Seu estilo agradável e elegante, tanto quanto sua cultura, foram postos a serviço do cristianismo.

---

[102] Idem 4,29.
[103] Cf. Jerônimo, *Commentarium in Galatas* 4,6; ainda *Epistula* 84,7.
[104] Cf. *De divinis institutionibus* 2,8.
[105] Cf. idem 6,6.
[106] Cf. idem 5,3.
[107] Cf. idem 4,18.
[108] Cf. idem 4,30.
[109] Cf. idem 3,24; 7,5.
[110] Cf. idem 7; 14-26.
[111] Cf. idem 2,5; 2,11.
[112] Doutrina atribuída a Tertuliano. Segundo ela, a alma do filho seria gerada pela alma dos pais, da mesma forma que os corpos destes geram o corpo do filho. O traducianismo se opõe ao criacionismo.

Lactâncio estava persuadido de que era esta a forma de ter acesso aos intelectuais do seu tempo: apresentar o cristianismo de modo atraente em sua forma.

O valor histórico de Lactâncio consiste justamente nisto: saber adaptar as crenças cristãs à cultura dos seus dias, pretendendo dar uma exposição sistemática do ensinamento cristão. De outra parte, sua exposição doutrinal é deficiente e superficial. Lactâncio é mais um compilador que um teólogo.

Move-se, de preferência, no campo da moral. Quando aborda pontos especificamente cristãos, tais como a graça, a fé, a redenção, fá-lo com muita superficialidade. Por não conhecer bem a doutrina e a literatura cristãs, é considerado mais um demolidor do paganismo que um apresentador positivo e sereno da mensagem cristã.[113]

3.5 Quinto Septímeo Florêncio Tertuliano

De Tertuliano apresentaremos a vida, suas obras e doutrina, e uma de suas obras.

3.5.1 A vida

a) Generalidades

Africano de origem, nasceu em Cartago pelos anos 150, embora não se possua dados concretos sobre esta data. Seu pai era um centurião que servia na milícia do procônsul da África. Acredita-se que fosse de uma família patrícia. Tendo ficado órfão muito cedo, ele encontra em sua mãe uma guia terna e esclarecida. Recebeu uma sólida formação literária, filosófica e jurídica.

Dotado de uma imaginação fácil para se inflamar, de um espírito penetrante e naturalmente reto, e enfim de uma grande eloquência, Tertuliano obteve muito sucesso como advogado e professor de retórica. Estas duas carreiras conduzem infalivelmente às honras.

"Sua formação intelectual, de alto nível como bem se vê em seus escritos e no uso que faz do latim, se deu certamente em Cartago, e possivelmente também em Roma, onde Tertuliano parece ter vivido durante certo tempo. Ele pode então ser apresentado, primeiramente, como intelectual romano e pagão, de espírito muitíssimo curioso, bem formado, falando e escrevendo

---
[113] Cf. Jerônimo, *Epistula* 58,10.

perfeitamente as duas línguas da grande cultura de então – o grego e o latim –, bom conhecedor das letras, da filosofia estoica e sobretudo do direito romano."[114]

Sua conversão data do ano de 193, quando, certamente, era casado. Em Cartago faz contato com o cristianismo, uma religião sublime em seus dogmas, pura em sua moral, passando então das catacumbas ao cadafalso e deste ao triunfo... Os mártires, principalmente eles, lhe fazem sentir o nada da glória humana. Foi atraído pelas ideias cristãs que lhe mostravam, de forma positiva, a profundidade do vazio de sua vida. A razão lhe dizia que era preciso crer nos testemunhos tão heroicos e sinceros. Com efeito, só uma convicção profunda sofre e morre por fatos e princípios.

A conversão traz-lhe uma profunda mudança existencial. "Mas que mudança? A julgar pelo que parecem sugerir algumas passagens de várias obras suas, após uma vida que teria sido envolvida por aquilo que ele passaria então a considerar 'dissipações e prazeres, torpezas e pecados', sem esquecer o entrechoque de interesses materiais e imateriais."[115] Tertuliano deixou a religião romana tradicional para aderir a uma religião nova, ou mais precisamente a uma "seita desconhecida e ignorada",[116] o que não impedia que ela fosse também, e já então, duramente reprimida.

Após sua conversão, acontecida por volta de 193, Tertuliano estabeleceu-se em Cartago. De imediato colocou toda a sua cultura jurídica, literária e filosófica a serviço da fé cristã.

Segundo Jerônimo,[117] Tertuliano teria sido ordenado presbítero, embora ele nunca faça menção de sua pertença ao clero. Contudo, sua posição única e seu preponderante papel de mestre dificilmente poderiam ser explicados se tivesse permanecido no laicado durante toda a sua vida.

---

[114] Vilela, Magno, *Tertuliano: um leigo nas origens da teologia cristã latina*. Disponível em: http://culturageralsaibamais.wordpress.com/2009/11/11/cafe-filosofico-tertuliano-um-leigo-nas-origens-da-teologia--crista-latina%E2%80%9D-%E2%80%93-26-de-outubro-de-2009-%E2%80%93-prof%C2%BA-dr%-C2%BA-magno-vilela/ – acessado em: 07.10.10. "No século II, a África constituía um polo importante dentro do Império Romano. Ela é rica não só de recursos econômicos, mas possui também uma cultura antiquíssima. Ela dará um preceptor a Marco Aurélio na pessoa do pretor Frontão de Cirta; na literatura há o estilista refinado Apuleio de Madaura; ela dará mesmo a Roma um imperador, Septímio Severo (193-211)" (Figueiredo, Fernando, *Curso de Teologia Patrística* II 45).

[115] Tertuliano irá falar em *"conflictatione carnis et spiritus"*; cf. *De baptismo* 20, 1; cf. ainda *De paenitentia* I, 1; IV, 2; XII, 9; *De patientia* I,1; *Apologeticum* XV, 5; *De resurrectione mortuorum*, 59, 3; apud Vilela, Magno, loc. cit.

[116] *"ignota secta"*; cf. *Apologeticum* III 8.

[117] "Tertuliano, o presbítero..." (*De viris illustribus* 53).

Entre os anos 195 e 220 iniciou sua atividade literária. Até 207, ano em que, provavelmente, aderiu ao montanismo, Tertuliano escreveu inúmeras obras que exerceram uma influência imorredoura sobre a teologia. Aderindo abertamente aos montanistas, rompe posteriormente com ela e funda outra que será chamada de tertulianista.

O montanismo começou na Frígia, entre 160 e 170, com Montano. Transportado por êxtases e visões, ele se dizia ser o Paráclito, uma vez que distinguia deste o Espírito Santo, que teria vindo sobre os apóstolos. Montano, por sua vez, ele próprio era o Paráclito. A ele se juntaram duas mulheres, Prisca [Priscila] e Maximila. Elas se tornaram profetisas de Montano e começaram a profetizar o "fim do mundo" que seria iminente. Muitos cristãos e pagãos aderiram ao movimento. Não pregavam uma nova doutrina, mas um revigoramento em pontos, segundo eles, relativamente esquecidos da doutrina tradicional. Por isso pregavam:

- a *escatologia*: o fim do mundo chegaria; essa pregação ressuscitou a parusia com o mesmo ardor com o qual fizeram as primeiras gerações cristãs. Muitos venderam seus bens e deixaram o trabalho para irem para o deserto à espera da vinda de Cristo;
- o *ascetismo*, como forma de se preparar para o fim do mundo; este ascetismo era pregado de modo severo: jejuns, proibição de segundas núpcias, negativa do perdão aos pecadores após o Batismo, castidade mesmo dentro do casamento;
- o *profetismo*, como elemento dominante do montanismo; sua concepção de profeta tornava-os recebedores das moções da divindade e se tornavam a "boca" do Espírito que falava por eles... Montano se classificava como o Paráclito que continuava o Evangelho.

O montanismo espalhou-se das Gálias a todo o norte da África, continuando até o IV século.

Não se tem notícia da data da morte de Tertuliano, provavelmente depois de 220.

b) Momentos significativos na vida de Tertuliano[118]

1º Período católico (até 207)

São desta época as seguintes obras: *Ad Martyres*, antes do *Ad Nationes*, de argumentos morais. *Ad Nationes*, em 197, antes de 17 de fevereiro, de origem apologética. *Apologeticum*, fins de 197. É a principal obra de Tertuliano. Ele a dirige "aos governadores das províncias do Império Romano. Ao contrário das demais apologias antigas, considera quase exclusivamente as acusações políticas levantadas contra os cristãos, isto é, desprezo aos deuses do Império e lesa-majestade; o autor transfere a apologética do terreno filosófico para o jurídico".[119] *De testimonio animae*, entre 197 e 200, de cunho apologético. *De spetaculis*, entre 198 e 200, moral; *De praescriptione haereticorum*, entre 198 e 200, contra as heresias; *De oratione*, entre 200 e 206, e o *De Patientia*, da mesma época, ambos de ordem moral. Desse mesmo período são o *De baptismo*, *De Paenitentia* (sobre os sacramentos), *De cultu feminarum* (moral), *Ad uxorem* (sobre os sacramentos), *Ad Hermogenem*, contra as heresias e o *Ad Judaeos*, apologético.

2º Período semimontanista (207-213)

Neste período de sua vida Tertuliano escreve o *De Virginibus velandis*, datado, provavelmente, do ano 206 e de ordem moral. *Ad Marcionem*, escrito entre 207 e 211, e contra as heresias. *De Pallio*, em 209 e moral. *Ad Valentinianos*, *De Carne Christi*, *De Resurrectione carnis*, *De Anima*, todos escritos entre 208 e 211, e contra as heresias. O *De anima*, datado entre 208 e 211, e sobre os sacramentos. Dos anos 211-212 são o *De corona*, *De idolatria*, *Scorpiace*, todos sobre moral. E no final de 212, o *Ad Scapulam*, apologético.

3º Período eminentemente montanista (a partir de 213)

Em 213 ele rompe definitivamente com a Igreja e passa, até a sua velhice, a lutar contra ela. Neste período escreve o *De fuga in persecutione*, moral; *Ad Praxeam*, contra as heresias; *De monogamia*, sobre os sacramentos, o *De Ieiunio*, moral, e depois de 217 até 223, o *De Pudicitia*, sobre os sacramentos.

---

[118] No próximo ponto serão estudadas as obras de Tertuliano. A divisão apresentada aqui é de Bosio, Guido, op. cit., p. 312-313.
[119] Altaner, B.-Stuiber, A., *Patrologia* 159.

c) Algumas conclusões parciais

Tertuliano, após Santo Agostinho, deve ser apontado como o mais fino e original dos escritores cristãos. De sua pena saíram um complexo de argumentos vitais, tratando de apologética, dogmática, moral, disciplina dos sacramentos, relação com a filosofia pagã. Como homem Tertuliano possui um profundo senso jurídico, um engenho agudo e penetrante. Sua cultura, vastíssima, vem assimilada em uma personalidade dominadora, um temperamento de lutador vigoroso, impetuoso e mordaz. Estes dotes farão dele um dos maiores apologistas, um formidável polemista, um eminente teólogo (fundador da teologia latina) e um grande moralista. Neste último ponto, ele se tornará tão rigorista que sua teologia moral não poderá ser chamada de cristã.

Tertuliano se faz cristão pelo testemunho dos mártires. Para ele o cristianismo era uma religião de heróis. O cristianismo é tudo para ele. Dedica-se inteiramente de forma totalitária e apaixonada. Sendo extremamente orgulhoso, ele não dá tréguas aos adversários. Pode-se mesmo dizer que ele considerava a verdade sempre e só do seu lado. Quem não está com ele é falso, detestável e ridículo.

Como apologista ele vê no cristianismo uma revelação que deve ser defendida contra os pagãos e judeus. Sua doutrina é a do rigor. O Evangelho não é a mensagem para os doentes, a mensagem da misericórdia para os pecadores, do amor cheio de compaixão para todos os que sofrem, mas é essencialmente um convite sem tréguas para a santidade, para a luta, para o martírio. Seu cristianismo é heroico, sim, mas que não pode ser vivido pelas massas. Ele considera, mesmo, o cristianismo como uma lei para ser interpretada e um dever para ser cumprido.

3.5.2 Obras[120]

Toda a imensa obra de Tertuliano – restam 31 escritos dos 37 que se conhecem – tem uma só finalidade: de uma forma ou de outra, o que Tertuliano entendia como sendo e devendo ser a integridade da fé, tanto do ponto de vista doutrinal (*regula fidei*) como da vida moral (*disciplina fidei*).[121]

---

[120] Seguimos Quasten, Johannes, op. cit: http://www.holytrinitymission.org/books/spanish/patrologia_j_quasten_1.htm#_Toc23391236 – acessado em: 20.10.10.

[121] Há um site que traz todas as obras de Tertuliano em francês. Não se pode aquilatar do valor das traduções, mas é uma possibilidade de ter um acesso a tão importante autor: http://www.tertullian.org/

"É bem difícil estabelecer a ordem cronológica das obras de Tertuliano; de ordinário, só se pode determinar com maior certeza se pertencem ao período católico do autor ou ao montanista. Suas frequentes referências aos trabalhos precedentes, bem como argumentos intrínsecos permitem delimitar a ordem aproximada e a sucessão dos escritos. A própria transmissão dos textos é falha; outros ainda existem num só códice, o *Codex Agobardinus* (de Paris), que provém de Agobardo, arcebispo de Lião (814-840). O 'Apologético' é a única obra transmitida por numerosos manuscritos. Conservam-se, ao todo, 31 obras de Tertuliano, que foi o escritor mais fecundo da era pré-constantiniana."[122]

Os estudiosos fazem uma apresentação temática das 31 obras de Tertuliano. Dividem-nas em escritos apologéticos, tratados polêmicos e obras sobre disciplina, moral e ascese. Começaremos esta apresentação fazendo um resumo das teorias referentes à transmissão dos escritos de Tertuliano.

a) Transmissão do texto

Desde a Idade Média possuímos diversas coleções das obras de Tertuliano.

1º O menor e provavelmente o mais antigo é o *Corpus Trecense*, cujo representante é o *Codex Trecensis* 523 (T). Foi descoberto por Dom A. Wilmart na Biblioteca de Troyes no ano de 1916. Contém cinco tratados mais ou menos completos, a saber: o *Adversus Iudaeos, De Carne Christi, De carnis resurrectione, De baptismo, De Paenitentia*. Escrito no século XII em Clairvaux, este código é o mais precioso de todos. Com notas marginais, o código remonta certamente a Vicente de Lérins, morto mais ou menos em 454. Este código parece ser o primeiro a procurar reabilitar a reputação das obras de Tertuliano.

2º O *Corpus Masburense* deve ser anterior a 494, quando o *Decretum Gelasianum* condenou todas as obras de Tertuliano. Ele contém doze tratados: *De carnis resurrectione, De praescriptione haereticorum, De monogamia, De testimonio animae, De anima, De spectaculis, De baptismo, Scorpiace, De idololatria, De pudicitia, De ieiunio, De oratione*.

3º O *Corpus Agobardinum*, do arcebispo Agobobardo de Lião (814-840), contém somente treze dos vinte e um manuscritos anteriores: *Ad nationes, De praescriptione haereticorum, Scorpiace, De testimonio animae, De corona, De spectaculis, De idololatria* (incompleta), *De anima* (incompleta), *De oratione*

---

french/french.htm – acessado em: 20.10.10.

[122] Altaner, B.-Stuiber, A., *Patrologia* 157.

(incompleta), *De cultu feminarum* (incompleta), *Ad uxorem, De exhortatione castitatis, De carne Christi* (até o c. 10). É um pergaminho seguro para a história do texto.

4º O *Corpus Cluniacense* foi composto mais tarde que os três anteriores, na Espanha. Datado do VI século, contém a mais importante coleção das obras de Tertuliano, com vinte e sete tratados, inclusive os anti-heréticos, que não se encontram nos anteriores. Ele chegou até nós no *Codex Montepessulanus 54, saec. XI* (M) da Biblioteca Municipal de Montpellier. Contém: *De patientia, De carne Christi, De resurrectione carnis, Adversus Praxean, Adversus Valentinianos, Adversus Marcionem, Apologeticum*...[123]

b) Os escritos apologéticos

Os livros do *Ad nationes* e o *Apologeticum* estão relacionados entre si. As obras foram escritas no ano de 197 e tratam do mesmo assunto, embora o *Apologeticum* represente uma forma mais acabada. Como faz alusão à revolta de Albino contra Setímio Severo e a sangrenta batalha de Lião em 19 de fevereiro de 197, o *Ad Nationes* parece ter sido escrito antes de 197.

1º Aos pagãos (Ad Nationes)[124]

O *Ad Nationes* é composto de dois livros. O primeiro busca demonstrar que o procedimento jurídico seguido contra os cristãos é irracional. Além disso, fere todos os princípios da justiça. Enquanto o Livro I permanece na defensiva, o Livro II é mais agressivo. Ele contém uma cerrada crítica da religião pagã e geral.

2º Apologético (Apologeticum)[125]

O texto data de 197, mesma época da *Carta aos Mártires do Ad Nationes*. Nesse período a África era varrida por uma feroz perseguição, na qual perecem Perpétua e Felicidade (7 de março de 203). Não era somente o martírio que os cristãos sofriam. A hostilidade se fazia virulenta e bestial, ao ponto de caricaturas ridicularizarem o que era mais sagrado na fé. É o caso do "deus burro dos cristãos", representado por um asno, cuja cabeça, espetada numa vara, era levantada no circo.

---

[123] Outras informações poderão ser encontradas em Quasten, Johannes, http://www.holytrinitymission.org/books/spanish/patrologia_j_quasten_1.htm#_Toc23391236 – acessado em: 06.10.14.
[124] Tertullianus, *Ad nationes* I.II, CPL 2; *PL* 1, 559-608 B; *CCL* 1, 9-75 ed. J. G. Ph. Borleffs.
[125] Tertullianus, *Apologeticum*, CPL 3; *PL* 1,257-536A; *CCL* 1, 85-171 ed. E. Dekkers (1954).

Tertuliano destina o *Apologeticum* aos magistrados, bem como a todo o mundo romano e pagão. Protesta pela ilegalidade das perseguições, dizendo: "o procedimento que tendes a nosso respeito é iníquo e estúpido. As acusações são inexistentes. Os cristãos são os vossos melhores cidadãos, os que sustentam vossa sociedade que se desmantela".

O Apologético é a síntese de todo o conhecimento do autor. Nela se apresenta o jurista, mas acima de tudo o homem dotado de vastíssima cultura. Nela aparece a virulência, o desprezo, o sarcasmo de um dos temperamentos mais fortes de que se tenha conhecimento na vida da Igreja. Nesta obra está em germe todo o gênio de Tertuliano e que se manifestará posteriormente.

A obra apresenta, ainda hoje, grande atualidade. "Os seus motivos são tomados do rol das verdades eternas. É a reivindicação da liberdade de consciência religiosa contra as opressões, os despotismos, as ditaduras, as estatolatrias de todos os tempos... Ele foi muito bem acolhido entre os contemporâneos. Foi lido, estudado, admirado e traduzido também para o grego. Permanece, ainda hoje, uma das obras mais vigorosas que o cristianismo tenha produzido pelo seu pensamento e sua arte."[126]

O Apologético compõe-se de uma introdução e três partes. Na *introdução*[127] o autor afirma que os cristãos são condenados sem ser conhecidos. Condena-se um nome. A lei que condena este nome é injusta e deve ser ab-rogada.

A *primeira parte*[128] trata da defesa dos cristãos da acusação de delitos ocultos. A *segunda parte*[129] fala da defesa dos cristãos da acusação de delitos públicos, a saber: crimen laesae divinatis (ateísmo – cc. 10-27) e crimen laesae maiestatis (cc. 28-45). A *terceira parte*[130] é constituída do reepílogo e da conclusão. O cristianismo não é uma nova filosofia. É uma religião que brota da revelação e manifesta a vida futura, a ressurreição dos corpos. Faz o elogio do martírio cristão: "Para nada serve nenhuma crueldade mais refinada: antes, serve de atrativo à nossa religião. Quanto mais nos torturais, tanto mais numerosos nos tornamos. O sangue dos cristãos é semente!".[131]

---

[126] Bosio, Guido I 314.
[127] Cf. *Apologeticum* I-VI.
[128] Idem VII-IX.
[129] Idem X-XLV.
[130] Idem XLVI-L.
[131] "*Plures efficimur quotiens metimur a vobis: semen est sanguis christianorum*".

3º O testemunho da alma (De testimonio animae);[132]

Do exame do grande universo (macrocosmos) e do pequeno universo da alma (microcosmos), alguns filósofos helenísticos deduziam o conhecimento de Deus.[133] Tertuliano segue este exemplo. Assim escreve ele no capítulo 17 do *Apologeticum*: "Poderíeis melhor senti-lo pelo testemunho de vossa própria alma? Embora sob o opressivo cativeiro do corpo, embora transviada por costumes depravados, embora enfraquecida pela concupiscência e paixões, embora na servidão de deuses falsos, contudo, quando a alma O procura, libertando-se do tédio e do torpor, movida por uma doença, e consegue um pouco de sua pureza natural, ela fala de Deus, não usando nenhum outro nome, porque este é o nome próprio do verdadeiro Deus. *'Deus é imenso e bom'*, *'Que possa Deus dar'*, são as palavras que brotam de cada boca. Dão testemunho d'Ele, também, quando exclamam: *'Deus vê'*, *'Eu me recomendo a Deus'* e *'Deus me recompensará'*. Ó nobre testemunho da alma, por natureza cristã!".[134]

O testemunho *animae naturaliter christianae* é utilizado neste tratado, cuja data é 197, a mesma do Apologético.

A obra, em seus capítulos, é apologética. Utiliza o testemunho da alma ainda não pervertida pela "educação" para demonstrar a existência de Deus, dos seus atributos, da vida de além-tumba, do prêmio e do castigo após a morte. Estas verdades estão presentes na alma, não carecendo de reflexão ou instrução filosófica. A natureza é a mestra da alma. Ela te ensina que é imagem de Deus.

Recalcando a inutilidade da filosofia, Tertuliano afirma que o testemunho da natureza simples e pura é superior a qualquer erudição. A expressão *anima naturaliter christiana* não diz respeito a nenhum conhecimento de Deus a priori. Afirma Tertuliano: "Tu, alma, não és cristã, sei bem isto, uma vez que a pessoa não nasce cristã, ela se torna cristã".[135] A famosa frase de Tertuliano quer expressar a concepção espontânea que a alma possui do Criador. Este conhecimento nasce da contemplação e da experiência e se manifesta nas exclamações comuns do povo. O sentido comum nos fala da existência de um ser supremo.

---

[132] Tertullianus, *De anima*, CPL 17; PL 2,641-752B; CCL 2, 781-869 ed. J. H. Waszink (1954).
[133] É o caso de Posidônio, Filão, Crísipo, Sêneca e outros.
[134] *Apologeticum* XVII 4-5.
[135] Idem.

4º Para Escápula (Ad Scapulam)[136]

"Adorar segundo suas próprias convicções é um direito da pessoa, um privilégio da natureza: a religião seguida por uma pessoa não faz mal nem ajuda a outra... Não é próprio da religião obrigar alguém a ter uma religião."[137]

Este primeiro e grande manifesto sobre a liberdade de culto encontra-se na carta aberta que Tertuliano escreveu no ano 212, a Escápula.[138] Esta carta está dividida em cinco capítulos.

5º Contra os judeus (Adversus Iudaeos)[139]

Uma discussão que durou todo um dia, entre um cristão e um judeu prosélito, está na origem desta obra. O *Adversus Judaeos*[140] continua provando que os oráculos messiânicos tiveram seu cumprimento na pessoa de nosso Salvador. Esta parte, contudo, não pertence ao tratado, sendo somente um extrato do livro III do mesmo *Adversus Marcionem*.[141]

c) Tratados polêmicos

1º A prescrição dos hereges (De praescriptione haereticorum)[142]

O tratado *De praescriptione haereticorum* demonstra, melhor que nenhum outro escrito de Tertuliano, seu profundo conhecimento do Direito romano.

---

[136] Tertullianus, *Ad Scapulam*, CPL 24; PL 1,697-704(?); CCL 2, 1127-1132 ed. E. Dekkers (1954). Scápula foi procônsul da África entre 211 e 213. Em sua perseguição aos cristãos, chega ao extremo de condená-los às feras e queimá-los vivos...

[137] *Ad Scapulam* 2.

[138] Esta data é proposta pela referência feita ao eclipse total de 14 de agosto de 212 e foi considerado como sinal da cólera divina.

[139] Tertullianus, *Adversus Judaeos*, CPL 33; PL 2, 595-642B; CCL – Corpus Christianorum, Series Latina 2, p. 1337-1396 ed. E. Kroymann (1954).

[140] Cf. capítulos de 9 a 14.

[141] Esta parte teria sido recompilada por uma pessoa apelidada *frater*, que apostatou, e Tertuliano não conseguiu mais recuperar a obra... Eis as palavras do mesmo Tertuliano na introdução do *Adversus Marcionem*: "Nós já combatemos, uma outra vez, os dogmas de Marcião. Este sectário não o ignora. Eis agora um novo ataque que nasce do antigo. Este mesmo opúsculo eu o havia colocado em um trabalho mais completo, pois que eu o tinha escrito às pressas. Eu perdi este segundo tratado pela infidelidade de um cristão, então nosso irmão, que apostatou em seguida. Ele, após ter furtado meu manuscrito, antes mesmo que estivesse em condições [de ser publicado], espalhou todo permeado ainda dos erros que nele eu havia deixado. Era necessário que se fizessem correções. Eu tomei consciência destas mudanças para nelas fazer algumas adições. Destarte esta obra, remanejada em diversas ocasiões, prejudicou as publicações precedentes. Eu precisei fazer estas observações no início deste opúsculo, para que ninguém se surpreenda de encontrar, aqui e acolá, algumas diferenças" (*Adversus Marcionem* 1,1).

[142] Tertullien, *De la prescription contre les hérétiques*, intr. de François Refoulè et trad. de M. Pierre de Labriolle, SC 46, Paris, Les Éditions du Cerf 1957 [*De praescriptionibus aduersus haereses omnes*; CPL 5; PL 2, 9-74 A; CCL 1,187-224].

Com o argumento da *praescripti*,[143] o objeto em litígio são as Escrituras. Segundo Tertuliano os adversários não podem nem mesmo utilizar a Bíblia. A razão é simples. Ela não lhes pertence.

O ponto essencial da posição de Tertuliano[144] é negar aos hereges o direito de discutir sobre as Escrituras. Ela é considerada um arsenal. Contudo, afirma Tertuliano, é preciso examinar a quem elas pertencem, a fim de que não as utilizem os que não tem direito.[145]

2º Contra Marcião (Adversus Marcionem)[146]

Este tratado é, sem dúvida alguma, o mais extenso de quantos Tertuliano escreveu. Certamente é um daqueles que foram prometidos no final do *De praescriptione*. É a principal fonte para o conhecimento da heresia de Marcião. Daí brota sua importância.

Compõe-se de *cinco* livros. No *primeiro* deles Tertuliano refuta o *dualismo* que Marcião diz existir entre o Deus do Antigo e do Novo Testamento, provando que esta oposição é incompatível com a noção de Deus.

No *segundo livro* demonstra que o Criador do mundo é idêntico ao Deus bom. Contra a pretensão de Marcião afirmando que o Messias profetizado na Antiga Aliança ainda não tinha vindo, Tertuliano demonstra que *o Cristo que apareceu na terra não é outro senão o Salvador proclamado pelos profetas e enviado pelo Criador*.

Nos livros *quarto* e *quinto* Tertuliano faz um comentário crítico do Novo Testamento de Marcião. Afirma ele não existir contradições entre o Antigo e o Novo Testamento. Ademais, os mesmos textos de Marcião refutam suas doutrinas heréticas.

---

[143] *Praescriptio*: é uma objeção jurídica que permite ao defensor deter o curso do processo na forma que é apresentado pelo demandante. A causa entra primeiro em jogo e por escrito (*praescribere*) antes da formulação do processo.

[144] Cf. *De praescriptione haereticorum* cc. 1-14.

[145] Idem, c. 15.

[146] Tertullien, *Adversus Marcion* I, intr. et trad. de M. René Braun, SC 365, Paris, Les Éditions du Cerf 1990 [*Aduersus Marcionem I*; *CPL* 14; *PL* 2,239-524 B; *CCL* 1, 441-726]; idem, *Adversus Marcion* II, intr. et trad. de M. René Braun, SC 368, Paris, Les Éditions du Cerf 1991 [*Aduersus Marcionem II*; *CPL* 14; *PL* 2, 239-524 B; *CCL* 1, 441-726]; idem, *Adversus Marcion* III, intr. et trad. de M. René Braun, SC 399, Paris, Les Éditions du Cerf 1994 [*Aduersus Marcionem III*; *CPL* 14; *PL* 2, 239-524; *CCL* 1,441-726]; idem, *Adversus Marcion* IV, intr. et trad. de M. René Braun, SC 456, Paris, Les Éditions du Cerf 2000 [*Aduersus Marcionem IV*; *CPL* 14; *PL* 2, 239-524B; *CCL* 1, 441-726]; idem, *Adversus Marcion* V, intr. et trad. de M. René Braun, SC 483, Paris, Les Éditions du Cerf 2004 [*Aduersus Marcionem V*; *CPL* 14; *PL* 2, 239-524 B; *CCL* 1, 441-726].

A data de composição do *primeiro livro* é do final do ano décimo quinto do imperador Severo, isto é, 207. As duas são publicadas após o *De resurrectione*, provavelmente em 212.[147]

3º Contra Hermógenes (Adversus Hermogenem)[148]

Tertuliano não foi o primeiro a escrever contra o pintor gnóstico Hermógenes, de Cartago.[149] Segundo Eusébio,[150] também Teófilo de Antioquia escreveu *Contra a heresia de Hermógenes*. Possivelmente Tertuliano serviu-se dela.

Hermógenes opinava que a matéria é eterna, igual a Deus. Havia, pois, dois deuses. Hermógenes teria deduzido esta doutrina da filosofia pagã. Tertuliano refuta Hermógenes em 45 capítulos, fazendo, ao mesmo tempo, uma brilhante defesa da doutrina cristã da criação. Demonstra que a mesma noção de Deus exclui a hipótese da eternidade da matéria.[151] A seguir, examina criticamente a interpretação que Hermógenes faz da Escritura.[152] Expõe, então, as contradições que se encontram nas suas especulações sobre a essência e os atributos divinos da matéria eterna.[153]

As primeiras frases do *Adversus Hermogenem* aludem ao *De praescriptione*, o que leva a datar a obra no ano 200.[154]

4º Contra os valentinianos (Adversus Valentinianos)[155]

Adversus Valentinianos é um duro comentário da doutrina dos gnósticos valentinianos.

---

[147] Daí as ideias montanistas de *Adversus Marcionem* 1,29; 3,24; 4,23. Segundo Eusébio de Cesareia (cf. *HE* IV 24), também Teófilo de Antioquia escreveu um *Contra Marcião*, que se perdeu. Talvez Tertuliano tenha se aproveitado dele no seu Livro II.

[148] Tertullien, *Contre Hermogène*, intr. et trad. de M. Frédéric Chapot, SC 439, Paris, Les Éditions du Cerf 1999 [*Aduersus Hermogenem*; CPL 13; *PL* 2,195-238 B; *CCL* 1, 395-436].

[149] *Hermógenes de Cartago* era um pintor que viveu no tempo de Tertuliano, que é, inclusive, a única fonte para conhecê-lo. Teria vivido no século II e início do III. Era pagão e fez-se cristão. Casou-se inúmeras vezes. Tertuliano chama-o de voluptuoso... de mau pintor e que *illicite pingit*, isto é, pintava temas ligados à mitologia pagã. Segundo Eusébio de Cesareia e Teodoreto de Ciro, também Teófilo de Alexandria e Orígenes teriam escrito contra Hermógenes. Contudo, não se sabe se é o mesmo pintor ou outro personagem.

[150] Cf. *HE* IV 24.

[151] Cf. *Adversus Hermogenem* 1-18.

[152] Idem 19-34.

[153] Idem 35-45.

[154] Tertuliano alude, no *De anima*, a outra obra contra o mesmo Hermógenes, o *De censu animae*, que não foi conservado.

[155] Tertullien, *Contre les valentiniens*, intr. et trad. de M. Jean-Claude Fredouille, SC 281, Paris, Les Éditions du Cerf, 1981 [*Aduersus Valentinianos*; CPL 16; *PL* 2, 523-594 A; *CCL* 2, 753-778]. Valentim viveu entre 100 e 160. Foi o teólogo gnóstico do cristianismo primitivo de maior sucesso. Segundo Tertuliano ele fundou sua seita ao ser preterido na sua pretensão de ser bispo. Exerceu grande influência na comuni-

O corpo do tratado e sua divisão interna demonstram uma estreita dependência do *Adversus haereses* de Irineu. Encontramos sinais de dependência de Justino de Roma, Milcíades e Próculo.

5º Sobre o Batismo (De baptismo)[156]

É uma obra de suma importância para a história da liturgia da iniciação e dos sacramentos do Batismo e da confirmação. É o único tratado anteniceno sobre um sacramento. É uma obra anti-herética, pois visa responder a Quintilha de Cartago, membro da seita de Caio. Ele fazia objeções de tipo racionalista, "arrastando atrás de si a muitos fiéis com sua doutrina sumamente venenosa, querendo destruir, antes de tudo, o Batismo".[157]

Neste tratado de vinte e seis capítulos, Tertuliano fala como um mestre aos seus catecúmenos. Descobre-se, então, que já se praticava na Igreja da África a consagração da fonte da água batismal.[158] Imediatamente após o Batismo segue-se a unção;[159] é a confirmação que confere o Espírito Santo pela imposição das mãos.[160]

A passagem do mar Vermelho, a água que brotou do rochedo[161] e o Batismo de São João[162] prefiguravam a iniciação cristã. O autor afirma que o Batismo é necessário para a salvação, embora Cristo não o tenha administrado pessoalmente.[163]

Tertuliano nega a validez do rito dos hereges, sem entrar em maiores detalhes. O martírio é a única exceção para o Batismo de água. Ele é chamado

---

dade cristã, embora suas ideias fossem consideradas heréticas já em 175. Até a sua morte, foi muito respeitado na sua comunidade. De suas obras restaram somente fragmentos, e mesmo assim modificados por seus discípulos. Ele ensinou que existem *três tipos* de pessoas: as espirituais, as físicas e as materiais. Só as espirituais, isto é, os seus seguidores, receberiam a *gnosis*, isto é, o conhecimento que permitiria retornar ao divino *Pléroma*. Já os de natureza psíquica, isto é, os demais cristãos, teriam uma salvação de ordem inferior. Já os de natureza material, os pagãos e judeus, estavam já condenados a perecer. Após sua morte, os valentinianos, seus seguidores, se dividiram em dois ramos: um oriental e outro ocidental ou italiano.

[156] Tertullien, *Traité du baptême*, intr. de M. François Refoulé, trad. de M. Drouzy et M. François Refoulé, SC 35, Paris, Les Éditions du Cerf 1952 [*De baptismo*; CPL 8; PL 1,1197-1222?; CCL 1, 277-295]. Em português temos Tertuliano, *O sacramento do Batismo*: teologia pastoral do Batismo segundo Tertuliano. Tradução Urbano Zilles = Os Padres da Igreja 3, Petrópolis, Vozes 1981.
[157] *De Baptismo* c. 1.
[158] Idem, c. 4.
[159] Idem, c. 7.
[160] Idem, c. 8.
[161] Idem, c. 9.
[162] Idem, c. 10.
[163] Idem, c. 11.

de "segundo Batismo", o "Batismo de sangue".[164] Trata de dois Batismos "que manaram juntos da ferida do costado aberto de Cristo, porque os que creem em seu sangue têm, contudo, que lavar-se na água, e os que foram lavados na água têm que levar sobre si o seu sangue".[165]

Páscoa e Pentecostes são as festas litúrgicas assinaladas para a celebração do Batismo, embora ela possa ser administrada em qualquer data. A solenidade pode ser diferente, mas a graça que se recebe é sempre a mesma.[166]

O tratado data do primeiro período de Tertuliano, o católico, isto é, entre os anos 198 e 200.

6º Remédio contra os escorpiões (Scorpiace)[167]

Nome do antídoto contra a picada dos escorpiões, este é o título de um curto tratado de 15 capítulos. Trata-se de uma defesa do martírio contra os gnósticos, comparados com escorpiões. Eles afirmam que Deus não pede o sacrifício da própria vida. Já Tertuliano é taxativo: *o martírio é dever da pessoa cristã quando não há outra forma de evitar a participação na idolatria.*

Com efeito, já o Antigo Testamento ensina que se deve preferir a morte à apostasia.[168] Os gnósticos blasfemam quando afirmam que o martírio transforma Deus em um assassino. Ao contrário, *o martírio é um novo nascimento e alcança a vida eterna para a alma.* Provavelmente o texto é de 213, durante a perseguição de Escápula.[169]

7º Sobre a carne de Cristo (De carne Christi)[170]

Os tratados *De carne Christi* e o *De resurrectione carnis* estão intimamente ligados. Os dois trazem uma contribuição fundamental e irrefutável da *ressurreição da carne*, negada pelos hereges. Não aceitando a realidade do corpo de Cristo, estes renovam os erros docetistas.

No *De resurrectione carnis*, aludindo ao presente tratado, Tertuliano o chama de *De carne Domini adversus quattuor haereses*. Esse é um título mais preciso,

---

[164] Idem, c. 16.
[165] Idem.
[166] Idem, c. 19.
[167] Tertullianus, *Scorpiace*, CPL 22; PL 2,121-154A; CCL 2,1069-1098 ed. A. Reifferscheid – G. Wissowa (1954); cf. ed. G. Azzali Bernardelli, Florence 1990.
[168] *Scorpiace*, c. 2-4.
[169] Idem, c. 1.
[170] Tertullien, *La chair du Christ*, intr. et trad. de M. Jean-Pierre Mahé, SC 216-217, Paris, Les Éditions du Cerf 1975; [*De carne Christi*; CPL 18; PL 2, 751-792 B; CCL 2, 873-917].

uma vez que a obra é dirigida contra quatro seitas gnósticas, a saber: a de Marcião, de Apeles, de Basílides e a de Valentim.

A data de composição de ambos os tratados deve ser muito próxima uma da outra, quiçá entre 210 e 212.

8º A ressurreição do corpo (De resurrectione carnis)[171]

A introdução[172] menciona todos os que negaram a ressurreição da carne: pagãos, saduceus e hereges. Tertuliano demonstra a inconsistência de seus ensinamentos. A reta razão confirma este artigo da fé: *o corpo foi criado por Deus, remido por Cristo e deve ser julgado juntamente com a alma no final do mundo.*[173]

Tudo isto, contudo, não é mais que os fundamentos: "Até aqui minha intenção foi, mediante observações preliminares, pôr as bases para a defesa de todas as Escrituras que prometem a ressurreição da carne".[174]

Destarte, o verdadeiro argumento do tratado é a ressurreição do corpo segundo o Antigo e o Novo Testamento.[175] O exame das passagens bíblicas é precedido de um estudo sobre a forma de interpretar retamente a linguagem figurada das Escrituras.

9º Contra Práxeas[176] *(Adversus Praxeam)*

A série dos escritos polêmicos se conclui com o tratado *Adversus Praxeam*, escrito por volta de 213. Nessa época Tertuliano já passara para os montanistas. Tertuliano o acusa não somente de negar a Trindade, como a oposição à nova profecia. Práxeas era um modelista ou patripassiano, que identificava o Pai com o Filho. Quando sua doutrina propagou-se em Cartago, Tertuliano refutou-a com esse tratado, que representa a contribuição mais importante do período aniceno à doutrina da Trindade. Em trinta e um capítulos Tertuliano desenvolve completamente a doutrina da Trindade. A terminologia de

---

[171] Tertullianus, *De resurrectione mortuorum*, CPL 19; PL 2,791-886; CCL 2, 921-1012 ed. J. G. Ph. Borleffs (1954).

[172] *De resurrectione carnis*, c. 1-2.

[173] Idem, c. 16-17.

[174] Idem, c. 18.

[175] Idem, c. 19-55.

[176] Tertullianus, *Adversus Praxean*, CPL 26, PL 2,153-196C; CCL 2, 1159-1205 ed. E. Kroymann – E. Evans (1954); cf. ed. G. Scarpat, *Corona Patrum* 12, 1985. Práxeas foi um antigo teólogo cristão, crente na unicidade de Deus (ou doutrina do Nome de Jesus). Pregou em Roma e Cartago. Ele sustentava firmemente a crença monoteísta, afirmando que o Deus único foi manifestado em carne a fim de trazer salvação à humanidade. Para Práxeas, Jesus é o único Deus. "O Filho - e, pelo mesmo, o Espírito Santo – não são mais que nomes, formas de falar com as que nos referimos a um único ser".

Tertuliano é clara, precisa e justa. O Concílio de Niceia utilizou um grande número de suas fórmulas.[177]

Tertuliano demonstra que a relação que existe entre o Pai e o Filho não destrói a monarquia divina, pois a diferença não se funda em uma divisão, mas em uma distinção.[178] Tertuliano é o primeiro escritor latino que emprega *trinitas* como um termo técnico.[179] Infelizmente, quando emprega a distinção das divinas Pessoas, não sabe evitar o conflito do *subordinacionismo*.

O *subordicionalismo* é uma heresia trinitária do cristianismo primitivo. Segundo ele, Jesus Cristo está subalterno (subordinado) ao Pai. Este modo de pensar nega o dogma da Trindade. Teve em Ário, no século IV, o seu principal disseminador. Foi combatido pelo Concílio de Niceia.[180]

10º Sobre a alma (De anima)[181]

Após o *Adversus Marcionem*, o *De Anima* é o tratado mais extenso de Tertuliano. Pertence à série de escritos anti-heréticos. O *De Anima* chegou a ser qualificado de "a primeira psicologia cristã". Mas não é isso. É uma refutação de doutrinas errôneas, conforme o mesmo Tertuliano desejava no início do capítulo III deste livro. Ele afirma que seria uma continuação do *De censu animae*, contra Hermógenes. Afirma Tertuliano que vai tomar as armas do raciocínio contra a filosofia. A composição da obra deve ser situada entre os anos 210 e 213.

d) Obras sobre disciplina, moral e ascese

O desvio feito por Tertuliano assumindo o montanismo manifesta-se de modo mais profundo em suas obras de caráter prático. Os tratados a seguir são do período montanista.

---

[177] Hipólito, Novaciano, Dionísio de Alexandria e outros dependem dele. Agostinho, em sua magna obra *De Trinitate*, adotou a analogia entre a Santíssima Trindade e as operações da alma humana que encontramos no capítulo quinto do Tratado de Tertuliano e consagrou a maior parte dos livros 8 a 15 a desenvolvê-la.

[178] Cf. *Adversus Praxeam*, c. 9.

[179] Idem, c. 2ss.

[180] Pode-se aprofundar em Parpinelli, Cristiano e Mendes, Gabriel da Costa, As heresias trinitárias e a prática eclesial da Igreja, *Revista Eletrônica Theologia*, Faculdade Palotina – FAPAS, 2008, vol. 2, n. 1. Disponível em: http://www.fapas.edu.br/theologia/artigos/200821_24.pdf – acessado em: 04.12.10.

[181] Tertullianus, *De anima*, CPL 17; PL 2,641-752; CCL 2, 781-869 ed. J. H. Waszink (1954).

1º Aos mártires (Ad martyras)[182]

Um tratado pequeno e de estilo simples, com apenas seis capítulos, o *Ad Martyras* conquistou a admiração das gerações posteriores.

Todas as suas páginas transpiram o espírito de heroísmo das primeiras gerações cristãs.

Tertuliano dirigiu o opúsculo a um grupo de confessores que esperavam o martírio no cárcere, dispostos a entregar a vida pela fé. Exorta e anima a continuar firmes. Chama-os de *benedicti* e *martyres designati*. Trata-se de catecúmenos, como o indica claramente a primeira destas expressões. Recorda a assistência que lhes prodiga a *Domina mater ecclesia* e suas irmãs e irmãos cristãos. Oferece-lhes uma pequena contribuição para seu sustento espiritual. Sua obra, mais que superar o medo do martírio, deseja comunicar um entusiasmo positivo, apresentando o martírio como a mais alta e a mais gloriosa das façanhas. Morrer por Cristo não é sinônimo de aceitação indiferente do sofrimento ou de paciência estoica. Antes, é a prova mais árdua de valor e intrepidez. É um combate no sentido mais pleno da palavra. Tertuliano escolhe as imagens mais expressivas dos combates da arena e de distintas fases da vida militar.

Foi dito ainda que Perpétua e Felicidade pertenceriam ao grupo ao qual foi destinado este tratado. As duas eram catecúmenas e morreram pela fé em 202. Neste caso dever-se-ia datar o tratado nesse ano. A *Passio Perpetuae et Felicitatis* e o *Ad martyras* têm tantos pontos de contato que se afirma ser Tertuliano o autor de ambos.

2º Os espetáculos (De spectaculis)[183]

O tratado *De spectaculis* é uma condenação dos jogos públicos no circo, no estádio e anfiteatro, dos combates de atletas e gladiadores. Compreende duas seções: a histórica[184] e a moral.[185]

3º Sobre a veste das mulheres (De cultu feminarum)[186]

Não basta renunciar ao paganismo no dia do Batismo. *A religião de Cristo deve impregnar nossa vida quotidiana.* Tertuliano convida as mulheres cristãs a não se deixarem dominar pela moda pagã. Elas devem se vestir com modéstia.

---

[182] Tertullianus, *Ad martyras*, CPL 1; PL 1,619-628; CCL 1, 1-8 ed. E. Dekkers (1954).

[183] Tertullien, *Les spectacles*, intr. et trad. de M. Marie Turcan, SC 332, Paris, Les Éditions du Cerf 1986 [*De spectaculis*, CPL 6; PL 1, 627-662 B; CCL 1, 227-253].

[184] Cf. *De spetaculis*, c. 4-13.

[185] Idem 14-30.

[186] Tertullien, *La toilette des femmes*, intr. et trad. de Mme. Marie Turcan, SC 173, Paris, Les Éditions du Cerf, 1971 [*De cultu feminarum*; CPL 11; PL 1,1303-1334 A; CCL 1, 343-370].

A obra era, a princípio, composta de duas partes distintas: *De habitu muliebri* e *De cultu feminarum*. Uma não é continuação da outra, mas volta a abordar o assunto de forma mais completa, sinal de que o autor não ficou satisfeito com a primeira.

4º *Sobre a oração (De oratione)*[187]

Este tratado, escrito entre 198 e 200, foi dirigido aos catecúmenos. O Novo Testamento, afirma Tertuliano, trouxe uma forma de oração que brota do Antigo. Contudo, supera-o por sua intimidade, fé e confiança em Deus, bem como por sua concisão.

Todas estas características aparecem no Pai-Nosso, uma síntese de todo o Evangelho. O Pai-Nosso de Tertuliano[188] é o primeiro comentário que existe em língua latina. O autor acrescenta, a seguir, uma série de conselhos práticos.

5º *Sobre a paciência (De patientia)*[189]

A paciência tem sua origem e seu modelo no Criador, que faz sua luz brilhar sobre justos e injustos. Ademais, Cristo nos dá o exemplo em sua encarnação, paixão e morte. Os seres humanos podem atingir esta perfeição pela obediência a Deus. A impaciência é a mãe de todos os pecados e o demônio é o pai. *A virtude da paciência precede e segue a fé, que não pode existir sem ela.*

No último capítulo observa ao leitor que a paciência cristã difere radicalmente de sua caricatura pagã, que é a perseverança obstinada no mal.

O tratado deve ser datado entre os anos 200 e 203. Escrito em estilo agradável e tranquilo, o tratado reflete a personalidade do autor. Foi a base do *De bono patientiae* de Cipriano de Cartago.

6º *Sobre a penitência (De paenitentia)*[190]

Enquanto ainda católico, Tertuliano escreveu esse tratado de excepcional importância para a história da penitência. A erupção vulcânica descrita no capítulo 12 permite datar a obra no ano de 203, data da erupção do Vesúvio.

Composto de duas partes, *na primeira* Tertuliano trata da penitência necessária para o adulto que deseja receber o Batismo.[191] A segunda parte fala da segunda penitência que Deus, em sua misericórdia, "colocou no vestíbulo

---

[187] Tertullianus, *De oratione*, CPL 7; PL 1,1149-1196B; CCL 1, 257-274 ed. G. F. Diercks (1954).

[188] Cf. *De oratione*, c. 2-5.

[189] Tertullien, *De la patience*, intr. et trad. de M. Jean-Claude Fredouille, SC 310, Paris, Les Éditions du Cerf 1984 [*De patientia*; CPL 9; PL 1,1249-1274 A; CCL 1, 299-317].

[190] Tertullien, *La pénitence*, intr. et trad. de Charles Munier, SC 316, Paris, Les Éditions du Cerf 1984 [*De paenitentia*; CPL 10; PL 1,1223-1248 B; CCL 1, 321-340].

[191] Cf. *De paenitentia*, c. 4-6.

para abrir a porta aos que chama; porém, ela é dada somente uma vez, porque esta já é a segunda".[192]

Está clara aqui a existência de um perdão após o Batismo.

A segunda penitência é aquela que é seguida da reconciliação eclesiástica; o pecador deve submeter-se à confissão pública e cumprir os atos de mortificação.[193]

Ao falar da prostração diante do sacerdote, Tertuliano está dando a entender que se trata de uma instituição eclesiástica. Terminava com uma absolvição oficial. Pergunta ele: "Acaso é melhor ser condenado em segredo do que perdoado em público?".

A obra termina[194] falando da condenação eterna das pessoas que não querem usar esta segunda *planca salutis*. Deduz-se, pois, que Tertuliano admite claramente o perdão dos pecados graves.

7º À sua mulher (Ad uxorem)[195]

Tertuliano escreveu, pelo menos, três tratados sobre o matrimônio e as segundas núpcias. O primeiro sendo católico, o segundo semimontanista e o terceiro depois de sua separação definitiva da Igreja. O melhor é, sem comparação, o primeiro.

O *primeiro* foi escrito entre os anos 200 e 206. Compõe-se de dois livros. Neles Tertuliano dá conselhos à sua mulher para depois de sua morte. É um testamento espiritual.

8º Exortação à castidade (De exhortatione castitatis)[196]

Tertuliano dedicou este tratado a um amigo que acabara de perder sua esposa. Insiste que ele não se case novamente. Trata de novo das segundas núpcias, considerando-as contrárias à vontade de Deus e proibidas por São Paulo (cf. 1Cor 7,27-28). Embora chegue a admitir que Deus as tolera, declara que não passam de uma fornicação.[197] Está claro o seu desvio montanista. Quando escreveu esse tratado, ainda não havia indícios de que Tertuliano tivesse rompido com a Igreja. Estamos, pois, entre 204 e 212.

---

[192] *De paenitentia*, c. 7.
[193] Cf. *De paenitentia*, c. 9-12.
[194] Cf. *De paenitentia*, c. 12.
[195] Tertullien, *À son épouse*, intr. et trad. de Charles Munier, SC 273, Paris, Les Éditions du Cerf 1980 [*Ad uxorem*; CPL 12; PL 1,1273-1304 A; CCL 1, 373-394].
[196] Tertullien, *Exhortation à la chasteté*, intr. Claudio Moreschini, trad. de Jean-Claude Fredouille, SC 319, Paris, Les Éditions du Cerf 1985 [*De exhortatione castitatis*; CPL 20; PL 2,913-930 A; CCL 2, 1015-1035].
[197] *De exhortatione castitatis*, c. 9.

9º A monogamia (De monogamia)[198]

Dos três tratados sobre o matrimônio, este é o mais agressivo, como também o mais brilhante. Na introdução e capítulo primeiro já fica evidente que tenha renunciado à influência moderadora da Igreja e tenha passado definitivamente para os montanistas. Tertuliano procura ficar no meio-termo entre a rigidez dos gnósticos, que não permitem o sacramento, e, segundo ele, a licenciosidade dos católicos, que permitem recebê-lo várias vezes.

Provavelmente esse tratado é de 217, porque Tertuliano afirma[199] que já havia passado 150 anos da data de composição da Primeira Carta aos Coríntios.[200]

10º Sobre o véu das virgens (De virginibus velandis)[201]

Esta obra era considerada da máxima importância por Tertuliano. Já exigira que as virgens cobrissem a cabeça no *De oratione*[202] e no *De culta feminarum*.[203]

Apesar desta alusão ao Paráclito e das amarguras críticas contra o clero ao longo de todo o tratado, ainda não se tinha produzido a ruptura definitiva entre os montanistas e os católicos de Cartago. No capítulo segundo, depois de ter examinado o costume das igrejas orientais, insiste ainda na unidade da Igreja. "Eles e nós temos uma mesma fé, um só Deus, um só Cristo, a mesma esperança, os mesmos sacramentos batismais; permiti-me dizer uma vez por todas: *formamos uma Igreja.*"[204] Por conseguinte, o tratado deve ter sido escrito antes do ano 207.

11º A coroa (De corona)[205]

Embora seja um escrito de circunstância, o *De Corona* trata da participação dos cristãos no serviço militar. A ocasião foi dada pela doação de dinheiro – *donativum* – que os filhos de Septímio Severo fizeram ao exército. A milícia foi receber o dinheiro levando na cabeça uma coroa de louro. Um único soldado

---

[198] Tertullien, *Le mariage unique*, intr. et trad. de Paul Mattei, SC 343, Paris, Les Éditions du Cerf 1988 [*De monogamia*; CPL 28; PL 2,929-954 A; CCL 2, 1229-1253].

[199] Idem, c. 3.

[200] Ano 57 d.C.

[201] Tertullien, *Le voille des vierges*, intr. de Paul Mattei – Eva Schulz-flugel et trad. de Paul Mattei, SC 424, Paris, Les Éditions du Cerf 1997 [*De uirginibus velandis*; CPL 27; PL 2,887-914A; CCL 2,1207-1226].

[202] Cf. *De oratione*, c. 20-23.

[203] Cf. *De cultu feminarum*, c. 2,7.

[204] *De virginibus velandis*, c. 2.

[205] Tertullianus, *De corona*, CPL 21; PL 2,73-102 B; CCL 2, 1039-1065 ed. E. Kroymann (1954); cf. ed. J. Fontaine, Q. S. F. *Tertullianus, De corona*, Paris 1966; ed. F. Ruggiero, *Tertulliano de Corona*, Milan 1992.

a levava na mão. "Todos começaram a assinalá-lo com o dedo, burlando-se dele desde longe. Quando chegaram perto, mostraram sua indignação. O clamor chega à tribuna. O soldado sai de sua fila e o tribuno lhe pergunta: 'Por que te distingues dos demais?' 'Não me está permitido – responde ele – levar a coroa como os outros.' Ao ser interrogado sobre as razões, o soldado responde: 'Porque sou cristão'. Sua causa é examinada, instrui-se o processo; a causa vai ao prefeito e, coroado pela branca coroa do martírio, ele aguarda no calabouço o *donativum* de Cristo. Começa-se a ouvir juízos desfavoráveis de seus procedimentos... entre outras coisas ele estaria colocando em perigo os que trazem o nome de Cristo...".[206]

O tratado está escrito para defender um soldado e quer demonstrar que levar a coroa é incompatível com a fé cristã. Tertuliano faz a defesa a partir de uma tradição *não escrita*... Ademais, o costume é de uso pagão e está intimamente relacionado com a idolatria.

Nem o Antigo nem o Novo Testamento fazem menção a este costume. Em breve: a coroa militar está proibida pela simples razão de que a guerra e o serviço militar são *irreconciliáveis* com a fé cristã. *O cristão conhece um só juramento: a promessa batismal; sabe só um serviço: o que é prestado a Cristo Rei.*

O De Corona critica os católicos porque recusam o Paráclito e suas profecias. Este tratado é provavelmente do ano 211.

12º Sobre a fuga na perseguição (De fuga in persecutione)[207]

Esta questão foi abordada no De corona e neste tratado Tertuliano pergunta se é permitido a um cristão fugir no tempo de perseguição para escapar do martírio. Em Ad uxorem[208] havia afirmado: "Em tempo de perseguição é preferível fugir de um lugar para outro, como nos é permitido, que deixar-se prender e negar a fé debaixo do tormento". Em De patientia[209] manteve a mesma opinião.

No presente tratado, ao contrário, sustenta que tal fuga é contra a vontade de Deus, pois é ele quem envia a perseguição a fim de robustecer a fé dos cristãos. Tertuliano dedica o tratado ao seu amigo Fábio, já anunciado no De

---

[206] *De Corona*, c. 1.
[207] Tertullianus, *De fuga in persecutione*, CPL 25; PL 2,101-120B; CCL 2, 1135-1155 ed. J. J. Thierry (1954).
[208] *Ad uxorem*, c. 1,3.
[209] Cf. *De patientia*, c. 13.

Corona.²¹⁰ Há claros indícios do montanismo de Tertuliano.²¹¹ O tratado deve ser datado no ano de 212.

13º Sobre a idolatria (De idololatria)²¹²

É do ano de 211, portanto, contemporâneo ao *De corona*. Coloca-se de novo a questão sobre a permissão de servir o exército. Ultrapassando o tema, Tertuliano quer livrar o cristão de tudo quanto esteja relacionado com a idolatria. Destarte, ele começa condenando tanto fabricantes como adoradores de imagens,²¹³ e ainda as profissões ou artes que estão a serviço do paganismo. Por isso exclui da Igreja os astrólogos, matemáticos, mestres de escola, professores de literatura e, com maior razão ainda, os gladiadores, vendedores de incenso, feiticeiros e magos.²¹⁴

14º Sobre o jejum (De ieiunio adversus psychicos)²¹⁵

O título, os *psychici*, indica que Tertuliano, já montanista, escreveu este tratado contra os católicos. O autor ataca os católicos, "escravos da luxúria e arrebentando pela glutonaria",²¹⁶ pois rechaçam as práticas montanistas. Com efeito, os católicos acusavam o grupo de Tertuliano de aumentar o número de jejum e introduzir novas práticas.

15º Sobre a modéstia (De pudicitia)²¹⁷

Este tratado é tão virulento como o *De ieiunio adversus psychicos* e trata do poder das chaves. Segundo a concepção de Igreja de Tertuliano, o poder de perdoar não pertence à hierarquia eclesiástica, e sim à hierarquia espiritual, isto é, aos *apóstolos* e *profetas*.

A obra nada mais é que uma diatribe contra a disciplina penitencial da Igreja Católica do Norte da África e, de modo particular, contra o *Edictum peremptoriumí* de um bispo cujo nome não cita. Segundo Tertuliano, este *pontifex maximus* e *episcopus episcoporum* declara: "Perdoo os pecados de adultério e de

---

210   Cf. *De Corona*, c. 1.
211   Cf. *De fuga in persecutione*, c. 1.11.14.
212   Tertullianus, *De idolatria*, CPL 23; PL 1,661-696B; CCL 2, 1101-1124 ed. A. Reifferscheid – G. Wissowa (1954); cf. ed. J. H. Waszink – J. C. M. van Winden, Leiden 1987.
213   Cf. *De idolatria*, c. 4.
214   Idem, c. 8-11.
215   Tertullianus, *De ieiunio adversus psychicos*, CPL 29; PL 2,953-978B; CCL 2, 1257-1277 ed. A. Reifferschied – G. Wissowa (1954).
216   *De ieiunio*, c. 1.
217   Tertullien, *La pudicité*, intr. M. Charles Munier, trad. P. Pierre Dessalces, SC 395, Paris, Les Éditions du Cerf 1993 [*De pudicitia*; CPL 30; PL 2, 979; CCL 2, 1281-1330].

fornicação aos que tenham feito penitência". Acredita-se que este bispo seja o Papa Calisto (217-222).

O *De Pudicitia*, comparado com o *De paenitentia*, se opõem um ao outro. Com efeito, o *De Pudicitia* é o primeiro documento que menciona *os três pecados capitais*, a saber, a idolatria, a fornicação e o homicídio, considerados *imperdoáveis* pelo autor. A distinção entre *peccata remissibilia* e *irremissibilia* se deve a Tertuliano.[218] Esta enumeração não se encontra no *De paenitentia*. Segundo Tertuliano, a Igreja não tem poder para perdoar pecados tão graves após o Batismo.

16º Sobre o manto (De pallio)[219]

Este é o menor tratado escrito por Tertuliano. Com efeito, tem somente seis capítulos. É uma autodefesa, ocasionada pela substituição que ele fez da toga pelo manto ou *pallium*. A toga foi introduzida pelos romanos após sua vitória sobre Cartago e significa opressão, enquanto o *pallium* era usado desde sempre as pessoas de todas as condições.

e) Escritos perdidos

É muito grande o número de obras perdidas de Tertuliano. Entram neste grupo as obras escritas em grego. Entre elas se colocam o *De spectaculis, De baptismo, De virginibus velandis*. Há ainda a citar o escrito sobre o *êxtase*.

Além das obras gregas, estão perdidas as seguintes obras latinas:

- *De spe fidelium*: Tertuliano demonstrava a necessidade de interpretar as profecias do Antigo Testamento sobre a restauração de Judá de modo alegórico sobre Cristo e a Igreja.[220]
- *De paradiso*: sobre questões relativas ao paraíso.[221] Tertuliano afirma que todas as almas, exceto a dos mártires, permanecerão no Hades até o dia da vinda do Senhor.
- *Adversus Apelleiacos*: contra os seguidores de Apeles, discípulo de Marcião. Nesta obra refuta a opinião que diz ter sido o mundo criado por

---

[218] Cf. *De pudicitia*, c. 2.

[219] Tertullien, *Le manteau*, intr. et trad. de Mme. Marie Turcan, SC 513, Paris, Les Éditions du Cerf 2007 [*De pallio*; CPL 15; PL 2,1029-1050 B; CCL 2, 733-750].

[220] Segundo Jerônimo (*De viris illustribus* 40; *In Isaiam commentatium* ad 36,1ss e *In Isaiam Commentaium* 18, pref.), Tertuliano mantém ideias quiliastas.

[221] Cf. *Adversus Marcionem* 5,12; *De anima* 55.

um anjo eminente e não por Deus. Este anjo arrependeu-se de ter feito o mundo.[222]

- *De fato:*[223] onde trata do acaso e da necessidade, da fortuna e da vontade livre do Senhor e do demônio e sua influência no entendimento humano.
- *Ad amicum philosophum*: sobre as dificuldades da vida matrimonial e dirigido a um amigo filósofo.[224]
- *De Aaron vestibus*: Jerônimo teria notícias desta obra por uma lista de escritos de Tertuliano.[225]
- *De carne et anima, De animae submissione* e *De superstitione saeculi*: são títulos que aparecem no índice do *Codex Agobardinus* do século IX.
- Entre as obras não autênticas de Tertuliano estão a *Passio SS. Perpetuae* e *Felicitatis*.

3.5.3. Conclusão

Tertuliano foi chamado o fundador da teologia ocidental e pai da cristologia. Embora nunca tenha criado um sistema, Tertuliano deixou uma grande quantidade de ensinamentos e reflexões que marcaram o pensamento teológico da Igreja.

Tertuliano não sistematizou suas reflexões, pois não tinha a perspicácia de espírito para dispor os diferentes artigos da fé em ordem lógica, dando a cada um o lugar que lhe pertence.

É nos tratados anti-heréticos que percebemos o talento de sua especulação. Não conseguia, contudo, resolver contradições que eram somente aparentes. Ele as criava. Gostava dos paradoxos. Não é certo que tenha criado a frase *Credo quia absurdum*, uma vez que ela não se encontra em seus escritos. Mas suas obras nos reservam choques. Pode-se ver por esta afirmação: "O Filho de Deus foi crucificado; eu não me escandalizo, porque é necessário que as pessoas se escandalizem; o Filho de Deus morreu. Isto se impõe absolutamente à fé, porque é absurdo".[226]

---

[222] Cf. *De carne Christi* 18.
[223] Cf. *De anima* 20.
[224] Cf. Jerônimo, *Epistula* 22,22; *Adversus Iovinianum* 1,13. A obra se chamaria *De nuptiarum angustiis*.
[225] Cf. Jerônimo, *Epistula* 64,23.
[226] *De carne Christi*, c. 5.

Estas frases não inquietam Tertuliano, uma vez que ele não buscou construir uma ponte entre a religião e a razão. Ele quer somente provar que mesmo o aparente conflito entre os fatos da redenção e a inteligência humana pode impedi-lo de crer. Eis aí a diferença fundamental entre Tertuliano e a Escola de Alexandria, especialmente com Clemente, seu contemporâneo.

"... à personalidade de Tertuliano vai de encontro o seu caráter literário e o seu estilo: composições perfeitamente arquitetadas e realizadas com riqueza de meios, vastidão e segurança de cultura, habilidade técnica, e, sobretudo, vida, vigor, paixão incandescente, diante da qual fazem forte contraste e comovem as raras páginas de uma psicologia profunda, calma, delicadíssima, rica de sincero sentimento. O vocabulário é novo, em parte cunhado por ele e permanecerá como patrimônio da língua da Igreja. [...] Não obstante seus desvios doutrinais, Tertuliano permanece um dos maiores escritores da antiguidade por sua originalidade rude e possante, e um daqueles que deram maior contribuição ao desenvolvimento da teologia cristã."[227]

E Bento XVI sintetiza o que é Tertuliano: "Esta grande personalidade moral e intelectual, este homem que ofereceu uma contribuição tão grande ao pensamento cristão, me faz refletir muito. Vê-se no final que lhe falta a simplicidade, a humildade para integrar-se na Igreja, para aceitar suas fraquezas, para ser tolerante com os outros e consigo mesmo. Quando só se vê o próprio pensamento em sua grandeza, no final se perde esta grandeza. A característica essencial de um grande teólogo é a humildade para estar com a Igreja, para aceitar suas próprias fraquezas, pois só Deus é totalmente santo. Nós, contudo, sempre temos necessidade de perdão".[228]

REZANDO COM OS SANTOS PADRES

Esperamos o que não vemos[229]

É este o preceito salvífico de Nosso Senhor e Mestre: "Quem perseverar até o fim, será salvo" (Mt 10,22). E ainda: "Se permanecerdes

---

[227] Bosio, Guido, I 312.
[228] Disponível em: http://blog.bibliacatolica.com.br/historia-da-igreja/tertuliano-de-cartago/ – acessado em: 30.11.10.
[229] Cipriano de Cartago, *Tratado sobre a paciência* 13.15, in CSEL 3,406-408; apud *Liturgia das Horas* I 158-160.

na minha palavra, sereis verdadeiramente meus discípulos, e conhecereis a verdade, e a verdade vos libertará" (Jo 8,31-32).

É preciso ter paciência e perseverar, irmãos caríssimos, para que, tendo sido introduzidos na verdade e na liberdade, possamos chegar à verdade e à liberdade. O fato de sermos cristãos exige que tenhamos fé e esperança, mas a paciência é necessária para que elas possam dar seus frutos.

Nós não buscamos a glória presente, mas a futura, como também ensina o Apóstolo Paulo: "Já fomos salvos, mas na esperança. Ora, o objeto da esperança não é aquilo que se vê; como pode alguém esperar o que já vê? Mas se esperamos o que não vemos, é porque o estamos aguardando mediante a perseverança" (Rm 8,24-25). A esperança e a perseverança são necessárias para levarmos a bom termo o que começamos a ser e para conseguirmos aquilo que, tendo-nos sido apresentado por Deus, esperamos e acreditamos.

Noutro lugar, o mesmo Apóstolo ensina os justos, os que praticam o bem e os que acumulam para si tesouros no céu, na esperança da felicidade eterna, a serem também pacientes, dizendo: "Portanto, enquanto temos tempo, façamos o bem a todos, principalmente aos irmãos na fé. Não desanimemos de fazer o bem, pois no tempo devido haveremos de colher, sem desânimo" (Gl 6,10.9).

Ele recomenda a todos que não deixem de fazer o bem por falta de paciência; que ninguém, vencido ou desanimado pelas tentações, desista no meio do caminho do mérito e da glória, e venha a perder as boas obras já feitas, por não ter levado até o fim o que começou.

Finalmente, o Apóstolo, ao falar da caridade, une a ela a tolerância e a paciência. "A caridade", diz ele, "é paciente, é benigna; não é invejosa, não se ensoberbece, não se encoleriza, não suspeita mal; tudo ama, tudo crê, tudo espera, tudo suporta" (1Cor 13,4-5). Ensina-nos, portanto, que só a caridade pode permanecer, pois é capaz de tudo suportar.

E noutra passagem diz: "Suportai-vos uns aos outros com amor; aplicai-vos a aguardar a unidade do espírito pelo vínculo da paz" (Ef 4,2b-3). Provou desse modo que só é possível conservar a união e a paz quando os irmãos se suportam mutuamente, e guardam, mediante a paciência, o vínculo da concórdia.

BIBLIOGRAFIA

CESCON, Argentino, *Filosofia e arte literária no* Otávio *de Marco Minúcio Félix*, São Paulo, s.c.p., 1990. 2 v.

CIPRIANO DE CARTAGO, A unidade da Igreja Católica = Fontes da catequese 8, Petrópolis, Vozes 1973. Outra tradução disponível em: http://www.ecclesia.com.br/biblioteca/pais_da_igreja/s_cipriano_sobre_a_unidade.html.

CYPRIEN DE CARTHAGE, *À Démétrien*, intr. et trad. de M. Jean-Claude FREDOUILLE, SC 467, Paris, Les Éditions du Cerf 2003 [*CPL* 46; *PL* 4, 543-564B; *CCL* 3 A, p. 35-51].

CYPRIEN DE CARTHAGE, *À Donat*, intr. et trad. de M. Jean MOLAGER, SC 291, Paris, Les Éditions du Cerf 1982 [*CPL* 38; *PL* 4, 192; *CCL* 3A, 3-13].

CYPRIEN DE CARTHAGE, *L'Unité de l'Église catholique* [*CPL* 41], trad. de M. Michel POIRIER, intr. de M. Paul MATTEI, SC 500, Paris, Les Editions du Cerf 2006 [*PL* 4, 493-520A; *CCL* 3, 249-268].

CYPRIEN DE CARTHAGE, *La bienfaisance et les aumônes*, trad. et intr. de M. Michel POIRIER, SC 440, Paris, Les Editions du Cerf 1999 [*De opere et eleemosynis*, *CPL* 47; *PL* 4, 601-622B; *CCL* 3A, 55-72].

GARCÍA, Manuel, *Credo cristiano contra cultura pagana*, disponível em: http://www.gobiernodecanarias.org/educacion/3/usrn/fundoro/archivos%20adjuntos/publicaciones/actas/act_%20 8_10_pdf/02_manuel_garcia.pdf.

LACTANCE, *De la mort des persécuteurs*, intr. et trad. de M. Jacques MOREAU, SC 39, Paris, Les Éditions du Cerf 1954 [*De mortibus persecutorum*; *CPL* 91; *PL* 7, 189-276 A].

LACTANCE, *Épitomé des Institutions divines*, intr. et trad. de M. Michel PERRIN, SC 335, Paris, Les Éditions du Cerf 1987 [*Epitome Diuinarum Institutionum*; CPL 86; *PL* 6, 1017-1094 A; *CSEL* 19, 675-761].

LACTANCE, *Institutions divines* I, intr. et trad. de M. Pierre MONAT, SC 326, Paris, Les Éditions du Cerf 1986 [*Diuinae Institutiones I*; *CPL* 85; *PL* 6/3, 111-252 A; *CSEL* 19/1].

LACTANCE, *Institutions divines* II, intr. et trad. de M. Pierre MONAT, SC 337, Paris, Les Éditions du Cerf 1992 [*Diuinae Institutiones II*; Cl. *CPL* 85; *PL* 6/3, 253-346B; *CSEL* 19/1].

LACTANCE, *Institutions divines* IV, intr. et trad. de M. Pierre MONAT, SC 377, Paris, Les Éditions du Cerf 1992 [*Diuinae Institutiones IV*; Cl. *CPL* 85; *PL* 6/3, 447-544 A; *CSEL* 19/1].

LACTANCE, *Institutions divines* V, intr. et trad. de M. Pierre MONAT, SC 205, Paris, Les Éditions du Cerf 1973 [*Diuinae Institutiones V*; Cl. *CPL* 85; *PL* 6/3, 545-630 B; *CSEL* 19/1].

LACTANCE, *Institutions divines* V, intr. et trad. de M. Pierre MONAT, SC 204, Paris, Les Éditions du Cerf 1973 [*Diuinae Institutiones V*; Cl. *CPL* 85; *PL* 6/3, 545-630 B; *CSEL* 19/1].

LACTANCE, *Institutions divines* VI, intr. et trad. de Mme Christiane INGREMEU, SC 509, Paris, Les Éditions du Cerf 2007 [*Diuinae Institutiones VI*; Cl. *CPL* 85; *PL* 6/3, 633-732 A; *CSEL* 19/1].

LACTANCE, *L'ouvrage de Dieu créateur*, intr. et trad. de M. Michel PERRIN, SC 214, Paris, Les *Éditions* du Cerf 1974.

LACTANCE, *La colère de Dieu*, intr. et trad. de Mme. Christiane INGREMEAU, SC 289, Paris, Les Editions du Cerf 1982 [*De ira Dei*; CPL 88; PL 7, 79-148 B; CSEL 27/1, 67-132].

MINÚCIO FÉLIX, *Octávio*, introdução, tradução e comentário de Manuel Naia da SILVA (Dissertação de Mestrado) = Coleção Biblioteca Euphrosyne 7, Lisboa, INIC 1990.

TERTULIANO, *El bautismo. La oración*. Introducción, texto crítico, traducción y notas de S. VICASTILLO = Fuentes Patrísticas 18, Madrid, Ciudad Nueva 2006.

TERTULIANO, *O sacramento do Batismo: teologia pastoral do Batismo segundo Tertuliano*, Tradução de Urbano ZILLES = Os Padres da Igreja 3, Petrópolis, Vozes 1981.

TERTULLIANUS, *Apologeticum*, CPL 3 [PL 1, 257-536A] [CCL 1, 85-171, éd. E. Dekkers (1954)].

TERTULLIEN, *À son épouse*, intr. et trad. de Charles MUNIER, SC 273, Paris, Les Éditions du Cerf 1980 [*Ad uxorem*; CPL 12; PL 1, 1273-1304 A; CCL 1, 373-394].

TERTULLIEN, *Contre Hermogène*, intr. et trad. de M. Frédéric CHAPOT, SC 439, Paris, Les Éditions du Cerf 1999 [*Aduersus Hermogenem*; CPL 13; PL 2, 195-238 B; CCL 1, 395-436].

TERTULLIEN, *Contre les valentiniens*, intr. et trad. de M. Jean-Claude FREDOUILLE, SC 281, Paris, Les Éditions du Cerf 1981 [*Aduersus Valentinianos*; CPL 16; PL 2, 523-594 A; CCL 2, 753-778].

TERTULLIEN, *De la patience*, intr. et trad. de M. Jean-Claude FREDOUILLE, SC 310, Paris, Les Éditions du Cerf 1984 [*De patientia*; CPL 9; PL 1, 1249-1274 A; CCL 1, 299-317].

TERTULLIEN, *Exhortation à la chasteté*, intr. Claudio MORESCHINI, trad. de Jean-Claude FREDOUILLE, SC 319, Paris, Les Éditions du Cerf 1985 [*De exhortatione castitatis*; CPL 20; PL 2, 913-930 A; CCL 2, 1015-1035].

TERTULLIEN, *La chair du Christ*, intr. et trad. de M. Jean-Pierre MAHE, SC 216-217, Paris, Les Éditions du Cerf 1975; [*De carne Christi*; CPL 18; PL 2, 751-792 B; CCL 2, 873-917].

TERTULLIEN, *La pénitence*, intr. et trad. de Charles MUNIER, SC 316, Paris, Les Éditions du Cerf 1984 [*De paenitentia*; CPL 10; PL 1, 1223-1248 B; CCL 1, 321-340].

TERTULLIEN, *La pudicité*, intr. M. Charles MUNIER, trad. P. Pierre DESSALCES, SC 395, Paris, Les Éditions du Cerf 1993 [*De pudicitia*; CPL 30; PL 2, 979; CCL 2, 1281-1330].

TERTULLIEN, *La toilette des femmes*, intr. et trad. de Mme. Marie TURCAN, SC 173, Paris, Les Éditions du Cerf 1971 [*De cultu feminarum*; CPL 11; PL 1, 1303-1334 A; CCL 1, 343-370].

TERTULLIEN, *Le mariage unique*, intr. et trad. de Paul MATTEI, SC 343, Paris, Les Éditions du Cerf 1988 [*De monogamia*; CPL 28; PL 2, 929-954 A; CCL 2, 1229-1253].

TERTULLIEN, *Le voille des vierges*, intr. de Paul MATTEI – Eva SCHULZ-FLUGEL et trad. de Paul MATTEI, SC 424, Paris, Les Éditions du Cerf 1997 [*De uirginibus velandis*; CPL 27; PL 2, 887-914A; CCL 2, 1207-1226].

TERTULLIEN, *Traité du baptême*, intr. de M. François Refoulé, trad. de M. Drouzy et M. François REFOULE, SC 35, Paris, Les Éditions du Cerf 1952 [*De baptismo*; CPL 8; PL 1, 1197-1222?; CCL 1, 277-295].

A primeira escola teológica: Alexandria

A partir da formação das Escolas teológicas, a reflexão sobre a fé cristã, em todos os seus pontos e partes, concentra-se em teorias que podem ser atribuídas a um grupo de autores. Denominamos com o nome de Escola, pois é não somente o lugar da erudição dos que ensinam (os mestres), quanto o lugar no qual se concentram as pessoas que procuram aprender e formar-se (os discípulos). A primeira destas escolas, tanto na ordem cronológica como na qualidade é, certamente, *Alexandria*.

Este capítulo será dividido em três tópicos. Nosso ponto de partida, à guisa de introdução, é uma sumária apresentação da cidade de Alexandria na Antiguidade. A partir de então, estudaremos os autores que brilharam nesse início da reflexão teológica: Panteno, Clemente de Alexandria e Orígenes. Uma conclusão buscará levantar os pontos mais significativos desse momento e o legado que deixou.

A vida exigiu o surgimento de um centro de estudos da fé cristã. À medida que a nova religião penetrava no mundo antigo, sentia-se a necessidade de expor a fé cristã de forma mais ordenada, completa e exata. O número de convertidos das classes cultas pedia uma exposição à altura de seu meio. A formação de mestres para esta finalidade estava unida a tal exigência. As escolas teológicas tiveram início no Oriente, região onde o cristianismo teve maior difusão. A mais famosa e a primeira de todas foi Alexandria. Posteriormente Cesareia e Antioquia vão ter sua criação e difusão.

Para o cristianismo do segundo e terceiro séculos, Alexandria, *Didaskaleion*[1] e Orígenes, precedido que foi por Panteno e Clemente, são realidades que se entrecruzam. É o que veremos, nesta primeira parte do capítulo.

---

[1] Sobre este ponto, especificamente, você encontrará Figueiredo, Fernando Antonio, A Igreja de Alexandria, in *Curso de Teologia Patrística* I 71-112; Bosio, Guido, *Iniziazione ai Padri* 509-583.

Generalidades

No ano de 331 a.C., Alexandre Magno fundou, junto à foz do Rio Nilo, a cidade que tomou o seu nome. Ela ficava na convergência de variadas civilizações: Egito, Oriente, Grécia e Mediterrâneo. Cinquenta anos após sua fundação, Alexandria já contava com 300 mil habitantes. Os Ptolomeus fizeram dela a mais importante metrópole do mundo antigo, centro de comércio e de cultura. Para lá se dirigiram os poetas, os artistas, os filósofos e os cientistas mais célebres. Foi levantado, para hospedá-los, um complexo de edifícios com jardins que recebeu o nome de casa das Musas, *Museum*. Para estes intelectuais do tempo foi recolhida uma biblioteca imensa e famosa. Diz-se que teria perto de 400 mil volumes, quando foi incendiada nos tempos de César (47 a.C.). Este foi o primeiro incêndio do qual se tem notícia. Outro mais grave aconteceu no século IV da nossa era. Junto com a cidade, todo o acervo da biblioteca foi destruído. Trabalhos que representavam a vida inteira de vários filósofos desapareceram. Esta foi uma das maiores tragédias já ocorridas na ciência, principalmente para aqueles que se interessam pela história do pensamento. Atenas, douta e intelectual, cedeu-lhe a vez e o espaço. Dela nasceu a cultura helenística, também chamada alexandrina.

Nesta cidade os hebreus formavam a colônia mais numerosa. No ano 20 a.C., Filão calculava que aí residisse perto de um milhão de hebreus, número certamente exagerado. A helenização dos hebreus, que não mais entendiam o hebraico e o proselitismo que aí era feito, obrigou a confecção de uma tradução da Bíblia, a dos *Setenta*. Os sábios buscaram aplainar as divergências entre a Escritura e a ciência. A interpretação da Bíblia, que nasceu deste esforço, chamou-se *alegórica*. "O método alegórico permaneceu característico da escola alexandrina, quer hebraica, quer cristã. Sob o influxo do helenismo, o judaísmo tomou o caráter de religião universal e, sem deixar de ser religião, se tornou filosofia. O judeo-helenismo teve as suas escolas e os seus mestres, destacando-se, entre eles, Filão."[2]

Alexandria, segundo a tradição cristã, teria sido evangelizada por Marcos, evangelista.[3] Embora se afirme que ele tenha evangelizado a Índia, o testemu-

---

[2] Bosio, Guido, *Iniziazione* 472. Leia também: Lopes, Geraldo, *Tipologia: uma saudável leitura da Bíblia*, introdução geral do livro de Daniélou, Jean, *Bíblia e Liturgia. A teologia bíblica dos Sacramentos e das festas nos Padres da Igreja*, tradução de Geraldo Lopes, São Paulo, Paulinas, 2013.

[3] Marcos, "levando o evangelho que ele mesmo compôs, foi para o Egito e realizou a primeira pregação de Cristo em Alexandria. Formou uma Igreja tão admirável na doutrina e na continência de vida que

nho que se tem dele é de seu ensinamento oral. Nesta cidade foi fundada uma escola para catequistas, o *Didaskaleion*. Era, a princípio, um lugar de instrução dos catecúmenos. Aplicando à Sagrada Escritura o método racional-filosófico, e às doutrinas reveladas o filológico, utilizado pelos escritores pagãos e judeus, o *Didaskaleion* se desenvolve como escola de ciência teológica e exegese bíblica, tornando-se a primeira universidade teológica da antiguidade cristã. A literatura eclesiástica não foi mais simples arma de defesa externa, como nos apologistas e em Irineu, mas se tornou instrumento de pacífica conquista intelectual na Igreja.

O *Didaskaleion* utiliza-se do platonismo, acentuando, algumas vezes de forma excessiva, a transcendência de Deus na doutrina teológica e da alegoria na exegese da Escritura. Os grandes mestres no *Didaskaleion* foram *Panteno*, entre 180 e 200 e que teria sido um de seus fundadores, depois *Clemente, Orígenes e Héracles*. Nos tempos de Orígenes a escola teria ainda uma estrutura rudimentar. Além da catequese, ensinava-se também a gramática, a filosofia e, para os mais instruídos, lecionava-se também teologia e exegese bíblica.

1. OS MESTRES DO *DIDASKALEION*

Cidade de cultura intelectual elevada, Alexandria exigiu uma *inculturação* precisa da fé cristã. Os pastores e mestres de Alexandria tiveram um vivo interesse pelos problemas de tipo teórico. Surgiu daí a Escola teológica que se tornou *o centro mais antigo* de ciências sagradas na história do cristianismo. Esta escola herdou os parâmetros intelectuais reinantes em Alexandria e produziu uma ciência de investigação metafísica do conteúdo da fé, a preferência pela filosofia de Platão e a interpretação alegórica das Sagradas Escrituras.

Entre seus alunos e professores nomeamos Panteno, Clemente, Orígenes, Atanásio, Dídimo e Cirilo.

---

passou o seu exemplo a todos os seguidores de Cristo... morreu, no oitavo ano de Nero, tendo sido sepultado em Alexandria..." (Jerônimo, *De viris illustribus* 8).

1.1 Panteno

Nascido na Sicília,[4] faleceu em Alexandria por volta de 216. Professor de filosofia em Alexandria, usando do método pitagórico, foi convertido ao cristianismo movido pelo exemplo de cristãos convictos – certamente os mártires – e levou à fé cristã o seu principal discípulo e sucessor à frente do *Didaskaleion*, Clemente.[5] Convertido, ele assimilou em profundidade a fé cristã e o seu conteúdo, transformando-se, por sua vez, em mestre da doutrina assumida por ele. Foi o primeiro diretor da nova Escola de Catequese, dando-lhe singular organização e incremento.

À frente da Escola catequética, a Panteno se atribui sua tendência idealista, uma vez que ele era um místico. Dessa tendência decorre a *interpretação alegórica* da Bíblia, característica do *Didaskaleion* e da qual Orígenes se transformará num mestre. Ademais, ao convertido Panteno se deve, em parte, o esforço para explicar os dogmas cristãos com as teorias da filosofia grega. Embora o propósito seja acertado, nem sempre os membros da escola utilizaram corretamente esse método... Como mestre, Panteno grangeou grande estima e renome.

1.2 Clemente

1.2.1 Dados de sua vida

Filho de pais pagãos, Tito Flávio Clemente nasceu por volta de 150 em Atenas. Ali recebeu sua primeira instrução. Nada se sabe da data nem das razões de sua conversão. Após sua conversão viajou pelo sul da Itália, Síria e Palestina, a fim de receber instrução cristã dos mais renomados mestres de então.[6]

Seu périplo aporta em Alexandria. O encontro com Panteno e com suas aulas o atraíram sobremaneira. Ele resolve fixar residência naquela cidade, que se torna sua segunda pátria. Ele afirma de Panteno: "Eu encontrei repouso quando me vi diante do último de meus mestres, o primeiro na realidade por seu valor, a quem descobri no Egito. Verdadeira abelha da Sicília recolhia o

---

[4] São dados não confirmados, embora Clemente, seu discípulo, fale veladamente dele em *Stromates* I, 2,2.

[5] Acredita-se que a influência de Panteno sobre Clemente tenha sido por este codificada na sua obra perdida, *Hypothyposeis*. "Nas *Hypothyposeis* que compôs menciona Panteno pelo nome, no livro primeiro de seus *Stromateis*, quando assinala os mais célebres da sucessão apostólica por ele recebida..." (Eusébio de Cesareia, *HE* V 11,2).

[6] Ele mesmo afirma "ter tido o privilégio de escutar varões bem-aventurados e verdadeiramente importantes" (*Stromates* I,1,11).

néctar das flores que brotam do campo dos profetas e dos apóstolos, engendrando na alma de seus ouvintes uma ciência imortal".[7]

Foi discípulo, sócio e assistente de Panteno e, finalmente, seu sucessor como diretor da Escola dos Catecúmenos. Não se sabe com exatidão a data em que começou a dirigir o *Didaskaleion*, provavelmente por volta do ano 200. Dois ou três anos mais tarde, a perseguição de Septímio Severo obrigou-o a se refugiar na Capadócia. Acompanhava-o seu discípulo Alexandre, que viria a ser mais tarde bispo de Jerusalém. Ao sair do Egito, passa a direção da Escola ao seu discípulo Orígenes.

Clemente morreu em 215, sem ter podido retornar ao Egito. Buscou com todos os meios converter os "helenos" (pagãos) ao cristianismo e educar os cristãos. Clemente é considerado o grande missionário dos ricos e dos intelectuais. Com efeito, instruído nas letras profanas, não desclassificou a sabedoria deste mundo, máxime a filosofia. Foi com ele que nasceu o mote *"philosophia ancilla theologiae"*.[8]

1.2.2 Seus escritos

Embora se saiba pouca coisa da vida de Clemente, pode-se ter um vivo retrato de sua personalidade por meio de seus escritos. Estas obras, revelando Clemente como um grande mestre, revelam o desafio que a fé cristã teve de enfrentar com as ideias e realizações do tempo. Esta ação faz de Clemente o "pioneiro" das ciências eclesiásticas.

Suas principais obras são o *Protréptico*, o *Pedagogo* e os *Estrômates*.[9]

a) O *Protréptico*[10]

O *Protréptico* ou Exortação aos gregos é um convite à conversão. Visava convencer os adoradores dos deuses da inutilidade e insensatez das crenças pagãs, mostrando os aspectos vergonhosos dos mistérios pagãos. Visava, pois, conduzi-los a aceitar a verdadeira religião e a conhecer o Logos divino. Com

---

[7] Clemente de Alexandria, *Stromates* I, 1, 11.
[8] "A filosofia é serva da teologia." Esta expressão é de Etienne Gilson.
[9] Seguiremos Quasten, Johnnes, disponível em: http://www.holytrinitymission.org/books/spanish/patrologia_j_quasten_1.htm#_Toc23391200 – acessado em: 28.10.10.
[10] Clément d'Alexandrie, *Le protreptique*, intr. et trad. de Claude Mondésert, SC 2bis, Paris, Les Éditions du Cerf 1941 (a obra teve outras edições, sendo a última em 2004).

efeito, ele foi anunciado aos profetas e revelou-se em Jesus Cristo. Ele é capaz de conceder a vida divina, pois comunica a imortalidade.

b) O *Pedagogo*[11]

Como continuação do *Protréptico*, o *Pedagogo* é composto de *três* livros. A obra é dedicada aos que aceitaram a fé. Nesta obra o Logos aparece como preceptor para ensinar os crentes a ordenar a própria vida.

Clemente, nessa obra, serve-se do Antigo e do Novo Testamento. Há citações de filósofos gregos, máxime de Platão e Plutarco. Há ainda influência dos moralistas estoicos, embora seja difícil determinar a obra correspondente.

c) Os *Estrômates* ou *Tapetes*[12]

No final da introdução ao *Pedagogo*, Clemente faz esta observação: "Desejando, pois, ardentemente conduzir-nos à perfeição por um progresso constante até à salvação, apropriado a uma educação eficaz, o bondosíssimo Verbo segue uma ordem admirável: primeiro exorta, a seguir educa e, por fim, ensina".[13]

Tudo indica que Clemente desejava escrever uma obra intitulada o *Mestre*, que seria a terceira parte da trilogia. Clemente, contudo, não possuía as qualidades para escrever esse tipo de livro, a saber, uma distribuição estritamente lógica. As obras anteriores não o mostram como um teólogo sistemático capaz

---

[11] Clément d'Alexandrie, *Le Pédagogue*, livre I, trad. de Mme Marguerite Harl, Mme Chantal Matray, P. Claude Mondésert, SC 70, Paris, Les Éditions du Cerf 1960 [*Paedagogus*, CPG 1376; PG 8,249-684; GCS 12 (2e ed.) 89-292]; idem, *Le Pédagogue*, livre II, trad. de Mme Marguerite Harl, Mme Chantal Matray, P. Claude Mondésert, SC 188, Paris, Les Éditions du Cerf 1965 [*Paedagogus*, CPG 1376; PG 8,249-684; GCS 12 (2e ed.) 89-292]; idem, *Le Pédagogue*, livre II, trad. de Mme Marguerite Harl, Mme Chantal Matray, P. Claude Mondésert, SC 188, Paris, Les Éditions du Cerf 1970 [*Paedagogus*, CPG 1376; PG 8,249-684; GCS 12 (2e ed.) 89-292].

[12] Clément d'Alexandrie, *Stromates* I, SC 30, Paris, Les Éditions du Cerf 1951 [*Stromata I*; CPG 1377; PG 8, 685-; GCS 52 (3e éd.)]; idem, *Stromates* II, intr. de P. Pierre Thomas Camelot, trad. de P. Claude Mondésert, SC 38, Paris, Les Éditions du Cerf 1954 [*Stromata II*; CPG 1377; PG 8, 929-1098; GCS 52 113-194]. Clemens Alexandrinus, *Stromata* III, CPG 1377; PG 8, 1098-1212; GCS 52, 195-247, 1897s; idem, *Stromates* IV, intr. de Mme Annewies Van den Hoeck, trad. de P. Claude Mondésert, SC 463, Paris, Les Éditions du Cerf 2001 [*Stromata IV*; CPG 1377; PG 8, 1213-1382; GCS 52, 248-325]; idem, *Stromates* V, intr. de P. Pierre Voulet, trad. de M. Alain le Boulluec, SC 278.279, Paris, Les Éditions du Cerf 1981 [*Stromata V*; CPG 1377; PG 9, 9-206; GCS 52, 326-421]; idem, *Stromates* VI, intr. et trad. de Mgr. Pactrick Descourtieux, SC 446, Paris, Les Éditions du Cerf 1999 [*Stromata VI*; CPG 1377; PG 9, 207-402; GCS 52, 422-518]. *Stromates* VII, intr. et trad. de M. Alain le Boulluec, SC 428, Paris, Les Éditions du Cerf 1997 [*Stromata VII*; CPG 1377; PG 9, 401-558; GCS 17, 1-79]. Clemens Alexandrinus, *Stromata* VIII; CPG 1377; PG 9, 557-601; GCS 17, 80-102, 1897s.

[13] Idem, c. I, 1.3,3.

de manejar grande quantidade de material. Escolheu, pois, o gênero literário dos *Estrômates*, ou "Tapetes", muito mais de acordo com o seu estilo.[14] Os argumentos vão se intercalando como as cores de um tapete.

Os *Estrômates* compreendem oito livros. Eles estudam a relação da religião cristã com a ciência secular, máxime da fé com a filosofia grega.

d) *Excerpta ex Theodoto*[15] e *Eclogae propheticae*[16]

Estas obras seguem os *Estrômates* na tradução manuscrita. Também elas parecem ter sido escritas não para ser publicadas. As obras, provavelmente, são citações de escritos gnósticos, principalmente de Teodoto, da seita de Valentim. Contudo, é difícil separar as passagens de origem gnóstica das palavras do próprio Clemente.

e) *Quis dives salvetur?*[17]

O opúsculo é uma homilia sobre Mc 10,17-31. Não parece ter sido um sermão pronunciado. A homilia deixa entrever a presença de pessoas acomodadas em sua comunidade. As palavras do Senhor: "Vai, vende o que tens e dá aos pobres" não significa que a riqueza exclui do reino dos céus. Para se salvar não é preciso desapegar-se de tudo o que possui. Clemente interpreta Marcos afirmando que o que o Senhor pede é manter o coração desapegado de todo dinheiro e riqueza que ele traz. O que é preciso é a atitude da alma. O desprendimento necessário é o das paixões, não o das riquezas. É o pecado que exclui do reino dos céus. Termina afirmando que os maiores pecadores podem se salvar, desde que façam penitência.

---

[14] Esse gênero era o preferido dos filósofos da época, permitindo tratar de muitas questões sem um plano definido anteriormente.

[15] Clément d'Alexandrie, *Extraits ex Theodoto*, intr. et trad. de François Sagnard, SC 23, Paris, Les Éditions du Cerf 1948 [*Excerpta e Theodoto*, CPG 1139; PG 9, 653-697; *Inédit*].

[16] Clemens Alexandrinus, *Eclogae ex scripturis propheticis*; CPG 137; PG 9, 697-728; GCS – Die Griechischen Christlichen Schriftsteller der ersten (drei) Jahrhunderte 17 (2e éd.), p. 137-155 éd. O. Staehlin, L. Fruechtel, U. Treu 1897s.

[17] Clémens d'Alexandrie, *Quel riche sera sauvé*, trad. de Mgr. Patrick Descourtieux, intr. de P. Carlo Nardi, SC 537 2011 [*Quis dives salvetur*; CPG 1379; PG 9, 603-652; GCS 17 (2e ed.), 159-191].

1.3 Orígenes[18]

Em 1985, *Henri Crouzel*, sem dúvida nenhuma o maior origeniano da atualidade, publicou uma obra na qual pontuava os estudos sobre Orígenes.[19] É deste autor que traduziremos, em forma livre e sintética, o artigo referente a Orígenes.[20]

Orígenes, juntamente com Cipriano, é o autor pré-niceno do qual possuímos o maior número de dados biográficos. Estes dados, escassos nas suas obras, são abundantes em Eusébio de Cesareia no Livro VI da sua *História Eclesiástica*. Aos dados trazidos por Eusébio, devemos acrescentar os que são fornecidos por Jerônimo e Fócio e que provinham de obras de Eusébio que foram perdidas. Sua relação com seus alunos e os programas de suas aulas são descritos no *Discurso de Agradecimento* que lhe fez Gregório, o Taumaturgo.[21] De Orígenes trataremos da vida, das obras, das características de seu pensamento, de sua exegese, de sua espiritualidade, de sua teologia e do origenismo.

1.3.1. Dados biográficos

Orígenes, também chamado *Adamâncio*,[22] o homem de aço ou de diamante, nasceu provavelmente em Alexandria, de uma família cristã. Seu pai, Leonides, deu-lhe uma educação particularmente aprofundada em língua grega e nas ciências bíblicas. Em 202, durante a perseguição de Septímeo Severo, seu pai foi martirizado e os bens da família foram confiscados. Conta-se que o jovem Orígenes incentivou seu pai a ser fiel até à morte e sua mãe, que era

---

[18] Embora seja um dos autores antigos mais estudados na atualidade, pouca coisa existe, em português, sobre Orígenes. Entre outros, citamos Altaner, Bertjold – Stuiber, Alfred, *Patrologia* 203-222; Hamman, A., *Os Padres da Igreja* 89-102; Gomes, Cirilo Folch, *Antologia dos Santos Padres* 147-159.

[19] Crouzel, H. *Origène*, Paris, Lethielleux, 1985; trad. espanhola: Crouzel, H., *Orígenes, un teólogo controvertido*. Madrid, BAC, 1998.

[20] Crouzel, H. Orígenes, in: *DPAC*, p.1045-1050.

[21] Grégoire le Thaumaturge, *Remerciement à Origène*, intr. et trad. de Henri Crouzel, SC 148, Paris, Les Éditions du Cerf 1969 [*In Origenem oratio panegyrica; CPG* 1763; *PG* 10, 1052-1104].

[22] Eis uma explicação interessante sobre este título: "[Orígenes] foi conhecido, à sua época, pelo apelido de Adamâncio ('o homem de aço'), o que, a título de curiosidade ou infeliz coincidência, nos remete ao 'adamantium', liga metálica fictícia que impregna as garras do popular Wolverine, da não menos popular série X-Men de nossos dias. Coincidência ou não, o fato é que Orígenes desempenhou, à sua maneira, o papel de uma espécie de super-herói da sua época, tais foram, por um lado, a sua produção literária abundante e, por outro, as inúmeras viagens e algumas atitudes radicais". Disponível em: http://www.e-cristianismo.com.br/pt/historia/biografias/68-origene.

egípcia, teve que esconder suas roupas para que ele não saísse de casa e fosse preso.

Orígenes abriu uma escola de gramática para poder manter a mãe e os seis irmãos menores. Enquanto a perseguição a sua obra continuava, o bispo Demétrio confiou-lhe a formação dos catecúmenos. Nesta época a perseguição era ferrenha, pois contava com a intervenção dos prefeitos do Egito. Orígenes cumpriu a dúplice função de professor de catequese e de letras. Quando sua família não precisou mais de seus cuidados, dedicou-se somente à função de catequista.

Orígenes, desde a juventude, era um homem virtuoso. "Como falava, vivia, e como vivia, falava. Este fato se deve à ajuda do poder divino, o que conduzia inúmeros discípulos a imitar seu exemplo".[23]

Levado por um radicalismo juvenil, vende todos os seus manuscritos, os quais virão, posteriormente, a fazer-lhe falta. Toma Mt 19,12 ao pé da letra e se castra, embora seus ensinamentos posteriores não indiquem ser este o caminho que ensina aos demais... Como muitos o procurassem, Orígenes entrega a catequese inicial a Héracles e reserva para si o acompanhamento dos mais progredidos e o contato com os hereges e pagãos. Incitado por Ambrósio, que fora por ele reconduzido da heresia valentiniana ao cristianismo fervoroso, começa a escrever após os trinta anos. Este Ambrósio era uma pessoa muito rica. Não tendo encontrado na grande Igreja alimento para sua vida espiritual, busca-o na heresia valentiniana. Reconduzido por Orígenes, financia-lhe largamente os projetos catequéticos e os incita com palavras convincentes.

Durante este primeiro período de sua vida, embora tenha morada habitual em Alexandria, Orígenes viaja muito. Vai a Roma, onde, segundo se diz, teria escutado as pregações de Hipólito. Esteve em Cesareia da Palestina. Aí o bispo local, Teoctisto, e Alexandre, bispo de Jerusalém, o encarregam, embora leigo, de fazer as prédicas. Tal fato suscita um protesto veemente de Demétrio, bispo de Alexandria. Esteve na Arábia Romana (Jordânia), chamado pelo governador. Enfim vai a Antioquia, conduzido de guarda militar para Júlia Mamea, mãe do imperador Alexandre Severo, que desejava informar-se sobre o cristianismo.

Por volta de 231 é convidado pelos bispos da Acaia para ir a Atenas discutir com grupos de heréticos. Durante a viagem, passa por Cesareia da Palestina,

---

[23] Eusébio de Cesareia, *HE* VI,3,7. Segundo Eusébio: perseverou durante muitos anos num gênero de vida ascético, ora se exercitando no jejum, ora retirando algumas horas devidas ao descanso. Ele não dormia em um leito, e sim no solo duro. (cf. *HE* VI,3,9-10).

onde Teoctisto e Alexandre o ordenam presbítero. Quando retorna a Alexandria, Demétrio se irrita, pois não fora consultado; reúne, então, um concílio de bispos e presbíteros que exilam Orígenes fora do Egito. A seguir, sustentado por alguns bispos, Demétrio lhe retira a ordenação.

Profundamente triste, Orígenes vai para Cesareia da Palestina e é bem acolhido pela comunidade cristã de lá. Esta não leva em consideração a atitude de Demétrio. O ensino que exerce em Cesareia é muito bem detalhado por Gregório, o Taumaturgo, em seu discurso de agradecimento.[24] Em Cesareia mantém uma espécie de *escola missionária* para jovens pagãos que simpatizem com o cristianismo. Neste curso se desenvolve uma versão cristã dos problemas filosóficos, sem apresentar a doutrina propriamente cristã. Após as aulas, Orígenes mantém constantes pregações conservadas em suas homilias.

É tão intensa e considerável a sua atividade literária, que Ambrósio se dirige para Cesareia com um numeroso grupo de estenógrafos e copistas, para não perder os ensinamentos do mestre. Viaja para Atenas, onde inicia o *Comentário ao Cântico dos Cânticos*. Esteve no Sínodo da Jordânia e reconduz à ortodoxia o bispo Berilo de Bostra e discute com um grupo de cristãos que afirmavam que a alma morre e ressuscita com o corpo. O bispo Firmiliano o chama à Capadócia.

Em 250 a perseguição de Décio interrompe esta intensa obra. Orígenes é aprisionado e torturado. Não desejam a sua morte, mas sim a sua apostasia. Dado o fato de ser ele o personagem cristão mais influente desse tempo, tal apostasia teria grande efeito na propaganda de um paganismo decadente. Com a morte de Décio ele é colocado em liberdade. Sua saúde está extremamente debilitada. Morre em 254, com 69 anos. Até o século XIII seu túmulo ainda se encontrava em Tiro, na Igreja do Santo Sepulcro.[25]

Mesmo depois da morte, Orígenes continuou sendo um sinal de contradição. Teve igualmente amigos e inimigos. Apesar de ter incorrido em alguns erros, não se pode colocar em dúvida seu desejo sempre manifesto de *ser um cristão crente e ortodoxo*.[26]

---

[24] Cf. *Gregorianum* 60 (1979) 287-320.
[25] Veja as informações de Jerônimo, *De viris illustribus* 54.62.
[26] É sua afirmação: "Deve-se aceitar como verdade somente aquilo que é aceito pela tradição eclesiástica e apostólica" (Orígenes, *De principiis*, praef. 2).

1.3.2 Obras[27]

a) Uma introdução explicativa

As obras de Orígenes devem ser vistas e lidas a partir da ótica da precedência da Sagrada Escritura sobre a filosofia. Comparado com Clemente de Alexandria, não se percebe em Orígenes o mesmo amor pela filosofia grega por aquele demonstrado.

Em carta a Gregório, exorta que ele continue estudando as Sagradas Escrituras e que a filosofia seja considerada como instrumento preparatório: "Peço-te que tomes da filosofia grega aquelas coisas que possam ser conhecimentos comuns ou educação preparatória para o cristianismo. Da geometria e astronomia o que possa ser útil para a exposição da Sagrada Escritura. Os discípulos dos filósofos dizem da geometria, música, gramática, retórica, astronomia, ou seja, a filosofia que são servas da filosofia. Que nós possamos dizer isto da filosofia com relação ao cristianismo".[28]

Mais que Clemente, Orígenes acentua a importância da Sagrada Escritura. Embora com esta atenção, Orígenes foi grandemente influenciado pela filosofia de Platão, a ponto de cometer sérios erros, máxime na doutrina da preexistência da alma humana.

Orígenes é o autor antigo mais fecundo da antiguidade. Jerônimo, na Carta 33 que escreveu a Paula, traz um impressionante elenco das obras origenianas. Contudo, grande parte das suas obras desapareceu. Sua fecundidade foi tão grande que Jerônimo chega a afirmar serem mais de duas mil as suas obras.[29] Epifânio fala mesmo em seis mil escritos.[30] Jerônimo reproduz o título de oitocentas obras de Orígenes em sua carta a Paula.[31] Naturalmente que Orígenes não teria tido possibilidades de escrever um número tão grande de obras. Ele contou com o apoio de pessoas dedicadas e com muitas posses. Entre elas sobressaiu-se Ambrósio, por ele convertido. Ele pôs à disposição de Orígenes uma sala de trabalho com mais de sete estenógrafos.

---

[27] Acompanho a apresentação de: Quasten, Johnnes, disponível em: http://www.holytrinitymission.org/books/spanish/patrologia_j_quasten_1.htm#_Toc23391200 – acessado em: 28.10.10.

[28] Carta a Gregório, 13,1, in Origène, Grégoire le Thaumaturge, *Remerciement à Origène suivi de La Lettre d'Origène à Grégoire*. Texte grec, intr., tr. et notes par H. Crouzel. SC 148. Paris, Cerf, 1969.

[29] Hieronymus, *Contra Rufinum* 2,22, in Lardet, P. (ed.), *Corpus Christianorum*. Series Latina = CCSL 79, Brepols, Turnholt, 1982.

[30] Cf. *Panarion* [*Adversus Haereses*] 64,63.

[31] Jerônimo, *Epistula* 33; in Hieronymus, *Epistulae 1-70* ed. I. Hilberg 1910/1918; editio altera supplementis aucta 1996 = CSEL 54, Brepols Publishers, Turnholt, 1996.

"A partir deste momento, Orígenes começou a compor seus *Comentários às divinas Escrituras*; Ambrósio o exortava, não somente provendo-o literalmente de quanto precisava. Com efeito, quando ditava, tinha à sua disposição mais de sete estenógrafos, que iam se revezando a horas fixas, e outros tantos copistas, e ademais moças expertas em caligrafia. Para tudo isso Ambrósio proporcionava generosamente os meios necessários".[32]

b) Crítica textual

Orígenes pode ser considerado o fundador das ciências bíblicas, pois a maior parte de suas obras é dedicada à Sagrada Escritura. A sua obra maior são as *Héxaplas*, a saber, o texto da Bíblia em suas colunas. Orígenes dedicou toda a sua vida a este trabalho.

Ele dispôs o texto do Antigo Testamento em *seis colunas*. Havia o texto hebreu em caracteres hebraicos, a seguir, o mesmo texto em caracteres gregos, visando determinar a pronúncia. Depois as traduções gregas: de Áquila, judeu contemporâneo de Adriano; a de Símaco, judeu do tempo de Septímio Severo; e ainda a tradução grega dos Setenta e a do judeu Teodocião.

Na quinta coluna, a dos Setenta, adicionou certos sinais que indicavam sua relação com o original hebraico.

c) Obras exegéticas

Como primeiro exegeta científico da Igreja Católica, Orígenes escreveu sobre todos os livros do Antigo e do Novo Testamento. São três formas diferentes de escritos: *escolhos*, que são explicações breves de passagens difíceis, *homilias* e *comentários*.

1º Escolhos (excerpta, commaticum genus)

Jerônimo afirma que Orígenes escreveu escolhos sobre o Êxodo, o Levítico, Isaías, os Sl 1–15, o Eclesiastes e o Evangelho de São João.[33] Há dados sobre tais escolhos em Rufino, bem como nas *Catenae* e na *Philocalia*, antologias de Orígenes compiladas por Basílio de Cesareia e Gregório Nazianzeno.

---

[32] Eusébio, *HE* VI,23-1-2.
[33] Cf. Jerônimo, *Epistula* 33; in Hieronymus, *Epistulae* 1-70.

2º Homilias (tractayus)

As homilias são sermões sobre capítulos ou passagens selecionadas da Bíblia. Segundo Sócrates,[34] Orígenes pregava às quartas e às sextas-feiras. Já Pánfilo, seu biografo, diz que ele o fazia quase todos os dias. Não é de se estranhar que tenha pregado quase sobre toda a Bíblia. Contudo, apesar da abundância de seus sermões, conservam-se em grego somente *vinte* sermões sobre Jeremias e *um* sobre 1Sm 28,3-25, que versa sobre a pitonisa de Endor. Foram encontrados ultimamente alguns fragmentos gregos da conclusão da trigésima quinta homilia sobre Lucas e as vinte e cinco homilias sobre Mateus.

Rufino traduziu muitas das suas homilias para o latim. Destas restam dezesseis homilias sobre o Gênesis, treze sobre o Êxodo, dezesseis sobre o Levítico, vinte e oito sobre os Números, vinte e seis sobre Josué, nove sobre os Juízes e nove sobre os Salmos. Na tradução de Jerônimo, há duas sobre o Cântico dos Cânticos, nove sobre Isaías, quatorze sobre Jeremias, quatorze sobre Ezequiel e, especialmente, trinta e nove sobre o Evangelho de São Lucas. Hilário de Poitier conservou em latim alguns fragmentos das vinte e seis homilias sobre Jó; uma sobre 1Sm 1-2 conserva-se em latim na tradução de autor desconhecido. Há ainda trechos de Jeremias, Samuel 1-2; Reis 1-2, 1 Coríntios e Hebreus.[35]

Perdeu-se muito das homilias de Orígenes. Das 574 homilias, só 20 passaram à posteridade no texto original grego. De 388 não se tem sequer o texto latino. No entanto, deve-se afirmar que o que resta é de inestimável valor. Orígenes é apresentado como alguém desejoso de retirar da explicação da Sagrada Escritura o alimento espiritual para a edificação dos fiéis e o bem das almas. Tais obras pertencem mais à história da espiritualidade cristã e do misticismo que à ciência bíblica. Os sermões de Orígenes são singelos, sem artifícios de retórica. O tom é de conversação. As homilias aparecem tais como as recolheram os estenógrafos.[36]

As homilias sobre a Páscoa são muito significativas. Na *primeira*, Orígenes trata do significado da palavra *pascha*. Segundo ele o termo provém do

---

[34] Cf. *Historia Ecclesiastica* 5,22.
[35] Deve-se afirmar que há muitos extratos em latim e grego nas *Catenae*, que serão editados à medida que o material for examinado.
[36] Em 1941 foi encontrado em Toura um Código que contém a Discussão *com Heráclides* e as *Homilias sobre a Páscoa*. Contudo, o texto, além de mutilado, não foi ainda publicado.

hebraico *Pascha* e significa passar, do grego diabasis, que significa *passo*. Páscoa é, pois, a passagem dos cristãos das trevas para a luz.[37]

3º Comentários (volumina)

Os comentários tinham como finalidade precípua ser uma *exegese* científica. Eles são uma mistura de notas filológicas, textuais, históricas e etimológicas unidas com observações de caráter teológico e filosófico. Aplicando o *método alegórico*, Orígenes visa chegar ao sentido místico. Apesar dos erros, sua forma de compreender o sentido íntimo dos livros da Escritura manifesta que possuiu em alto grau o dom da penetração espiritual... Infelizmente, o que resta destes comentários é bem menos do que as homilias. Não há um só completo!

Comentário sobre São Mateus:[38] composto em Cesareia depois de 244, compreendia 25 livros. Em grego restam somente oito livros, os de 10 a 17, que correspondem a Mt 13,36–22,33. Uma tradução anônima conserva algo a mais, a saber, Mt 16,13–27,65 (*Commentariorum in Matthaeum series*).

Comentário ao Evangelho de São João:[39] dedicado a seu amigo Ambrósio, provalvemente compreendia 32 livros, dos quais restam oito livros em grego. Este comentário foi escrito em partes. Os quatro primeiros foram redigidos em Alexandria, entre 226 e 229. O quinto, certamente, em sua viagem ao Oriente em 230-231. O sexto foi interrompido por seu desterro, no ano seguinte. Os restantes foram compostos em Cesareia. A obra é importante para se conhecer a *mística* de Orígenes e seu conceito de vida interior.

Comentário da Carta aos Romanos:[40] compreendia quinze livros e foi composto, provavelmente, em 244, antes do *Comentário de São Mateus*. Do texto

---

[37] Origène, *Homélies pascales. II. Trois homélies dans la tradition d'Origène*. Intr., texte critique, tr. et notes par P. Nautin. SC, 36. Paris, Cerf, [1953] réimpression de la première édition revue et corrigée, 2003.

[38] Origène, *Commentaire sur l'Évangile selon Matthieu*, intr. et trad. de M. Robert Girod, X-XI, SC 162, Paris, Les Éditions du Cerf 1970 [*Commentarii in Matthaeum X-XI; CPG* 1450/1; *PG* 13, 829-973; *GCS* 10, 1-69].

[39] Origène, *Commentaire sur saint Jean I-V*, intr. et trad. de Mlle Cécile Blanc, SC 129bis, Paris, Les Éditions du Cerf 1966 [*Commentarii in Iohannem I-V; CPG* 1453; *PG* 14, 21-196; *GCS* 4, p. 3-105]; idem, *Commentaire sur saint Jean VI-X*, intr. et trad. de Mlle Cécile Blanc, SC 157, Paris, Les Éditions du Cerf 1970 [*Commentarii in Iohannem VI-X; CPG* 1453; *PG* 14, 197-397; *GCS* 4,106-225]; idem, *Commentaire sur saint Jean XIII*, intr. et trad. de Mlle Cécile Blanc, SC 222, Paris, Les Éditions du Cerf 1975 [*Commentarii in Iohannem XIII; CPG* 1453; *PG* 14,400-524; *GCS* 4,226-297]. *Commentaire sur saint Jean XIX-XX*, intr. et trad. de Mlle Cécile Blanc, SC 290, Paris, Les Éditions du Cerf 1982 [*Commentarii in Iohannem XIX-XX; CPG* 1453; *PG* 14,524-680; *GCS* 4,298-388]; idem, *Commentaire sur saint Jean XXVIII-XXXII*, intr. et trad. de Mlle Cécile Blanc, SC 290, Paris, Les Éditions du Cerf 1982 [*Commentarii in Iohannem XXVIII-XXXII; CPG* 1453; *PG* 14,680-832; *GCS* 4,389-480].

[40] Origène, *Commentaire sur l'épître aux Romains I-II*, intr. de Michel Fédou, trad. de Luc Brésard, I-II, SC 532, Paris, Les Éditions du Cerf 2009 [*Commentarii in epistulam ad Romanos I-II; CPG* 1457; *PG* 14, 833-922]; idem, *Commentaire sur l'épître aux Romains III-V*, intr. de Michel Fédou, trad. de Luc Brésard, I-II,

grego restam somente alguns fragmentos no papiro de Toura, perto do Cairo, bem como na *Philocalia*, em *São Basílio* e nas *Catenae*. Há ainda uma tradução latina de Rufino. Este, contudo, não utilizou a edição grega de Orígenes, e sim uma versão latina diferente.

Comentário ao Cântico dos Cânticos:[41] é, sem dúvida alguma, a obra exegética mais importante feita por Orígenes sobre o Antigo Testamento.[42] Restam somente os livros de 1 a 4, numa tradução latina de Rufino, de 410. Tudo indica que Orígenes escreveu os cinco primeiros livros em Atenas, em 240. Os outros cinco, escreveu-os mais tarde, em Cesareia.[43] Segundo a interpretação alegórica de Orígenes, Salomão é Jesus Cristo. Nas duas homilias que restam na tradução de Jerônimo, a Esposa é, sobretudo, a Igreja. Já ao longo do comentário traduzido por Rufino, a Esposa de Cristo é a alma individual de cada cristã e cristão.

Comentários perdidos

Orígenes escreveu ainda treze livros sobre o Gênesis, quarenta e seis sobre quarenta e um Salmos, trinta sobre Isaías, cinco sobre as Lamentações,[44] vinte e cinco sobre a Carta aos Gálatas, três sobre a Carta aos Efésios, ademais outros comentários sobre Filipenses, Colossenses, Tessalonicenses, Hebreus, Tito e Filêmon. De todas estas obras restam somente fragmentos nas *Catenae*, em manuscritos bíblicos e citações de escritores eclesiásticos posteriores. De 291 comentários, 275 em grego se perderam e é muito pouco o que existe em latim.[45]

SC 539, Paris, Les Éditions du Cerf 2010 [*Commentarii in epistulam ad Romanos* III-V; CPG 1457; PG 14, 833-922].

[41] Orígène, *Commentaire sur le Cantique des Cantiques*. Texte de la version latine de Rufin. Intr., tr. et notes par L. Brésard et H. Crouzel. SC 375 et SC 376. Paris, Cerf 1991. 2 vols.

[42] No prólogo que fez da tradução do Cântico, Jerônimo afirmou: "*Origenes cum in caeteris libris omnes vicerit, in Cantico Canticorum ipse se vicit*».

[43] Cf. Eusébio de Cesareia, *HE* VI,32,2.

[44] Idem.

[45] No manuscrito encontrado em *Toura*, em 1941, há fragmentos do texto grego de um comentário aos livros dos Reis. Um comentário a Jó, em tradução latina em três livros, não é autêntico.

4º Escritos apologéticos
Contra Celsum[46]

Sem dúvida alguma, trata-se da obra mais importante de Orígenes. Escrito em oito livros, é uma refutação das inverdades publicadas por Celso contra os cristãos, por volta de 178.[47]

Envergonhando os cristãos de sua própria religião, Celso pensava reconvertê-los ao paganismo. Celso conhece bem a diferença que existe entre as seitas gnósticas e o corpo principal da Igreja, tornando-se um adversário cheio de recursos, cheio de habilidades, a quem não escapa nada que seja contra a fé... Utiliza o argumento do diálogo, colocando na boca de um judeu as objeções contra Jesus Cristo, de quem burla considerando-o um mago e um impostor. Celso é um filósofo platônico, afirmando a nítida superioridade do culto e da filosofia dos gregos. Os evangelhos são passados por uma crítica severa, principalmente no que diz respeito à ressurreição. Com efeito, foram os apóstolos e seus sucessores que inventaram esta superstição.

Orígenes escreveu o *Contra Celsum* com mais de sessenta anos.[48] Na obra, segue ponto a ponto os argumentos de Celso. Algumas respostas nem sempre são convincentes e às vezes são restritas demais. Contudo, a obra apresenta uma profundidade religiosa e uma personalidade que sabe conjugar a fé com a ciência. O adversário permanece na sombra e o leitor é conquistado pelo tom sereno do autor.

O tratado *Contra Celso* é uma fonte importante para a história da religião. Nele se vê, como em um espelho, *a luta entre o paganismo e o cristianismo*. Considerada a maior apologia da Igreja primitiva, *Contra Celso* tem o seu valor pelo fato de colocar face a face pessoas de grande cultura e que representavam os dois mundos. A obra conquistou grande admiração entre os sábios dos primeiros tempos cristãos. O *Contra Celso* é um monumento da erudição de Orígenes.

---

[46] Orígenes, *Contra Celso*. Introdução: Roque Frangiotti. Tradução: O. Reis = Patrística 20. São Paulo, Paulus, 2004. Origène, *Contre Celse*. Intr., texte critique, tr. et notes par M. Borret, SC 132, SC 136, SC 147, SC 150 et SC 227. Paris, Cerf 1967-1976, ed. rev. 2005, 5 vols.

[47] Trata-se do *Discurso verdadeiro* – Embora tenha se perdido, a obra de Celso pode ser inteiramente recuperada nas citações de Orígenes, uma vez que estas formam três quartas partes do *Contra Celsum*. Sobre Celso, cf. Rougier, L., *Celse, ou, Le conflit de la civilisation antique et du Christianisme primitif* = Les maîtres de la pensée antichrétienne 1, Paris, Siècle 1926; a obra está disponível na Biblioteca da USP, São Paulo.

[48] Cf. Eusébio de Cesareia, *HE* VI,36,1.

5º Escritos dogmáticos
   O *Perí-Archon* (*De principiis*)[49]

O *De principiis* é a obra mais importante de Orígenes. É considerado o primeiro sistema de teologia cristã e o primeiro manual de dogma. Esta obra se destaca em toda a Igreja dos primórdios, e Orígenes a escreveu em Alexandria, entre os anos 220 e 230.

Da edição grega restam alguns fragmentos na *Philocalia* e em editos do imperador Justiniano I. A tradução de Rufino contém-na por inteiro, embora com trechos retirados e outros com interpolações. A tradução literal de Jerônimo teve a mesma sorte da edição grega.

A controvérsia com Heráclides[50]

A obra foi encontrada, em um códice do final do século VI, em Toura, em 1941. O tom, o vocabulário e os argumentos indicam ser uma obra de Orígenes. Não é um diálogo literário, e sim a relação completa de um debate real.[51]

As opiniões de Heráclides sobre a questão trinitária tinham inquietado seus irmãos no episcopado. Orígenes foi chamado para uma reunião que não tinha caráter nem oficial nem judicial. A reunião aconteceu em uma Igreja da Arábia, na presença dos bispos e do povo por volta de 245. Orígenes possui a autoridade de um doutor. Não era a primeira vez em que participava de uma reunião do gênero. A descrição desta reunião tem a vivacidade de uma conversação real, o que depõe em favor da transcrição.

Sobre a ressurreição (*De resurrectione*)[52]

Orígenes afirma em *De principiis*: "Devemos falar, em primeiro lugar, da ressurreição, para saber o que deve ser objeto de castigo, de descanso ou de felicidade. Já discutimos sobre isto em outros livros que escrevemos sobre a

---

[49] Origène, *Traité des Principes* I-II, intr. de M. Manlio Simonetti et trad. de Henri Crouzel, SC 252.253, Paris, Les Éditions du Cerf 1978 [*De Principiis* I-II; CPG 1482; PG 11, 111-248; GCS 5, 7-192]; idem, *Traité des Principes* III-IV, intr. et trad. de Henri Crouzel, SC 268.269, Paris, Les Éditions du Cerf 1980 [*De Principiis* III-IV; CPG 1482; PG 11, 247-414; GCS 5, 193-364]; idem, *Traité des Principes Oeuvre Biblindex*, intr. et notes complementaires de Manlio Simonetti, SC 312, Paris, Les Éditions du Cerf 1984 [*De Principiis*; CPG 1482; PG 11, 115-414; GCS 5, 7-364].

[50] Origène, *Entretien avec Héraclide*. Intr., texte, tr. et notes par J. Scherer. SC, 67, Paris, Cerf [1960]; réimpression de la première édition revue et corrigée, 2002.

[51] Este é um fato único, não só para Orígenes, como para toda a literatura antiga antes de Santo Agostinho.

[52] Origène, *Sur la résurrection*, intr. et trad. de René Amacker, SC 464, Paris, Les Éditions du Cerf 2001[*De resurrectione libri II (fragmenta)*; CPG 1478; PG 17, 594-597].

ressurreição e expusemos nossos pontos de vista sobre este tema".⁵³ Orígenes teria escrito este ensaio em Alexandria, por volta de 230, ou antes. Destas obras só restam framentos em Pânfilo, em Metódio de Filipos e em Jerônimo.⁵⁴ Segundo Metódio, Orígenes não aceitou a identidade material entre o corpo ressuscitado e o corpo humano e suas partes.

6º Miscelâneas

Restam alguns fragmentos de *Stromateis* ou *Miscelânea*. Segundo Eusébio, Orígenes "compôs em dez livros, na mesma cidade (Alexandria), durante o reinado de Alexandre, como provam as notas que o mesmo Orígenes escreveu no início dos tomos".⁵⁵ A obra, como diz o nome, discute temas variados e escritos sem seguir uma ordem.⁵⁶

7º Escritos de caráter prático

Sobre a oração (*De oratione*)⁵⁷

Esta obra é uma verdadeira joia. Foi composta entre 233 e 234, a pedido de Ambrósio e de Taciana, sua esposa ou irmã.⁵⁸

O tratado compreende duas partes. Na *primeira*,⁵⁹ trata da oração em geral. Na *segunda*,⁶⁰ do "Pai-Nosso", em particular. Um apêndice⁶¹ trata da atitude do corpo e da alma, dos gestos e da orientação da oração. Finalmente, de suas diferentes classes. Mais que as suas outras obras, esse tratado revela a profundidade e o fervor da vida religiosa de Orígenes. Alguns conceitos desta obra permitem analisar seu sistema teológico. O *De Oratione* é o estudo científico mais antigo que se possui sobre a oração cristã.

---

[53] II 10,1. Eusébio menciona outros dois livros sobre a Ressurreição (cf. *HE* VI 24,2). A lista de Jerônimo, além destes, acrescenta um de *Diálogos sobre a Ressurreição*. Tudo indica que Orígenes tenha organizados estes escritos em um só.

[54] Cf. Hieronymus, *Opera polemica, 2. Contra Iohannem*. Ed. J. L. Feiertag. CCSL, 79A. Turnhout, Brepols, 1999.

[55] Eusébio de Cesareia, *HE* VI 24,3.

[56] Segundo Jerônimo (*Epistula 70*, in Hieronymus, *Epistulae 1-70*), nestes estudos Orígenes comparou a doutrina cristã com o ensinamento dos antigos filósofos: Platão, Aristóteles, Numênio e Cornuto.

[57] Origène, *De oratione*, CPG 1477; PG 11,416-562; GCS 2,297-403, 1897s; Orígenes, Tertuliano, Cipriano, *Tratado sobre a oração*. Tr. T. A. Anastácio, Juiz de Fora, Mosteiro da Santa Cruz, 22001.

[58] O texto se conserva em um códice de Cambridge, do séc. XIV, e também em um fragmento do Códice de Paris, do séc. XV.

[59] Cf. *De oratione* 3-17.

[60] Idem, 18-30.

[61] Idem, 31-33.

Exortação ao martírio (*Exhortatio ad martyrium*)[62]

Epí martiríon é o título que os primeiros comentadores de Orígenes deram a esta obra.[63] Ela foi composta no início de perseguição de Maximino Trácio, em 235, em Cesareia da Palestina. A apologia é dirigida a Ambrósio e Protecto, diácono e presbítero da comunidade cristã daquela cidade. O tema é muito caro a Orígenes desde sua primeira juventude.

Eusébio escreve assim: "Sobre Orígenes, mesmo os fatos de quando usava fraldas, por assim dizer, parecem-me dignos de menção. Seguia Severo pelo décimo ano de seu reinado, e Leto governava Alexandria e o resto do Egito. O episcopado das igrejas dali acabara de passar a Demétrio, sucedendo a Juliano. Ao acender-se, pois, com a maior violência a fogueira da perseguição e sendo inumeráveis os que se cingiam com a coroa do martírio, tal foi a paixão do martírio que se apoderou da alma de Orígenes, ainda um menino, que ardia para lançar-se de encontro dos perigos, pular e jogar-se à luta. Muito pouco faltou, na verdade, para que a morte se aproximasse, não fosse pela divina e celestial providência que, em proveito da grande maioria e por meio de sua mãe, se interpôs como obstáculo ao seu zelo. Ela primeiramente rogou-lhe com palavras, exortando-o a ter consideração por suas disposições maternais para com ele, mas quando o viu terrivelmente determinado, todo ele preso pelo desejo do martírio ao saber que seu pai tinha sido preso e encarcerado, escondeu todas suas roupas e assim obrigou-o a permanecer em casa. Mas ele, não podendo fazer outra coisa e sendo-lhe impossível dar paz a um zelo que excedia sua idade, enviou a seu pai uma carta muito estimulante sobre o martírio, na qual o animava dizendo textualmente: 'Cuida-te, não aconteça que por nossa causa mudes de parecer'. Fique isto consignado por escrito como primeiro indício da agudeza de pensamento do menino Orígenes e de sua nobilíssima disposição para a religião".[64]

Esta foi *a primeira exortação ao martírio* que Orígenes escreveu. O livro composto em 235 e demonstra que seu entusiasmo não tinha arrefecido. Ele afirma que este não é um desejo de todos.[65] O tratado foi destinado para aqueles que veem o martírio com indiferença e mesmo com desprezo para com os mártires.

---

[62] Orígenes, *Exhortatio ad martyrium*; CPG 147; PG 11, 564-637; GCS 1, 3-47 Koetschau P. 1897s.

[63] Cf. Pânfilo, *Apologia pro Origene*, in CPG 1715, 8; Eusébio de Cesareia, *HE* VI 28; Jerônimo, *De viris illustribus* 56.

[64] *HE* VI 2,2-6.

[65] Cf. *Exhortatio* 45-46.

O tratado *Sobre o Martírio* é o que melhor reflete a conduta de Orígenes durante toda a sua vida, da infância à velhice. De fato, ele morreu em consequência dos maltratos que sofreu em nome de Cristo. Revela sua valentia, a fidelidade e a fé, bem como seu inquebrantável amor ao Salvador. Os princípios deixados neste escrito foram os que nortearam sua vida. Ademais, a obra tem grande valor como fonte histórica para a perseguição de Maximino Trácio.

8º A correspondência

Jerônimo cita quatro listas de correspondências diferentes de Orígenes guardadas em Cesareia. Uma delas, com nove volumes, deve ser a que Eusébio editou.[66] Ela continha mais de cem cartas. De todas elas, só duas chegaram inteiras à posteridade.

Carta a Gregório Taumaturgo[67]

No capítulo 13 de *Philocalia* há uma carta de Orígenes ao seu antigo discípulo, Gregório Taumaturgo. Teria sido escrita entre 238 e 243, estando Orígenes em Nicomédia. Com palavras paternas, Orígenes exorta seu aluno "a tomar da filosofia grega aquelas coisas que possam ser conhecimentos comuns ou educação preparatória para o cristianismo".[68] Como os judeus retiraram dos egípcios o ouro e a prata para decorar o Santo dos Santos, do mesmo modo se há de retirar dos gregos os tesouros do pensamento e colocá-los a serviço de Deus.[69]

Carta a Júlio Africano[70]

Foi esta carta que deu origem à resposta de Orígenes. Sexto Júlio Africano nasceu em Jerusalém (Aelia Capitolina), e não na África. Foi oficial do exército de Septimio Severo e tomou parte na expedição contra o principado de Edessa em 195. Iniciou-se aí uma amizade com a dinastia cristã daquela cidade. Organizou uma biblioteca para o imperador Alexandro Severo em Roma, situada no Panteón, perto dos banhos de Alexandre. Em Alexandria do Egito frequentou as classes de Héracles e tornou-se amigo de Orígenes. Mais tarde voltou a Emaús (Nicópolis) da Palestina, vindo a morrer depois de 240. Uma

---

[66] Cf. *HE* VI 36,3.
[67] Orígenes, *Epistula ad Gregorium Thaumaturgum*, in *PG* 11,88-92.
[68] Orígenes, *Carta a Gregorio Taumaturgo*, 1.
[69] Idem, 2.
[70] Origène, *Lettre à Africanus sur l'histoire de Suzanne*, intr. et trad. de Nicolas de Lange, SC 302, Paris, Les Éditions du Cerf 1983 [*Epistula ad Iulium Africanum*; CPG 1494; PG 11, 48-85; *TU* 34,3,78-80]. Cf. também *Epistula ad Origenem*, in *PG* 11, 41-48.

tradição posterior o fizera bispo de Emaús, porém ele jamais exercitou algum cargo eclesiástico. Dedicou-se a ciências profanas e sagradas.

Esta carta se conserva na íntegra, cujo original também se conserva. Em uma controvérsia Orígenes havia utilizado o episódio de Susana. Júlio Africano escreveu a Orígenes advertindo que esta passagem não consta no texto hebraico de Daniel e seu estilo prova ainda que não pertence ao livro de Daniel. Destarte, não pode considerar-se canônico. Com grande erudição Orígenes prova a canonicidade do texto, bem como de outros como a narração de Bel e do Dragão, as orações de Azarias e o Hino de louvor dos Três Jovens na Fornalha. Todos estes textos encontram-se tanto nos Setenta quanto em Teodocião. Ademais, continua Orígenes, é a Igreja quem estabelece o cânon do Antigo Testamento. E recorda o texto de Pr 22,28: "Não desloque as divisas de terra que os seus antepassados colocaram".

A carta foi escrita por volta de 240, na casa de seu amigo Ambrósio em Nicomédia: "Meu senhor e amado irmão Ambrósio, que escreveu esta carta sob meu ditado e a repassou, corrigindo-a, como bem lhe pareceu, te saúda".

Outras cartas

Eusébio, no sexto livro da História Eclesiástica fala de outras cartas que se perderam. Entre elas uma ao imperador Felipe, o Árabe, e outra a sua esposa Severa. Eusébio menciona ainda algumas ao Papa Fabiano (236-250), nas quais, segundo São Jerônimo,[71] Orígenes se lamentava que seus escritos continham passagens em desacordo com a doutrina eclesiástica.

2. A ESCOLA TEOLÓGICA DE CESAREIA E EUSÉBIO

2.1 Cesareia

Situada na Síria-palestinense, também chamada de Marítima, Cesareia é uma metrópole romano-bizantina. Herodes deu-lhe este nome em 9 a.C., em homenagem a Augusto. O procurador romano nela residiu entre 6 e 66 d.C. Herodes não descuidou de sua cidade. Seu palácio em Cesareia foi construído num promontório ao lado do mar. Um aqueduto supria Cesareia de água potável e um sistema de drenagem por baixo da cidade levava o esgoto para o mar. A vida civil da nova cidade começou no ano 13 a.C., quando Cesareia foi

---

[71] Cf. *Epistula* 84,10.

transformada na capital civil e militar da Judeia e a residência oficial dos procuradores e governadores romanos. Os restos de todos os principais edifícios construídos por Herodes existiram até o final do século.

O diácono Filipe nela pregou o evangelho a partir do ano 35 (cf. At 8,40; 21,8). Aí também Pedro batizou Cornélio e os primeiros cristãos, por volta de 43 (cf. At 10,1-47; 11,11-17). Por ela Pedro teria passado em 52 e 57. Entre 58 e 60, nela ficou encarcerado Paulo (cf. At 23–26). O primeiro bispo do qual se tem notícia é Teófilo, em 135. Nela Orígenes fundou uma grande escola. Aí compilou as *Héxapla*, que foram conservadas na sua Biblioteca. Consultada por Eusébio, Jerônimo e outros, esta obra de Orígenes é da máxima importância para a reta interpretação do Antigo Testamento. A Escola de Cesareia foi ampliada por Pânfilo. Nela estudaram Gregório Taumaturgo e Eusébio. Este, historiador atento, deixou no relato dos mártires da Palestina a glória de sua cidade. Cesareia foi decaindo sucessivamente, principalmente por terem sido saqueados pelos samaritanos em 556, pela ocupação persa em 619 e pela invasão árabe em 638, quando foi destruída a sua biblioteca.

2.2 Eusébio

2.2.1 Vida

"Eusébio encontra-se no ponto crucial de duas idades. Por sua formação cultural, pelo âmbito de seus interesses e por suas obras, que recolhem a herança do passado, pertence ainda à época pré-nicena; como bispo e homem da Igreja, implicado na política do Estado, situa-se, de cheio, na nova era constantiniana, agitada por tantas lutas... Encara a história universal e a eclesiástica com otimismo de cortesão; como bispo político, apoiado pelo Estado e devotíssimo ao imperador, desenvolve o ideal de um império e estado cristãos, que repercutirá vigorosamente e por longo tempo, mesmo no Ocidente."[72]

Eusébio nasceu na Palestina, provavelmente em Cesareia, por volta do ano 265. Nesta cidade fez toda a sua formação intelectual. Seu professor foi Pânfilo,[73] o mais célebre discípulo de Orígenes. Eusébio tinha-o em tão grande estima que assumiu para si o nome de Pânfilo. Este lhe incutiu profunda veneração por Orígenes. Com ele Eusébio escreveu a *Apologia de Orígenes*. Com

---

[72] Altaner, B.-Stuiber, A., *Patrologia* 222.
[73] Sobre *Pânfilo de Cesareia*, conferir: Crouzel, H., in *DPAC*, p. 1071.

a morte de Pânfilo, na perseguição de Diocleciano (6 de fevereiro de 310), Eusébio fugiu para Tiro e Tebaida, no Egito, de onde retornou com o *Edito de Tolerância* em 311.

Em 313 foi feito bispo de Cesareia. Envolvido pela controvérsia ariana, tornou-se defensor de Ário, embora não condividisse seus extremismos. Em 325, por sua aversão ao *omooúsios*, isto é, que o Filho era da mesma substância ou essência do Pai, foi excomungado. Não obstante isso, participou do Concílio de Niceia, no qual se reabilitou assinando o decreto de condenação de Ário. Eusébio assinou este decreto mais por conveniência que por convicção. Com efeito, sua atitude não fora coerente. Retornando de Niceia, continua a agir em defesa de Ário. Une-se a Eusébio de Nicomédia, exímio defensor de Ário,[74] e luta pela deposição dos bispos fiéis a Niceia, como Eustáquio de Antioquia, Atanásio e Marcelo de Ancira. Nutriu grande amizade e mesmo veneração por Constantino, de quem fez o elogio pelos 20 e 30 anos de ascensão ao poder. Morreu entre 339 e 340, logo depois de Constantino.

"Sua produção literária é muito grande e se explica em diversos campos, que vão da história à exegese, à filologia, à teologia, à apologética etc.; a sua doutrina é tão profunda que pode ser comparada com a de Orígenes. Como pensador e como escritor é inferior ao Alexandrino. Fócio, embora reconhecesse sua grande erudição, definia o seu estilo como não agradável nem brilhante. Os modernos encontram em seus escritos defeitos de natureza variada. Mas um juízo agudo sobre a sua atividade não pode prescindir do reconhecimento de suas pesquisas. Sem elas saberíamos bem pouco dos primeiros séculos do cristianismo. As obras históricas, com efeito, constituem o melhor da sua produção e a elas está ligada a sua fama imorredoura."[75]

2.2.2 Obras

Depois de Orígenes, Eusébio é o maior escritor grego em investigação e erudição. Trabalhador infatigável, Eusébio escreveu até à idade avançada. Suas

---

[74] Cf. Kannengiesser, Ch. *Eusébio de Nicomédia*, in DPAC, p. 541-542: Eusébio de Nicomédia é uma figura significativa da época nicena. Discípulo de Luciano de Samosata, Ário o chama de *colucianista*, ou seja, seu colega no grupo que o apoiava. Bispo de Beirute, na Fenícia, em 318 conseguiu ser transferido para a sede de Nicomédia, onde ainda residia o imperador Licínio, o que deu total cobertura a Ário.

[75] Curti, C., *Eusébio de Cesareia (Palestina)*, in DPAC, p.537-540. Seria ideal colocar Eusébio na patrologia pós-nicenos. Contudo, dada a ligação de Cesareia da Palestina e do mesmo Eusébio com Orígenes, decidi tratar de Eusébio e a Escola de Cesareia após Alexandria e Orígenes.

obras são cheias de citações. Quasten fala de um verdadeiro "armazém". Retira suas citações de obras pagãs e cristãs, algumas já perdidas. Suas obras, apesar de sua tendência ariana, são realmente surpreendentes. Eusébio deixa pasmo quem o lê pela vastidão de seu conhecimento. É versado em Sagrada Escritura, história pagã e cristã, literatura antiga, filosofia, geografia, cronologia técnica, exegese, filologia e paleografia. Seus escritos, contudo, falham na forma e na composição.[76] Embora seja um apologista de grandes recursos, Eusébio não faz parte do rol dos teólogos importantes da antiguidade. Foram suas obras históricas que lhe deram fama.

2.2.3 Obras históricas[77]

a) A *Crônica*[78]

É uma das primeiras composições.[79] A obra, de 303, consta de duas partes. A *primeira*, que na verdade é a introdução, é um resumo da história dos caldeus,[80] dos assírios,[81] dos hebreus,[82] dos egípcios,[83] dos gregos[84] e dos romanos.[85]

A *segunda parte* era composta de quadros sincrônicos e disposta em colunas paralelas, com notas que assinalavam os principais acontecimentos da história universal e também da sagrada. O ponto de partida é o nascimento de Abraão (2016-2015 a.C.), dividindo toda a história em cinco períodos: de Abraão até a tomada de Troia; da queda de Troia até a primeira Olimpíada;

---

[76] "Seu estilo não é agradável nem brilhante, embora seja um homem de raro saber" (Fócio, *Biblioteca*, cod. 13).

[77] Sigo a disposição de Quasten, Johnnes. Patrologia II. La edad de oro de la literatura patrística griega. Disponível em: http://www.conoze.com/doc.php?doc=5568 – acessado em: 28.10.11.

[78] Eusebius Caesariensis, *Chronicon*, PG 19,101-598.

[79] Eusebius Caesariensis, *Eclogai propheticai – Introduction générale* (Generalis elementaria introductio – Eclogae Propheticae), in CPG 3475; PG 22, 1021-1262/1272-1273; idem, *HE* I 1,6.

[80] Está baseada em extratos de Alexandre Polistor, Abideno e Josefo.

[81] A fonte é Abideno, Castor, Diodoro e Cefalión.

[82] A base é o Antigo Testamento, Josefo e Clemente de Alexandria.

[83] Segue Diodoro, Maneto e Porfírio.

[84] Toma por base Castor, Porfírio e Diodoro.

[85] A partir de Dionísio de Halicarnaso, Diodoro e Castor.

desta até o segundo reinado de Dario; desta data até à morte de Cristo; enfim, até o ano 303 d.C.

b) A *História Eclesiástica*[86]

Esta obra imortalizou Eusébio.[87] Na forma atual ela é composta de dez livros que cobrem o período que vai da fundação da Igreja até a derrota de Licínio e o governo único de Constantino em 324. Eusébio não pretendeu fazer uma apresentação detalhada das vicissitudes e desenvolvimento da Igreja desde o começo. Nem mesmo quis expor de forma ordenada e razoável a expansão e o crescimento do cristianismo. A *História Eclesiástica* é, sim, uma coleção extremamente rica dos fatos históricos, documentos e extratos de um grande número de escritos da Igreja primitiva.

Eusébio explica a ordem seguida para trabalhar o material: "É meu propósito consignar as sucessões dos santos apóstolos e os tempos transcorridos desde nosso Salvador até nós; o número e a magnitude dos feitos registrados pela história eclesiástica e o número dos que nela se sobressaíram no governo e presidência das igrejas mais ilustres, assim como o número daqueles que em cada geração, de viva voz ou por escrito, foram os embaixadores da palavra de Deus; e também quantos, quais e quando, absorvidos pelo erro e levando ao extremo suas fantasias, proclamaram publicamente a si mesmos introdutores de um mal chamado saber[88] e devastaram sem piedade, como lobos cruéis,[89] o rebanho de Cristo; e mais, inclusive as desventuras que se abateram sobre toda a nação judia depois que concluíram sua conspiração contra nosso Salvador, assim como também o número, o caráter e o tempo dos ataques dos pagãos contra a divina doutrina, e a grandeza de quantos por ela, segundo a ocasião, enfrentaram o combate em sangrenta tortura; também os martírios

---

[86] Eusèbe de Césarée, *Histoire Ecclésiastique* I-IV, intr. de trad. de Gustave Bardy, SC 31, Paris, Les Éditions du Cerf 1952 [*Historia ecclesiastica I-IV*; CPG 3495; PG 20, 45-; GCS 9.1] (esta primeira edição teve várias reimpressões, sendo a última em 2001, contendo uma série de correções). Em português temos as seguintes versões: Eusébio de Cesareia, *História eclesiástica*. Tr. das Monjas Beneditinas do Mosteiro Mãe de Cristo, intr. e notas de R. Frangiotti. Patrística, 15. São Paulo, Paulus, 2000; Eusébio de Cesareia, *História eclesiástica*. Tr. W. Fischer. São Paulo, Novo Século, 2002; disponível em: http://www.scribd.com/doc/6451956/HISTORIA-ECLESIASTICA-Eusebio-de-Cesareia. É desta edição que são feitas as citações da *História Eclesiástica* neste livro.

[87] Cf. Corbelini, Vital, *O significado da salvação na* História Eclesiástica *de Eusébio de Cesareia*. In: Teocomunicação. Porto Alegre, EDIPUCRS. V.36, N. 152 (2006). Disponível em: http://revistaseletronicas.pucrs.br/ojs/index.php/teo/article/view/1731/1264- acessado em: 09.10.14.

[88] 1Tm 6,20.

[89] At 20,29.

de nosso próprio tempo e a proteção benévola e propícia de nosso Salvador. Ao empreender a obra não tomarei outro ponto de partida que o princípio dos desígnios de nosso Salvador e Senhor Jesus, o Cristo de Deus. Mas, por isso mesmo, a obra pede a compreensão benevolente para mim, que declaro ser superior a nossas forças apresentar acabado e inteiro o prometido, posto que somos até agora os primeiros a abordar o tema, como quem enfrenta um caminho deserto e sem pistas".[90]

Destarte, a intenção do autor era apresentar: 1) as listas dos bispos das comunidades mais importantes; 2) os mestres e escritores cristãos; 3) os hereges; 4) o castigo do povo judeu por parte de Deus; 5) as perseguições dos cristãos; 6) os martírios e a vitória final da religião cristã. Esta ordem mostra a intenção apologética de toda a obra: fornecer a prova de que a fundação da Igreja é obra de Deus. Foi Ele também quem a conduziu até a vitória contra o poder do Estado pagão.

Como testemunha da rapidez dos acontecimentos, Eusébio teve de mudar várias vezes o rumo de seu trabalho a fim de ser fiel ao seu projeto. A *História Eclesiástica* passou por várias etapas que foram chamadas de edições.

c) Os mártires da Palestina[91]

Eusébio, certamente, escreveu sobre os mártires antes de redigir a *História Eclesiástica*. Ele fala assim sobre os mártires da Palestina: "Colocar por escrito os combates dos que lutaram pela religião divina em toda a terra habitada e narrar com exatidão tudo o que lhes aconteceu não é tarefa nossa, mas poderiam torná-la própria os que captaram os fatos com seus próprios olhos. Quanto aos que eu mesmo presenciei, darei a conhecê-los à posteridade por meio de outro livro".[92]

A promessa foi cumprida com a obra *Os Mártires da Palestina*. Nela Eusébio descreve acontecimentos por ele presenciados como testemunha ocular.[93] A obra segue a ordem cronológica e cobre toda a duração da perseguição, de

---

[90] Eusébio de Cesareia, *HE* I 1,1-3.

[91] Eusèbe de Césarée, *Les Martyrs en Palestine*, intr. et trad. de Gustave Bardy, SC 55, Paris, Les Editions du Cerf 1958 [*De martyribus Palestinae*; CPG 3490/1; PG 20,1457-1520; GCS 9, 2, 907-950].

[92] Eusébio de Cesareia, *HE* VIII 13,7.

[93] Duas recensões conservam a obra até hoje. Em grego se conserva a recensão mais curta em quatro manuscritos da *História Eclesiástica* (*Codex Parisinus* 1430, *Codex Laurentianus* 70,7 y 70,20, *Codex Mosquensis* 50). É um apêndice do livro oitavo e que teria sido escrito após a primeira edição da *HE*. Restam alguns fragmentos do texto grego; apud Quasten Johannes, loc. cit.

303 a 311. Esta obra possibilita conhecer melhor o que de fato aconteceu na Palestina cristã, permitindo distinguir as vítimas da perseguição de Diocleciano das de Galério e Maximino.

2.2.4 Panegíricos sobre Constantino

Nos escritos sobre Constantino Magno, mais que historiador, Eusébio é um *panegirista*. Seus escritos foram postos a serviço do imperador, tanto em vida como após sua morte. Eusébio considerava a monarquia como a realização das maiores esperanças cristãs. Constantino era um enviado escolhido por Deus para resgatar a Igreja da perseguição.

Constantino, com sua conversão e atitude posterior, inverteu o fluxo da vida da Igreja e do procedimento das comunidades cristãs. Sua atitude de ajudar materialmente os cristãos e intervir em suas discussões particulares teve sérias consequências sobre o modo como os cristãos viam a si próprios neste momento. Até então, as comunidades cristãs definiam sua identidade a partir das imagens da perseguição e dos mártires: ser cristão seria, em última análise, fazer parte de um grupo constantemente ameaçado pela perspectiva da perseguição e do martírio, especialmente por parte de Roma. Com o recente patrocínio imperial ao cristianismo, este modelo deixou de ser pertinente, uma vez que o principal perseguidor passou a ser seu principal benfeitor.[94]

a) A *Vita Constantini*[95]

"A partir do tempo de Sócrates, esta obra foi muito criticada, sendo considerada mais um panegírico que história. Contudo, Eusébio foi fiel à máxima: *"de mortuis nil nisi bonum"*; Eusébio escreveu-a três anos após a morte de Constantino em 337. Essa obra é preciosa pela descrição que faz do Concílio de Niceia e dos primeiros passos da controvérsia ariana. Deve-se afirmar que

---

[94] Ainda no contexto de uma compreensão atual de Constantino e na trilha dos estudos atuais, veja-se Carlan, Cláudio Umpierre, Constantino e as transformações do Império Romano no século IV. *Revista de História da Arte e Arqueologia*, Unicamp, n. 11, jan.-jun. 2009. Disponível em: http://www.unicamp.br/chaa/rhaa/downloads/Revista%2011%20-%20artigo%202.pdf – acessado em: 17.01.11.

[95] Eusebius Caesariensis, *Vita Constantini*, CPG 3496; PG 20,909-1229; GCS. Winkelmann, F., GCS (1975). 1897s.

uma das principais fontes sobre o Primeiro Concílio Ecumênico foi escrita para exaltar Constantino".[96]

A *Vida de Constantino*, em quatro livros, foi extremamente criticada na antiguidade. Contudo, deve-se levar em consideração que a *Vita* não é uma biografia histórica, e sim um *encomium* exagerado em seu tom laudatório. Eusébio expressa claramente sua opção em apresentar somente os lados positivos de Constantino.

A intenção de Eusébio nem sempre foi levada na devida consideração pelos seus críticos. Eusébio não pretendeu escrever uma biografia completa. Ele se limita a relatar as ações do imperador que favoreceram a religião cristã.

As dezesseis ordens e cartas imperiais que Eusébio incorpora ao *encomium*, e que representam a quarta parte de todo o conjunto, são de muitíssimo valor.[97]

A forma atual da *Vita* coloca problemas sérios, dado o fato de ter chegado à posteridade muito ampliada e tendo sofrido inserções de documentos variados. Originalmente, contudo, a obra, em sua maior parte, é de Eusébio. O restante é de Gelásio.

b) *Ad coetum sanctorum*[98]

Conta Eusébio[99] que Constantino ocupava muito tempo compondo e pronunciando sermões nos quais expunha os erros do politeísmo e provava que as superstições dos gentios eram uma fraude.

Com efeito, os manuscritos da *Vita Constantini* trazem um apêndice ao quarto livro com o título: *Discurso que o imperador Constantino dirigiu à assembleia dos santos*. A *introdução*[100] contém a saudação e se refere ao dia da Paixão como prelúdio da Ressurreição. A *primeira parte*[101] trata de Deus, Pai de Jesus Cristo, como Criador e único Senhor do universo. Refuta o erro da idolatria,[102]

---

[96] Bacchus, Francis Joseph, Eusebius of Caesarea. *The Catholic Encyclopedia*, New York: Robert Appleton Company, vol. 5, 1909. Disponível em: http://ec.aciprensa.com/e/eusebiodecesarea.htm – acessado em: 11.01.11

[97] A autenticidade é atestada por I. A. Heikel, [ed.], *Eusebius Pamphili, Bishop of Cesarea. De vita Constantini*. V. 7. Lib. I. Leipzig, 1902.

[98] É interessante a contribuição de Cristofoli Roberto, *L'oratio Ad Sanctorum Coetum e il suo contesto*. Problemi metodologici e prospettive d'interpretazione. Lezione tenuta a Napoli nella Sede della M. D'Auria Editore il 22 gennaio 2007. Disponível em: http://studitardoantichi.org/einfo2/file/Lezione_Cristofoli2.pdf.

[99] Cf. Eusébio de Cesareia, *Vita Constantini* 4,29. Cf. *Constantini imperatoris oratio ad coetum sanctorum*.

[100] Cf. *Ad coetum*, 1-2.

[101] Idem, 3-10.

[102] Idem, 4.

dos falsos conceitos dos pagãos, as crenças supersticiosas no destino e na sorte,[103] bem como as noções erradas dos filósofos.[104]

A *segunda parte*[105] é mais positiva. Trata da doutrina cristã da Redenção por meio de Cristo crucificado, que é Deus e Filho de Deus. Na *terceira parte*,[106] o imperador atribui suas vitórias a Cristo, descrevendo o desastroso final dos governantes perseguidores da Igreja. No *último capítulo*[107] ressalta o dever de dar graças ao Salvador por todas as bênçãos concedidas ao seu governo e a sua pessoa.

Em que pesem todas as intenções de Eusébio e a comprovação dos manuscritos, as discussões sobre a autenticidade ou não deste texto são muitas. Chegou-se a aventar que fosse um sermão de Sexta-Feira Santa de 313. Nele se manifestam as convicções religiosas de Constantino. Contudo, as incertezas são tantas que se pode chegar a afirmar a não autoria constantiniana do mesmo...

c) *Laudes Constantini*[108]

Esta obra se encontra após a *Oratio ad coetum sanctorum* na *Vita Constantini*. O título desorienta, pois se trata de duas obras distintas.

1º O panegírico de Eusébio a Constantino no 35º aniversário do reinado deste, em 335.[109] No restante do discurso louva-se o imperador pela paz concedida à Igreja. No último capítulo, Eusébio refere-se, uma vez mais, aos sermões do mesmo Constantino: "Aos ouvidos de todas as nações chegam discursos, preceitos e exaltações a uma vida virtuosa e santa e é o mesmo imperador que os proclama. É formidável que tão grande príncipe levante sua voz até fazer-se ouvir por todo mundo como um intérprete de Deus, Soberano do universo, convidando a todos os seus súditos a conhecerem o Deus verdadeiro".[110]

---

[103] Idem, 6.
[104] Idem, 9.
[105] Idem, 11-15.
[106] Idem, 22-25.
[107] Idem, 36.
[108] Eusebius Caesariensis, *De laudibus Constantini*, CPG 3498; PG 20,1316-1440; GCS – Die Griechischen Christlichen Schriftsteller der ersten (drei) Jahrhunderte 7, p. 193-259; Heikel, I. A., GCS 7 (1902).
[109] Cf. *Laudes Constantini* 1-10.
[110] Idem, 10.

2.2.5 Obras apologéticas

Em suas obras apologéticas Eusébio recolhe todos os esforços anteriormente feitos em defesa da religião cristã. Combina as ideias dos apologistas gregos com os conhecimentos retirados de sua imensa cultura sobre literatura e história antigas.

Eusébio, contudo, jamais se perde em detalhes. Segue um plano bem concebido e claramente executado. Trata de apresentar, em uma grandiosa visão histórica, as grandes religiões do passado como uma unidade e como uma preparação para a nova. Desgraçadamente, perderam-se alguns dos escritos que originariamente formavam parte do projeto.

a) Introdução geral elementar

É a obra apologética mais antiga de Eusébio. Foi composta antes de ser ordenado bispo. Constava de dez livros. Conservam-se somente os livros de seis a nove, bem como alguns fragmentos. Nesta segunda parte, sob o título *Eclogae propheticae*, dá-se uma coleção e uma breve explicação das profecias messiânicas do Antigo Testamento.

b) *Praeparatio Evangelica*[111]

A *Introdução geral elementar* deveria ser um estudo preliminar para a grande obra apologética em duas partes: a *Preparação ao Evangelho* e a *Demonstração do Evangelho*. A primeira consta de quinze livros que se conservam todos no seu texto original grego. Tinha como finalidade refutar o politeísmo pagão e demonstrar a superioridade da religião judaica, "preparação para o Evangelho".

---

[111] Eusèbe de Césarée, *Préparation évangélique* I, intr. et trad. de M. Jean Sirinelli, SC 206, Paris, Les Éditions du Cerf 1974 [*Preparatio euangelica I*; CPG 3486; PG 21, 21-1408; GCS 43.1]; idem, *Préparation évangélique* II-III, intr. et trad. de P. Edouard des Places, SC 228, Paris, Les Éditions du Cerf 1976 [*Preparatio euangelica II-III*; CPG 3486; PG 21, 21-1408; GCS 43,1-2]; idem, *Préparation évangélique* IV-V,17, intr. et trad. de Mme. Odile Zink, SC 262, Paris, Les Éditions du Cerf 1979 [*Preparatio euangelica IV-V,17*; CPG 3486; PG 21, 21-1408; GCS 43,1-2]; idem, *Préparation évangélique* V,18-VI, intr. et trad. de P. Edouard des Places, SC 266 Paris, Les Éditions du Cerf 1980 [*Preparatio euangelica V,18-VI*; CPG 3486; PG 21, 21-1408; GCS 43,1-2]; idem, *Préparation évangélique* VII, intr. et trad. de M. Guy Schroeder, SC 215 Paris, Les Éditions du Cerf 1975 [*Preparatio euangelica VII*; CPG 3486; PG 21, 21-1408; GCS 43,1-2]; idem, *Préparation évangélique* XI, intr. et trad. de Mme Geneviève Favrelle, SC 292 Paris, Les Éditions du Cerf 1982 [*Preparatio euangelica XI*; CPG 3486; PG 21, 21-1408; GCS 43,1-2]; idem, *Préparation évangélique* XII-XIII, intr. et trad. de P. Edouard des Places, SC 307 Paris, Les Éditions du Cerf 1983[*Preparatio euangelica XII-XIII*; CPG 3486; PG 21, 21-1408; GCS 43,1-2]; idem, *Préparation évangélique* XIV-XV, intr. et trad. de P. Edouard des Places, SC 338 Paris, Les Éditions du Cerf 1987 [*Preparatio euangelica XIV-XV*; CPG 3486; PG 21, 21-1408; GCS 43,1-2].

Eusébio desejava que a *Praeparatio* fosse como uma "guia que fizesse as vezes de instrução e introdução elementar, acomodada aos convertidos recém-chegados do paganismo".[112]

No início do livro quinze, Eusébio faz um breve resumo da *Praeparatio*. Algumas passagens[113] deixam entender que a pressão da perseguição cedera e já fora restabelecida a paz. A alusão ao castigo infligido por Licínio aos impostores antioquenos[114] obriga a colocar a data após 314.

c) *Demonstratio Evangelica*[115]

A *Demonstratio* quer responder às acusações que os judeus faziam aos cristãos, afirmando que eles aceitaram o judaísmo a fim de receber as bênçãos, mas sem assumir as obrigações da Lei. A resposta de Eusébio ocupa *vinte* livros. Destes se conservam os dez primeiros e um fragmento considerável do livro quinze. Nesta obra Eusébio procura retirar o Antigo Testamento dos judeus, provando seu alcance universalista, apresentando ainda o cristianismo como cumprimento da religião judaica.

A *Demonstratio* foi composta, provavelmente, após a *Praeparatio*. Sua linguagem permite colocá-la em data próxima do Concílio de Niceia.

d) *Theophania*

Cronologicamente, a *Teofania* ou *Manifestação* divina é a última obra apologética de Eusébio. O tema central é a manifestação de Deus na encarnação do Logos. Escrita em cinco livros, o autor explica e defende este dogma contra as objeções comuns. Embora escrita em linguagem popular, a obra tem muitos artifícios retóricos. As conexões literárias, junto com a ideia de uma Igreja vitoriosa e florescente que invade e domina toda a obra, provam que ela foi composta após o ano 323, ou seja, depois que Constantino assumira o poder absoluto.

O original foi perdido, embora reste um grande número de fragmentos gregos. O texto completo só se conserva numa tradução siríaca muito servil.

---

[112] Eusébio de Cesareia, *Praeparatio evangelica* 3.
[113] Cf. idem, 1,4,2s; 5,1,4s.
[114] Cf. *HE* IX 11.
[115] Eusebius Caesariensis, *Demonstratio evangelica* V-VI; *CPG* 3487; *PG* 13-793; *GCS* 23, 2-496; Heikel I. A. 1897s.

Tal tradução deve ter sido feita de modo muito rápido. Com efeito, um manuscrito datado do ano de 411 encontra-se no British Museum de Londres.

e) *Contra Porfírio*

O neoplatônico Porfírio desferiu um virulento ataque, em quinze livros, em sua obra *Contra os Cristãos*. Eusébio replicou em vinte e cinco livros, perdidos em sua totalidade. A obra é mencionada por Jerônimo,[116] Sócrates[117] e Filostórgio.[118] Pelo que consta, a polêmica girava ao redor da interpretação correta de passagens evangélicas. Porfírio dava muita importância às supostas contradições dos evangelhos sobre as genealogias de Jesus e das narrações da ressurreição.

f) Contra Hiérocles[119]

Foi uma refutação escrita por Eusébio e que precedera ao tratado contra Porfírio. Hiérocles era governador da Bitínia. Escreveu uma obra procurando demonstrar que Apolônio de Tiana era superior a Jesus. O texto se conserva no códice de Aretas de Paris. É uma das primeiras obras de Eusébio, composta, provavelmente, antes ou entre os anos 311 e 313.

2.2.6 Obras bíblicas e exegéticas

Eusébio se faz notar ainda por seus esforços em preparar uma edição segura da Bíblia. Com o auxílio de seu amigo Pânfilo, copiou os Setenta de Orígenes como obra à parte, tendo à margem as variantes de outras versões. A história do texto crítico do Antigo e do Novo Testamento está intimamente ligada ao seu nome e ao de seu amigo. Vários manuscritos da Bíblia remontam a códices transcritos por eles. Constantino pediu-lhe que encomendasse cinquenta cópias da Bíblia para as Igrejas de Constantinopla.

Eis a carta com a qual Constantino faz o pedido: "Com a ajuda da providência de Deus, nosso Salvador, são muitíssimos os que se incorporaram à

---

[116] Cf. *De viris illustribus* 81; *Epistula* 70.
[117] Cf. *Historia Ecclesiastica* 3,23.
[118] Cf. *Historia Ecclesiastica* 8,14.
[119] Eusèbe de Césarée, *Contre Hiéroclès*, intr. et trad. de Mme. Marguerite Forrat, SC 333, Paris, Les Éditions du Cerf 1986 [*Contra Hieroclem*; CPG 3485; PG 22, 795-868; Teubn 1,369-413].

santíssima Igreja na cidade que leva o meu nome. Parece, pois, muito conveniente que, respondendo ao rápido progresso da cidade em todos os aspectos, se aumente também o número das igrejas. Escuta, pois, de bom grado, o que decidi fazer. Pareceu-me conveniente manifestar à tua prudência que encarregues cinquenta códices das Sagradas Escrituras. Tu sabes que a provisão e o uso das Escrituras são muito necessários para a instrução da Igreja; que sejam escritas por copistas profissionais, práticos em sua arte, sobre pergaminhos preparados para isto, de modo que possam ser lidos e transportados de uma parte para outra sem dificuldade. O *Católicus* da diocese recebeu instruções de nossa Clemência para que proporcione todo o necessário para a preparação dos exemplares. Dependerá de tua diligência a rapidez do empreendimento".[120]

a) Os cânones evangélicos

Eusébio introduziu uma inovação importante nos manuscritos dos evangelhos. Trata-se de um sistema para formar uma espécie de harmonia dos evangelhos, mostrando os paralelos das passagens evangélicas. Em uma carta a Carpiano explica que a ideia foi sugerida pela *Harmonia* ou *Seções dos Evangelhos* de Amônio de Alexandria, que dispõe os evangelhos em quatro colunas paralelas. Ele desenvolveu o plano de Amônio, procurando superar a desvantagem do seu sistema, que permitia ler seguidamente somente o evangelho de Mateus.

Os Evangelhos foram divididos em pequenas seções, numeradas sucessivamente. Preparou a seguir uma tábua de dez cânones, e cada qual continha uma série de passagens na seguinte ordem:
- cânon I: passagens comuns aos quatro evangelhos;
- II: passagens comuns aos sinóticos;
- III: passagens comuns a Mateus, Lucas e João;
- IV: passagens comuns a Mateus, Marcos e João;
- V: passagens comuns a Mateus e Lucas;
- VI: passagens comuns a Mateus e Marcos;
- VII: passagens comuns a Mateus e João;
- VIII: passagens comuns a Lucas e Marcos;
- IX: passagens comuns a Lucas e João;
- X: passagens peculiares a cada um dos evangelhos: primeiro, as de Mateus, depois as de Marcos, terceiro as de Lucas e por fim as de João.

---

[120] *Vita Constantini* 4,36.

Estas tabelas, usadas em combinação com os números das seções no texto dos Evangelhos, permitem ao leitor perceber, num relance, as passagens paralelas. O sistema passou aos manuscritos siríacos e latinos e recebeu o nome de *Cânones eusebianos* ou *Seções eusebianas*. São Jerônimo o utilizou em sua Vulgata e o explicou em uma carta ao Papa Dâmaso.

b) *Onomasticón*[121]

O livro é um dicionário geográfico dos lugares bíblicos, com uma lista em ordem alfabética de todos os nomes de lugares que aparecem na Bíblia, bem como uma descrição geográfica e histórica de cada localidade e sua designação no tempo de Eusébio.

c) Perguntas e respostas sobre os Evangelhos[122]

A obra consta de duas partes. A primeira, *Perguntas e respostas sobre os evangelhos dirigida a Estêvão*, constava de dois livros e discutia as discrepâncias que existem nas narrações da infância. A segunda, *Perguntas e respostas sobre os evangelhos dirigida a Marino*, constava de um só livro. Eusébio declara que, tendo tratado as diferenças que existem no começo dos evangelhos, trata agora das diferenças que existem no final, nas narrações da ressurreição. O texto desapareceu, restando somente fragmentos gregos e siríacos.

d) *Comentário aos Salmos*[123]

Sem dúvida alguma, é a obra exegética mais importante de Eusébio. Por sua erudição e acuidade, a obra desfrutou de grande reputação entre os escritores da era patrística. Foi traduzido duas vezes. Uma por Eusébio de Vercelli,

---

[121] Eusebius Caesariensis, *Onomasticón*, CPG 3466; PG 23,903-976; GCS – Die Griechischen Christlichen Schriftsteller der ersten (drei) Jahrhunderte 11,1; Klostermann, E., GCS 11,1 (1904, reimpr. 1966), 1897s.

[122] Eusèbe de Césarée, *Questions évangéliques*, intr. et trad. de M. Claudio Zamagni, SC 523, Paris, Les Éditions du Cerf 2008 [*Quaestiones euangelicae*; CPG 3470; PG 22, 880-1016; *Inédit*].

[123] Eusebius Caesariensis, *Commentarii in Psalmos (Devreesse)*; CPG 3467/3; RB – Revue Bénédictine 33, 78-81; R. Devreesse, 1924; idem, *Commentarii in Psalmos (Mercati 1)*; CPG 3467/6; PG 23-24, 441-1396; 9-76; *Studi e Testi* 77, p. 58-66; G. Mercati, 1937; idem, *Commentarii in Psalmos (PG 30)*; CPG 3467/1; PG 30,81-104; idem, *Commentarii in Psalmos (PG 39)*; PG 39, c. 1161-1601; idem, *Commentarii in Psalmos (PG 55)*; CPG 3467/2; PG 55, c. 589-594; idem, *Commentarii in Psalmos (PG 69)*; PG 69, 980, A3-C4; 1041, D9-1044, C4; idem, *Commentarii in Psalmos (PG 80)*; PG 80, c. 1120, C4-1221, A13.

que suprimiu os trechos que considerava heréticos, e outra por Hilário de Poitiers.[124]

e) Comentário a Isaías[125]

As informações de Jerônimo são díspares a respeito desta obra.[126]

f) Sobre a Páscoa[127]

Eusébio escreveu um tratado sobre a Páscoa dedicado ao imperador, e este lhe escreveu "sobre a santíssima festa da Páscoa".[128] Embora a obra completa não mais exista, a obra sobre Lucas de Nicetas de Heraclea conserva um fragmento bastante extenso.[129] Conservam-se nele doze capítulos que discutem a natureza da festa do Antigo Testamento e de sua réplica cristã. Trata ainda da decisão de Niceia sobre a questão pascal e as razões para não celebrar a Páscoa na data da Páscoa judaica.

2.2.7 Obras dogmáticas

Eusébio completou a *Defesa de Orígenes* após a morte de Pânfilo. Segundo Fócio,[130] era de caráter dogmático. Composta de *seis* livros, cinco foram escritos por Pânfilo. Ele e Eusébio encontravam-se na prisão. O sexto livro é de Eusébio, escrito após o martírio de Pânfilo. Eusébio afirma que ele "foi morto pela espada e arrebatado por Deus, por quem suspirava a sua alma". Eusébio colaborou com Pânfilo na composição dos cinco primeiros, entre 308 e 309. Estes se conservam somente na tradução latina de Rufino e que não parece muito fiável. Nada resta do sexto livro. Lamenta-se esta perda. Além das informações biográficas que trazia, havia ainda uma refutação dogmática de muitas das acusações de Metódio e outras contra Orígenes. Incluídas na obra, havia citações de muitas obras de Orígenes.

---

[124] Cf. Jerônimo, *De viris illustribus* 81 e *Epistula* 61,2.
[125] Eusebius Caesariensis, CPG 3468; PG 24,89-526.
[126] Os comentários dos estudiosos são muitos e diversificados. Cf. Quasten, Johannes, loc. cit.
[127] Eusebius Caesariensis, *De solemnitate paschali*; CPG 3479; PG 24,693-706.
[128] Cf. Eusébio de Cesareia, *Vita Constantini* 4,34.
[129] Cf. Mai, editado por Migne, PG 24,693-706.
[130] Cf. Fócio, *Biblioteca*, cod. 118.

a) *Contra Marcellum*

Nos últimos anos de sua vida, Eusébio escreveu dois tratados em defesa da postura ariana e contra o bispo Marcelo de Ancira. Eusébio teria escrito os dois tomos *Contra Marcelo* em 336, no mesmo ano em que o Sínodo ariano de Constantinopla o depunha. Eusébio procura justificar essa condenação. No primeiro livro rechaça os ataques do bispo de Ancira contra os chefes do partido ariano, especialmente contra o sofista Astério e contra Eusébio de Nicomédia. No segundo prova, com citações do próprio Marcelo, que suas doutrinas coincidiam com as dos hereges Sabélio e Paulo de Samosata. Estes dois livros se conservam.

b) *De ecclesiastica theologia*

Os três livros são uma refutação detalhada de Marcelo. Dedicado ao bispo ariano Flacilo de Antioquia (334), a obra amplia o *Contra Marcellum*.

2.2.8 Discursos e sermões

Em várias ocasiões, Eusébio menciona os discursos e sermões que teve o privilégio de pronunciar na presença do imperador.[131]

2.2.9 Cartas

É de supor que a correspondência de Eusébio tenha sido muito numerosa. Contudo, não se viu nenhum esforço para recolher suas cartas e formar uma coleção. Quase todas desapareceram, restando completas somente *três* cartas. São elas: a carta na qual dedica a *De ecclesiastica theologia* a Flácilo;[132] a que escreveu a Carpiano,[133] uma espécie de introdução aos seus *Cânones evangélicos*;

---

[131] Cf. Eusébio de Cesareia, *Vita Constantini* 1,1; 3,60.61; 4,33 e 45-46.
[132] Eusebius Caesariensis, *Epistula ad Euphrationem); CPG* 3500; Opitz H. G., *Athanasius Werke* 3.1, p. 4-6; Opitz, H. G., Athanasius Werke 3,1, Berlin – Leipzig 1934.
[133] Eusebius Caesariensis, *Epistula ad Carpianum. Canones euangeliorum); CPG* 3465; PG 22/29, 1276-1292/530-542; Nestle, E., Aland, K. et alii, *Novum Testamentum Graece*, 26e éd., Stuttgart 1979, 73*-78*.

e, por fim, a que dirigiu ao povo de Cesareia na conclusão do Concílio de Niceia.[134]

3. À GUISA DE CONCLUSÃO

Eusébio Pânfilo ou Eusébio de Cesareia é um cidadão de duas eras. Na história do cristianismo antigo é fundamental a distinção entre os primeiros três séculos e os sucessivos ao Concílio de Niceia do ano 325, o primeiro ecumênico. O nosso autor vive o final de um período muito rico e o início de um outro muito conturbado. Não deixará de ser muito rico também e receberá o epíteto de "era de ouro da patrística". Eusébio vive a "mudança de Constantino" que traz a paz da Igreja, embora em meio a divisões internas de gravíssimas proporções, como foi o caso da heresia ariana...

Eusébio é o expoente mais qualificado da cultura cristã de seu tempo. Os contextos vão da teologia à exegese, da história à erudição. Eusébio é conhecido, sobretudo, como o primeiro historiador do cristianismo, mas também como o filósofo maior da Igreja antiga.

Membro do alto clero da Igreja, ele foi educado como cristão. Não se alinha no número dos convertidos tardiamente, como é o caso de outros bispos como ele... Citemos, entre outros, os casos de Ambrósio, Agostinho... Sua educação religiosa o leva a ver na Bíblia a chave para explicação das coisas mundanas e à constante evocação dessa memória para construção de sua narrativa.

Originário de Cesareia, onde nasceu por volta de 260, Eusébio herda como bispo o trabalho de Orígenes, de quem se faz fiel discípulo. Junto com Pânfilo, escreverá uma defesa de seu mestre, sempre invectivado pela inveja "clerical" e incompreendido pela "mediocridade" que normalmente reina nos ambientes da Igreja conduzidos pelo "poder".

Participou como protagonista no Concílio de Niceia e subscreveu o seu credo. Amigo e admirador de Constantino, considerava-o um enviado de Deus. Escreveu sobre sua vida, uma obra polêmica para a posteridade. Nesta obra, apresenta o imperador como um herói cristão. Escolhido por Deus para

---

[134] Eusebius Caesariensis, *Epistula ad ecclesiam Caesariensem*); CPG 3502; PG 20, 1536-1544; Opitz, H. G., *Athanasius Werke* 3, 1, p. 42-47; Opitz, H. G., *Athanasius Werke* 3,1, Berlin – Leipzig 1934, 42-47. Esta carta foi incluída por Atanásio no *De decretis Nicaenae Synodi*, em 350, na defesa que faz da definição de Niceia... Outros a teriam copiado de Atanásio (cf. Quasten, Johannes, loc. cit.).

libertar e guiar seu povo, torna-se um novo Moisés, sendo apresentado como modelo para os soberanos que vierem depois dele, ao qual a narrativa busca sempre se reportar. Mesmo que não de forma direta, Eusébio vinculou as imagens de patriarca e apóstolo à pessoa de Constantino, que se revestia, assim, de modelo para os soberanos vindouros.

Pelo volume de seu legado intelectual, descobre-se em Eusébio um estudioso incansável. Ele busca refletir e fazer um "balanço dos três séculos de cristianismo, três séculos vividos sob a perseguição, recorrendo em boa parte às fontes cristãs e pagãs conservadas, sobretudo, na grande biblioteca de Cesareia. Deste modo, apesar da marca objetiva de suas obras apologéticas, exegéticas e doutrinais, a fama imperecível de Eusébio continua ligada em primeiro lugar aos dez livros de sua *História Eclesiástica*. Foi o primeiro a escrever uma história da Igreja, que segue sendo fundamental graças às fontes que coloca à nossa disposição para sempre. Com esta 'história' conseguiu salvar do esquecimento numerosos acontecimentos, personagens e obras literárias da Igreja antiga. Trata-se, portanto, de uma fonte primária para o conhecimento dos primeiros séculos do cristianismo".[135]

Sua história da Igreja vai até o ano 324, ano que precede o Concílio de Niceia, ano em que Constantino, após ter derrotado Licínio, é aclamado imperador único de Roma.

Eusébio em seus escritos, máxime na *História Eclesiástica*, seu *opus magnum*, traz algumas características que o marcam. Antes de tudo, a dimensão *cristológica* e *cristocêntrica* de todo o seu trabalho. Outra dimensão é a *intenção moral* que preside a sua narração. "A análise histórica nunca é um fim em si mesmo; não só busca conhecer o passado, mas aponta com decisão à conversão, e a um autêntico testemunho de vida cristã por parte dos fiéis. É um guia para nós mesmos."[136]

---

[135] Bento XVI, disponível em: http://blog.bibliacatolica.com.br/historia-da-igreja/eusebio-de-cesareia/ – acessado em: 14.01.11. "Se Eusébio não tivesse feito outra coisa em sua vida senão escrever a *História eclesiástica*, isso já seria suficiente para ele ser contado entre os 'gigantes' da Igreja no século IV. De fato, em sua obra boa parte da história que narramos no primeiro volume se teria perdido, pois foi ele quem compilou, organizou e publicou quase tudo que sabemos de muitos cristãos que viveram nos primeiros séculos da existência da Igreja. Além disso, a única coisa conservada da obra de muitos daqueles primeiros escritores cristãos são as extensas citações que Eusébio incluiu em sua História. Sem ele, enfim, nossos conhecimentos dos primeiros séculos da Igreja estariam reduzidos à metade" (Gonzales, Justo, *Eusébio de Cesareia*). Disponível em: http://www.monergismo.com/textos/biografias/eusebio_cesareia_justo.htm – acessado em: 11.01.11.

[136] Idem. Para aprofundar a teologia de Eusébio, cf. Bardy, Gustave, *La théologie d'Eusèbe d'après l'Histoire Ecclésiastique*, in Revu d'Histoire Ecclésiastique 50 (1955) 5-20.

REZAR COM OS SANTOS PADRES

"Aqueles que participam dos sofrimentos de Cristo, participarão também da consolação que ele dará."[137]

"Se *passamos da morte para a vida* (1Jo 3,14), ao passarmos da infidelidade para a fé, não nos admiremos se o mundo nos odeia. Com efeito, quem não tiver passado da morte para a vida, mas permanecer na morte, não pode amar aqueles que abandonaram a tenebrosa morada da morte, para entrar na morada feita de pedras vivas, onde brilha a luz da vida.

Jesus 'deu a sua vida por nós' (1Jo 3,16), portanto, também nós devemos dar a vida, não digo por eles, mas por nós, quero dizer, por aqueles que serão construídos, edificados com o nosso martírio.

Chegou o tempo, cristãos, de nos gloriarmos. Eis o que está escrito: 'E não só isto, mas nos gloriamos também de nossas tribulações, sabendo que a tribulação gera a constância, a constância leva a uma virtude provada, a virtude provada desabrocha em esperança; e a esperança não decepciona. Porque o amor de Deus foi derramado em nossos corações pelo Espírito Santo' (Rm 5,3-5).

Se, *à medida que os sofrimentos de Cristo crescem para nós, cresce também a nossa consolação por Cristo* (2Cor 1,5), acolhamos com entusiasmo os sofrimentos de Cristo, e que eles sejam muitos em nós, se desejamos realmente obter a grande consolação reservada para todos os que choram. Talvez ela não seja igual medida para todos. Pois se assim fosse, não estaria escrito: *à medida que os sofrimentos de Cristo crescem em nós, cresce também a nossa consolação.*

Aqueles que participam dos sofrimentos de Cristo, participarão também da consolação que ele dará em proporção aos sofrimentos suportados por seu amor. É o que ensina aquele que afirmava cheio de confiança: 'Assim como participais dos sofrimentos, participareis também das consolações' (cf. 2Cor 1,7)."

Da mesma forma Deus fala através do Profeta: 'No momento favorável, eu te ouvi e no dia da salvação, eu te socorri' (cf. Is 48,9;

---

[137] Orígenes, *Exortação ao martírio* 41-42; in PG 11,618-619.

2Cor 6,2). Haverá, por acaso, tempo mais favorável que essa hora, quando por causa do nosso amor a Deus em Cristo somos publicamente levados prisioneiros neste mundo, porém, mais como vencedores do que como vencidos?

Na verdade, os mártires de Cristo, unidos a Ele, destroçam os principados e as potestades, e com Cristo triunfam sobre eles. Deste modo, tendo participado dos seus sofrimentos, também participam dos merecimentos que ele alcançou com a sua coragem heroica. Que outro dia de salvação haverá tão verdadeiro como aquele em que deste modo partireis da terra?

Rogo-vos, porém, que *não deis a ninguém motivo de escândalo, para que o nosso ministério não seja desacreditado; mas em tudo comportai-vos como ministros de Deus, com grande paciência* (cf. 2Cor 6,3-4), dizendo: 'E agora, Senhor, que mais espero? Só em vós eu coloquei minha esperança' (Sl 38,8)."

BIBLIOGRAFIA

CLÉMENT D'ALEXANDRIE, *Le protreptique*, intr. et trad. de Claude MONDESERT, SC 2bis, Paris, Les Éditions du Cerf 1941.

CLÉMENT D'ALEXANDRIE, *Le Pédagogue*, livre I, trad. de Mme Marguerite HARL, Mme Chantal MATRAY, P. Claude MONDÉSERT, SC 70, Paris, Les Éditions du Cerf 1960 [*Paedagogus*, CPG 1376; *PG* 8,249-684; *GCS* 12 (2ᵉ ed.) 89-292].

CLÉMENT D'ALEXANDRIE, *Le Pédagogue*, livre II, trad. de Mme Marguerite HARL, Mme Chantal MATRAY, P. Claude MONDÉSERT, SC 188, Paris, Les Éditions du Cerf 1965 [*Paedagogus*, CPG 1376; *PG* 8,249-684; *GCS* 12 (2ᵉ ed.) 89-292].

CLÉMENT D'ALEXANDRIE, *Le Pédagogue*, livre III, trad. de Mme Marguerite HARL, Mme Chantal MATRAY, P. Claude MONDÉSERT, SC 188, Paris, Les Éditions du Cerf 1970 [*Paedagogus*, CPG 1376; *PG* 8,249-684; *GCS* 12 (2ᵉ ed.) 89-292].

CLÉMENT D'ALEXANDRIE, *Stromates* I, SC 30, Paris, Les Éditions du Cerf 1951 [*Stromata* I; CPG 1377; *PG* 8, 685-; *GCS* 52 (3e éd.)].

CLÉMENT D'ALEXANDRIE, *Stromates* II, intr. de P. Pierre Thomas CAMELOT, trad. de P. Claude MONDÉSERT, SC 38, Paris, Les Éditions du Cerf 1954 [*Stromata* II; CPG 1377; *PG* 8, 929-1098; *GCS* 52 113-194].

CLEMENS ALEXANDRINUS, *Stromata* III, CPG 1377; *PG* 8, 1098-1212; *GCS* 52, 195-247, 1897s.

CLEMENS ALEXANDRINUS, *Stromates* IV, intr. de Mme Annewies VAN DEN HOECK, trad. de P. Claude MONDÉSERT, SC 463, Paris, Les Éditions du Cerf 2001 [*Stromata* IV; CPG 1377; *PG* 8, 1213-1382; *GCS* 52, 248-325].

CLEMENS ALEXANDRINUS, *Stromates* V, intr. de P. Pierre VOULET, trad. de M. Alain le BOULLUEC, SC 278.279, Paris, Les Éditions du Cerf 1981 [*Stromata* V; *CPG* 1377; *PG* 9, 9-206; *GCS* 52, 326-421].

CLEMENS ALEXANDRINUS, *Stromates* VI, intr. et trad. de Mgr. Pactrick DESCOURTIEUX, SC 446, Paris, Les Éditions du Cerf 1999 [*Stromata* VI; *CPG* 1377; *PG* 9, 207-402; *GCS* 52, 422-518].

CLEMENS ALEXANDRINUS, *Stromates* VII, intr. et trad. de M. Alain le BOULLUEC, SC 428, Paris, Les Éditions du Cerf 1997 [*Stromata* VII; *CPG* 1377; *PG* 9, 401-558; *GCS* 17, 1-79].

CLEMENS ALEXANDRINUS, *Stromata* VIII; *CPG* 1377; *PG* 9, 557-601; *GCS* 17, 80-102, 1897s.

CLEMENS ALEXANDRINUS, *Extraits ex Theodoto*, intr. et trad. de François SAGNARD, SC 23, Paris, Les *Éditions* du Cerf 1948 [*Excerpta e Theodoto*, *CPG* 1139; *PG* 9, 653-697; *Inédit*].

CLEMENS ALEXANDRINUS, *Quel riche sera sauvé*, trad. de Mgr. Patrick DESCOURTIEUX, intr. de P. Carlo NARDI, SC 537 2011 [*Quis dives salvetur*; *CPG* 1379; *PG* 9, 603-652; *GCS* 17 (2e ed.), 159-191].

EUSÈBE DE CÉSARÉE, *Histoire Ecclésiastique* I-IV, intr. de trad. de Gustave BARDY, SC 31, Paris, Les Éditions du Cerf 1952 [*Historia ecclesiastica I-IV*; CPG 3495; *PG* 20, 45-; *GCS* 9.1] (esta primeira edição teve várias reimpressões, sendo a última em 2001, contendo uma série de correções).

EUSÈBE DE CÉSARÉE, *Histoire Ecclésiastique* V-VII, intr. de trad. de Gustave BARDY, SC 41.73, Paris, Les Éditions du Cerf 1958.1960 [*Historia ecclesiastica V-VII*; CPG 3495; *PG* 20, 45-906; *GCS* 9,1-2].

EUSÈBE DE CÉSARÉE, *Histoire Ecclésiastique* VIII-X, intr. de trad. de Gustave BARDY, SC 55.73, Paris, Les Éditions du Cerf 1958.1960 [*Historia ecclesiastica VIII-X*; CPG 3495; *PG* 20, 45-; *GCS* 9.1].

EUSÈBE DE CÉSARÉE, *Les Martyrs en Palestine*, intr. et trad. de Gustave BARDY, SC 55, Paris, Les Editions du Cerf 1958 [*De martyribus Palestinae*; CPG 3490/1; *PG* 20,1457-1520; *GCS* 9, 2, 907-950].

EUSÈBE DE CÉSARÉE, *Préparation évangélique* I, intr. et trad. de M. Jean SIRINELLI, SC 206, Paris, Les Éditions du Cerf 1974 [*Preparatio euangelica I*; *CPG* 3486; *PG* 21, 21-1408; *GCS* 43.1].

EUSÈBE DE CÉSARÉE, *Préparation évangélique* II-III, intr. et trad. de P. Edouard des PLACES, SC 228, Paris, Les Éditions du Cerf 1976 [*Preparatio euangelica II-III*; *CPG* 3486; *PG* 21, 21-1408; *GCS* 43,1-2].

EUSÈBE DE CÉSARÉE, *Préparation évangélique* IV-V,17, intr. et trad. de Mme. Odile ZINK, SC 262, Paris, Les Éditions du Cerf 1979 [*Preparatio euangelica IV-V,17*; *CPG* 3486; *PG* 21, 21-1408; *GCS* 43,1-2].

EUSÈBE DE CÉSARÉE, *Préparation évangélique* V,18-VI, intr. et trad. de P. Edouard des PLACES, SC 266 Paris, Les Éditions du Cerf 1980 [*Preparatio euangelica V,18-VI*; *CPG* 3486; *PG* 21, 21-1408; *GCS* 43,1-2].

EUSÈBE DE CÉSARÉE, *Préparation évangélique* VII, intr. et trad. de M. Guy SCHROEDER, SC 215 Paris, Les Éditions du Cerf 1975 [*Preparatio euangelica VII*; *CPG* 3486; *PG* 21, 21-1408; *GCS* 43,1-2].

EUSÈBE DE CÉSARÉE, *Préparation évangélique* XI, intr. et trad. de Mme Geneviève FAVRELLE, SC 292 Paris, Les Éditions du Cerf 1982 [*Preparatio euangelica XI*; CPG 3486; PG 21, 21-1408; GCS 43,1-2].

EUSÈBE DE CÉSARÉE, *Préparation évangélique* XII-XIII, intr. et trad. de P. Edouard des PLACES, SC 307 Paris, Les Éditions du Cerf 1983 [*Preparatio euangelica XII-XIII*; CPG 3486; PG 21, 21-1408; GCS 43,1-2].

EUSÈBE DE CÉSARÉE, *Préparation évangélique* XIV-XV, intr. et trad. de P. Edouard des PLACES, SC 338 Paris, Les Éditions du Cerf 1987 [*Preparatio euangelica XIV-XV*; CPG 3486; PG 21, 21-1408; GCS 43,1-2].

EUSÈBE DE CÉSARÉE, *Questions évangéliques*, intr. et trad. de M. Claudio ZAMAGNI, SC 523, Paris, Les Éditions du Cerf 2008 [*Quaestiones euangelicae*; CPG 3470; PG 22, 880-1016; *Inédit*].

ORIGÈNE, *Commentaire sur saint Jean* I-V, intr. et trad. de Mlle Cécile BLANC, SC 129bis, Paris, Les Éditions du Cerf 1966 [*Commentarii in Iohannem I-V*; CPG 1453; PG 14, 21-196; GCS 4, p. 3-105].

ORIGÈNE, *Commentaire sur saint Jean* VI-X, intr. et trad. de Mlle Cécile BLANC, SC 157, Paris, Les Éditions du Cerf 1970 [*Commentarii in Iohannem VI-X*; CPG 1453; PG 14, 197-397; GCS 4,106-225].

ORIGÈNE, *Commentaire sur saint Jean* XIII, intr. et trad. de Mlle Cécile BLANC, SC 222, Paris, Les Éditions du Cerf 1975 [*Commentarii in Iohannem XIII*; CPG 1453; PG 14,400-524; GCS 4,226-297].

ORIGÈNE, *Commentaire sur saint Jean* XIX-XX, intr. et trad. de Mlle Cécile BLANC, SC 290, Paris, Les Éditions du Cerf 1982 [*Commentarii in Iohannem XIX-XX*; CPG 1453; PG 14,524-680; GCS 4,298-388].

ORIGÈNE, *Commentaire sur saint Jean* XXVIII-XXXII, intr. et trad. de Mlle Cécile BLANC, SC 290, Paris, Les Éditions du Cerf 1982 [*Commentarii in Iohannem XXVIII-XXXII*; CPG 1453; PG 14,680-832; GCS 4,389-480].

ORIGÈNE, *Commentaire sur l'Évangile selon Matthieu*, intr. et trad. de M. Robert Girod, X-XI, SC 162, Paris, Les Éditions du Cerf 1970 [*Commentarii in Matthaeum* X-XI; CPG 1450/1; PG 13, 829-973; GCS 10, 1-69].

ORIGÈNE, *Commentaire sur l'épître aux Romains* I-II, intr. de Michel FÉDOU, trad. de Luc BRÉSARD, I-II, SC 532, Paris, Les Éditions du Cerf 2009 [*Commentarii in epistulam ad Romanos* I-II; CPG 1457; PG 14, 833-922].

ORIGÈNE, *Commentaire sur l'épître aux Romains* III-V, intr. de Michel FÉDOU, trad. de Luc BRÉSARD, I-II, SC 539, Paris, Les Éditions du Cerf 2010 [*Commentarii in epistulam ad Romanos* III-V; CPG 1457; PG 14, 833-922].

ORIGÈNE, *Traité des Principes* I-II, intr. de M. Manlio SIMONETTI et trad. de Henri CROUZEL, SC 252.253, Paris, Les Éditions du Cerf 1978 [*De Principiis* I-II; CPG 1482; PG 11, 111-248; GCS 5, 7-192].

ORIGÈNE, *Traité des Principes* III-IV, intr. et trad. de Henri CROUZEL, SC 268.269, Paris, Les Éditions du Cerf 1980 [*De Principiis* III-IV; CPG 1482; PG 11, 247-414; GCS 5, 193-364].

ORIGÈNE, *Traité des Principes Oeuvre Biblindex*, intr. et notes complementaires de Manlio SIMO-NETTI, SC 312, Paris, Les Éditions du Cerf 1984 [*De Principiis*; *CPG* 1482; *PG* 11, 115-414; *GCS* 5, 7-364].

ORIGÈNE, *Entretien avec Héraclide*, intr., texte, tr. et notes par J. SCHERER. SC 67, Paris, Les Éditions du Cerf, [1960]; réimpression de la première édition revue et corrigée, 2002.

ORIGÈNE, *Sur la résurrection*, intr. et trad. de René AMACKER, SC 464, Paris, Les Éditions du Cerf 2001[*De resurrectione libri II (fragmenta)*; CPG 1478; *PG* 17, 594-597].

ORIGÈNE, *Lettre à Africanus sur l'histoire de Suzanne*, intr. et trad. de Nicolas de Lange, SC 302, Paris, Les Éditions du Cerf 1983 [*Epistula ad Iulium Africanum*; CPG 1494; *PG* 11, 48-85; *TU* 34,3,78-80].

Adendo: duas grandes contribuições

1. EUSÉBIO E JERÔNIMO

Dois autores da antiguidade podem ser colocados entre os iniciadores do gênero Patrologia: Eusébio de Cesareia e Jerônimo de Estridão.

A *História Eclesiástica* de Eusébio é uma coleção extremamente rica dos fatos históricos, documentos e extratos de um grande número de escritos da Igreja primitiva. A intenção de Eusébio era a de apresentar: 1) as listas dos bispos das comunidades mais importantes; 2) os mestres e escritores cristãos; 3) os hereges; 4) o castigo do povo judeu por parte de Deus; 5) as perseguições dos cristãos; 6) os martírios e a vitória final da religião cristã. Esta ordem mostra a intenção apologética de toda a obra: fornecer a prova de que a fundação da Igreja é obra de Deus.

Jerônimo, seguindo Eusébio de perto, é verdadeiramente o iniciador do gênero Patrologia. A obra escrita entre 392 e 393 é uma coleção de 135 biografias sobre *homens ilustres*. Pequenas em tamanho, os dados fundamentais de cada autor estão contidos no texto. Entre os biografados está o próprio Jerônimo, objeto do último capítulo. A primeira biografia é de Simão Pedro. A maioria das biografias é de cristãos importantes na história, dando especial ênfase às suas carreiras de escritores. A intenção da obra é apologética.

2. JACQUES-PAUL MIGNE[1]

Nascido em 25 de outubro de 1800. Estudou em Orleans e foi ordenado padre em 1824. Entre 1833 e 1840 publicou uma série de artigos e fundou algumas revistas e jornais de curta duração. Em 1836 concebera uma ideia grandiosa: fundar uma biblioteca universal para homens cultos. Buscou auxiliares especializados e preparados, entre eles Dom Ferdinand Cabrol, um dos fundadores da Abadia de Solesmes e profundo conhecedor da liturgia. Para realizar seu projeto, apetrechou em Petit-Montrougue uma tipografia dotada de máquinas, espaços e auxiliares.

A partir de 1840, começa a publicar uma série de enciclopédias. A primeira a sair é a *Theologiae Cursus completus*, com 28 volumes. A seguir a *Scripturae Sacrae Cursus completus*, também com 28 volumes. Entre 1842 e 1853, publica as *Demonstrações evangélicas*, com 20 volumes. Reunindo textos de Tertuliano, Orígenes e Eusébio, já preanunciava a Patrologia. Esta vai ter seu início em 1842, entremeada com a publicação de outras enciclopédias e dicionários. Uma vez mais, Migne rodeia-se de especialistas.[2]

Nas Patrologias, Migne se propunha reunir as grandes coleções editadas desde o século XVI, acrescentando descobertas mais recentes. Destarte, buscava colaborar com as pessoas que estivessem interessadas em conhecer e aprofundar o pensamento católico.

A edição da *Patrologia latina* inicia-se em 1844. Publicava uma média de 20 volumes por ano. Com efeito, em 1855 os 217 volumes anunciados (de Tertuliano a Inocêncio III) estão à disposição dos interessados. Entre 1862 e 1864, Migne publica mais quatro volumes de índices.

A *Patrologia grega* foi impressa entre 1857 e 1866. Para a composição da obra foram utilizadas placas de chumbo... Se elas possibilitavam novas tiragens posteriormente, não permitiam que se fizessem correções. Havia frequentes falhas tipográficas e ortográficas, recebendo a obra reparos críticos imediatos. Migne tentou solucionar, contratando corretores e pagando pelos mesmos...

---

[1] Cf. http://www.ofm.org.pt/designio/noticiadetalhe.asp?reg=170 – acessado em: 14.02.11.

[2] Um dos grandes auxiliares de Migne é Jean-Baptiste-François Pitra. Cardeal, arqueólogo e teólogo, Pitra nasceu em 1812 e morreu em 1889. Dotado de diligência incansável, combinada com talentos brilhantes e uma notável memória, tornou-se um dos homens mais instruídos do seu tempo. Fez-se beneditino. Foi um dos principais colaboradores de Migne no *Patrologiae cursus*, elaborando a lista dos autores que constariam da obra. Colaborou na edição dos escritores gregos até Fócio (820-891), e dos latinos até Inocêncio III (1161-1216).

Em 1868 o parque tipográfico de Migne é destruído por um grande incêndio. Foi reduzido a cinzas, a ponto de Migne lamentar-se: "Ils ne sont plus!". Assim terminava a aventura deste genial compilador que trabalhava 16 horas por dia para salvar e divulgar o patrimônio da Tradição cristã e fazer renascer no clero uma cultura fundamentada através do regresso às fontes da Tradição.

As Patrologias latina e grega continuam iluminando gerações e gerações que buscam beber a "água límpida" da doutrina cristã que brota dos padres e escritores eclesiásticos.

Rua Dona Inácia Uchoa, 62
04110-020 – São Paulo – SP (Brasil)
Tel.: (11) 2125-3500
paulinas.com.br – editora@paulinas.com.br
Telemarketing e SAC: 0800-7010081